Nova Lei de ABUSO de AUTORIDADE

Renato Brasileiro de Lima

Nova Lei de ABUSO de AUTORIDADE

2020

EDITORA *Jus*PODIVM

www.editorajuspodivm.com.br

EDITORA
*Jus*PODIVM
www.editorajuspodivm.com.br

Rua Território Rio Branco, 87 – Pituba – CEP: 41830-530 – Salvador – Bahia
Tel: (71) 3045.9051
• Contato: https://www.editorajuspodivm.com.br/sac

Capa: Ana Caquetti

L732n Lima, Renato Brasileiro de.
Nova Lei de Abuso de Autoridade / Renato Brasileiro de Lima – Salvador: Editora JusPodivm, 2020.
368 p.

Bibliografia.
ISBN 978-85-442-3200-2.

1. Abuso de autoridade. 2. Direito Penal. I. Lima, Renato Brasileiro de. II. Título.

CDD 341.55173

Incentivo, parceria, apoio incondicional e muita compreensão. Amor sem igual.

O reconhecimento, mais do que merecido, a minha querida esposa Vanessa, a minha princesa Laurinha, e ao meu amado Pepê. Sem vocês, a vida não faria sentido!

SUMÁRIO

ABUSO DE AUTORIDADE

LEI N. 13.869, DE 5 DE SETEMBRO DE 2019

Dispõe sobre os crimes de abuso de autoridade; altera a Lei nº 7.960, de 21 de dezembro de 1989, a Lei nº 9.296, de 24 de julho de 1996, a Lei nº 8.069, de 13 de julho de 1990, e a Lei nº 8.906, de 4 de julho de 1994; e revoga a Lei nº 4.898, de 9 de dezembro de 1965, e dispositivos do Decreto-Lei nº 2.848, de 7 de dezembro de 1940 (Código Penal).

CAPÍTULO I

DISPOSIÇÕES GERAIS

Art. 1º Esta Lei define os crimes de abuso de autoridade, cometidos por agente público, servidor ou não, que, no exercício de suas funções ou a pretexto de exercê-las, abuse do poder que lhe tenha sido atribuído.

(...)

1. Noções introdutórias acerca da origem da nova Lei de Abuso de Autoridade

É ingênuo acreditar que o Congresso Nacional deliberou pela aprovação de uma nova Lei de Abuso de Autoridade tendo em vista única e exclusivamente o interesse da sociedade brasileira em coibir prática tão nefasta e odiosa quanto esta.

Não que um novo diploma normativo acerca da matéria não fosse necessário. Disso não temos a menor dúvida. Se o ordenamento jurídico confere poderes, também deve impor deveres a todos aqueles que atuam em nome do Poder Público. É dizer, se o exercício das prerrogativas conferidas a todos aqueles que agem em nome do Estado deve atender à satisfação do interesse público, jamais ultrapassando os limites estabelecidos pela lei, é de rigor coibir todo e qualquer exercício abusivo do poder por esses agentes públicos.

Mas esta necessária prevenção e reprovação já não se mostrava mais presente na legislação pretérita. De fato, dotada de dispositivos vagos e abertos, a revogada Lei n. 4.898/65 dispensava aos crimes de abuso de autoridade uma sanção penal absolutamente incompatível com o desvalor do injusto, deixando-a, assim, desprovida de qualquer poder dissuasório sobre os agentes públicos. Com efeito, a pena privativa de liberdade cominada aos crimes de abuso de autoridade pelo antigo diploma normativo – detenção, por 10 (dez) dias a 6 (seis) meses (art. 6º, § 3º, alínea "b") – já não guardava mais compatibilidade com a gravidade de tais condutas, pois tratava a integralidade desses crimes como infrações de menor potencial ofensivo, logo, da competência dos Juizados Especiais Criminais, sujeitos, portanto, aos institutos despenalizadores previstos na Lei n. 9.099/95. Contribuía, ademais, para o advento da prescrição da pretensão punitiva, que, *in casu*, ocorria em apenas 3 (três) anos, consoante disposto no art. 109, inciso VI, do Código Penal, com redação dada pela Lei n. 12.234/10.

Não foram estes, porém, os motivos que certamente levaram Deputados e Senadores a aprovar a Lei n. 13.869/19 em regime de urgência e com votação simbólica, não nominal.[1] Inegavelmente, a Lei n. 13.869/19 não foi aprovada pelo Congresso para atender a essa finalidade, mas sim de modo a impedir o exercício das funções dos órgãos de soberania, bem como legitimar uma verdadeira vingança privada contra aqueles que, de alguma forma, se sentirem *incomodados* pela atuação dos órgãos de persecução penal, fiscal e administrativa.

Contaminado por centenas de casos de corrupção e sob constante alvo da Polícia, do Ministério Público e do Poder Judiciário na operação "Lava Jato", o Congresso Nacional deliberou pela aprovação 'a toque de caixa' do novo diploma normativo com a nítida

1. Na tarde do dia 14 de agosto de 2019, foi aprovado um requerimento de urgência e, nesta mesma data, o Plenário da Câmara dos Deputados votou a matéria através de procedimento simbólico, sequer possibilitando aos deputados federais a votação nominal do tema ou a apresentação de emendas ou críticas. O texto foi elaborado em mandato anterior do Congresso Nacional e não pela maioria dos parlamentares da nova legislatura.

intenção de buscar uma forma de retaliação a esses agentes públicos, visando ao engessamento da atividade-fim de instituições de Estado responsáveis pelo combate à corrupção. Prova disso, aliás, e não parece ser mera coincidência, é que a sessão conjunta do Congresso na qual foram derrubados 18 itens dos 33 vetados pelo Presidente da República ocorreu menos de uma semana depois que o Min. Luís Roberto Barroso determinou o cumprimento de mandados de busca e apreensão no Congresso Nacional contra o então líder do governo, Senador F. B. C. É dentro desse contexto, então, que surge a nova Lei de Abuso de Autoridade, contaminada por diversos tipos penais abertos e indeterminados, de duvidosa constitucionalidade, praticamente transformando o exercício de qualquer função pública, ainda que de maneira legítima, em uma verdadeira atividade de risco.

De fato, mesmo antes da entrada em vigor do novo diploma normativo, ganharam notoriedade no meio jurídico diversas decisões de agentes públicos abstendo-se de cumprir suas respectivas funções "para não correr o risco de incidir em crime de abuso de autoridade". Nesse sentido, sob o argumento de "perigo real da imputação de imputação de crime de abuso de autoridade", juízes deixaram de realizar penhoras *online* de eventuais contas correntes e aplicações financeiras mantidas pela parte devedora através do sistema BacenJud. Na mesma linha, em casos concretos versando sobre tráfico de drogas (Lei n. 11.343/06, art. 33), flagrantes foram relaxados por autoridades judiciárias sob o argumento de que, pelo menos enquanto não sedimentado pelo STJ o rol taxativo de hipóteses em que a prisão deve ser considerada manifestamente devida, a regra seria a soltura, ainda que a vítima e a sociedade estivessem em risco, *in verbis:* "(...) Se o Congresso Nacional, pelos representantes eleitos, teve por desejo impor essa lei aos brasileiros, o fez com o amparo democrático, cabendo ao Magistrado, a quem não compete ter desejos, limitar-se a aplicá-la e aguardar a definição de seus contornos pelos tribunais superiores. Assim, em que pese entender ser o caso de converter a prisão em flagrante em preventiva, diante da imposição da soltura por força da lei aprovada pelo Congresso Nacional, concedo liberdade provisória ao autuado mediante aplicação de medidas cautelares diversas da prisão".[2]

2. Disponível em: <https://canalcienciascriminais.com.br/wp-content/uploads/2019/09/decisaoo.pdf> Acesso em 27/11/2019.

Com a devida vênia, posturas como estas não se justificam em hipótese alguma. Primeiro, porque revelam um certo "comodismo" por parte do agente público, que se abstém de exercer sua função de maneira *regular* para não ser objeto de alguma representação criminal. Segundo, porque demonstram completo desconhecimento da Lei n. 13.869/19, que não pune qualquer conduta *legítima* adotada por um agente público. Terceiro porque demonstram, à primeira vista, que agentes públicos são figuras frágeis, covardes e medrosas, enfim, que têm medo de exercer *regularmente* suas funções. Tais atributos, a nosso juízo, não são inerentes à grande maioria dos agentes públicos, profissionais absolutamente qualificados e idôneos, que certamente jamais deixariam de agir conforme os estritos ditames legais com receio de eventuais "incômodos" proporcionados pela perspectiva de serem objeto de *notitia criminis* devido à prática de supostos crimes de abuso de autoridade, contra eles oferecidas por investigados, acusados, advogados e defensores, a título de represália decorrente da adoção de determinada medida legal que lhes fosse desfavorável. Ora, o dia a dia de qualquer agente público, seja quando efetua uma prisão em flagrante (v.g., Policial Militar) ou quando cumpre um mandado de prisão temporária (v.g., Delegado de Polícia), seja quando oferece uma denúncia (Promotor de Justiça) ou quando decreta a indisponibilidade de ativos financeiros (Juiz), é marcada por uma sujeição corriqueira ao descontentamento dos jurisdicionados, praticamente um efeito intrínseco da própria função pública.

Enfim, partindo da premissa de que a Lei n. 13.869/19 não criminaliza nenhuma conduta legítima por parte de um agente público, mas tão somente aquelas em que este excede os limites de sua competência ou quando pratica um ato com finalidade diversa daquela que decorre explícita ou implicitamente da lei, assim agindo com a finalidade específica de prejudicar outrem ou beneficiar a si mesmo ou a terceiro, ou, ainda, por mero capricho ou satisfação pessoal, não há por que se temer a nova Lei de Abuso de Autoridade, muito menos permitir que sua entrada em vigor sirva como obstáculo ao escorreito exercício de toda e qualquer função pública.

Deve se buscar, portanto, nesse ambiente criminal extremamente polarizado em que o Direito Penal e o Processo Penal infelizmente caminham nos dias de hoje, equilíbrio e sensatez na interpretação dos diversos dispositivos legais constantes da nova Lei de Abuso de Autoridade, seja para evitar corporativismos na sua exegese, tornando-a absolutamente estéril, seja para não se permitir que tipos penais abertos e indeterminados sejam utilizados como instrumentos de constrangimento ilegal contra agentes públicos no exercício regular de suas funções, permitindo, assim, que o revanchismo do Congresso Nacional consubstanciado na criação de um instrumento hiperbólico atinja seu desiderato.

2. Bem jurídico tutelado

A eficiência do Estado está diretamente relacionada à credibilidade, honestidade e probidade de seus agentes, pois a atuação do corpo funcional reflete-se na coletividade, influenciando decididamente na formação ético-moral e política dos cidadãos, especialmente no conceito que fazem da organização estatal. Daí a importância de se coibir todo e qualquer desvio funcional, enfim, de toda e qualquer conduta que, a pretexto de atender ao interesse público, visa à satisfação de interesse pessoal do agente público, importando em evidente desvio de finalidade.

A tutela penal dos crimes previstos na Lei n. 13.869/19 pretende, na realidade, abranger dois aspectos distintos (**crime pluriofensivo**): em primeiro lugar, visa proteger, a depender do crime em questão, a liberdade de locomoção (v.g., arts. 9º, 10, 12, etc.), a liberdade individual (v.g., arts. 13, 15, 18, etc.), o direito à assistência de advogado (v.g., arts. 20, 32, etc.), a intimidade ou a vida privada (v.g., arts. 22, 28, 38); em segundo, objetiva garantir o bom funcionamento do Estado, bem como o dever do funcionário público de conduzir-se com lealdade e probidade, preservando-se, assim, princípios básicos da Administração Pública, como legalidade, impessoalidade, moralidade, publicidade e eficiência (CF, art. 37, *caput*).

3. Âmbito de incidência da nova Lei de Abuso de Autoridade

O abuso de poder ocorre quando o agente público excede os limites de sua competência (excesso de poder) ou quando pratica um ato com finalidade diversa daquela que decorre explícita ou implicitamente da lei (desvio de poder). Em ambas as hipóteses, a tipificação do delito está condicionada, como deixa entrever o *caput* do art. 1º, ao fato de o agente público praticar a conduta em questão *no exercício de suas funções ou a pretexto de exercê-las.*[3]

> **Art. 1º (...)**
>
> **§1º As condutas descritas nesta Lei constituem crime de abuso de autoridade quando praticadas pelo agente com a finalidade específica de prejudicar outrem ou beneficiar a si mesmo ou a terceiro, ou, ainda, por mero capricho ou satisfação pessoal.**
>
> **(...)**

4. Tipo subjetivo dos crimes de abuso de autoridade: elemento subjetivo geral + elemento subjetivo especial do tipo

Vez por outra, o legislador introduz em determinados tipos penais, ao lado do dolo, uma série de características subjetivas que os integram ou os fundamentam. A doutrina clássica denominava, impropriamente, o *elemento subjetivo geral* do tipo de *dolo genérico* e o *especial fim de agir* de *dolo específico.* A título de ilustração, o fato de o funcionário público retardar ou deixar de praticar, indevidamente, ato de ofício, ou praticá-lo contra disposição expressa de lei, é uma atividade dirigida a um fim por imperativo do dolo, *in casu,* do crime de prevaricação previsto no art. 319 do Código Penal. No entanto, seu sentido ético-social será completamente distinto, atípico, aliás, se aquela atividade não tiver sido praticada com a finalidade de *satisfazer interesse ou sentimento pessoal.*

Conquanto esse *especial fim de agir* amplie sobremaneira o aspecto subjetivo do tipo, não integra e nem se confunde com o dolo, visto que este se esgota com a consciência e a vontade de realizar determinada conduta com a finalidade de obter o resultado delituoso (dolo direto), ou na assunção do risco de produzi-lo (dolo eventual). O *especial fim de agir* que integra determinadas definições de delitos, como, por exemplo, o delito

3. Por razões didáticas, optamos por tratar desse *nexo funcional* indispensável para a tipificação do abuso de autoridade nos comentários ao art. 2º, para onde remetemos o leitor.

de furto ("para si ou para outrem"), constitui, assim, *elemento subjetivo do tipo de ilícito*, de maneira autônoma e independente do dolo. Sua ausência acaba por descaracterizar o tipo subjetivo, pouco importando a presença do dolo. A terminologia correta, portanto, é *elemento subjetivo especial do tipo* ou *elemento subjetivo especial do injusto*.

Enquanto o dolo deve restar concretizado no fato típico, os elementos subjetivos especiais do tipo apenas têm o condão de especificar o dolo, sem que haja a necessidade de efetivamente se concretizarem, sendo suficiente que existam no psiquismo do autor, ou seja, desde que a conduta do agente tenha sido orientada por essa finalidade específica. Assim, se determinada pessoa foi sequestrada e o móvel do criminoso era o de *obter, para si ou para outrem, qualquer vantagem, como condição ou preço do resgate*, ter-se-á como caracterizado o crime de extorsão mediante sequestro (CP, art. 159), ainda que tal vantagem jamais seja obtida pelo agente. Do contrário, é dizer, se ausente esse especial fim de agir, o crime será o de sequestro ou cárcere privado (CP, art. 148).

Firmadas essas premissas, parece não haver dúvida quanto à presença de um *elemento subjetivo específico* em relação aos crimes de abuso de autoridade previstos na Lei n. 13.869/19, pelo menos em regra.[4] Isso porque, consoante disposto em seu art. 1º, § 1º, as condutas ali descritas constituem abuso de autoridade quando praticadas pelo agente *com a finalidade específica de prejudicar outrem ou beneficiar a si mesmo ou a terceiro, ou, ainda, por mero capricho ou satisfação pessoal*. Como se percebe, diversamente do que geralmente ocorre na redação dos tipos penais, em que esses

4. Há exceções: a título de exemplo, o tipo penal do art. 29 da nova Lei de Abuso de Autoridade optou por restringir o elemento subjetivo especial do injusto constante do art. 1º, § 1º, da Lei n. 13.869/19. De fato, enquanto este, de aplicação genérica a todos os crimes de abuso de autoridade, faz referência à "finalidade específica de prejudicar outrem ou beneficiar a si mesmo ou a terceiro, ou, ainda, por mero capricho ou satisfação pessoal", o art. 29, em sua parte final, menciona apenas o "fim de prejudicar interesse do investigado". Destarte, atento ao princípio da especialidade (*lex specialis derogat generali)*, o ideal é concluir que, em relação ao delito do art. 29, não se aplica a regra geral do art. 1º, § 1º, da Lei n. 13.869/19, estando seu elemento subjetivo especial restrito à finalidade específica de prejudicar interesse do investigado. Logo, na eventualidade de a conduta ser praticada com a finalidade de beneficiar o investigado, por conta, por exemplo, de relação de amizade entre este e o agente público, não há falar em tipificação do delito sob comento, subsistindo, todavia, a depender do caso concreto, a figura delituosa de prevaricação (CP, art. 319).

elementos subjetivos específicos constam da redação típica de cada delito (v.g., estelionato – *para si ou para outrem*), o legislador houve por bem inserir, logo no art. 1º, § 1º, da Lei n. 13.869/19, uma norma penal de extensão que abrange, pelo menos em regra, todas as figuras delituosas previstas no novo diploma normativo. Sua presença (ou não), portanto, será de todo relevante para diferenciar o agente que cometeu um erro, ou mesmo uma ilegalidade de boa-fé, é dizer, sem o propósito deliberado de abusar das prerrogativas que lhe foram atribuídas, daquele que agiu com a intenção inequívoca de se exceder no exercício das suas funções para atingir uma das finalidades ali enumeradas.

Por conseguinte, para além da comprovação do dolo em relação a cada crime, isoladamente considerado, como, no exemplo do art. 20, a vontade e consciência de impedir, sem justa causa, a entrevista pessoal e reservada do preso com seu advogado, e sem embargo de alguns tipos penais da nova Lei de Abuso de Autoridade também especificarem um especial fim de agir (v.g, art. 24 – "com o fim de alterar local ou momento de crime, prejudicando sua apuração"), será de rigor a demonstração de que o agente assim agiu com uma das seguintes – e alternativas – finalidades específicas:

a) prejudicar outrem: vez por outra, a atuação de um agente público é capaz de causar prejuízos à determinada pessoa. Basta imaginar o cumprimento de um mandado de prisão. É patente que sua execução irá causar prejuízos àquele que foi privado da sua liberdade de locomoção. Mas não é isso o que o legislador quis dizer ao inserir este especial fim de agir no art. 1º, § 1º, da Lei n. 13.869/19. Na verdade, esse *dolo específico* de "prejudicar outrem" deve ser compreendido como a provocação de um prejuízo que transcenda o exercício regular das funções do agente público. É o caso, por exemplo, do Delegado de Polícia que, a despeito da absoluta falta de quaisquer indícios da prática de crime, determina a instauração de um inquérito policial em detrimento de um adversário político, com o nítido propósito de prejudicá-lo às vésperas de uma iminente disputa eleitoral;

b) beneficiar a si mesmo ou a terceiro: é qualquer vantagem, proveito ou benefício que possa vir a ser obtido pelo agente público, pouco importando se se trata de interesse de ordem patrimonial ou moral. No tocante ao interesse patrimonial do agente público, pouco importa, *pelo menos para fins de tipificação do crime de abuso de* *autoridade*, se houve (ou não) prévio oferecimento ou entrega de vantagem indevida por um particular em troca da ação ou omissão funcional. Assim, se um Desembargador demorar demasiada e injustificadamente no exame de processo de que tenha requerido vista em órgão colegiado, com o intuito de procrastinar seu andamento ou retardar o julgamento, assim agindo com o especial fim de agir de obter, para si, determinada quantia em dinheiro da parte prejudicada de modo a retomar o curso regular do feito, deverá responder pelo crime do art. 37 da Lei n. 13.869/19. Igual solução deverá ocorrer se assim tiver agido, porém depois de já ter recebido determinada quantia da parte contrária para retardar o andamento do feito, com a ressalva de que, neste último caso, para além do delito de abuso de autoridade, também deverá responder pelo crime de corrupção passiva (CP, art. 317). Noutro giro, quanto ao interesse de cunho moral, é importante alertar que nessa situação o agente público também deve almejar uma vantagem ou proveito. É o que ocorre, por exemplo, se um Promotor de Justiça estender injustificadamente um inquérito policial, procrastinando-o em prejuízo do investigado tão somente para ganhar prestígio com o Prefeito da cidade, pois seu principal adversário político seria justamente o principal suspeito da prática do crime. Também haverá abuso de autoridade se um Delegado de Polícia, com o objetivo de buscar sua autopromoção para posteriormente se candidatar a determinado cargo eletivo, usar a máquina estatal indevidamente, seja exibindo presos à curiosidade pública em suas redes sociais, seja antecipando atribuição de culpa a determinada pessoa em casos de maior repercussão local, etc.;

c) **por mero capricho ou satisfação pessoal:** por capricho se deve compreender a vontade repentina desprovida de qualquer justificativa, uma obstinação arbitrária. Por sua vez, a *satisfação pessoal* guarda relação com algum tipo de sentimento pessoal capaz de provocar certo grau de contentamento para o agente público, como, por exemplo, a amizade, o ódio, a vingança, a inveja, o prazer em humilhar as pessoas, ideologia, afinidade político-partidária, etc., relativamente às pessoas físicas ou jurídicas prejudicadas pelo abuso de autoridade por ele cometido. Enfim, agir por mero capricho ou satisfação pessoal é colocar o interesse particular em prevalência sobre o interesse público. Logicamente, quando o agente público exerce suas funções, geralmente experimenta alguma satisfação pessoal. É o que ocorre, por exemplo, quando um Policial Militar prende em flagrante uma pessoa que acabara de praticar um crime qualquer. Certamente o militar irá sentir uma satisfação pessoal por cumprir seu dever. Mas não é isso o que a lei quer punir, à evidência. Na verdade, o que o legislador não admite é que a consequência do exercício funcional se transforme em causa. É dizer, a satisfação pessoal pode até emergir como consequência do exercício funcional para a satisfação do interesse público, mas jamais poderá o agente exercer suas funções para buscar, primariamente, sua satisfação pessoal. A propósito, ainda sob a vigência da revogada Lei n. 4.898/65, a jurisprudência já alertava que "nos abusos de autoridade, o elemento subjetivo do injusto deve ser apreciado com muita perspicácia, merecendo punição somente as condutas daqueles que, não visando à defesa social, agem por capricho, vingança ou maldade, com o consequente propósito de praticarem perseguições e injustiças. O que se condena, enfim, é o despotismo, a tirania, a arbitrariedade, o abuso, como indica o *nomen juris* do crime".[5] Destarte, se um Promotor de Justiça requisitar a instauração de um inquérito policial, em desfavor de alguém, à falta de qualquer indício da prática de crime, assim agindo por vingança devido à inimizade provocada por uma briga no condomínio em que ambos moravam, o agente público deverá responder pelo crime do art. 27, *caput*, da Lei n. 13.869/19.

Satisfação *pessoal* não se confunde com satisfação do *interesse público*.[6] Essa observação tem elevada importância prática até mesmo para se evitar que diversos agentes públicos, temendo eventual responsabilização penal, deixem de cumprir seus respectivos deveres de ofício. A título de exemplo, suponha-se que policiais militares recebam uma denúncia anônima apontando a utilização de uma casa para o tráfico de drogas. De imediato, dirigem-se ao local e, por acreditarem que haveria situação de flagrante delito no interior do domicílio (v.g., ter em depósito), haja vista o grande fluxo de pessoas entrando e saindo do local em atitudes suspeitas, ali ingressam sem prévia autorização judicial. Ora, ainda que se queira argumentar que tal conduta teria o condão de tipificar o

5. JUTACrim 84/400.
6. De acordo com Celso Antônio Bandeira de Mello, "o interesse público deve ser conceituado como o interesse resultante do conjunto dos interesses que os indivíduos pessoalmente têm quando considerados em sua qualidade de membros da Sociedade e pelo simples fato de o serem". (*Curso de Direito Administrativo*. 2005, p. 51).

crime do art. 22 da Lei n. 13.869/19, sob o argumento de que os Tribunais Superiores têm precedentes no sentido de que uma mera denúncia anônima não configura fundada razão a autorizar o interesso policial em domicílio alheio sem o seu consentimento ou determinação judicial,[7] parece não haver qualquer dúvida no sentido de que o Policial Militar não teria ingressado no imóvel *para satisfazer interesse de natureza pessoal*. Na verdade, o militar teria agido pelo fato de acreditar que havia uma situação de flagrante delito decorrente da prática de crimes de natureza permanente no interior daquele domicílio, fazendo-o no estrito cumprimento do dever legal de zelar pela preservação da ordem pública e da incolumidade das pessoas e do patrimônio (CF, art. 144, *caput*).

Ausente esse especial fim de agir, não há falar em crime de abuso de autoridade. Nesse sentido, porém se referindo ao crime de prevaricação, cujo juízo de tipicidade também demanda a presença de um especial fim de agir – no caso, para satisfazer interesse ou sentimento pessoal –, assim já se pronunciou o Supremo Tribunal Federal: "(...) A configuração do crime de prevaricação requer a demonstração não só da vontade livre e consciente de deixar de praticar ato de ofício, como também do elemento subjetivo específico do tipo, qual seja, a vontade de satisfazer "interesse" ou "sentimento pessoal". Instrução criminal que não evidenciou o especial fim de agir a que os denunciados supostamente cederam. Elemento essencial cuja ausência impede o reconhecimento do tipo incriminador em causa. (...)".[8]

Firmada a importância desse elemento subjetivo especial do injusto para a tipificação de todos os crimes de abuso de autoridade, podemos extrair algumas conclusões:

a) o especial fim de agir do art. 1º, § 1º, da Lei n. 13.869/19 deve ser detalhadamente descrito na denúncia oferecida pelo órgão ministerial – ou na queixa-crime subsidiária oferecida pelo ofendido (Lei n. 13.869/19, art. 3º, § 1º). Isso porque, consoante

---

7. STJ, 6ª Turma, RHC 83.501/SP, Rel. Min. Nefi Cordeiro, j. 06/03/2018, DJe 05/04/2018. Em sentido diverso, há precedente mais antigo do Supremo asseverando que não há ilegalidade na prisão em flagrante realizada por autoridade policial baseando-se em notícia anônima: STF, 2ª Turma, HC 90.178/RJ, Rel. Min. Cezar Peluso, j. 02/02/2010, DJe 55 25/03/2010.

8. STF, Pleno, AP 447/RS, Rel. Min. Carlos Britto, j. 18/02/2009, DJe 99 28/05/2009.

disposto no art. 41 do Código de Processo Penal, deve constar da peça acusatória a *exposição do fato criminoso com todas as suas circunstâncias*. Ausente a descrição detalhada da *finalidade específica de prejudicar outrem ou beneficiar a si mesmo ou a terceiro, ou, ainda, por mero capricho ou satisfação pessoal,* impõe-se a rejeição da peça acusatória, *ex vi* do art. 395, inciso I, do CPP;

b) o abuso de autoridade é tratado pela legislação pátria como espécie de **crime de intenção (delito de tendência interna transcendente)**, assim compreendido como aquele que requer um agir com ânimo, finalidade ou intenção adicional de obter um resultado ulterior ou uma ulterior atividade, distintos da realização do tipo penal. As intenções especiais integram a estrutura subjetiva de determinados tipos penais, exigindo do autor a persecução de um objetivo compreendido no tipo, mas que não precisa ser alcançado efetivamente. Faz parte do tipo de injusto uma finalidade transcendente, no caso dos crimes de abuso de autoridade a finalidade específica de prejudicar outrem ou beneficiar a si mesmo ou a terceiro, ou, ainda, por mero capricho ou satisfação pessoal. Esses crimes de intenção, por sua vez, subdividem-se em delitos de resultado cortado e delitos mutilados de dois atos. Os primeiros consistem na realização de um ato visando à produção de um resultado, que fica fora do tipo e sem a intervenção do autor. Nesses tipos penais, o legislador corta a ação em determinado momento do processo executório, consumando-se o crime independentemente de o agente haver atingido o propósito pretendido. Ocorrendo a *meta optata,* haverá mero exaurimento. Como exemplo, podemos citar o crime de extorsão mediante sequestro, em que o resultado visado pelo agente – a percepção da vantagem – advirá ou não, independentemente da intervenção direta do sujeito ativo. Por sua vez, os delitos mutilados de dois atos consumam-se quando o autor realiza o primeiro ato com o objetivo de levar a termo o segundo. O autor quer alcançar, após ter realizado o tipo, o resultado que fica fora dele (v.g, falsidade documental para cometer estelionato). Devido ao disposto no art. 1º, § 1º, da Lei n. 13.869/19, podemos afirmar que os crimes de abuso de autoridade, em sua integralidade, são exemplos de **delitos de resultado cortado**;

c) considerando que se trata, *a finalidade específica de prejudicar outrem ou beneficiar a si mesmo ou a terceiro, ou, ainda, por mero capricho ou satisfação pessoal,* de mero elemento subjetivo especial do injusto, a consecução (ou não) desse resultado almejado pelo agente em nada interfere na consumação dos delitos de abuso de autoridade (delito de resultado cortado). É o mesmo raciocínio já feito pela doutrina em relação ao crime de extorsão (CP, art. 158): sua tipificação também demanda um especial fim de agir, representado, *in casu*, pela expressão "com o intuito de obter para si ou para outrem indevida vantagem econômica", daí por que se entende que estará "consumado independentemente da obtenção da vantagem indevida" (**súmula n. 98 do STJ**);

d) na eventualidade de imputação de crime de abuso de autoridade a determinado agente público por meio de *notitia criminis* oferecida pelo próprio investigado ou por seu defensor, impõe-se a descrição pormenorizada desse especial fim de agir, evitando-se, assim, qualquer questionamento no sentido de que teria restado configurado o crime de denunciação caluniosa (CP, art. 339).[9] A propósito, eis o teor do **enunciado n. 29** do Conselho Nacional de Procuradores-Gerais dos Ministérios Públicos dos Estados e da União (CNPG) e do Grupo Nacional de Coordenadores de Centro de Apoio Criminal (GNCCRIM): "Representações indevidas por abuso de autoridade podem, em tese, caracterizar crime de denunciação caluniosa (CP, art. 339), dano civil indenizável (CC, art. 953) e, caso o reclamante seja agente público, infração disciplinar ou político-administrativa";

e) ainda em relação a eventuais representações indevidas pela prática de abuso de autoridade, convém lembrar que, nos exatos termos do art. 256 do CPP, se a parte injuriar o juiz, não poderá arguir sua suspeição. O dispositivo em questão visa evitar que a parte, por ato unilateral, consiga afastar do processo o juiz que porventura não seja conveniente a seus interesses. De mais a mais, também atende ao dever de boa-fé processual, que deve nortear a atuação dos sujeitos, na medida em que ninguém pode se beneficiar da própria torpeza. Por conseguinte, eventual representação indevida pela prática de abuso de autoridade jamais terá o condão

9. Para Igor Pereira Pinheiro, André Clark Nunes Cavalcante e Emerson Castelo Branco (*Nova Lei do Abuso de Autoridade: comentada artigo por artigo.* Leme/SP: JH Mizuno, 2020. p. 52), ausente a comprovação de plano desse especial fim de agir, eventual representação açodada dirigida ao Ministério Público para fins de apuração de suposto crime de abuso de autoridade pode configurar o crime de denunciação caluniosa ou de comunicação falsa de crime (CP, arts. 339 e 340, respectivamente).

de acarretar a suspeição de agentes públicos, como, por exemplo, magistrados, Promotores de Justiça, etc. É nesse sentido, aliás, o **enunciado n. 30** do Conselho Nacional de Procuradores-Gerais dos Ministérios Públicos dos Estados e da União (CNPG) e do Grupo Nacional de Coordenadores de Centro de Apoio Criminal (GNCCRIM): "A representação indevida por abuso de autoridade contra juiz, promotor de justiça, delegados ou agentes públicos em geral, não enseja, por si só, a suspeição ante a aplicação da regra de que ninguém pode se beneficiar da própria torpeza, nos termos do que disposto, inclusive, no art. 256 do CPP".

4.1. (In) compatibilidade do elemento subjetivo especial do injusto com o dolo eventual

O fato de o delito contemplar um especial fim de agir, como ocorre nos crimes de abuso de autoridade, não afasta a possibilidade de o delito ser imputado ao agente a título de dolo eventual. Prova disso, aliás, é o fato de o Código Penal contemplar diversos delitos cuja tipificação demanda um especial fim de agir, tais como, por exemplo, furto ("para si ou para outrem"), extorsão mediante sequestro ("com o fim de obter, para si ou para outrem, qualquer vantagem, como condição ou preço do resgate"), etc., sem que a doutrina jamais tenha questionado a possibilidade de tais delitos serem atribuídos ao agente tanto a título de dolo direto quanto a título de dolo eventual.

Não há nenhuma incompatibilidade entre as duas figuras. Por isso, se restar comprovado que o agente público não queria o resultado (dolo direto), mas assumiu o risco de produzi-lo, deverá responder pelo crime de abuso de autoridade em questão a título de dolo eventual, se assim o fizer, logicamente, para prejudicar outrem ou beneficiar a si mesmo ou a terceiro, ou, ainda, por mero capricho ou satisfação pessoal.[10]

A ressalva fica por conta dos tipos penais de abuso de autoridade cuja redação típica deixar entrever que o legislador deliberadamente quis afastar a possibilidade de imputação a título de dolo

---

10. Em sentido diverso, Rogério Greco e Rogério Sanches Cunha (*Abuso de autoridade: Lei 13.869/2019: comentada artigo por artigo*. Salvador: Editora Juspodivm, 2019, p. 13) sustentam que o elemento subjetivo presente nos vários tipos incriminadores restringe o alcance da norma de tal forma que o dolo eventual ficaria descartado.

eventual. Ou seja, à semelhança de outros tipos penais constantes do Código Penal ou da Legislação Especial que fazem uso de expressões como, por exemplo, "que sabe" ou "que devia saber" (v.g., arts. 180, *caput*, e 339, *caput*, do CP), há certos crimes na nova Lei de Abuso de Autoridade cuja punição é admitida apenas a título de dolo direto. É o que ocorre em relação aos crimes do art. 19, parágrafo único ("Incorre na mesma pena o magistrado que, *ciente do impedimento ou da demora*, deixar de tomar as providências tendentes a saná-lo ou, não sendo competente para decidir sobre a prisão, deixar de enviar o pedido à autoridade judiciária que o seja"), art. 25, parágrafo único ("Incorre na mesma pena quem faz uso de prova, em desfavor do investigado ou fiscalizado, *com prévio conhecimento de sua ilicitude")* e art. 30 ("Dar início ou proceder à persecução penal, civil ou administrativa sem justa causa fundamentada *ou contra quem sabe inocente*"). Concluímos, então, que, à exceção dessas 3 (três) figuras delituosas, todos os demais crimes previstos na nova Lei de Abuso de Autoridade podem ser atribuídos ao agente público tanto a título de dolo direto quanto a título de dolo eventual.

Não consta da Lei n. 13.869/19 nenhuma infração penal culposa. Portanto, eventual inobservância do dever objetivo de cuidado na atuação funcional pode dar ensejo à responsabilização cível e/ou administrativa, punida exclusivamente na seara extrapenal, jamais no âmbito criminal.

Art. 1º (...)

(...)

§ 2º A divergência na interpretação de lei ou na avaliação de fatos e provas não configura abuso de autoridade.

5. Vedação do crime de hermenêutica.

A atuação de todo e qualquer agente público, seja ele um Ministro de Tribunal Superior, seja ele um Auditor da Receita Federal, envolve constantemente não apenas a interpretação de leis e atos normativos, mas também a apreciação de fatos e provas. Ocorre que, por mais que sejam utilizados critérios objetivos e métodos teóricos para o exercício de tais atividades, sempre haverá uma boa dose de subjetividade. E é exatamente dessa subjetividade que derivam divergências na interpretação da lei ou na avaliação dos fatos e provas. Atento a isso, o art. 1º, § 2º, da Lei n. 13.869/19, prevê expressamente que "a divergência na interpretação de lei ou na avaliação de fatos e provas não configura abuso de autoridade".[11]

O objetivo do dispositivo sob análise foi o de coibir aquilo que Rui Barbosa chamava de **crime de hermenêutica**, assim compreendida como toda e qualquer figura delituosa que procure criminalizar a interpretação jurídica, fática ou probatória, que o agente público dê aos fatos que lhe são trazidos para sua apreciação. O tema não é novo e, como dito, Rui Barbosa, há muitos anos, já condenava as tentativas de se criar o **crime de hermenêutica**: "Para fazer do magistrado uma impotência equivalente, criaram a novidade da doutrina, que inventou para o juiz os crimes de hermenêutica, responsabilizando-o penalmente pelas rebeldias da sua consciência ao padrão oficial no entendimento dos textos. Esta hipérbole do absurdo não tem linhagem conhecida: nasceu entre nós por geração espontânea. E, se passar, fará da toga a mais humilde das profissões servis, estabelecendo, para o aplicador judicial das leis, uma subalternidade constantemente ameaçada pelos oráculos da ortodoxia cortesã. Se o julgador, cuja opinião não condiga com a dos seus julgadores na análise do direito escrito, incorrer, por essa dissidência, em sanção criminal, a hierarquia judiciária, em vez de ser a garantia da justiça contra os erros individuais dos juízes, pelo sistema de recursos, ter-se-á convertido, a benefício dos interesses poderosos, em mecanismo de pressão, para substituir a consciência pessoal do magistrado, base de toda a confiança na judicatura, pela ação cominatória do terror, que dissolve o homem em escravo. (...)".[12]

Aliás, mesmo na vigência da revogada Lei de Abuso de Autoridade, a jurisprudência já rechaçava a possiblidade de se responsabilizar criminalmente o magistrado pela mera divergência de interpretação: "(...) AÇÃO PENAL ORIGINÁRIA. ABUSO DE

---

11. Especificamente em relação a magistrados, o art. 1º, § 2º, da nova Lei de Abuso de Autoridade, vem ao encontro da Lei Orgânica da Magistratura Nacional (LC n. 35/79), cujo art. 41 prevê que, salvo os casos de impropriedade ou excesso de linguagem, *o magistrado não pode ser punido ou prejudicado pelas opiniões que manifestar ou pelo teor das decisões que proferir*.
12. *Obras completas de Rui Barbosa*. Vol. XXIII, Tomo III, p. 2.280.

AUTORIDADE. ART. 4º, "A", DA LEI N.º 4.898/65. DESEMBARGADOR. DECISÃO JUDICIAL. CONFRONTO COM DECISÃO DE RELATOR DO STF. CONDUÇÃO COMPULSÓRIA PARA LAVRATURA DE TERMO CIRCUNSTANCIADO. QUESTÕES ATINENTES À ATIVIDADE JUDICANTE. ATRIBUTOS DA FUNÇÃO JURISDICIONAL. 1. Faz parte da atividade jurisdicional proferir decisões com o vício *in judicando* e *in procedendo*, razão por que, para a configuração do delito de abuso de autoridade há necessidade da demonstração de um mínimo de "má-fé" e de "maldade" por parte do julgador, que proferiu a decisão com a evidente intenção de causar dano à pessoa. 2. Por essa razão, não se pode acolher denúncia oferecida contra a atuação do magistrado sem a configuração mínima do dolo exigido pelo tipo do injusto, que, no caso presente, não restou demonstrado na própria descrição da peça inicial de acusação para se caracterizar o abuso de autoridade. 3. Ademais, de todo o contexto, o que se conclui é que houve uma verdadeira guerra de autoridades no plano jurídico, cada qual com suas armas e poderes, que, ao final, bem ou mal, conseguiram garantir a proteção das instituições e dos seus representantes, não possibilitando a esta Corte a inferência da prática de conduta penalmente relevante. 4. Denúncia rejeitada".[13]

---

13. STJ, Corte Especial, APn 858/DF, Rel. Min. Maria Thereza de Assis Moura, j. 24/10/2018, DJe 21/11/2018. Em sentido semelhante, referindo-se, porém, ao crime de prevaricação, cuja tipificação também demanda um especial fim de agir: "CRIMINAL. AÇÃO PENAL ORIGINÁRIA. DENÚNCIA. PREVARICAÇÃO. DESCUMPRIMENTO DE DECISÕES DO TST. PRERROGATIVA DE MEMBRO DO MINISTÉRIO PÚBLICO DO TRABALHO. SATISFAÇÃO DE INTERESSE OU SENTIMENTO PESSOAL. ELEMENTO SUBJETIVO NÃO CONFIGURADO. DENÚNCIA REJEITADA. Hipótese em que a denúncia trata da suposta prática de crime de prevaricação, pois os acusados teriam deixado de praticar ato de ofício consistente no cumprimento de decisões emanadas do TST referentes à prerrogativa institucional de membro do MPU de ter assento no mesmo plano e imediatamente à direita dos juízes singulares ou presidentes dos órgãos judiciários perante os quais oficiem na condição de parte ou de fiscal da lei, além de terem praticado outros atos contra expressa disposição de lei, com vistas a satisfazer interesse ou sentimento pessoal. Esta Corte já firmou posicionamento, concordante com a doutrina penal, no sentido de que a intenção de satisfazer interesse ou sentimento pessoal é essencial à tipificação do delito do art. 319 do Estatuto Repressor. Precedente. A controvérsia quanto à interpretação da legislação, como ocorreu no caso dos autos, não é hábil a configurar o elemento subjetivo do crime de prevaricação. Se não resta caracterizada a satisfação de interesse ou sentimento pessoal na conduta dos acusados, afasta-se a tipicidade da conduta. Ante a ausência de correspondência do fato, tal como narrado na peça acusatória, à norma jurídica, vislumbra-se a inexistência de fato típico, afetando a possibilidade de responsabilização penal dos acusados pela prática do delito descrito no art. 319 do

Por conseguinte, se um Promotor de Justiça oferecer denúncia contra alguém, imputando-lhe um crime de furto decorrente da subtração de coisa móvel alheia avaliada em R$ 50,00 (cinquenta reais), o fato de a peça acusatória ser, na sequência, rejeitada pelo juiz, sob o argumento de que a conduta seria atípica à luz do princípio da insignificância, jamais poderá levar à conclusão de que o membro do *Parquet* teria incorrido em crime de abuso de autoridade – *in casu,* no delito do art. 30 da Lei n. 13.869/19 –, porquanto o que houve, em última análise, teria sido uma mera divergência entre o órgão ministerial e o magistrado em relação à interpretação do referido postulado. Na mesma linha, se um Policial Militar deliberar por ingressar em imóvel alheio sem prévia autorização judicial por entender que uma denúncia anônima seria suficiente para caracterizar a *causa provável* de um flagrante delito, a ele não se poderá imputar o crime do art. 22 da Lei n. 13.869/19, eis que eventual divergência, por parte de outro agente público (v.g., Delegado de Polícia, Promotor de Justiça, Juiz, etc.), quanto à avaliação dos fatos e provas, jamais terá o condão de autorizar a tipificação de qualquer crime de abuso de autoridade.

Enfim, se estamos diante de uma norma que permite interpretações diversas, o sentido adotado pelo agente público em questão deve ser considerado válido, e não abusivo. Agora, se a norma não permite interpretações diversas, seja por conta da literalidade do texto legal (*limitação literal*) – não se pode interpretar "dia" como "noite", nem vice-versa, ou seja, não se pode interpretar o texto legal de modo a promover a ruptura da literalidade da norma –, seja quando a interpretação daquela norma tiver sido pacificada de maneira vinculante por determinado Tribunal (*limitação jurisprudencial*), a exemplo do que ocorre quando o Supremo Tribunal Federal delibera pela aprovação de súmula vinculante,[14] a atuação

Código Penal. Denúncia rejeitada". (STJ, Corte Especial, APn 471/MG, Rel. Min. Gilson Dipp, j. 07/11/2007, DJe 10/03/2008).

14. O raciocínio em questão seria válido não apenas para as hipóteses de súmulas vinculantes (CF, art. 103-A), mas também para outras hipóteses em que houvesse uma decisão do Supremo Tribunal Federal com efeito vinculante em relação aos demais órgãos do Poder Judiciário e à Administração Pública, a exemplo do que ocorre com as decisões definitivas de mérito proferidas nas ações diretas de inconstitucionalidade, nas ações declaratórias de constitucionalidade, recursos extraordinários com repercussão geral reconhecida, recursos repetitivos, etc.

em descompasso com a norma legal poderá configurar crime de abuso de autoridade, desde que presente o especial fim de agir do art. 1º, § 1º.[15]

É possível afirmar, portanto, que não haverá crime de abuso de autoridade apenas quando se tratar de divergência *razoável* na interpretação da lei ou na avaliação de fatos e provas. Logo, em se tratando de *interpretação* absurda, teratológica, manifestamente descabida, é dizer, em contrariedade a essa *limitação literal ou jurisprudencial* anteriormente explicada, não será cabível a aplicação da causa excludente do dolo constante do art. 1º, § 2º, da nova Lei de Abuso de Autoridade. É nesse sentido, aliás, o **Enunciado n. 2** do Conselho Nacional de Procuradores-Gerais dos Ministérios Públicos dos Estados e da União (CNPG) e do Grupo Nacional de Coordenadores de Centro de Apoio Criminal (GNCCRIM): "A divergência na interpretação de lei ou na avaliação de fatos e provas, salvo quando teratológica, não configura abuso de autoridade, fixando excluído o dolo". A título de ilustração, suponha-se que determinado juiz, a despeito de ter consciência da súmula vinculante n. 25 ("É ilícita a prisão civil de depositário infiel, qualquer que seja a modalidade de depósito"), resolva decretar, a título de vingança contra um antigo desafeto, sua prisão civil diante do descumprimento de seus deveres como depositário. Ora, se há súmula vinculante com efeito vinculante em relação aos demais órgãos do Poder Judiciário (CF, art. 103-A, *caput)* vedando a possibilidade de decretação de qualquer prisão civil de depositário infiel, não há espaço para quaisquer interpretações em sentido diverso. De todo modo, para que o magistrado responda pelo crime do art. 9º, *caput,* da Lei n. 13.869/19, subsiste a necessidade de se demonstrar cabalmente que agiu com o especial fim de agir do art. 1º, § 1º, verdadeira elementar em relação a todos os crimes de abuso de autoridade. Do contrário, será um *error in judicando,* passível de ser sanado pelos recursos ordinários, correição parcial, habeas corpus, etc., sem que se possa cogitar de qualquer responsabilidade criminal do julgador.[16]

15. A propósito: AGI, Samer. *Comentários à nova Lei de Abuso de Autoridade (Lei n. 13.869/2019).* Brasília: Editora CP Iuris, 2019. p. 18.
16. Nessa linha: PINHEIRO, Igor Pereira; CAVALCANTE, André Clark Nunes; BRANCO, Emerson Castelo. Op. cit. p. 16.

CAPÍTULO II
DOS SUJEITOS DO CRIME

Art. 2º É sujeito ativo do crime de abuso de autoridade qualquer agente público, servidor ou não, da administração direta, indireta ou fundacional de qualquer dos Poderes da União, dos Estados, do Distrito Federal, dos Municípios e de Território, compreendendo, mas não se limitando a:

I – servidores públicos e militares ou pessoas a eles equiparadas;

II – membros do Poder Legislativo;

III – membros do Poder Executivo;

IV – membros do Poder Judiciário;

V – membros do Ministério Público;

VI – membros dos tribunais ou conselhos de contas.

Parágrafo único. Reputa-se agente público, para os efeitos desta Lei, todo aquele que exerce, ainda que transitoriamente ou sem remuneração, por eleição, nomeação, designação, contratação ou qualquer outra forma de investidura ou vínculo, mandato, cargo, emprego ou função em órgão ou entidade abrangidos pelo *caput* deste artigo.

6. Sujeito ativo dos crimes de abuso de autoridade

Diversamente do conceito mais restrito conferido pelo Direito Administrativo, a **norma penal interpretativa** do art. 2º da Lei n. 13.689/19 considera *agente público* todo aquele que exerce, ainda que transitoriamente ou sem remuneração, por eleição, nomeação, designação, contratação ou qualquer outra forma de investidura ou vínculo, mandato, cargo, emprego ou função na Administração Direta, Indireta ou Fundacional de qualquer dos Poderes da União, dos Estados, do Distrito Federal, dos Municípios e de Território.

Esse conceito incide tanto na esfera da **Administração Pública Direta**, como também no campo da **Administração Pública Indireta**, no âmbito da União, dos Estados, do Distrito Federal e dos Municípios, compreendendo, mas não se limitando a servidores públicos e militares ou pessoas a eles equiparadas, membros do Poder Legislativo, membros do Poder Executivo, membros do Poder Judiciário, membros do Ministério Público e membros dos Tribunais ou Conselhos de Contas. Como se percebe, partindo da premissa de que é elemento essencial de uma República que todos estejam sob o império da lei, o art. 2º deixa entrever que até mesmo os *agentes políticos* estão sujeitos à punição cível, administrativa e criminal por abuso de autoridade.[17]

Administração Direta é o conjunto de órgãos que integram as pessoas federativas, aos quais foi atribuída a competência para o exercício, de forma centralizada, das atividades administrativas do Estado. O conceito abrange, portanto, a União, os Estados, os Municípios e o Distrito Federal, cada qual com sua estrutura administrativa e seus órgãos. Por sua vez, **Administração Indireta** é o conjunto de pessoas administrativas que, vinculadas à respectiva Administração Direta, têm o objetivo de desempenhar as atividades administrativas de forma descentralizada. Consoante disposto no art. 4º, inciso II, do Decreto-Lei n. 200/67, a Administração Indireta compreende as seguintes categorias de entidades, dotadas de personalidade jurídica própria: a) autarquias; b) empresas públicas; c) sociedades de economia mista; d) fundações públicas. Vale lembrar que os territórios federais têm natureza jurídica de autarquias, pertencendo, pois, à Administração Indireta.

Interessante notar que a nova Lei de Abuso de Autoridade não faz referência, como o faz o Código Penal em seu art. 327, § 1º, incluído pela Lei n. 9.983/00, aos denominados *funcionários públicos por equiparação,* assim compreendido como aquele que "exerce cargo, emprego ou função em entidade paraestatal, e quem trabalha para empresa prestadora de serviço contratada ou conveniada para a execução de atividade típica da administração". Destarte, atento ao princípio da especialidade (*lex specialis derogat generali),* tal conceito não pode ser aplicado à nova Lei de Abuso

17. Nesse sentido, como já se pronunciou o STJ, "(...) excetuada a hipótese de atos de improbidade praticados pelo Presidente da República (art. 85, V), cujo julgamento se dá em regime especial pelo Senado Federal (art. 86), não há norma constitucional alguma que imunize os agentes políticos, sujeitos a crime de responsabilidade, de qualquer das sanções por ato de improbidade previstas no art. 37, § 4º. (...)". (STJ, 2ª Turma, REsp 1.108.490/RJ, Rel. Min. Herman Benjamin, j. 15/09/2016, DJe 11/10/2016).

de Autoridade. Repete-se, portanto, uma situação inusitada, que, aliás, já existia na revogada Lei n. 4.898/65.[18] Deveras, enquanto aquele indivíduo que exerce uma função numa empresa contratada para a execução de atividade típica da administração pública (v.g., coleta de lixo) é considerado funcionário público no tocante aos crimes contra a Administração Pública, haja vista a norma do art. 327, § 1º, do CP, podendo responder, portanto, por crimes como peculato e corrupção passiva, este mesmo *funcionário público por equiparação* não pode ser considerado *agente público* para efeito de aplicação da nova Lei de Abuso de Autoridade, haja vista o silêncio da norma especial em relação à equiparação feita pelo Código Penal, revelando-se inviável, pois, qualquer espécie de analogia, que, *in casu,* seria evidentemente *in malam partem.*

O parágrafo único do art. 2º da Lei n. 13.869/19 refere-se a mandato, cargo, emprego ou função. Vejamos tais conceitos, separadamente: a) **mandato**: é aquele que, pela sua própria natureza, possui um tempo certo de duração, podendo ou não ser renovado, a exemplo do que ocorre com os mandatos eletivos, conquistados através do voto popular, tal como ocorre com vereadores, prefeitos, deputados (estaduais e federais), senadores, Governadores, Presidente da República, etc.; b) **cargo**: de acordo com o art. 3º da Lei n. 8.112/90, cargo público é o conjunto de atribuições e responsabilidades previstas na estrutura organizacional que devem ser cometidas a um servidor; c) **emprego**: é a terminologia utilizada para identificar uma relação funcional de trabalho; é um núcleo de encargo de trabalho permanente a ser preenchido por agente contratado para desempenhá-lo. Portanto, também conta com um conjunto de atribuições e responsabilidades, distinguindo-se das situações anteriores pelo regime adotado (CLT); d) **função**: é a atividade em si mesma, ou seja, é sinônimo de atribuição e corresponde às inúmeras tarefas que constituem o objeto dos serviços prestados pelos servidores públicos. Todo cargo tem função, porque não se pode admitir um lugar na Administração que não tenha a predeterminação das tarefas do servidor. Mas nem toda função pressupõe a existência do cargo.

18. Nessa linha, referindo-se à revogada Lei n. 4.898/65: ROQUE, Fábio; TÁVORA, Nestor; ALENCAR, Rosmar Rodrigues. *Legislação Criminal para concursos.* Salvador: Editora Juspodivm, 2019. p. 122.

Noutro giro, não são considerados *agentes públicos* aqueles que exercem apenas um *munus* público, como, por exemplo, os curadores e tutores dativos, os inventariantes judiciais, os administradores judiciais, os depositários judiciários, os leiloeiros dativos, etc., havendo prevalência, nesses casos, do interesse privado. Especificamente quanto aos advogados dativos, nomeados para exercer a defesa de acusado necessitado em locais onde a Defensoria Pública não tenha sido instituída, o Superior Tribunal de Justiça tem precedentes[19] no sentido de que, conquanto não sejam servidores públicos propriamente ditos, pois não são Defensores Públicos, devem ser considerados funcionários públicos para fins penais, nos termos do art. 327 do Código Penal, daí por que também hão de ser considerados agentes públicos à luz do art. 2º da Lei n. 13.869/19.

Para a caracterização dos crimes de abuso de autoridade, não se faz necessário que a conduta seja contemporânea ao exercício efetivo da função. Subsistirá a infração penal, portanto, ainda que o agente se encontre licenciado, em férias ou não tenha assumido o cargo, mas já tenha sido, por exemplo, aprovado no concurso público ou nomeado formalmente para exercer determinada função. É exatamente nesse sentido, aliás, o disposto no art. 1º, *caput,* da Lei n. 13.869/19, que define como crimes de abuso de autoridade aqueles cometidos por agente público, servidor ou não, que, *no exercício de suas funções ou a pretexto de exercê-las*, abuse do poder que lhe tenha sido atribuído.

Contudo, embora não se exija efetivo exercício funcional no momento da conduta, é imperioso que o sujeito ativo goze do *status* de agente público no sentido do art. 2º da Lei n. 13.869/19. Caso contrário, a ele não se poderá imputar o delito. É o que ocorre, por exemplo, com o funcionário público aposentado, que não pode figurar como sujeito ativo dos crimes de abuso de autoridade, vez

---

19. Para o STJ, "o advogado que, por força de convênio celebrado com o Poder Público, atua de forma remunerada em defesa dos agraciados com o benefício da Justiça Pública, enquadra-se no conceito de funcionário público para fins penais (Precedentes). (REsp n. 902.037/SP, Rel. Min. Felix Fischer, 5ª Turma, j. 17/04/2007, DJ 04/06/2007). Sendo equiparado a funcionário público, possível a adequação típica aos crimes previstos nos arts. 312 e 317 do Código Penal. (...)". (STJ, 5ª Turma, HC 264.459/SP, Rel. Min. Reynaldo Soares da Fonseca, j. 10/03/2016, DJe 16/03/2016). Na mesma linha: STJ, 5ª Turma, RHC 33.133/SC, Rel. Min. Jorge Mussi, j. 21/05/2013, DJe 05/06/2013.

que, à época do delito, já havia se desvinculado funcionalmente da Administração Pública.

De todo modo, deve restar caracterizada a correlação entre o abuso e as funções desempenhadas pelo agente. Como adverte Renee do Ó Souza, na eventualidade de a conduta delituosa ser praticada com total desvinculação às funções, "em ato ligado essencialmente à vida privada do agente, não há que se falar em abuso de autoridade".[20] É nesse sentido a jurisprudência: "(...) não há falar em abuso de poder, se a ação de polícia do réu resulta de atividade como particular desvinculada de determinação oficial e da função específica".[21] Portanto, se um policial militar de folga, ao fazer um "bico" como segurança privada em um estabelecimento qualquer, constranger uma pessoa detida, mediante violência, a produzir prova contra si mesmo ou contra terceiro, não poderá responder pelo crime do art. 13, inciso III, da Lei n. 13.869/19, porquanto o delito não guardará qualquer relação com suas funções. Subsistirá, porém, o delito de constrangimento ilegal previsto no art. 146 do Código Penal.

6.1. Concurso de agentes com particulares (extraneus)

Como exposto anteriormente, o sujeito ativo dos crimes de abuso de autoridade é apenas o agente público. Trata-se, portanto, de **crime próprio**. Todavia, como a condição especial *agente público* funciona como verdadeira elementar desses delitos, comunica-se ao particular que eventualmente concorra, na condição de coautor ou partícipe, para a prática do crime, nos termos do art. 30 do Código Penal, segundo o qual "não se comunicam as circunstâncias e as condições de caráter pessoal, salvo quando elementares do crime". Destarte, é necessário que pelo menos um dos autores reúna a condição especial de agente público, podendo os demais não ostentar tal qualidade. Caso contrário, é dizer, se o particular agir sozinho, jamais poderá responder por abuso de autoridade. Se praticar alguma das condutas contidas nos artigos seguintes, poderá ser responsabilizado por crimes diversos, como, por exemplo, lesão corporal, constrangimento ilegal, ameaça, etc.

---

20. *Leis Penais Especiais Comentadas artigo por artigo*. Coordenadores Rogério Sanches Cunha, Ronaldo Batista Pinto, Renee do Ó Souza. 2ª ed. Salvador: Editora Juspodivm. p. 271.
21. TACRIM-SP-AC- Rel. Ary Belfort – Jutacrim 65/248.

De todo modo, se o particular agir em concurso de pessoas com um agente público, é indispensável que o *extraneus* tenha consciência de sua qualidade especial, sob pena de não responder pelo crime de abuso de autoridade. De fato, desconhecendo essa condição de agente público, o *dolo* do particular não terá o condão de abranger todos os elementos constitutivos do tipo, configurando-se o denominado *erro de tipo,* que afasta a tipicidade da conduta. Responderá, todavia, por outro crime, nos termos da previsão do art. 29, § 2, do Código Penal, que cuida da chamada *cooperação dolosamente distinta.*

7. Sujeito passivo dos crimes de abuso de autoridade

Os crimes de abuso de autoridade previstos na Lei n. 13.869/19 são delitos de "dupla subjetividade passiva". Isso porque são condutas que atingem dois sujeitos passivos: de um lado, o Estado (Poder Público), que tem a sua imagem, credibilidade e até patrimônio ofendidos quando um agente pratica um ato abusivo; do outro, a pessoa física ou jurídica diretamente atingida ou prejudicada pela conduta abusiva, como, por exemplo, a pessoa presa, no caso do crime do art. 13.

Ousamos discordar de parte da doutrina, que costuma apontar o Estado como sujeito passivo principal ou imediato, e, na condição de sujeito passivo secundário (ou mediato), a pessoa física ou jurídica diretamente atingida pela conduta delituosa.[22] Na verdade, não conseguimos visualizar nenhuma razão lógica ou jurídica para se colocar o particular em segundo plano, ainda que se queira argumentar que estamos diante de crimes de responsabilidade em sentido amplo, semelhantes, pois, àqueles previstos entre os arts. 312 e 326 do Código Penal. Ora, tomando-se como exemplo o delito previsto no art. 10 da Lei n. 13.869/19 ("Decretar a condução coercitiva de testemunha ou investigado manifestamente descabida ou sem prévia intimação de comparecimento ao juízo"), parece não haver qualquer dúvida quanto ao fato de se tratar de um delito que lesa tanto bem jurídico pertencente à Administração Pública – dignidade da função pública e o prestígio de que o poder público deve desfrutar perante os administrados –, quanto bem jurídico pertencente ao particular – *in casu,* a liberdade de locomoção da

22. Nessa linha: AGI, Samer. Op. cit. p. 22.

testemunha ou do investigado. Nesses casos, se alguém deve ser denominado como sujeito passivo secundário, este alguém deveria ser o Estado, que é sempre ofendido diante do desvio de finalidade perpetrado pelo agente público, mas como tal jamais se poderia considerar o particular diretamente lesado.

Em síntese, o sujeito passivo permanente de todos os crimes previstos na Lei n. 13.869/19 é o Estado, que deve, porém, ser considerado como o sujeito passivo secundário, sempre que a conduta tiver lesado ou ofendido diretamente bem jurídico pertencente à alguma pessoa física ou jurídica.

8. Competência para o processo e julgamento dos crimes de abuso de autoridade

Pelo menos em regra, a competência para o processo e julgamento dos crimes de abuso de autoridade previstos tortura previstos na Lei n. 13.869/19 recai sobre os juízes de primeira instância. Todavia, se o autor do delito for titular de foro por prerrogativa de função, e se o crime em questão for praticado no exercício do cargo e em razão das funções (regra da contemporaneidade),[23] haverá que ser respeitada a competência originária do respectivo Tribunal. A título de exemplo, se um Promotor de Justiça do Estado de Minas Gerais, com a finalidade específica de prejudicar um investigado, requisitar a instauração de um procedimento investigatório de infração penal em seu desfavor, à falta de qualquer indício da prática de crime, deverá responder pela prática do crime do art. 27 da nova Lei de Abuso de Autoridade perante o Tribunal de Justiça mineiro, nos exatos termos do art. 96, inciso III, da Constituição Federal, e do art. 106, inciso I, alínea "b", da Constituição do Estado de Minas Gerais.

Quanto à *Justiça* competente para o julgamento dos crimes sob comento, a regra é que tais feitos sejam processados perante a Justiça Comum Estadual. Não se trata, porém, de regra absoluta. Com efeito, a depender das circunstâncias do caso concreto, é

23. No julgamento de uma questão de ordem na Ação Penal n. 937 (Rel. Min. Roberto Barroso, j. 03/05/2018, DJe 265 10/12/2018), concluiu o Supremo que o foro por prerrogativa de função deve ser aplicado exclusivamente aos *crimes cometidos durante o exercício do cargo e relacionados às funções desempenhadas*.

perfeitamente possível que os crimes de abuso de autoridade sejam julgados por outras *Justiças*, senão vejamos:

a) Justiça Comum Federal: presente uma das hipóteses constantes do art. 109 da Constituição Federal, a competência para o processo e julgamento dos crimes de abuso de autoridade será da Justiça Federal. Vejamos alguns exemplos: a.1) crime previsto na Lei n. 13.869/19 cometido por (ou contra) funcionário público federal em razão das funções (**súmula n. 147 do STJ**), conforme disposto no art. 109, IV, da CF; a.2) crime de abuso de autoridade praticado no interior de Delegacia da Polícia Federal;[24] a.3) crime cometido a bordo de navio ou aeronave (CF, art. 109, IX); a.4) crime cometido por (ou contra) índio envolvendo a disputa sobre direitos indígenas (CF, art. 109, XI); a.5) crime de competência da Justiça Comum Estadual praticado em conexão e/ou continência com delito da competência da Justiça Comum Federal: de acordo com a **súmula n. 122 do STJ**, "compete à Justiça Federal o processo e julgamento unificado dos crimes conexos de competência federal e estadual, não se aplicando a regra do art. 78, II, *a*, do Código de Processo Penal";

b) Justiça Militar da União (ou dos Estados): originariamente, a Justiça Militar da União (ou dos Estados) não tinha competência para o processo e julgamento dos crimes de abuso de autoridade, ainda que cometidos por militares em serviço. Isso porque tais delitos não estavam previstos no Código Penal Militar, e sim na legislação especial – na revogada Lei n. 4.898/65. Logo, não podiam ser considerados crimes militares.[25] Daí, aliás, os dizeres da **Súmula n. 172 do STJ**, segundo a qual "compete à Justiça Comum processar e julgar militar por crime de abuso de autoridade, ainda que praticado em serviço". Como, à época, a competência da Justiça Castrense estava restrita ao processo e julgamento dos *crimes militares*, leia-se, àqueles previstos exclusivamente no Código Penal Militar, à Justiça Comum – Estadual, no caso de militares estaduais, e Federal, no caso de militares das Forças Armadas – caberia o

24. Com esse mesmo raciocínio, reconhecendo, porém, a competência da Justiça Federal, a teor do art. 109, IV, da CF, para processar e julgar crime de tortura praticado por policiais militares estaduais no interior de Delegacia da Polícia Federal: STJ, 3ª Seção, CC 102.714/GO, Rel. Min. Jorge Mussi, j. 26/05/2010, DJe 10/06/2010.

25. Nesse contexto: STF, 1ª Turma, RHC 59.444/SP, Rel. Min. Néri da Silveira, j. 16/03/1982, DJ 18/06/1982.

processo e julgamento de tais feitos. Todavia, com o advento da Lei n. 13.491/17, de duvidosa constitucionalidade,[26] o cenário mudou completamente. Isso porque, consoante disposto no art. 9º, II, do Código Penal Militar, com redação dada pelo referido diploma normativo, a Justiça Militar da União e dos Estados passou a ter competência para julgar não apenas os crimes previstos no referido *Codex,* mas também aqueles previstos na *legislação penal*, quando praticados por militar da ativa em um dos contextos ali elencados. Referindo-se o inciso II do art. 9º do CPM aos crimes previstos na *legislação penal*, é dizer, àqueles previstos no Código Penal Comum e na Legislação Especial (v.g. Lei n. 8.666/93, Lei n. 13.869/19, etc.), é de se concluir que, pelo menos enquanto não declarada a inconstitucionalidade da Lei n. 13.491/17, a Justiça Militar da União ou dos Estados passou a ter competência para o processo e julgamento dos crimes de abuso de autoridade. Por conseguinte, na eventualidade de um Policial Militar do Estado do Ceará, no exercício da função, com a finalidade específica de prejudicar um preso, constrangê-lo mediante violência a ter seu corpo exibido à curiosidade pública, caberá à Justiça Militar do respectivo Estado o

26. Quando aprovada pelo Congresso Nacional, a Lei n. 13.491/17 trazia, em seu bojo, o art. 2º, que tinha a seguinte redação: "Art. 2º. Esta Lei terá vigência até o dia 31 de dezembro de 2016 e, ao final da vigência desta Lei, retornará a ter eficácia a legislação anterior por ela modificada". O dispositivo, todavia, acabou sendo vetado pelo então Presidente da República Michel Temer. Exsurge daí a grande controvérsia acerca da Lei n. 13.491/17: seria possível que o Presidente da República vetasse o art. 2º da Lei n. 13.491/17, transformando uma lei temporária em permanente? À primeira vista, pode-se chegar à conclusão de que o veto apresentado pelo Presidente da República estaria em plena consonância com a Constituição Federal, notadamente com o art. 66, § 2º, que prevê que o veto parcial somente abrangerá *texto integral de artigo*, de parágrafo, de inciso ou de alínea. Ora, como o art. 2º foi vetado em sua integralidade, e não de maneira parcial, ter-se-ia como válido o veto do Presidente da República. De mais a mais, o veto presidencial ao art. 2º do Projeto de Lei estaria plenamente justificado diante de sua manifesta inconstitucionalidade, porquanto não se pode admitir uma mudança temporária de competência, sob pena de criação de um verdadeiro tribunal de exceção. Com a devida vênia, por mais que tenha havido o veto integral de um artigo, não nos parece possível concluir pela constitucionalidade da Lei n. 13.491/17, sob pena de se admitir que o Presidente da República modifique, por completo, aquilo que fora aprovado pelo Congresso Nacional. Bem ou mal, fato é que o Projeto de Lei aprovado pelo Congresso previa uma mudança temporária de competência. Ao vetar o art. 2º, o Presidente da República conferiu a essa mudança uma natureza definitiva, permanente, desnaturando integralmente aquilo que fora aprovado pelo Poder Legislativo. Para mais detalhes acerca do assunto, remetemos o leitor ao nosso *Manual de Processo Penal* (8ª ed. Salvador: Editora Juspodivm, 2020).

processo e julgamento do crime militar previsto no art. 13, inciso I, da Lei n. 13.869/19, c/c art. 9º, II, alínea "c", do Código Penal Militar, com redação dada pela Lei n. 13.491/17.

Por fim, a competência territorial será determinada com base no local em que se consumar a infração, ou, no caso de tentativa, com base no lugar em que for praticado o último ato de execução, consoante disposto no art. 70 do CPP.

CAPÍTULO III

DA AÇÃO PENAL

Art. 3º Os crimes previstos nesta Lei são de ação penal pública incondicionada.

§ 1º Será admitida ação privada se a ação penal pública não for intentada no prazo legal, cabendo ao Ministério Público aditar a queixa, repudiá-la e oferecer denúncia substitutiva, intervir em todos os termos do processo, fornecer elementos de prova, interpor recurso e, a todo tempo, no caso de negligência do querelante, retomar a ação como parte principal.

§ 2º A ação privada subsidiária será exercida no prazo de 6 (seis) meses, contado da data em que se esgotar o prazo para oferecimento da denúncia.

9. Ação penal nos crimes de abuso de autoridade

9.1. Ação penal pública incondicionada como regra geral

O titular da ação penal pública incondicionada é o Ministério Público (CF, art. 129, I), e sua peça inaugural é a denúncia. É denominada de incondicionada porque a atuação do Ministério Público não depende da manifestação da vontade da vítima ou de terceiros. Ou seja, verificando a presença das condições da ação e havendo justa causa para o oferecimento da denúncia, a atuação do Parquet prescinde do implemento de qualquer condição.

Funciona a ação penal pública incondicionada como a regra geral em nosso ordenamento jurídico. De acordo com o art. 100, caput, do CP, a ação penal é pública, salvo quando a lei expressamente a declara privativa do ofendido. Por isso, é de todo evidente que o disposto no art. 3º da Lei n. 13.869/19 revela-se absolutamente desnecessário, porquanto redundante. Ora, se não constasse da referida Lei nenhuma referência explícita à necessidade de *representação* ou de *queixa crime*, a transformar os crimes nela previstos em delitos de ação penal pública condicionada à representação ou de ação penal de iniciativa privada, respectivamente, ter-se-ia como inexorável a conclusão de que os crimes seriam de ação penal pública incondicionada. Afinal, consoante disposto no art. 12 do Código Penal, as regras gerais deste *Codex* aplicam-se aos fatos incriminados por lei especial, se esta não dispuser de modo diverso.

Aliás, não por outro motivo, deliberou o Presidente da República por vetar o referido dispositivo, fazendo-o nos seguintes termos: "A ação penal será sempre pública incondicionada, salvo quando a lei expressamente declarar o contrário, nos termos do art. 100 do Código Penal, logo, é desnecessária a previsão do *caput* do dispositivo proposto. Ademais, a matéria, quanto à admissão de ação penal privada, já é suficientemente tratada na codificação penal vigente, devendo ser observado o princípio segundo o qual o mesmo assunto não poderá ser disciplinado em mais de uma lei, nos termos do inciso IV do art. 7º da Lei Complementar 95, de 1998. Ressalta-se, ainda, que nos crimes que se procedam mediante ação pública incondicionada não há risco de extinção da punibilidade pela decadência prevista no art. 103 cumulada com o inciso IV do art. 107 do CP, conforme precedentes do STF (v.g. STF. RHC 108.382/SC. Rel. Min. Ricardo Lewandowski. T1, j. 21/06/2011)." O veto, porém, foi inexplicavelmente rejeitado pelo Congresso Nacional.

9.2. Ação penal privada subsidiária da pública

Diz a Constituição Federal, em seu art. 5º, inciso LIX, que será admitida ação privada nos crimes de ação pública, se esta não for intentada no prazo legal. A ação penal privada subsidiária da pública, conhecida como ação penal acidentalmente privada (ou supletiva), também encontra previsão expressa no CP (art. 100, § 3º) e no CPP (art. 29). A previsão da ação penal privada subsidiária da pública no art. 5º da Constituição Federal denota que se trata de um direito fundamental, verdadeira cláusula pétrea, funcionando como importante forma de fiscalização do exercício da ação penal pública pelo Ministério Público.

Supondo, assim, a prática de um crime de abuso de autoridade, caso o Ministério Público permaneça inerte, o ofendido – e tão somente ele,[27] ou seus sucessores, no caso de morte ou ausência (CPP, art. 31) – passa a deter legitimidade *ad causam* supletiva para o exercício da ação penal privada (no caso, subsidiária da pública). Logo, considerando-se que o Ministério Público tem o prazo de 5 (cinco) dias para se pronunciar quando o investigado está preso, e 15 (quinze), quando solto (CPP, art. 46, *caput)*, se o órgão ministerial permanecer inerte – ou seja, se o órgão ministerial não oferecer denúncia, não requisitar diligências,[28] não requerer o arquivamento[29] ou a declinação de competência, nem tampouco suscitar conflito de competência –, surgirá para o ofendido, seu representante legal, ou sucessores, no caso de morte ou ausência da vítima, o direito de ação penal privada subsidiária da pública.

Para o Supremo Tribunal Federal, há de ser feita uma interpretação estrita em relação ao que se pode atribuir como atuação do Ministério Público, dela excluindo as posturas que, ainda que

27. Como já se pronunciou o STF (1ª Turma, Pet 6.071 AgR/DF, Rel. Min. Roberto Barroso, j. 13/09/2016, DJe 63 29/03/2017), "(...) a legitimidade para o ajuizamento de ação penal privada subsidiária da pública pertence a quem sofra, diretamente, as consequências do delito, e não à toda coletividade. A condição de cidadão não confere um direito difuso ao ajuizamento de ação penal privada subsidiária da pública. (...)".

28. Na vigência da revogada Lei n. 4.898/65, a 2ª Turma do STF (HC 71.282/SP, Rel. Min. Carlos Velloso, j. 20/09/1994, DJ 18/11/1994) já havia se manifestado no sentido de que a ação penal privada subsidiária da pública só teria cabimento se ficasse comprovada a inércia do Ministério Público. Logo, revelar-se-ia indevido falar em omissão do Ministério Público, se este, pelo fato de a representação não estar instruída com elementos de informação suficientes para a denúncia, tivesse requisitado a instauração de inquérito com tal finalidade.

29. Tendo o órgão do Ministério Público promovido o arquivamento dos autos do inquérito policial, resta claro que não houve inércia do *Parquet*, logo não cabe ação penal privada subsidiária da pública. Com esse entendimento: STF, Pleno, Inq 2.242 AgR/DF, Rel. Min. Eros Grau, j. 07/06/2006, DJ 25/08/2006, p. 16. Se houve a instauração de procedimento investigatório contra Promotora de Justiça, o qual, ao final, foi arquivado pela Procuradoria-Geral de Justiça por falta de tipicidade da conduta, não há como ter por cabível a ação privada subsidiária, mesmo que se reconheça como ausência de manifestação do MP o fato de o procurador-geral só ter arquivado a representação após o ajuizamento da citada ação penal subsidiária, pois eventual inação do MP estaria suprida por seu parecer de rejeição da queixa-crime, pedido que, segundo a jurisprudência, é irrecusável: STJ, 6ª Turma, HC 175.141/MT, Rel. Min. Celso Limongi, j. 02/12/2010, DJe 17/12/2010.

formalmente demonstrem uma forma de agir do acusador público, em realidade – e materialmente – não passam de subterfúgios utilizados para mascarar sua inércia acusatória. Por isso, em julgado da 1ª Turma,[30] concluiu-se que somente diligências imprescindíveis é que poderiam obstaculizar o ajuizamento da ação penal privada subsidiária da pública, excluindo, assim, aquelas movimentações na fase de investigação que seriam inúteis, ilegais ou destinadas a um não ajuizamento proposital da ação penal. Em outras palavras, somente atuações pautadas por um agir fundado em justificativas legalmente previstas é que desautorizam o ajuizamento daquela ação privada.

Caracterizada a inércia do *Parquet*, enquanto o ofendido não oferecer a queixa subsidiária, também denominada de queixa substitutiva, o Ministério Público continua podendo propor a ação penal pública, sendo possível fazê-lo inclusive após a propositura da queixa, caso opte por repudiá-la e oferecer denúncia substitutiva (CPP, art. 29). Afinal, a inércia do Ministério Público não transforma a natureza da ação penal, que continua sendo pública. Tal conclusão é importante, porque demonstra que a ação continua sendo regida pelos princípios da obrigatoriedade e da indisponibilidade. Portanto, após o nascimento do direito de ação penal privada subsidiária da pública, por conta da inércia do órgão ministerial, o mesmo fato delituoso fica sujeito, simultaneamente, à ação penal privada subsidiária da pública, exercida pelo ofendido por meio da queixa subsidiária, e à ação penal pública, exercida pelo órgão do Ministério Público por intermédio de denúncia, em verdadeira hipótese de legitimação concorrente.

Vigora, quanto à ação penal privada subsidiária da pública, o princípio da oportunidade ou da conveniência. Portanto, caracterizada a inércia do órgão ministerial, fica a critério do ofendido ou de seu representante legal fazer a opção pelo oferecimento (ou não) da queixa subsidiária.

Para exercer o direito de ação penal privada subsidiária da pública, o ofendido deverá constituir um advogado. Caso não tenha condições de contratar um profissional da advocacia, tal atribuição ficará a cargo da Defensoria Pública. Por fim, na eventualidade

---

30. STF, 1ª Turma, HC 74.276/RS, Rel. Min. Celso de Mello, j. 03/09/1996, DJe 37 23/02/2011.

de não haver Defensoria Pública na comarca, impõe-se ao juiz a nomeação de um advogado, nos termos do art. 32, *caput*, do CPP.

9.2.1. Atribuições do Ministério Público na ação penal privada subsidiária da pública

Na ação penal privada subsidiária da pública, o Ministério Público atua como verdadeiro interveniente adesivo obrigatório (ou parte adjunta), devendo intervir em todos os termos do processo, sob pena de nulidade (CPP, art. 564, III, "d"). Quanto aos poderes do Ministério Público na ação penal privada subsidiária da pública, convém ficar atento ao dispositivo do art. 3º, § 1º, da Lei n. 13.869/19, que, grosso modo, repete os dizeres do art. 29 do CPP, elencando as seguintes atribuições do Parquet:

a) **rejeição da queixa-crime subsidiária**: conquanto não elencada nos dispositivos citados, é perfeitamente possível que o Ministério Público opine pela rejeição da queixa-crime subsidiária, caso conclua pela presença de uma das hipóteses do art. 395 do CPP, quais sejam, inépcia da peça acusatória (I), ausência de pressuposto processual ou de condição para o exercício da ação penal (II) ou ausência de justa causa para o exercício da ação penal (III);

b) **aditamento da queixa-crime**: na ação penal exclusivamente privada e na ação penal privada personalíssima, o Ministério Público só tem legitimidade para proceder ao aditamento para corrigir aspectos formais, incluindo circunstâncias de tempo ou de lugar. Não poderá fazê-lo para adicionar um novo fato delituoso ou outro corréu, porquanto não possui *legitimatio ad causam* para tanto. Todavia, em se tratando de ação penal privada subsidiária da pública, como o crime é, em essência, de ação penal pública, o Ministério Público pode aditar a queixa subsidiária tanto em seus aspectos acidentais quanto em seus aspectos essenciais, quer incluindo novos fatos delituosos, quer adicionando outros coautores ou partícipes do fato delituoso;

c) **repúdio da queixa-crime com subsequente oferecimento de denúncia substitutiva:** pode o Ministério Público repudiar a queixa-crime subsidiária, desde que o faça até o recebimento da peça acusatória, apontando, fundamentadamente, que não houve inércia de sua parte. Nessa hipótese, prevalece o entendimento de que o Ministério Público se vê obrigado a oferecer denúncia substitutiva. Uma vez oferecida a queixa subsidiária, não pode o Ministério Público repudiá-la e requerer o arquivamento do inquérito policial. De fato, fosse possível ao Parquet repudiar a queixa subsidiária e nada fazer, tornar-se-ia cláusula morta o dispositivo constitucional do art. 5º, inciso LIX;

d) intervenção em todos os termos do processo: por força do art. 29 do CPP, c/c art. 3º, § 1º, *in fine*, da Lei n. 13.869/19, na ação penal privada subsidiária da pública, deve o Ministério Público intervir em todos os termos do processo, fornecer elementos de prova, assim como interpor recurso. Ademais, de acordo com o art. 564, III, "d", do CPP, haverá nulidade caso não haja a intervenção do Ministério Público em todos os termos da ação intentada pela parte ofendida, quando se tratar de crime de ação pública;

e) retomada da ação como parte principal (ação penal indireta): verificando-se a inércia ou negligência do querelante, deve o Ministério Público retomar o processo como parte principal. É o que se denomina de ação penal indireta. Como se vê, diversamente do que ocorre nas hipóteses de ação penal privada personalíssima e exclusivamente privada, em que a desídia do querelante poderá dar ensejo a perempção (CPP, 60), a inércia do querelante nos casos de ação penal privada subsidiária da pública não produz a extinção da punibilidade, já que a ação penal, em sua origem, é de natureza pública. De se ver, então, que a ação penal privada subsidiária da pública não está sujeita ao princípio da disponibilidade, porquanto, desistindo o querelante de prosseguir com o processo ou abandonando-o, o Ministério Público retomará o processo como parte principal.

9.3. Prazo para o exercício da ação penal privada subsidiária da pública (decadência imprópria)

A ação penal privada subsidiária da pública também está sujeita ao prazo decadencial de 6 (seis) meses, porém este prazo só começa a fluir do dia em que se esgotar o prazo para o oferecimento da denúncia (CPP, art. 38, última parte, c/c art. 3º, § 2º, da Lei n. 13.869/19). Além disso, como essa ação penal, em sua essência, é de natureza pública, a decadência do direito de ação penal privada subsidiária da pública não irá produzir a extinção da punibilidade, sendo, por isso, chamada de decadência imprópria.[31]

31. No sentido de que a decadência não acarreta a extinção da punibilidade em crimes de ação penal pública incondicionada: STF, 1ª Turma, RHC 108.382/SC, Rel. Min. Ricardo Lewandowski, j. 21/06/2011, DJe 146 29/07/2011.

Portanto, ainda que tenha havido a decadência do direito de queixa subsidiária, o Ministério Público continua podendo propor a ação penal pública em relação ao crime de abuso de autoridade em questão, logicamente desde que não tenha se operado a prescrição ou outra causa extintiva da punibilidade.

A título de exemplo, suponha-se que o Ministério Público tenha recebido os autos de inquérito policial de indivíduo solto investigado pela prática de abuso de autoridade em data de 1º de outubro de 2019 (terça-feira). Considerando que o Ministério Público tem 15 (quinze) dias para oferecer denúncia (CPP, art. 46), e tendo em conta que prazo de natureza processual só começa a fluir a partir do primeiro dia útil subsequente – no caso, dia 2 de outubro (quarta-feira) – temos que o prazo para o oferecimento da denúncia finda-se no dia 16 de outubro de 2019 (quarta-feira), data esta que deve ser considerada, então, como o último dia do prazo do órgão ministerial. Verificada a inércia do Ministério Público até essa data, surge para o ofendido o direito de propor a queixa subsidiária no dia seguinte – 17 de outubro de 2019. O ofendido terá, para tanto, o prazo decadencial de 6 (seis) meses. Esse prazo decadencial, apesar de não produzir a extinção da punibilidade, tem natureza penal, a ser contado nos termos do art. 10 do CP, logo, incluindo-se o dia do início no cômputo do prazo. Iniciando-se a contagem desse prazo decadencial no dia 17 de outubro de 2019 (quinta-feira), conclui-se que o ofendido decairá de seu direito de queixa subsidiária no dia 16 de abril de 2020 (quinta-feira), decadência esta, todavia, que não irá gerar a extinção da punibilidade, já que, em sua origem, o crime é de ação penal pública. Observe-se que esse prazo decadencial não se suspende, não se interrompe e nem se prorroga. Logo, se o prazo decadencial tivesse se expirado num sábado ou domingo, caberia ao ofendido antecipar a propositura da queixa-subsidiária.

CAPÍTULO IV

DOS EFEITOS DA CONDENAÇÃO E DAS PENAS RESTRITIVAS DE DIREITOS

Seção I

Dos Efeitos da Condenação

Art. 4º São efeitos da condenação:

I – tornar certa a obrigação de indenizar o dano causado pelo crime, devendo o juiz, a requerimento do ofendido, fixar na sentença o valor mínimo para reparação dos danos causados pela infração, considerando os prejuízos por ele sofridos;

II – a inabilitação para o exercício de cargo, mandato ou função pública, pelo período de 1 (um) a 5 (cinco) anos;

III – a perda do cargo, do mandato ou da função pública.

Parágrafo único. Os efeitos previstos nos incisos II e III do caput deste artigo são condicionados à ocorrência de reincidência em crime de abuso de autoridade e não são automáticos, devendo ser declarados motivadamente na sentença.

10. Efeitos extrapenais decorrentes da sentença penal condenatória

Efeitos da condenação são todas as consequências que, direta ou indiretamente, atingem a pessoa do condenado por sentença penal transitada em julgado. Esses efeitos não se limitam ao campo penal, incidindo também nas áreas cível, administrativa, trabalhista e político-eleitoral, entre outras. Esses efeitos extrapenais da sentença condenatória, por sua vez, podem ser subdivididos da seguinte forma:

a) efeitos extrapenais obrigatórios (ou genéricos): estão previstos no art. 91 do Código Penal (ou na Legislação Especial) e são aplicáveis por força de lei, independentemente de expressa declaração por parte da autoridade jurisdicional, uma vez que são inerentes à condenação, qualquer que seja a pena imposta (privativa de liberdade, restritiva de direitos ou multa). Na verdade, a única condição para o implemento desses efeitos é o trânsito em julgado da sentença penal condenatória. Recebem essa denominação por serem aplicáveis, em tese, a toda e qualquer condenação criminal;[32]

32. Por força do Pacote Anticrime (Lei n. 13.964/19), foi acrescentado ao Código Penal o denominado *confisco alargado* (confisco ampliado ou perda ampliada), nos seguintes termos: "Art. 91-A. Na hipótese de condenação por infrações às quais a lei comine pena máxima superior a 6 (seis) anos de reclusão, poderá ser decretada a perda, como

b) efeitos extrapenais específicos: previstos no art. 92 do Código Penal (ou na Legislação Especial), esses efeitos não são automáticos, nem tampouco obrigatórios. Demandam declaração expressa e fundamentada constante da sentença condenatória. É nesse sentido, a propósito, o teor do art. 92, parágrafo único, do Código Penal: "Os efeitos de que trata este artigo não são automáticos, devendo ser motivadamente declarados na sentença".

Firmada essa distinção, é possível concluir que o efeito da condenação constante do art. 4º, inciso I, da Lei n. 13.869/19 – obrigação de reparar o dano causado pelo crime – é um efeito extrapenal obrigatório em relação aos crimes de abuso de autoridade. Nesse ponto, é importante não confundir a *obrigação de indenizar o dano causado pelo crime*, que continua sendo um efeito obrigatório, à semelhança, portanto, do art. 91, I, do Código Penal, com a possibilidade de *fixação na sentença de valor mínimo para reparação dos danos causados pela infração*, que deve ser feita pelo juiz apenas se houver requerimento do ofendido nesse sentido. Em sentido diverso, os outros dois efeitos listados pelos incisos II e III do art. 4º devem ser compreendidos como de natureza específica. Prova disso, aliás, é o fato de o parágrafo único do art. 4º da nova Lei de Abuso de Autoridade dispor expressamente que estes dois últimos efeitos estão condicionados à ocorrência da reincidência em crime de abuso de autoridade e *não são automáticos, devendo ser declarados motivadamente na sentença*.

Essas consequências jurídicas extrapenais previstas no art. 4º da Lei n. 13.869/19 são decorrentes de sentença penal condenatória irrecorrível. Isso não ocorre, portanto, quando há transação penal, cuja sentença tem natureza meramente homologatória, sem qualquer juízo sobre a responsabilidade criminal do aceitante.[33]

10.1. Obrigação de reparar o dano causado pelo delito

O primeiro efeito extrapenal decorrente do trânsito em julgado de sentença condenatória pela prática de crime de abuso de autoridade é tornar certa a obrigação de indenizar o dano causa-

produto ou proveito do crime, dos bens correspondentes à diferença entre o valor do patrimônio do condenado e aquele que seja compatível com o seu rendimento lícito".

33. Com esse entendimento: STF, Pleno, RE 795.567/PR, Rel. Min. Teori Zavascki, j. 28/05/2015, DJe 177 08/09/2015.

do pelo crime, devendo o juiz, *a requerimento do ofendido*, fixar na sentença o valor mínimo para reparação dos danos causados pela infração, considerando os prejuízos por ele sofridos (Lei n. 13.689/19, art. 4º, I).

Na parte inicial, o dispositivo reproduz, integralmente, os dizeres do art. 91, inciso I, do Código Penal, que também aponta como efeito extrapenal obrigatório da condenação *tornar certa a obrigação de indenizar o dano causado pelo crime*. Diferencia-se, porém, pelo fato de, na sequência, dispor que, *a requerimento do ofendido*, deverá o juiz fixar na sentença o valor mínimo para reparação dos danos causados pela infração, considerando os prejuízos por ele sofridos. Nessa parte final, o art. 4º, I, da Lei n. 13.869/19 assemelha-se ao art. 387, inciso IV, do CPP, com redação alterada pela Lei n. 11.719/08, que também prevê que, ao proferir sentença condenatória, o juiz *fixará valor mínimo para reparação dos danos causados pela infração, considerando os prejuízos sofridos pelo ofendido*. A única diferença entre o art. 387, inciso IV, do CPP, e o art. 4º, inciso I, *in fine*, da nova Lei n. 13.869/19, é que, no caso da nova Lei de Abuso de Autoridade, há menção explícita à necessidade de requerimento do ofendido, o que não ocorre no âmbito do Código de Processo Penal.

Por consequência, o ofendido não é mais obrigado a promover a liquidação para apuração do *quantum debeatur*, podendo promover, de imediato, no âmbito cível, a execução do montante arbitrado na sentença condenatória transitada em julgado. No entanto, esse valor fixado pelo juiz criminal na sentença condenatória não é definitivo para a vítima. Isso porque, de acordo com o art. 63, parágrafo único, do CPP, transitada em julgado a sentença condenatória, a execução poderá ser efetuada pelo valor fixado nos termos do inciso IV do art. 387, sem prejuízo da liquidação para a apuração do dano efetivamente sofrido. A título de exemplo, suponha-se que, em sentença condenatória referente à prática do crime de abuso de autoridade, tenha o juiz fixado o montante de R$ 10.000,00 (dez mil reais) como indenização mínima em favor do ofendido. Com o trânsito em julgado desta decisão, a vítima poderá promover, de imediato, no âmbito cível, a execução deste valor, sem a necessidade de anterior procedimento de liquidação. Concomitantemente, caso entenda que este *quantum* ficara aquém do prejuízo efetivamente causado, poderá promover, também no juízo cível, liquidação por artigos da sentença condenatória transitada em julgado. Supondo que o prejuízo total apurado na liquidação cível irrecorrível seja de R$ 15.000,00 (quinze mil reais), poderá ingressar com nova ação de execução *ex delicto*, limitada, todavia, à diferença entre o valor fixado na sentença condenatória irrecorrível a título de indenização mínima e o *quantum* total apurado na liquidação civil, a exemplo do que prevê o Código de Trânsito Brasileiro (Lei nº 9.503/97, art. 297, § 3º) e o Código Penal (art. 45, § 1º). Logo, restará a execução da quantia restante de R$ 5.000,00 (cinco mil reais). Como se percebe, o mesmo título executivo judicial representado pela sentença condenatória com trânsito em julgado poderá dar ensejo, simultaneamente, à execução de valor líquido e outro ilíquido, devendo apenas esta última passar por prévia liquidação.

No âmbito do Código de Processo Penal – art. 387, inciso IV –, há controvérsias acerca da (im) possibilidade de fixação desse valor mínimo independentemente de requerimento do ofendido nesse sentido. No caso específico da nova Lei de Abuso de Autoridade, não deve haver qualquer discussão acerca do tema. Isso porque o art. 4º, inciso I, da Lei n. 13.869/19 é explícito acerca da necessidade de *requerimento do ofendido*, o que significa dizer que o magistrado não pode arbitrar o valor mínimo para reparação dos danos de ofício. Especificamente quanto ao momento para a formulação desse requerimento, há precedentes do STJ, relativos, porém, ao art. 387, IV, do CPP, no sentido de que se faz indispensável o pedido expresso do ofendido ou do Ministério Público, este firmado ainda na denúncia, sob pena de violação ao princípio da ampla defesa.[34]

Nos mesmos moldes que o art. 63, *caput*, do CPP, a legitimidade para requerer a fixação desse valor mínimo para reparação dos danos causados pelo delito recai sobre o ofendido, seu representante legal ou seus herdeiros (CPP, art. 63, caput). Quando o titular do direito à reparação do dano for pobre, parece-nos perfeitamente possível a aplicação subsidiária do art. 68 do CPP, segundo o qual

34. STJ, 6ª Turma, AgRg no REsp 1.626.962/MS, Rel. Min. Sebastião Reis Júnior, j. 06/12/2016, DJe 16/12/2016. Na mesma linha, a súmula n. 131 do TRF da 4ª Região dispõe: "Para que o juiz possa fixar o valor mínimo para a reparação dos danos causados pela infração, é necessário que a denúncia contenha pedido expresso nesse sentido ou que controvérsia desta natureza tenha sido submetida ao contraditório da instrução criminal".

a execução da sentença condenatória ou a ação civil poderão ser promovidas, a seu requerimento, pelo Ministério Público, que atuará como verdadeiro substituto processual. Com o advento da Constituição Federal, outorgando ao Ministério Público a defesa da ordem jurídica, do regime democrático e dos interesses sociais e individuais indisponíveis (CF, art. 127, caput), e à Defensoria Pública a orientação jurídica e a defesa, em todos os graus, dos necessitados (CF, art. 134), houve forte discussão quanto à recepção do art. 68 do CPP, já que, ao promover a ação civil *ex delicto* em favor de vítima pobre, o Ministério Público estaria agindo em nome próprio na defesa de interesse alheio, de natureza patrimonial e, portanto, disponível. Chamado a se pronunciar a respeito do assunto, o Supremo entendeu que o dispositivo seria dotado de inconstitucionalidade progressiva (ou temporária), ou seja, de modo a viabilizar o direito à assistência jurídica e judiciária dos necessitados, assegurado pela Constituição Federal de 1988 (art. 5º, LXXIV), enquanto não houvesse a criação de Defensoria Pública na Comarca ou no Estado, subsistiria, temporariamente, a legitimidade do Ministério Público para a ação de ressarcimento e de execução prevista no art. 68 do CPP, sendo irrelevante o fato de a assistência vir sendo prestada por órgão da Procuradoria Geral do Estado, em face de não lhe competir, constitucionalmente, a defesa daqueles que não possam demandar, contratando diretamente profissional da advocacia, sem prejuízo do próprio sustento.[35]

Em conclusão, como o art. 4º, inciso I, da Lei n. 13.869/19 faz menção genérica aos *danos causados pela infração*, sem estabelecer qualquer restrição quanto à espécie, não se pode restringir a reparação apenas aos danos patrimoniais. Se a fixação desse valor visa antecipar, ao menos em parte, o valor que seria apurado em ulterior liquidação de sentença no juízo cível, na qual toda e qualquer espécie de dano poderia ser objeto de quantificação, não há

35. STF, Tribunal Pleno, RE 135.328/SP, Rel. Min. Marco Aurélio, j. 29/06/1994, DJ 20/04/2001. Em sentido semelhante: STF, 1ª Turma, RE 147.776/SP, Rel. Min. Sepúlveda Pertence, j. 19/05/1998, DJ 19/06/1998, p. 136; STJ, 4ª Turma, REsp 219.815/SP, Rel. Min. Carlos Fernando Mathias – Juiz Federal convocado do TRF/1ª –, j. 11/11/2008, DJe 24/11/2008. Reconhecendo a legitimação extraordinária do Ministério Público para promover, como substituto processual, a ação de indenização ex delicto em favor do necessitado quando, embora existente no Estado, os serviços da Defensoria Pública não se mostrarem suficientes para a efetiva defesa da vítima carente: STJ, 4ª Turma, AgRg no Ag 509.967/GO, Rel. Min. Barros Monteiro, j. 12/12/2005, DJ 20/03/2006 p. 276.

por que se negar ao juiz criminal a possibilidade de quantificá-los, desde já, na própria sentença condenatória. Portanto, para além dos danos patrimoniais, aí incluídos os danos emergentes (ou positivos) e os lucros cessantes (ou negativos), parece-nos possível a fixação de valor mínimo para reparação dos danos morais e estéticos, mas desde que haja elementos probatórios que permitam a fixação desse valor.[36]

10.2. Inabilitação para o exercício do cargo, mandato ou função pública

O segundo efeito extrapenal previsto na nova Lei de Abuso de Autoridade é a inabilitação para o exercício de cargo, mandato ou função pública,[37] pelo período de 1 (um) a 5 (cinco) anos. A título de exemplo, suponha-se que, no curso do processo penal, sobrevenha a notícia de que o agente tenha pedido exoneração, renunciado ao mandato, ou que tenha sido demitido. Nesse caso, por razões óbvias, não seria possível que o juiz determinasse a perda do cargo, do mandato ou da função pública. Mas seria perfeitamente possível que, motivadamente, inviabilizasse que o referido agente voltasse a exercer qualquer outro cargo, mandato

36. Com base no art. 387, inciso IV, do CPP, a 6 ª Turma do STJ tem precedentes admitindo a possibilidade de o juiz sentenciante quantificar o valor do dano moral sofrido pela vítima, desde que fundamente essa opção. A propósito, confira-se: STJ, 6ª Turma, REsp 1.585.684/DF, Rel. Min. Maria Thereza de Assis Moura, j. 09/08/2016, DJe 24/8/2016. Especificamente em relação a crimes cometidos no contexto de violência doméstica e familiar contra a mulher, mas cujo raciocínio também nos parece válido para crimes de abuso de autoridade, a 3ª Seção do STJ concluiu, recentemente, no julgamento do REsp 1.643.051/MS (Rel. Min. Rogerio Schietti Cruz, j. 28/02/2018, DJe 08/03/2018), processado sob o rito dos recursos repetitivos, que é possível a fixação de valor mínimo indenizatório a título de dano moral, desde que haja pedido expresso da acusação ou da parte ofendida, ainda que não especificada a quantia, e independentemente de instrução probatória. No tocante à reparação dos danos morais, aquele Colegiado entendeu que não haveria razoabilidade na exigência de instrução probatória acerca do dano psíquico, do grau de humilhação, da diminuição da autoestima, etc., se a própria conduta criminosa empregada pelo agressor já está imbuída de desonra, descrédito e menosprezo ao valor da mulher como pessoa e à sua própria dignidade. É dizer, uma vez demonstrada a agressão à mulher, os danos psíquicos dela resultantes seriam evidentes e nem teriam mesmo como ser demonstrados. O merecimento à indenização seria ínsito à própria condição de vítima de violência doméstica e familiar. O dano, pois, seria *in re ipsa*.

37. Os conceitos de cargo, mandato e função, foram objeto de análise nos comentários ao art. 2º, parágrafo único, da Lei n. 13.869/19, para onde remetemos o leitor.

ou função pública, por um período que pode variar entre 1 (um) a 5 (cinco) anos. Este efeito diferencia-se do seguinte – perda do cargo, do mandato ou da função pública – pelo fato de que, uma vez decorrido o período estabelecido na sentença condenatória, o agente público condenado volta a estar habilitado ao exercício das referidas atividades.

10.3. Perda do cargo, do mandato ou da função pública

Em seu art. 92, inciso I, o Código Penal prevê, como efeito da condenação, a perda de cargo, função pública ou mandato eletivo: a) quando aplicada pena privativa de liberdade por tempo igual ou superior a um ano, nos crimes praticados com abuso de poder ou violação de dever para com a administração pública; b) quando for aplicada pena privativa de liberdade por tempo superior a 4 (quatro) anos nos demais casos.

Em sentido diverso, ao se referir à *perda do cargo, do mandato ou da função pública*, a nova Lei de Abuso de Autoridade demanda apenas que o agente público seja reincidente em crime de abuso de autoridade. Nada dispõe acerca da quantidade de pena. Funciona, assim, o inciso III do art. 4º da Lei n. 13.869/19, como norma especial em relação ao art. 92, I, do Código Penal, daí por que, em se tratando de crimes dessa natureza, a aplicação motivada desse efeito poderá ocorrer independentemente do tipo de pena ou *quantum* de pena aplicada, desde que o agente seja reincidente específico em crime de abuso de autoridade.

À semelhança do entendimento doutrinário e jurisprudencial quanto ao art. 92, inciso I, do CP, esta perda prevista no art. 4º, inciso III, da Lei n. 13.869/19, deve ficar restrita ao cargo, mandato ou função pública exercida pelo agente no momento do delito. Noutro giro, se o acusado encontrava-se, à época do crime, em pleno exercício do cargo, vindo a se aposentar dias depois, é plenamente legítima a cassação de sua aposentadoria, se tiver havido a declaração fundamentada da perda do cargo como efeito extrapenal da condenação por crime cometido na atividade.[38]

38. Com esse entendimento, referindo-se, porém, ao art. 92, inciso I, do CP: STJ, 5ª Turma, REsp 914.405/RS, Rel. Min. Gilson Dipp, j. 23/11/2010, DJe 14/02/2011. Em sentido diverso, entendendo que a cassação da aposentadoria não pode ser aplicada como

Portanto, diante do trânsito em julgado de sentença penal condenatória que decretar a perda do cargo, do mandato ou da função pública, a autoridade administrativa tem o dever de proceder à demissão do servidor ou à cassação da aposentadoria, independentemente da instauração de processo administrativo disciplinar, que se mostra desnecessária. Isso porque qualquer resultado a que chegar a apuração realizada no âmbito administrativo não terá o condão de modificar a força do decreto penal condenatório. Do administrador não se pode esperar outra conduta, sob pena, inclusive, de eventual responsabilização criminal pelos delitos de prevaricação e/ou desobediência.[39]

Diversamente do efeito específico do inciso II do art. 4º, em que a inabilitação ocorre por um período de 1 (um) a 5 (cinco) anos, a perda do cargo, do mandato ou da função pública funciona como efeito permanente, ou seja, o agente não só perde tais funções, mas se torna incapacitado para o exercício de outro cargo, função pública ou mandato. Somente por meio de reabilitação criminal (CP, arts. 93 a 95) poderá readquirir sua capacidade de ocupar novo cargo, função ou mandato, desde que por meio de uma nova investidura (concurso público ou eleição), sendo vedado, entretanto, o restabelecimento da situação anterior, ou seja, o retorno aos postos anteriormente ocupados.

10.4. Pressupostos para a aplicação dos efeitos dos incisos II e III do art. 4º da Lei n. 13.869/19

De acordo com o parágrafo único do art. 4º, a aplicação dos efeitos previstos nos incisos II (inabilitação) e III (perda) está condicionada à ocorrência de *reincidência em crime de abuso de*

---

consectário lógico de condenação penal, mesmo que o fato apurado tenha sido cometido quando o funcionário ainda estava na ativa, o que, no entanto, não impede que a prática de crime em serviço acarrete a cassação da aposentadoria em eventual processo administrativo: STJ, 6ª Turma, RMS 31.980/ES, Rel. Min. Og Fernandes, j. 02/10/2012. No sentido de que, ainda que condenado por crime praticado durante o período de atividade, o servidor público não pode ter a sua aposentadoria cassada com fundamento no art. 92, I, do CP, mesmo que a sua aposentadoria tenha ocorrido no curso da ação penal: STJ, 5ª Turma, REsp 1.416.477/SP, Rel. Min. Walter de Almeida Guilherme – Desembargador convocado do TJ/SP –, j. 18/11/2014.

39. STJ, 5ª Turma, RMS 22.570/SP, Rel. Min. Arnaldo Esteves Lima, j. 18/03/2008, DJe 19/05/2008.

autoridade e não é automática, devendo ser declarada motivadamente na sentença.

Referindo-se o parágrafo único do art. 4º à *reincidência em crime de abuso de autoridade*, denota-se que estamos diante de uma reincidência específica por outro crime de abuso de autoridade, mas não necessariamente pela incidência do mesmo tipo penal. Exemplificando, se o agente for condenado irrecorrivelmente pelo crime do art. 10 da Lei n. 13.869/19, e vier a praticar outro crime de abuso de autoridade (v.g., art. 12, *caput)* em momento posterior, observado o lapso temporal de 5 (cinco) anos do art. 64, I, do Código Penal, deverá ser considerado *reincidente em crime de abuso de autoridade*. Por outro lado, se um agente público cometer um crime de abuso de autoridade qualquer, já tendo, à época, e dentro do período de 5 (cinco) anos, sido condenado irrecorrivelmente por delito de natureza diversa (v.g., estelionato), por mais que se trate de *reincidente* para efeito de aplicação do art. 63 do Código Penal, não o será para fins de aplicação dos efeitos extrapenais específicos dos incisos II e III do art. 4º da Lei n. 13.869/19, pois, nesse caso, faz-se necessária a *reincidência específica em crime de abuso de autoridade*.

Por fim, convém destacar que a fundamentação a que se refere a parte final do parágrafo único do art. 4º da Lei n. 13.869/19 não se satisfaz com a mera reprodução dos critérios objetivos previstos na lei para a aplicação de tais efeitos. A título de ilustração, imagine-se a seguinte decisão: "(...) Por fim, em atenção ao disposto no art. 4º, III, da Lei n. 13.869/19, decreto a perda do cargo como efeito da condenação". Elaborada com tal singeleza, a decisão careceria de fundamentação suficiente a ensejar a nulidade desta parte do *decisum*. Na verdade, exige-se que o magistrado aponte a necessidade e adequação de tal medida às circunstâncias fáticas que deram ensejo à condenação do acusado. Enfim, deve a sentença declarar, motivadamente, os fundamentos da inabilitação ou da perda do cargo, mandato ou função, em fiel observância ao art. 93, IX, da Constituição Federal, sob pena de reconhecimento da nulidade do dispositivo da sentença condenatória em relação a esse ponto. Em conclusão, a despeito de necessidade de motivação na sentença, a aplicação desses efeitos específicos não está condicionada à formulação de pedido expresso na denúncia, vez que decorre de previsão legal expressa.

Seção II

Das Penas Restritivas de Direitos

Art. 5º As penas restritivas de direitos substitutivas das privativas de liberdade previstas nesta Lei são:

I – prestação de serviços à comunidade ou a entidades públicas;

II – suspensão do exercício do cargo, da função ou do mandato, pelo prazo de 1 (um) a 6 (seis) meses, com a perda dos vencimentos e das vantagens;

III – (VETADO).

Parágrafo único. As penas restritivas de direitos podem ser aplicadas autônoma ou cumulativamente.

11. Substituição das penas privativas de liberdade por restritivas de direitos

Segundo o art. 68 do Código Penal, o cálculo da pena deve ser feito em três fases distintas: primeiro, deve ser encontrada a *pena-base*, analisando-se, para tanto, as circunstâncias judiciais do art. 59 do CP; segundo, com base nas circunstâncias atenuantes e agravantes, deve ser fixada a *pena provisória*; por fim, chega-se à *pena definitiva*, levando-se em consideração as causas de aumento e de diminuição de pena. Uma vez fixada a pena definitiva, o passo seguinte é estipular o *regime inicial de cumprimento da sanção*. Na sequência, incumbe ao magistrado verificar a possibilidade de substituição da prisão por penas restritivas de direito, nos termos do art. 44 do Código Penal.

Essas penas restritivas de direito são autônomas e substituem as privativas de liberdade. Logo, não se pode admitir que alguém seja condenado a cumprir determinada pena privativa de liberdade e, simultaneamente, ao cumprimento de penas restritivas de direito. A propósito, eis o teor da **Súmula nº 493 do STJ**: "É inadmissível a fixação de pena substitutiva (art. 44 do CP) como condição especial ao regime aberto". Na visão do STJ, também não cabe substituir por pena restritiva de direitos, com fundamento no art. 44 do CP, a pena privativa de liberdade aplicada aos crimes militares. Isso porque o art. 59 do CPM disciplinou de modo diverso as hipóteses de substituição cabíveis sob sua égide.[40]

Apesar de o art. 5º da Lei n. 13.869/19 apontar as espécies de restritivas de direitos passíveis de aplicação em relação aos crimes de abuso de autoridade, nada dispõe acerca dos requisitos para essa substituição. Destarte, ante o silêncio da lei especial, impõe-se a aplicação das regras gerais do art. 44 do Código Penal, nos termos do seu art. 12.

11.1. Espécies de penas restritivas de direitos passíveis de aplicação em relação aos crimes de abuso de autoridade

De acordo com o art. 43 do Código Penal, as penas restritivas de direitos são: prestação pecuniária, perda de bens e valores, prestação de serviço à comunidade ou a entidades públicas; interdição temporária de direitos; limitação de fim de semana. Em sentido relativamente diverso, o art. 5º da Lei n. 13.869/19 dispõe que *as penas restritivas de direitos substitutivas das privativas de liberdade nela previstas são*: I – prestação de serviços à comunidade ou a entidades públicas; II – suspensão do exercício do cargo, da função ou do mandato, pelo prazo de 1 (um) a 6 (seis) meses, com a perda dos vencimentos e das vantagens.

Da leitura desse dispositivo podemos extrair que o art. 5º da Lei n. 13.689/19 funciona como norma especial em relação ao art. 43 do Código Penal. Ora, não fosse a intenção do legislador restringir as espécies de restritivas de direitos passíveis de aplicação em relação aos crimes de abuso de autoridade, sequer haveria razão de ser para a existência do dispositivo legal sob comento. Se assim o fez, é porque houve a intenção de delimitar as restritivas de direitos que podem ser aplicadas para os crimes previstos na Lei n. 13.869/19.[41] Por consequência, na eventualidade de alguém ser condenado por um crime de abuso de autoridade, as únicas penas restritivas de direitos passíveis de aplicação são

40. Nesse contexto: STJ, 5ª Turma, HC 286.802-RJ, Rel. Min. Felix Fischer, j. 23/10/2014.
41. No mesmo sentido: AGI, Samer. Op. cit. p. 33. E ainda: MARQUES, Gabriela; MARQUES, Ivan. *A nova Lei de Abuso de Autoridade: Lei 13.869/2019 – Comentada artigo por artigo.* São Paulo: Thomson Reuters Brasil, 2019. p. 48.

aquelas duas ali enumeradas. Em relação a tais delitos, revela-se inviável, portanto, a substituição da pena privativa de liberdade pela restritiva de direito de prestação pecuniária, perda de bens e valores e limitação de fim de semana, sendo que, quanto à interdição temporária de direitos, a única subespécie passível de aplicação é aquela constante do inciso II do art. 5º da Lei n. 13.869/19, qual seja, a suspensão do exercício do cargo, da função ou do mandato, pelo prazo de 1 (um) a 6 (seis) meses, com a perda dos vencimentos e das vantagens.

Superada tal controvérsia, vejamos as restritivas de direitos passíveis de aplicação em relação aos crimes de abuso de autoridade:

I – prestação de serviços à comunidade ou a entidades públicas: a Lei n. 13.689/19 nada dispõe acerca do cumprimento dessa restritiva de direitos. Destarte, aplicam-se as regras gerais constantes do art. 46 do Código Penal;

II – suspensão do exercício do cargo, da função ou do mandato, pelo prazo de 1 (um) a 6 (seis) meses, com a perda dos vencimentos e das vantagens: diversamente do que ocorre com o inciso I do art. 5º, onde a prestação de serviços à comunidade terá a mesma duração da pena privativa de liberdade substituída, ressalvado o disposto no § 4º do art. 46 do Código Penal, o inciso II do art. 5º determina que a suspensão do exercício do cargo, aplicada em substituição à pena privativa de liberdade, poderá ser aplicada pelo prazo de 1 (um) a 6 (seis) meses. Noutro giro, a redação do inciso II também deixa claro que a suspensão deve se dar com a perda dos vencimentos e das vantagens. Ora, fosse mantido o pagamento do agente nesse período de suspensão de suas funções, criar-se-ia uma situação de desigualdade ou injustiça em comparação com o servidor que teve que trabalhar durante todo o mês para perceber sua remuneração. Em conclusão, importante não confundir a suspensão do exercício de cargo, mandato ou função, prevista no art. 5º, inciso II, da Lei n. 13.869/19, com a medida cautelar diversa da prisão de suspensão do exercício de função pública prevista no art. 319, inciso VI, do CPP. Enquanto aquela é espécie de pena restritiva de direito, aplicável, pois, ao final do processo em substituição à pena privativa de liberdade, esta é espécie de medida cautelar, passível de decretação durante a investigação preliminar ou no curso do processo, desde que presentes o *fumus comissi delicti* e o *periculum libertatis* (necessidade para aplicação da lei penal, para a investigação ou a instrução criminal ou para evitar a prática de infrações penais);[42]

III – (VETADO): quando aprovado pelo Congresso Nacional, o Projeto que deu origem à Lei n. 13.869/19 contemplava uma terceira pena restritiva de direito, qual seja a "proibição de exercer funções de natureza policial ou militar no Município em que tiver sido praticado o crime e naquele em que residir ou trabalhar a vítima, pelo prazo de 1 (um) a 3 (três) anos." Este dispositivo (inciso III do art. 5º), todavia, acabou sendo vetado pelos seguintes motivos: "A propositura legislativa, ao prever a proibição apenas àqueles que exercem atividades de natureza policial ou militar no município da pratica do crime e na residência ou trabalho da vítima, fere o princípio constitucional da isonomia. Podendo, inclusive, prejudicar as forças de segurança de determinada localidade, a exemplo do Distrito Federal, pela proibição do exercício de natureza policial ou militar." Como este veto não foi derrubado pelo Congresso Nacional, é de se concluir que referida pena restritiva de direito não pode ser aplicada de modo a substituir eventual pena privativa de liberdade prevista na Lei n. 13.869/19.

42. Como já se pronunciou o STJ (5ª Turma, EDcl no AgRg no HC 484.222/RJ, Rel. Min. Felix Fischer, j. 11/04/2019, DJe 23/04/2019), "(...) parece-me consentâneo com os princípios da razoabilidade, proporcionalidade e adequação, a manutenção da medida cautelar imposta, a qual foi estabelecida de maneira suficiente aos fins visados, para garantia da ordem pública, evitando-se a reiteração delitiva, tendo o eg. Tribunal de origem consignado a necessidade de "obviar eventual abuso das prerrogativas parlamentares e manejo de uma potencial força política de autoridade (a denunciada A. ocupa, hoje, o cargo de Presidente da Casa Legislativa local), construída ao longo de anos a partir da influência e do capital político do seu irmão". Logo, na espécie, não existem elementos que indiquem, inequivocamente, que a revogação da medida alternativa à prisão cautelar seja a solução mais adequada ao caso concreto, mormente porque o v. acórdão recorrido encontra-se em consonância com o entendimento desta Corte firmado sobre o tema no sentido de que a medida cautelar de afastamento do cargo mostra-se adequada e proporcional quando o agente se vale da função pública para prática de delitos, tornando a medida imprescindível para garantia da ordem pública, ante o fundado receio de reiteração delitiva, além de o e. magistrado ter reforçado a atualidade da medida, porquanto "até o presente momento os denunciados se encontram em plena atividade criminosa", [...] a servidora comissionada C. S. continua desempenhando a função de assessora de vereador, sendo remunerada pelos cofres públicos para desempenhar atividades de interesse privado dos ora denunciados. (...)".

11.2. Possibilidade de aplicação das penas restritivas de direitos de maneira autônoma ou cumulativa

Verificada a presença dos requisitos que autorizam a substituição da pena de prisão pela restritiva de direitos, deve o magistrado escolher a mais adequada, assim como fixar a quantidade de restritivas que serão aplicadas no caso concreto. Caso a pena de prisão substituída não seja superior a um ano, o juiz poderá aplicar uma pena restritiva de direitos ou multa. Se a pena for superior a um ano, a lei faculta ao juiz substituí-la por duas penas restritivas de direitos ou uma pena restritiva de direito cumulada com multa (CP, art. 44, § 2º). Na mesma linha, o art. 5º, parágrafo único, da Lei n. 13.869/19 prevê que as penas restritivas de direitos podem ser aplicadas autônoma ou cumulativamente. Por fim, na hipótese de não ser cabível a substituição da pena privativa de liberdade por restritiva de direitos, deve o juiz analisar a possibilidade de concessão da suspensão condicional da pena, nos termos dos arts. 77 e 78 do Código Penal.

CAPÍTULO V
DAS SANÇÕES DE NATUREZA CIVIL E ADMINISTRATIVA

Art. 6º As penas previstas nesta Lei serão aplicadas independentemente das sanções de natureza civil ou administrativa cabíveis.

Parágrafo único. As notícias de crimes previstos nesta Lei que descreverem falta funcional serão informadas à autoridade competente com vistas à apuração.

12. Ilicitude penal, cível e administrativa

Nem todo desvio funcional praticado por um agente público terá o condão de tipificar um crime de abuso de autoridade. Na verdade, é possível afirmar que todo ilícito penal também será um ilícito cível e/ou administrativo, mas nem todo ilícito extrapenal será necessariamente um crime previsto na Lei n. 13.869/19. No plano abstrato, incumbe ao legislador decidir, mediante um juízo seletivo, quando uma conduta será considerada ilícito penal ou apenas administrativo/cível, verdadeiro *minus* quando comparado àquele.

A diferença entre ambos não é ontológica, mas apenas de grau. Nas lições de Nélson Hungria: "(...) Na diversidade de tratamento de fatos antijurídicos, a lei não obedece a um critério de rigor científico ou fundado numa distinção ontológica entre tais fatos, mas simplesmente a um ponto de vista de conveniência política, variável no tempo e no espaço. Em princípio, ou sob o prisma da lógica pura, a voluntária transgressão da norma jurídica deveria importar sempre a pena (*stricto sensu).* Praticamente, porém, seria isso uma demasia. O legislador é um oportunista, cabendo-lhe apenas, inspirado pelas exigências do meio social, assegurar, numa dada época, a ordem jurídica mediante sanções adequadas. Se o fato *contra jus* não é de molde a provocar um intenso ou difuso alarme coletivo, contenta-se ele com o aplicar a mera sanção civil (ressarcimento do dano, execução forçada, nulidade do ato). O Estado só deve recorrer à pena quando a conservação da ordem não se possa obter por outros meios de reação, isto é, com os meios próprios do direito civil (ou de outro ramo do direito que não o penal). A pena é um *mal,* não somente para o réu e sua família, senão também, sob o ponto de vista econômico, para o próprio Estado. Assim, dentro de um critério prático, é explicável que este se abstenha de aplicá-la fora dos casos em que tal abstenção represente um *mal maior*".[43]

De mais a mais, ainda que cometido determinado crime de abuso de autoridade, é de rigor a aplicação do **princípio da subsidiariedade** para se determinar quando estará configura a infração penal ou uma simples falta disciplinar (ilícito administrativo). Ora, não se pode perder de vista que o Direito Penal funciona como medida de *ultima ratio,* pois se constitui em disciplina excessivamente gravosa e invasiva da liberdade de locomoção do indivíduo. Por conseguinte, se a violação à Administração Pública não ingressar na seara penal, podendo ser solucionada pelo Direito Administrativo Sancionador, será vedado o recurso à Lei n. 13.869/19. Nesse caso, o desvio funcional cometido pelo agente público será solucionado pela própria Administração Pública, por meio do exercício de seu

43. HUNGRIA, Nélson. *Comentários ao Código Penal.* 2ª ed. Rio de Janeiro: Forense, 1958. V. VII, p. 172-173.

poder disciplinar ou atribuição disciplinar, é dizer, a prerrogativa fundada na supremacia do interesse público e reconhecida em favor do Poder Público para punir seus agentes pelo cometimento de infrações funcionais.

Por outro lado, a depender da gravidade do abuso de autoridade cometido pelo agente público, é perfeitamente possível a utilização de técnicas distintas para a proteção dos bens jurídicos tutelados, hipótese em que o agente estará sujeito às sanções passíveis de aplicação não apenas pelo Direito Penal, mas também pelo Direito Administrativo Sancionador e pelo Direito Civil. Nesse caso, não há falar em violação ao princípio do *ne bis in idem*. Afinal, estamos diante de ilícitos de natureza diversas, cujas sanções devem ser aplicadas pelas respectivas autoridades competentes, sempre respeitando-se o princípio do devido processo legal.

É exatamente nesse sentido o teor do art. 6º da nova Lei de Abuso de Autoridade, segundo o qual as penas nela previstas deverão ser aplicadas *independentemente* das sanções de natureza civil ou administrativa cabíveis. A título de exemplo, suponha-se que um Delegado de Polícia, com a finalidade específica de prejudicar outrem ou beneficiar a si mesmo ou a terceiro, ou, ainda, por mero capricho ou satisfação pessoal, deixe de comunicar, imediatamente, a execução de prisão preventiva à autoridade judiciária que a decretou. Nesse caso, para além da persecução penal pelo crime do art. 12, parágrafo único, inciso I, da Lei n. 13.869/19, o agente também estará sujeito a eventual punição pela Corregedoria da Polícia Civil, sem prejuízo, ademais, de possíveis sanções civis (v.g., reparação do dano material, moral, etc.).

Em conclusão, revela-se oportuno lembrar que, ainda que um mesmo fato seja capaz de gerar consequências no âmbito cível, administrativo e criminal, não há necessidade de se determinar a suspensão do curso do processo cível até o julgamento definitivo daquele de natureza criminal, nem vice-versa. Não há, *in casu*, nenhuma questão prejudicial à luz dos arts. 92 e 93 do CPP.

12.1. Dever de comunicação de faltas funcionais à autoridade competente

O parágrafo único do art. 6º da Lei n. 13.869/19 determina que o agente público responsável pelo recebimento de notícias de crimes deverá informar à autoridade competente eventual falta funcional – o que, via de regra, sempre ocorrerá, já que todo ilícito penal necessariamente também configura ilícito funcional –, com vistas à instauração de processo administrativo disciplinar (PAD) e ulterior punição disciplinar.[44] Em crimes de ação penal pública incondicionada, como é o caso do abuso de autoridade, essa *notitia criminis* pode ser feita por qualquer pessoa, nos exatos termos do art. 5º, § 3º, do CPP.

Art. 7º As responsabilidades civil e administrativa são independentes da criminal, não se podendo mais questionar sobre a existência ou a autoria do fato quando essas questões tenham sido decididas no juízo criminal.

13. Efeitos civis da absolvição penal

A sentença absolutória não exerce qualquer influência sobre o processo cível e administrativo, salvo quando reconhece, categoricamente, a inexistência material do fato ou afasta peremptoriamente a autoria ou participação. É nesse sentido o disposto no art. 7º da Lei n. 13.869/19. O dispositivo guarda semelhança com o art. 66 do CPP e com o art. 935 do Código Civil.[45]

Como se percebe, a depender do fundamento, a sentença absolutória no tocante ao crime de abuso de autoridade poderá impedir não apenas a propositura de eventual ação civil *ex delicto*, mas também a responsabilização do agente no âmbito administrativo. Daí a importância de analisarmos o art. 386 do CPP, cujos incisos dispõem sobre os fundamentos da sentença absolutória:

---

44. Consoante disposto no art. 127 da Lei n. 8.112/90, são penalidades disciplinares: I – advertência; II – suspensão; III – demissão; IV – cassação de aposentadoria ou disponibilidade; V – destituição de cargo em comissão; VI – destituição de função comissionada.

45. Como já se pronunciou o STJ, "(...) não havendo sentença penal que declare a inexistência do fato ou a negativa de autoria, remanesce a independência das esferas penal, cível e administrativa, permitindo-se que a Administração imponha ao servidor a pena de demissão, pois não há interferência daquelas premissas no âmbito da ação por improbidade administrativa". (STJ, 1ª Turma, AgRg no AREsp 17.974/SP, Rel. Min. Benedito Gonçalves, j. 08/11/2011, DJe 11/11/2011).

I – estar provada a inexistência do fato: neste caso, o juiz formou sua convicção no sentido da inocorrência do fato no mundo fenomênico, isto é, o fato não ocorreu no mundo da natureza. Não se trata de falta de provas, ou de um estado de dúvida. Na verdade, há prova nos autos que confirmam peremptoriamente que o fato delituoso imputado ao acusado não ocorreu. Por isso, esse decreto absolutório faz coisa julgada no âmbito cível/administrativo, nos termos do art. 7º da Lei n. 13.869/19, c/c arts. 66 do CPP e 935 do CC;

II – não haver prova da existência do fato: esta decisão deve ser proferida pelo magistrado quando, por ocasião da sentença, persistir dúvida quanto à existência do fato delituoso. Em outras palavras, o crime de abuso de autoridade pode até ter existido, mas o juiz entende que não há provas suficientes que atestem sua existência. Trata-se, pois, de decisão baseada na regra de julgamento do *in dubio pro reo*. Logo, esta sentença absolutória não faz coisa julgada no âmbito cível e administrativo, porquanto não houve o reconhecimento categórico da inexistência do fato delituoso. É possível, pois, que o ofendido consiga, no âmbito extrapenal, eventual reparação pelos prejuízos sofridos em virtude da infração penal, valendo-se, para tanto, de outras provas que demonstrem a existência do fato e, consequentemente, a obrigação de reparar o dano. Subsiste, ademais, a possibilidade de responsabilidade administrativa do agente;

III – não constituir o fato infração penal: sempre que o legislador utiliza a expressão "não constituir o fato infração penal", refere-se à atipicidade da conduta imputada ao agente, seja no plano formal, seja no plano material (v.g, insignificância). Exemplificando, apesar de a Lei n. 13.689/19 não tipificar nenhuma conduta de abuso de autoridade a título culposo, isso não significa dizer que tal conduta não acarrete o dever de indenizar (CC, art. 186). Esta absolvição não repercute no âmbito cível e administrativo, já que o reconhecimento da atipicidade da conduta em sede processual penal não afasta a possibilidade de reconhecimento de sua ilicitude no âmbito extrapenal, com o consequente reconhecimento da obrigação de reparar os danos (CPP, art. 67, III). Idêntico raciocínio é aplicável nas hipóteses em que o agente público for absolvido devido à ausência do especial fim de agir do art. 1º, § 1º;[46]

46. Na dicção do STJ, "(...) não é toda e qualquer decisão criminal transitada em julgado que produz efeito automático no cível, sendo certo que os arts. 65, 66, e 67, III, do

IV – estar provado que o acusado não concorreu para a infração penal: nos mesmos moldes que a decisão do inciso I do art. 386, esta decisão absolutória também é baseada em um juízo de certeza, porém, nesse caso, no sentido de que o acusado não concorreu para a prática delituosa na condição de autor, coautor ou partícipe. A título de exemplo, é possível que a instrução probatória demonstre que o autor, efetivamente, não poderia ter praticado o crime de abuso de autoridade, seja porque outro o autor, seja porque faticamente impossível a sua realização, vez que comprovada sua localização, temporal e espacial, em local diverso do crime. Como se trata de decisão absolutória baseada em um juízo de certeza, que reconhece categoricamente que o acusado não concorreu para o cometimento do delito, esta absolvição faz coisa julgada no âmbito extrapenal;

V – não existir prova de ter o acusado concorrido para a infração penal: cuida-se de decisão baseada na existência de dúvida razoável acerca da autoria, coautoria ou participação. A título de exemplo, em processo penal no qual seja imputada ao acusado a execução de um crime de abuso de autoridade, se a defesa apresentar um álibi e o Ministério Público não conseguir provar a contento que o acusado encontrava-se efetivamente no local do crime, deve o magistrado absolver o acusado com fundamento no art. 386, V, do CPP. Ao contrário do inciso anterior, em que se reconhece categoricamente que o acusado não concorreu para a infração penal e, por isso, repercute no cível/administrativo, a hipótese do inciso V do art. 386 do CPP não faz coisa julgada no âmbito extrapenal, porquanto baseada na existência de dúvida razoável;[47]

CPP, requerem interpretação sistemática. Na hipótese sob exame, os recorrentes foram absolvidos em processo criminal gerado por apontado crime ambiental pelos mesmos fatos discutidos no juízo cível, mas não houve, na solução da controvérsia penal, o reconhecimento da inexistência do fato, sendo que a decisão absolutória limitou-se a dispor que o ato praticado não constitui crime, pelo que, tornou-se claro que o determinado nesse âmbito em nada repercute nas medidas administrativas cíveis ora discutidas. (...)". (STJ, 1ª Turma, REsp 539.189/SC, Rel. Min. José Delgado, j. 11/05/2004, DJ 02/08/2004 p. 316).

47. Como já se pronunciou o STJ, "(...) a sentença absolutória proferida na esfera penal por ausência de provas suficientes da autoria não vincula as esferas administrativa e cível, o que ocorre somente quando naquela instância tenha sido taxativamente declarado que o réu não foi o autor do crime ou que o fato não existiu". (STJ, 6ª Turma, REsp 879.734/RS, Rel. Min. Maria Thereza de Assis Moura, j. 05/10/2010, DJe 18/10/2010). No sentido de que a absolvição na esfera criminal por insuficiência de provas não

VI – existirem circunstâncias que excluam o crime ou isentem o acusado de pena (arts. 20, 21, 22, 23, 26 e § 1º do art. 28, todos do Código Penal), ou mesmo se houver fundada dúvida sobre sua existência: havendo certeza (ou mesmo fundada dúvida) sobre a existência de causa excludente da ilicitude ou da culpabilidade, incumbe ao juiz absolver o acusado. Quanto aos reflexos civis da sentença absolutória proferida com base no art. 386, VI, do CPP, há de se ficar atento às diversas possibilidades:

a) provada a existência de causa excludente da ilicitude real: a decisão absolutória fará coisa julgada no cível, mas desde que o ofendido tenha dado causa à excludente. Reproduzindo, grosso modo, os dizeres do art. 65 do CPP, o art. 8º da Lei n. 13.869/19 dispõe que faz coisa julgada no cível, assim como no administrativo-disciplinar, a sentença penal que reconhecer ter sido o ato praticado em estado de necessidade, em legítima defesa,[48] em estrito cumprimento de dever legal ou no exercício regular de direito.[49] Por exemplo, na legítima defesa, se o ofendido deu início à agressão injusta, o acusado absolvido no processo penal com fundamento no art. 25, *caput,* do CP não se sujeitará à ação no âmbito extrapenal. Raciocínio semelhante será aplicado ao estado de necessidade defensivo, se o ofendido tiver provocado a situação de perigo atual, ou se, nos casos de estrito cumprimento do dever legal ou de exercício regular de direito, a vítima tiver sido a responsável pelas respectivas justificantes. Todavia, se o fato praticado ao amparo da excludente da ilicitude tiver atingido terceiro inocente ou se o estado de necessidade, o estrito cumprimento do dever legal e o exercício regular de direito não tiverem sido desencadeados pela pessoa ofendida, mas por um terceiro (v.g., estado de necessidade agressivo), a vítima não fica impedida de buscar no cível, em demanda proposta contra

---

interfere na seara da punição administrativa, tendo, porém, repercussão na instância administrativa apenas quando a sentença proferida no juízo criminal negar a existência do fato criminoso ou afastar sua autoria: STJ, 5ª Turma, REsp 1.028.436/SP, Rel. Min. Adilson Vieira Macabu – Desembargador convocado do TJ/RJ –, j. 15/09/2011, DJe 17/11/2011.

48. Consoante disposto no art. 25, parágrafo único, do CP, incluído pela Lei n. 13.964/19 (Pacote Anticrime), "observados os requisitos previstos no *caput* deste artigo, considera-se também em legítima defesa o agente de segurança pública que repele agressão ou risco de agressão a vítima mantida refém durante a prática de crimes".

49. A despeito de o legislador não fazer referência às demais causas excludentes da ilicitude, revela-se possível o emprego de analogia *in bonam partem* para concluir que estas também devem vincular a esfera penal.

o acusado absolvido, a indenização pelos prejuízos sofridos. Nesse caso, o acusado absolvido, uma vez acionado pela vítima, poderá intentar ação regressiva contra o terceiro que deu causa à situação. Por fim, eventual absolvição do agente público com base em causa excludente da ilicitude real não impede que a vítima busque, no cível, e exclusivamente em face do Estado, a devida reparação, já que, nesse caso, vigora a regra da responsabilidade objetiva;[50]

b) provada a existência de causa excludente da ilicitude putativa e erro na execução (*aberratio ictus*): a absolvição com fundamento na legítima defesa putativa não impede a propositura da ação civil *ex delicto*, salvo se a repulsa resultar de agressão do próprio ofendido.[51] Na mesma linha, se o acusado, em legítima defesa real, atinge terceiro inocente em virtude de erro na execução, também deverá ser absolvido na esfera criminal, o que não afasta sua responsabilidade na esfera civil. Nesse caso, poderá promover ação regressiva contra aquele que deu ensejo à excludente de ilicitude, nos termos do art. 930, parágrafo único, do Código Civil;

c) provada a existência de causa excludente da culpabilidade: eventual absolvição do acusado com base no reconhecimento categórico de causa exculpante (v.g., erro de proibição, coação moral irresistível, obediência hierárquica, inexigibilidade de conduta diversa, embriaguez completa proveniente de caso fortuito ou força maior) não faz coisa julgada no âmbito cível;

d) fundada dúvida acerca de causa excludente da ilicitude ou da culpabilidade: como se trata de decisão absolutória baseada na regra probatória do *in dubio pro reo*, não tem ela o condão de impedir que o acusado absolvido seja acionado civilmente;

---

50. Como já se pronunciou o STJ, "(...) a questão federal está em saber se, absolvidos os agentes da polícia no juízo criminal em razão de causa excludente de ilicitude – no estrito cumprimento do dever legal (art. 65, CPP) -, pode ser o Estado demandado em razão do dano causado (homicídio) a herdeiros da vítima, existindo, como causa de pedir, a responsabilidade objetiva estatal – fato do serviço. (...) Realmente, a sentença absolutória fundada em excludente de ilicitude repercute sobremaneira no juízo cível, a teor do art. 65 do CPP. Entretanto, a repercussão integral só acontece quando se está diante da responsabilidade civil subjetiva, hipótese bem diversa dos autos. Entendimento doutrinário e jurisprudência (...)". (STJ, 2ª Turma, REsp 884.198/RO, Rel. Min. Humberto Martins, j. 10/04/2007, DJ 23/04/2007 p. 247).

51. No sentido de que a legítima defesa putativa não exclui a responsabilidade civil pelos danos que dela decorrem: STJ, 3ª Turma, REsp 513.891/RJ, Rel. Min. Ari Pargendler, j. 20/03/2007, DJ 16/04/2007, p. 181.

VII – não existir prova suficiente para a condenação: como se demanda um juízo de certeza para a prolação de um decreto condenatório, caso persista uma dúvida razoável por ocasião da prolação da sentença, o caminho a ser adotado pelo magistrado penal é a absolvição do acusado. Mais uma vez, como se trata de decisão baseada no *in dubio pro reo*, esta absolvição não gera qualquer repercussão na seara cível, daí por que é plenamente possível que a vítima ingresse com ação ordinária de indenização em face do acusado, e que o agente público seja punido no âmbito disciplinar.

Art. 8º Faz coisa julgada em âmbito cível, assim como no administrativo-disciplinar, a sentença penal que reconhecer ter sido o ato praticado em estado de necessidade, em legítima defesa, em estrito cumprimento de dever legal ou no exercício regular de direito.

13.1. Efeitos civis de absolvição penal com fundamento nas excludentes de ilicitude

O tema foi objeto de análise nos comentários ao art. 7º da Lei n. 13.869/19, para onde remetemos o leitor.

CAPÍTULO VI
DOS CRIMES E DAS PENAS

Art. 9º Decretar medida de privação da liberdade em manifesta desconformidade com as hipóteses legais:
Pena – detenção, de 1 (um) a 4 (quatro) anos, e multa.
(...)

14. Decretação de medida de privação da liberdade em manifesta desconformidade com as hipóteses legais.[52]

14.1. Rejeição do veto presidencial pelo Congresso Nacional

Tão logo aprovado pelo Congresso Nacional, o Projeto de Lei n. 7.596, de 2017 (n. 85/17 no Senado Federal), que deu origem à

52. Note o leitor que, na esteira do que geralmente ocorre no âmbito da Legislação Especial (v.g. Lei de Lavagem de Capitais, Lei de Drogas, etc.), a nova Lei de Abuso de Autoridade

nova Lei de Abuso de Autoridade, foi alvo de diversos vetos por parte do Presidente da República – no total, foram 33 (trinta e três –, nos termos do art. 66, § 1º, da Constituição Federal. Dentre os dispositivos vetados estava a integralidade do art. 9º (*caput* e parágrafo único). Na visão do Chefe do Poder Executivo, "a propositura legislativa, ao dispor que se constitui crime 'decretar medida de privação da liberdade em manifesta desconformidade com as hipóteses legais', gera insegurança jurídica por se tratar de tipo penal aberto e que comportam interpretação, o que poderia comprometer a independência do magistrado ao proferir a decisão pelo receio de criminalização da sua conduta." Ocorre que o veto em questão foi rejeitado pelo Congresso Nacional (CF, art. 66, § 4º)[53] em sessão conjunta realizada no dia 24 de setembro de 2019.

14.2. Direito intertemporal.

A conduta incriminada pelo art. 9º, *caput*, da Lei n. 13.869/19, já era tipificada na vigência da revogada Lei n. 4.898/65, nos seguintes termos: "Art. 4º. Constitui também abuso de autoridade: a) ordenar ou executar medida privativa de liberdade individual, sem as formalidades legais ou com abuso de poder". Houve, porém, um sensível incremento da pena privativa de liberdade. Com efeito, na vigência da legislação pretérita, a pena privativa de liberdade prevista para essa conduta delituosa era de detenção por 10 (dez) dias a 6 (seis) meses. Com a entrada em vigor da Lei n. 13.869/19, a pena de prisão cominada passou a ser de detenção, de 1 (um) a 4 (quatro) anos, e multa. Por se tratar de *lex gravior*, esse novo preceito secundário deve abranger apenas as condutas delituosas cometidas a partir da vigência desta figura delituosa, o que ocorreu no dia 25 de janeiro de 2020,[54] sob pena de violação ao princípio da irretroatividade da lei mais gravosa (CF, art. 5º, XL).

---

optou por não colocar acima de cada um dos crimes nela definidos uma rubrica marginal (*nomen juris* ou título do delito), como ocorre, por exemplo, no âmbito do Código Penal (v.g., *Homicídio* – art. 121) e, em raríssimas oportunidades, na legislação extravagante (v.g., Estatuto do Desarmamento). Sem embargo, optamos por *criar* essas rubricas marginais na presente obra exclusivamente por razões didáticas, de modo a facilitar a compreensão do leitor acerca dos diversos tipos penais existentes na Lei n. 13.869/19.

53. No total, foram derrubados 18 (dezoito) dos 33 vetos parciais do Presidente da República.

54. Para mais detalhes acerca das diferentes datas de entrada em vigor de alguns dispositivos da nova Lei de Abuso de Autoridade, remetemos o leitor aos comentários ao art. 45.

14.3. Bem jurídico tutelado

O crime do art. 9º, *caput,* tutela não apenas a Administração Pública, mas também a liberdade de locomoção do indivíduo (CF, art. 5º, incisos XV e LXI), diretamente prejudicado pela decretação de medida de privação da liberdade em manifesta desconformidade com as hipóteses legais.

14.4. Sujeitos do crime

O sujeito ativo do crime é o agente público, nos termos do art. 2º da Lei n. 13.869/19. Cuida-se, pois, de crime próprio, porquanto se exige uma qualidade especial do agente. Há quem entenda que o único agente público capaz de praticar o crime do art. 9º, *caput,* da nova Lei de Abuso de Autoridade seria o magistrado – Juiz de 1ª instância, Desembargador ou Ministro –, porquanto somente ele poderia *decretar* medida de privação de liberdade.[55] Não nos parece ser este o melhor entendimento. A uma porque, comparando-se a redação do *caput* com a do parágrafo único, ambos do art. 9º, é possível notar que, neste último caso, o legislador faz referência expressa à *autoridade judiciária,* expressão esta que não consta daquele. Não bastasse isso, é fora de dúvida que todo e qualquer agente público, pelo menos em tese, pode decretar medida de privação da liberdade em manifesta desconformidade com as hipóteses legais. Basta imaginar que um Promotor de Justiça, teratologicamente, decrete a prisão temporária de alguém, ou que um Delegado de Polícia determine a prisão em flagrante de uma pessoa que não esteja em situação de flagrante delito (CPP, art. 302, I, II, III e IV). Ora, em tais hipóteses, parece não haver qualquer dúvida quanto à possibilidade de tipificação do crime do art. 9º, *caput,* desde que presente o especial fim de agir do art. 1º, § 1º, da Lei n. 13.869/19.[56] É nesse sentido, aliás, o **Enunciado n. 5** do Conselho Nacional de Procuradores-Gerais dos Ministérios Públicos dos Estados e da União (CNPG) e do Grupo Nacional de Coordenadores de Centro de Apoio Criminal (GNCCRIM): "O sujeito ativo do art. 9º, *caput,* da Lei de Abuso

55. Com esse entendimento: AGI, Samer. Op. cit. p. 41; MARQUES, Gabriela; MARQUES, Ivan. Op. cit. p. 56.

56. No mesmo sentido: PINHEIRO, Igor Pereira; CAVALCANTE, André Clark Nunes; BRANCO, Emerson Castelo. Op. cit. p. 74; GRECO; CUNHA. Op. cit. p. 60.

de Autoridade, diferentemente do parágrafo único, não alcança somente autoridade judiciária. O verbo núcleo 'decretar' tem o sentido de determinar, decidir e ordenar medida de privação da liberdade em manifesta desconformidade com as hipóteses legais".

Por sua vez, o sujeito passivo, para além do Estado, é a pessoa que teve contra si decretada uma media de privação da liberdade em manifesta desconformidade com as hipóteses legais. Na hipótese em que a vítima for uma criança ou adolescente, não se aplica o disposto no art. 9º da Lei n. 13.869/19, mas sim o art. 230 do Estatuto da Criança e do Adolescente ("Privar a criança ou o adolescente de sua liberdade, procedendo à sua apreensão sem estar em flagrante de ato infracional ou inexistindo ordem escrita da autoridade judiciária competente"), por se tratar de norma especial.

14.5. Tipo objetivo

O verbo núcleo do tipo do *caput* do art. 9º é **decretar**, que significa determinar, decidir, ordenar, estabelecer explicitamente, mandar, etc. O objeto dessa ordem é uma **medida de privação da liberdade**, penal ou extrapenal, cujo conceito abrange, exemplificativamente:

a) prisão em flagrante: trata-se de medida de autodefesa da sociedade consubstanciada na privação da liberdade de locomoção daquele que é surpreendido em situação de flagrância (CPP, art. 302, incisos I, II, III e IV), a ser executada independentemente de prévia autorização judicial (CF, art. 5º, LXI);

b) prisão preventiva: cuida-se de espécie de prisão cautelar decretada pela autoridade judiciária competente – juiz das garantias, se decretada na fase investigatória (CPP, art. 3º-B, V, incluído pela Lei n. 13.964/19), ou juiz da instrução e julgamento, se decretada após o recebimento da denúncia (CPP, art. 3º-C, § 1º, incluído pela Lei n. 13.964/19) – mediante representação da autoridade policial ou requerimento do Ministério Público, do querelante ou do assistente – jamais de ofício (CPP, art. 282, § 2º, com redação determinada pela Lei n. 13.964/19) –, em qualquer fase das investigações ou do processo criminal, sempre que estiverem preenchidos os requisitos legais (CPP, art. 313) e ocorrerem os motivos autorizadores listados no art. 312 do CPP (garantia da ordem pública ou da ordem econômica, conveniência da instrução criminal e garantia de aplicação da lei penal), e desde que se revelem inadequadas ou insuficientes as medidas cautelares diversas da prisão (CPP, art. 319);

c) **prisão temporária:** trata-se de espécie de prisão cautelar decretada pela autoridade judiciária competente exclusivamente durante a fase preliminar de investigações, com prazo preestabelecido de duração, quando a privação da liberdade de locomoção do indivíduo for indispensável para a obtenção de elementos de informação quanto à autoria e materialidade das infrações penais mencionadas no art. 1º, inciso III, da Lei nº 7.960/89, assim como em relação aos crimes hediondos e equiparados (Lei nº 8.072/90, art. 2º, § 4º), viabilizando a instauração da *persecutio criminis in judicio*;

d) **prisão penal:** a prisão penal, prisão-pena ou *carcer ad poenam*, é aquela que resulta de sentença condenatória com trânsito em julgado que impôs o cumprimento de pena privativa de liberdade (STF, Pleno, ADC 43/DF, ADC 44/DF, ADC 54/DF, Rel. Min. Marco Aurélio, j. 07/11/2019);

e) **medidas cautelares diversas da prisão:** introduzidas nos arts. 319 e 320 do Código de Processo Penal pela Lei n. 12.403/11, as cautelares diversas da prisão funcionam como espécies de medidas cautelares de natureza pessoal. Conquanto não acarretem a privação absoluta da liberdade de locomoção, parece-nos perfeitamente possível inseri-las dentro do conceito de *medida de privação da liberdade* para fins de tipificação do crime do art. 9º, *caput,* da Lei n. 13.869/19. Isso porque tais medidas implicam em determinada restrição à liberdade de ir, vir e ficar. Basta pensar, a título de exemplo, no recolhimento domiciliar no período noturno e nos dias de folga, previsto no inciso V do art. 319 do CPP, de onde se extrai evidente privação da liberdade de locomoção do indivíduo;

f) **medida de segurança de internação:** consiste na internação em hospital de custódia e tratamento psiquiátrico ou, à falta, em outro estabelecimento adequado (CP, art. 96, I);

g) **prisão do militar nos casos de transgressão disciplinar ou crime propriamente militar:** em ambas as hipóteses, o militar federal ou estadual poderá ser preso independentemente de prévia autorização judicial e mesmo que não esteja em situação de flagrante delito (CF, art. 5º, LXI, última parte);

h) **semiliberdade:** de acordo com o art. 120 do Estatuto da Criança e do Adolescente, o regime de semiliberdade pode ser determinado desde o início, ou como forma de transição para o meio aberto, possibilitada a realização de atividades externas, independentemente de autorização judicial;

i) internação: consoante disposto no art. 121 da Lei n. 8.069/90, a internação constitui medida privativa da liberdade, sujeita aos princípios de brevidade, excepcionalidade e respeito à condição peculiar de pessoa em desenvolvimento. O art. 230 do Estatuto da Criança e do Adolescente refere-se apenas à *apreensão* de criança ou adolescente, daí por que, em se tratando de internação decretada em manifesta desconformidade com as hipóteses legais, o juízo de tipicidade deve ser feito à luz do art. 9º, *caput,* da Lei n. 13.869/19;

j) internação psiquiátrica: o art. 6º da Lei n. 10.216/01 prevê que a internação psiquiátrica somente será realizada mediante laudo médico circunstanciado que caracterize os seus motivos. São considerados os seguintes tipos de internação psiquiátrica: a) internação voluntária: aquela que se dá com o consentimento do usuário; b) internação involuntária: aquela que se dá sem o consentimento do usuário e a pedido de terceiro; e c) internação compulsória: aquela determinada pela Justiça.

Para fins de tipificação do crime do art. 9º, *caput,* da Lei n. 13.869/19, a decretação dessa medida de privação da liberdade deve se dar **em manifesta desconformidade com as hipóteses legais**. Mas qual seria o significado dessa preliminar? Difícil dizer.

De fato, o grau de indeterminação dessa elementar do art. 9º, *caput,* vem de encontro ao princípio da legalidade (CF, art. 5º, XXXIX). Como é sabido, na garantia da *lex certa,* uma das dimensões de garantia do referido postulado, está contemplado o "princípio da precisão", da "certeza" ou da "taxatividade" (*nullum crimen nulla poena sine lege certa*), isto é, o tipo penal deve ser rigorosamente delimitado pelo legislador, sob pena de se desconhecer o limite entre o lícito e o ilícito. Lei incerta não pode, portanto, criar obrigação certa. A descrição do preceito incriminador da norma primária, assim como da sanção, deve ser de tal modo patente e evidente que evite qualquer atividade criativa por parte do juiz.[57]

57. Nesse contexto: GOMES, Luiz Flávio. *Direito penal: parte geral.* Vol. 2. São Paulo: Editora Revista dos Tribunais, 2007. p. 38.

Não há dúvidas de que, à semelhança do art. 9º, *caput*, constam da nova Lei de Abuso de Autoridade outras dezenas de tipos penais que serão – aliás, já são – objeto de questionamento no Supremo Tribunal Federal à luz da regra da taxatividade. Isso porque revelam uma abstração poucas vezes vista no nosso ordenamento jurídico. De fato, o que se pode compreender por medida de privação da liberdade *em manifesta desconformidade com as hipóteses legais* para fins de tipificação do crime do art. 9º? E a expressão *manifestamente cabível*, constante dos incisos II e III do parágrafo único do art. 9º? O que dizer, então de expressões como *manifestamente descabida* (art. 10), *pleito de preso* à autoridade judiciária competente (art. 19), *qualquer indício da prática de crime* (art. 27), *justa causa fundamentada* (art. 30), *estender injustificadamente a investigação* (art. 31), demorar *demasiada e injustificadamente* (art. 37), entre outras tantas? Confere-se, por meio de tipos penais de duvidosa constitucionalidade, perigosa discricionariedade ao magistrado para atestar o que seria e o que não seria típico, o que pode acarretar uma reação em cadeia dos agentes públicos que passarão a se omitir por medo. É dizer, ainda que tenham consciência de que seus atos podem ser objeto de impugnação por meio de recursos ou ações constitucionais, estarão sujeitos ao risco de serem admoestados, como, aliás, já vêm sendo por diversos advogados, ou representados criminalmente sem qualquer fundamento, o que, em última análise, pode causar prejuízos não apenas à segurança pública (CF, art. 144), como também à própria efetividade da prestação jurisdicional (CF, art. 5º, XXXV). Enfim, resta aguardar o deslinde das diversas ações diretas de inconstitucionalidade propostas contra a Lei n. 13.869/19 ora em tramitação perante o Supremo Tribunal Federal.[58]

58. Desde a publicação da Lei n. 13.869/19 no dia 5 de setembro de 2019, diversas ações diretas de inconstitucionalidade foram ajuizadas contra a nova Lei de Abuso de Autoridade: 1) **ADI n. 6.234**: ajuizada pela Associação Nacional dos Auditores Fiscais de Tributos dos Municípios e Distrito Federal (Anafisco); 2) **ADI n. 6.236**: de autoria da Associação dos Magistrados Brasileiros (AMB); 3) **ADI n. 6.238**: proposta pela Associação Nacional dos Membros do Ministério Público (Conamp), pela Associação Nacional dos Procuradores do Trabalho (ANPT) e pela Associação dos Procuradores da República (ANPR); 4) **ADI n. 6.239**: apresentada pela Associação dos Juízes Federais do Brasil; 5) **ADI n. 6.240**: oferecida pela Associação Nacional dos Auditores Fiscais da Receita Federal do Brasil (Anfip); 6) **ADI n. 6.266**: ajuizada pela Associação Nacional dos Delegados de Polícia Federal (ADPF). Como a primeira ADI foi distribuída ao Min. Celso de Mello, as demais

De todo modo, ante a obrigação de comentarmos todos os dispositivos legais da nova Lei de Abuso de Autoridade, nos resta a difícil tarefa de buscar a correta interpretação dessa elementar. Pois bem. Levando-se em consideração a vedação do crime de hermenêutica constante do art. 1º, § 2º, o ideal é concluir que eventual divergência na interpretação da lei ou na avaliação de fatos e provas jamais terá o condão de caracterizar o crime do art. 9º, *caput*. Portanto, é indispensável que a medida decretada seja teratológica, ou seja, que se trate de uma ilegalidade chapada, manifesta, flagrante. Exemplificando, se um juiz da instrução e julgamento de primeira instância decretar, de ofício, a *prisão temporária* de alguém durante a *fase processual*, em virtude da prática de um crime de *ameaça*, parece não haver qualquer dúvida de que se trata de decisão em *manifesta desconformidade com as hipóteses legais*. Primeiro, porque referida prisão cautelar tem seu âmbito de aplicação restrito à fase investigatória. Segundo, porque o crime de ameaça não está elencado entre aqueles que admitem a prisão temporária. Terceiro porque, com o advento do Pacote Anticrime (Lei n. 13.964/19), nenhuma espécie de medida cautelar pode ser decretada de ofício, seja na fase investigatória, seja na fase processual da persecução penal (CPP, art. 282, § §2º e 4º, c/c art. 311). Daí por que o agente deverá responder pelo crime do art. 9º, *caput*, da Lei n. 13.869/19. Agora, se um juiz das garantias decretar, no curso de um inquérito policial instaurado para apuração de crime de homicídio qualificado, uma prisão temporária por entender presentes o *fumus comissi delicti* e o *periculum libertatis*, eventual discordância do Tribunal, por ocasião da apreciação de um *habeas corpus*, quanto à presença dos referidos pressupostos, jamais poderá levar à conclusão de que o magistrado de primeira instância teria incidido, sob o ponto de vista objetivo, em abuso de autoridade, porquanto o que houve foi uma mera divergência no tocante à avaliação dos fatos e das provas constantes dos autos.

14.6. Tipo subjetivo

Pune-se o crime a título de dolo. Exige-se, ademais, a finalidade específica de prejudicar outrem ou beneficiar a si mesmo ou

---

também lhe foram distribuídas em virtude da prevenção (RISTF, art. 77-B), haja vista a coincidência total ou parcial de objetos.

a terceiro, ou, ainda, por mero capricho ou satisfação pessoal (art. 1º, § 1º), sendo certo que a divergência na interpretação de lei ou na avaliação de fatos e provas não configura abuso de autoridade (art. 1º, § 2º). Não se admite a modalidade culposa.

14.7. Consumação e tentativa

Estamos diante de um **crime formal** (de consumação antecipada). Consuma-se, pois, no exato momento em que a medida de privação da liberdade é decretada pelo agente público em manifesta desconformidade com as hipóteses legais. Não há necessidade, portanto, da efetiva privação da liberdade do indivíduo, que, se vier a ocorrer, deverá ser compreendida como mero exaurimento do crime. Exemplificando, se um juiz decretar a prisão preventiva de um indivíduo *primário* pela prática de um crime de *furto simples* durante a *fase investigatória de ofício* com o especial fim de agir de prejudicá-lo, deverá responder pelo crime do art. 9º, *caput,* da Lei n. 13.869/19 em sua modalidade consumada, pouco importando que a detenção do indivíduo jamais tenha se concretizado devido à concessão de liminar em *habeas corpus* pelo Tribunal, que reconheceu o caráter ilegal da medida, seja pelo fato de não se admitir a decretação da preventiva de ofício durante a fase investigatória e na fase processual (CPP, art. 282, § 2º, c/c art. 311, ambos com redação determinada pela Lei n. 13.964/19), seja pelo fato de a pena máxima cominada ao delito do art. 155, *caput,* do CP, não ser superior a 4 (quatro) anos e se tratar de cidadão não reincidente. Como exposto nos comentários ao art. 1º, § 1º, da Lei n. 13.869/19, considerando-se que *a finalidade específica de prejudicar outrem ou beneficiar a si mesmo ou a terceiro, ou, ainda, por mero capricho ou satisfação pessoal,* funciona como mero elemento subjetivo especial do injusto, a consecução (ou não) desse resultado almejado pelo agente em nada interfere na consumação dos delitos de abuso de autoridade.

Pelo menos em regra, não se admite a tentativa, pois o verbo decretar traduz a ideia de conduta unissubsistente. No entanto, se a conduta for praticada por escrito, é factível a configuração do *conatus.*

14.8. Classificação doutrinária

O art. 9º, *caput,* da Lei n. 13.869/19, pode ser classificado da seguinte forma: **a) crime próprio**: todos os crimes previstos na

Lei n. 13.869/19 são próprios, pois exigem uma qualidade especial do agente, qual seja, agente público, objeto de análise nos comentários ao art. 2º. Ademais, ainda que não conste do tipo penal qualquer referência explícita nesse sentido, é indispensável que o agente público em questão tenha o poder de mando concreto no que diz respeito àquela prerrogativa que alegou ter, sob pena de atipicidade da conduta. Afinal, consoante disposto no art. 1º, *in fine*, da Lei n. 13.869/19, todo e qualquer crime de abuso de autoridade pressupõe que o agente *abuse do poder que lhe tenha sido atribuído*; **b) crime formal (de consumação antecipada ou de resultado cortado)**: existe um resultado – privação da liberdade de locomoção –, que, no entanto, não precisa ocorrer para que se verifique a consumação do delito; **c) crime comissivo:** pelo menos em regra, o que não impede que o fato seja praticado por meio de omissão imprópria, nas hipóteses em que o agente ostente a condição de garantidor (CP, art. 13, § 2º) e, dolosamente, com o especial fim de agir do art. 1º, § 1º, nada faça para impedir a superveniência do resultado; **d) crime unissubjetivo**: o crime pode ser praticado por uma única pessoa, conquanto admita o concurso de agentes; **e) crime unissubsistente ou plurissubsistente**: se praticado verbalmente, ter-se-á crime unissubsistente, não admitindo, portanto, a tentativa. Se, todavia, a conduta for praticada por escrito, a conduta poderá ser fracionada (plurissubsistente), hipótese em que não se pode afastar a possibilidade de configuração do *conatus;* **f) crime de dano:** pressupõe a efetiva lesão ao bem jurídico; **g) crime instantâneo:** a conduta criminosa não se dilata no tempo; **h) crime de forma livre**: são aqueles que admitem qualquer meio de execução; **i) crime pluriofensivo:** é aquele que atinge dois ou mais bens jurídicos. No caso específico do art. 9º, *caput,* tutela-se a Administração Pública e a liberdade de locomoção do indivíduo.

14.9. Ação penal, pena, competência para o julgamento, procedimento adequado, transação penal, suspensão condicional do processo e acordo de não persecução penal

Como exposto nos comentários ao art. 3º da nova Lei de Abuso de Autoridade, a ação penal é pública incondicionada, admitindo-se a ação penal privada subsidiária da pública se acaso verificada a inércia do órgão ministerial.

A pena cominada aos crimes do art. 9º da Lei n. 13.869/19 é de *detenção*, de 1 (um) a 4 (quatro) anos, *e multa*. A leitura do preceito secundário autoriza a extração de importantes conclusões: a) como a pena privativa de liberdade é de detenção, o regime inicial de cumprimento de pena mais gravoso possível, mesmo em caso de reincidência, será o semiaberto, admitindo-se, a título de regressão de regime, a imposição do fechado, nos exatos termos do art. 33 e seguintes do Código Penal; b) como a pena máxima é de 4 anos e se trata de crime que não é cometido com violência ou grave ameaça à pessoa, admite-se a substituição da pena privativa de liberdade pelas restritivas de direitos previstas no art. 5º da Lei n. 13.869/19; c) quanto à pena de multa, ante o silêncio da Lei n. 13.869/19, aplica-se o disposto no Código Penal (art. 49 e seguintes).

Tendo em conta que a pena máxima é superior a 2 (dois) anos, não se trata de infração de menor potencial ofensivo. A competência, portanto, não é dos Juizados Especiais Criminais, mas sim do juízo comum, aplicando-se, *in casu*, o procedimento dos crimes de responsabilidade dos funcionários públicos (CPP, arts. 513 a 518).[59]

Por se tratar de infração penal à qual é cominada pena mínima inferior a 4 (quatro) anos, admite-se a celebração de acordo de não persecução penal, desde que presentes os demais requisitos elencados pelo art. 28-A do Código de Processo Penal, incluído pela Lei n. 13.964/19. A propósito, eis o teor do **Enunciado n. 28** do Conselho Nacional de Procuradores-Gerais dos Ministérios Públicos dos Estados e da União (CNPG) e do Grupo Nacional de Coordenadores de Centro de Apoio Criminal (GNCCRIM): "Crimes de abuso de autoridade, cometidos sem violência ou grave ameaça à pessoa, presentes os pressupostos do art. 18 da Res. 181/17 do CNMP,[60] admitirão o acordo de não persecução penal, salvo se a sua celebração não atender ao que seja necessário e suficiente para a reprovação e prevenção do crime".

Se, por qualquer motivo, não for celebrado o acordo de não persecução penal, será possível o oferecimento de uma proposta

59. Para mais detalhes acerca da necessidade de observância do referido procedimento, remetemos o leitor aos comentários ao art. 39.

60. Note o leitor que o enunciado sob comento faz referência ao art. 18 da Resolução n. 181 do CNMP, e não ao art. 28-A do CPP, porquanto editado em momento anterior à vigência da Lei n. 13.964/19 (Pacote Anticrime).

de suspensão condicional do processo, consoante disposto no art. 89, *caput*, da Lei n. 9.099/95, já que a pena mínima cominada ao delito não é superior a 1 (um) ano.

Art. 9º (...)

Pena – detenção, de 1 (um) a 4 (quatro) anos, e multa.

Parágrafo único. Incorre na mesma pena a autoridade judiciária que, dentro de prazo razoável, deixar de:

I – relaxar a prisão manifestamente ilegal;

(...)

15. Não relaxamento da prisão manifestamente ilegal

15.1. Direito intertemporal

A conduta incriminada pelo art. 9º, parágrafo único, inciso I, da Lei n. 13.869/19, já era tipificada na vigência da revogada Lei n. 4.898/65, nos seguintes termos: "Art. 4º. Constitui também abuso de autoridade: (...) d) deixar o juiz de ordenar o relaxamento de prisão ou detenção ilegal que lhe seja comunicada". Houve, porém, um incremento da pena privativa de liberdade, daí por que sua aplicação ficará restrita aos crimes cometidos a partir da vigência da Lei n. 13.869/19.

15.2. Noções gerais acerca do relaxamento da prisão ilegal

Segundo o art. 5º, LXV, da Constituição Federal, "a prisão ilegal será imediatamente relaxada pela autoridade judiciária." O dispositivo constitucional consagra o direito subjetivo de todo e qualquer cidadão de ter restabelecida sua liberdade de locomoção caso sua prisão tenha sido levada a efeito fora dos balizamentos legais. Esse vício, que macula a custódia de ilegal, pode se apresentar desde a origem do ato de constrição à liberdade de locomoção ou mesmo no curso de sua incidência: em ambas as hipóteses, deve ser reconhecida a ilegalidade da prisão, com seu consequente relaxamento.[61]

61. Nessa linha: SAMPAIO JÚNIOR, José Herval; CALDAS NETO, Pedro Rodrigues. *Manual de prisão e soltura sob a ótica constitucional: doutrina e jurisprudência*. São Paulo: Editora Método, 2007. p. 319.

Relaxar a prisão significa reconhecer a ilegalidade da restrição da liberdade imposta a alguém, não se restringindo à hipótese de flagrante delito. Conquanto o relaxamento seja mais comum nas hipóteses de prisão em flagrante delito, dirige-se contra todas as modalidades de prisão, desde que tenham sido levadas a efeito sem a observância das formalidades legais.

Dentre as causas mais comuns de relaxamento da prisão, podemos citar, a título de exemplo: 1) prisão por fato atípico (v.g, flagrante preparado, flagrante forjado, etc.); 2) inobservância dos requisitos essenciais ao mandado de prisão (CPP, art. 285, parágrafo único); 3) inexistência de situação de flagrância (CPP, art. 302, I, II, III e IV); 4) prisão em flagrante daquele que se apresenta espontaneamente à autoridade policial; 5) inobservância das formalidades legais e constitucionais no momento da lavratura do auto de prisão em flagrante; 6) falta de laudo de constatação da natureza da substância entorpecente (Lei nº 11.343/06, art. 50, § 1º); 7) ausência de requerimento da vítima em se tratando de prisão em flagrante por crime de ação penal privada; 8) ausência de representação do ofendido, no caso de crime de ação penal pública condicionada à representação (v.g., estelionato, pelo menos em regra - art. 171, § 5º, incluído pela Lei n. 13.964/19); 9) não entrega de nota de culpa ao preso no prazo de 24 (vinte e quatro) horas após a prisão; 10) não comunicação imediata da prisão à autoridade judiciária competente; 11) não encaminhamento de cópia do auto de prisão em flagrante à Defensoria Pública, quanto o autuado não informa o nome de seu advogado; 12) não realização de audiência de custódia sem motivação idônea transcorridas 48 (quarenta e oito horas) horas após a realização da prisão em flagrante (CPP, art. 310, *caput,* e § 4º, incluído pela Lei n. 13.964/19); 13) prisão preventiva desprovida de fundamentação, como ocorre, por exemplo, quando o juiz emprega conceitos jurídicos indeterminados (v.g., garantia da ordem pública), sem explicar o motivo concreto de sua incidência no caso concreto (CPP, art. 315, § 2º, II, incluído pela Lei n. 13.964/19); 14) excesso de prazo da prisão preventiva; 15) inobservância dos pressupostos que autorizam a prisão preventiva: prova da materialidade e indícios suficientes de autoria (CPP, art. 312, *caput*); 16) prisão preventiva decretada em crime não listado no rol do art. 313 do CPP; 17) prisão temporária decretada em relação a crime que não comporte a medida; 18) prisão temporária em curso por prazo superior àquele previsto em lei; 19) prisão preventiva decretada com a finalidade de antecipação de cumprimento de pena ou como decorrência imediata de investigação criminal ou da apresentação ou recebimento de denúncia (CPP, art. 313, § 2º, incluído pela Lei n. 13.964/19); 20) ausência de revisão da necessidade de manutenção da prisão preventiva a cada 90 (noventa) dias, mediante decisão fundamentada (CPP, art. 316, parágrafo único, incluído pela Lei n. 13.964/19).

O relaxamento da prisão ilegal não tem natureza de medida cautelar, nem tampouco de *medida de contracautela*, funcionando, na verdade, como garantia do réu em face do constrangimento ilegal à liberdade de locomoção decorrente de prisão ilegal. Como observa Garcez Ramos, "o relaxamento da prisão em flagrante, por ser providência que não apresenta as características da cautelaridade (não é baseada na aparência nem é temporária), nem da antecipação de tutela (não tem referibilidade com o direito material que se discute no processo principal), pode ser definido como uma medida de urgência fundada no poder de polícia da autoridade judiciária. Como se trata de um poder propenso à defesa da ordem jurídica e, na hipótese, à proteção do direito constitucional de liberdade de ir e vir, que só pode ser coarctado com base em título legítimo, o juiz protege-a de ofício ou a requerimento das partes, na primeira ocasião em que a prisão preventiva aparentar ilegalidade".[62]

Reconhecida a ilegalidade da prisão, e deferido o relaxamento da constrição, o agente não fica sujeito ao cumprimento de deveres e obrigações. Permanece livre de quaisquer ônus ou restrições de direito. Trata-se de liberdade plena, diferenciando-se, portanto, das hipóteses de liberdade provisória com vinculação.[63] Todavia, se presentes o *fumus comissi delicti* e o *periculum libertatis*, é perfeitamente possível a imposição fundamentada de medidas cautelares de natureza pessoal.[64]

---

62. RAMOS, João Gualberto Garcez. *A tutela de urgência no processo penal brasileiro*. Belo Horizonte/MG: Editora Del Rey, 1998. p. 406.
63. OLIVEIRA, Eugênio Pacelli. *Regimes constitucionais da liberdade provisória*. 2ª ed. Rio de Janeiro: Editora Lumen Juris, 2007. p. 85.
64. Reconhecendo o excesso de prazo na formação da culpa, causa de relaxamento da prisão preventiva, mas sujeitando o acusado ao vínculo de comparecer a todos os atos do processo, sob pena de restauração da prisão cautelar: STJ, 6ª Turma, HC 69.382/BA, Relatora Ministra Maria Thereza de Assis Moura, DJ 08/10/2007 p. 371.

Ainda em relação ao art. 5º, LXV, da Constituição Federal, há de se ressaltar que, enquanto alguns dispositivos legais, de duvidosa constitucionalidade, vedam a concessão da liberdade provisória, o relaxamento da prisão é cabível em relação a todo e qualquer delito. Prova disso, aliás, é a **súmula nº 697 do STF**: "a proibição da liberdade provisória nos processos por crimes hediondos não veda o relaxamento da prisão processual por excesso de prazo".[65]

15.3. Bem jurídico tutelado

Consultar comentários ao art. 9º, *caput.*

15.4. Sujeitos do crime

Diversamente do crime do *caput*, que pode ser praticado por qualquer agente público, os delitos previstos nos incisos I, II e III do parágrafo único do art. 9º só podem ser praticados pela *autoridade judiciária*, aí compreendidos Juízes, Desembargadores e Ministros. Quando a prisão manifestamente ilegal exsurgir no curso da investigação criminal, e desde que não se trate de infração de menor potencial ofensivo, a autoridade judiciária em questão será exclusivamente o *juiz das garantias*, nos termos do art. 3º-B, inciso II, do CPP, incluído pela Lei n. 13.964/19; após o recebimento da denúncia, o sujeito ativo será o *juiz da instrução e julgamento* (CPP, art. 3º-C, *caput, in fine,* e § 1º, incluídos pela Lei n. 13.964/19).

15.5. Tipo objetivo

A conduta incriminada pelo art. 9º, parágrafo único, I, da Lei n. 13.869/19 é deixar de relaxar a prisão manifestamente ilegal, cujo conceito já foi objeto de análise. A título de exemplo, suponha-se que, não obstante a existência de prova audiovisual (captação de áudio e vídeo) de um flagrante preparado, a autoridade judiciária deixa de relaxar a prisão em flagrante manifestamente ilegal. Trata-se, pois, de típica hipótese de **crime omissivo próprio ou puro**, pois a omissão é descrita pelo próprio tipo penal.

Para não incorrer no crime em questão, a autoridade judiciária deve decidir *dentro de prazo razoável.* Não consta da Lei n.

65. STJ, 5ª Turma, Edcl no HC 74.623/SP, Relatora Ministra Jane Silva, Desembargadora Convocada do TJ/MG, DJ 10/12/2007 p. 404.

13.869/19 nenhuma norma penal explicativa acerca desse elemento normativo. Quando a referida decisão é proferida em sede de audiência de custódia, nos exatos termos do art. 310, inciso I, do CPP, o questionamento não apresenta maiores controvérsias, vez que tal ato deve ser realizado no prazo máximo de até 24 (vinte e quatro) horas após a realização da prisão, consoante disposto no art. 310, *caput*, do CPP, com redação determinada pela Lei n. 13.964/19. Mas e nas hipóteses em que não for realizada audiência de custódia? Nesse caso, o prazo a ser observado é aquele constante do art. 322, parágrafo único, do CPP, que prevê que, na hipótese de a fiança não ser concedida pela autoridade policial, deve ela ser requerida ao juiz, que decidirá em 48 (quarenta e oito) horas. Ora, se a lei estabelece que o juiz dispõe de 48 (quarenta e oito) horas para a concessão da fiança, a qual é elencada como uma das cautelares do art. 319 do CPP, parece ser este o *prazo razoável* para os demais pronunciamentos em relação ao flagrante, capaz, portanto, de tipificar a figura delituosa do art. 9º, parágrafo único, inciso I, da nova Lei de Abuso de Autoridade. De todo modo, este prazo razoável de 48 (quarenta e oito) horas deve funcionar apenas como parâmetro, sem que se possa olvidar da realidade do órgão jurisdicional em questão. Isto é, o prazo razoável em uma comarca de vara única com 18.000 (dezoito mil) processos certamente não pode ser o mesmo de uma vara especializada com dois juízes, devidamente assessorados, com apenas 2.000 (dois mil) feitos em andamento.

15.6. Tipo subjetivo

Pune-se o crime a título de dolo. Exige-se, ademais, a finalidade específica de prejudicar outrem ou beneficiar a si mesmo ou a terceiro, ou, ainda, por mero capricho ou satisfação pessoal (art. 1º, § 1º), sendo certo que a divergência na interpretação de lei ou na avaliação de fatos e provas não configura abuso de autoridade (art. 1º, § 2º). Não se admite a modalidade culposa.

15.7. Consumação e tentativa

O delito estará consumado quando a autoridade judiciária deixar de relaxar a prisão manifestamente ilegal **dentro de prazo razoável**. Por se tratar de crime omissivo próprio, a tentativa é inadmissível. É dizer, se ainda não houve o decurso do prazo razoável para que o magistrado proferisse sua decisão, não há falar em *conatus,* pois sequer teve início a execução do delito. Porém, expirado o prazo razoável, porém quedando-se inerte a autoridade judiciária, o delito já estará consumado.

15.8. Classificação doutrinária

O crime do art. 9º, parágrafo único, I, da nova Lei de Abuso de Autoridade pode ser classificado da seguinte forma: **a) próprio; b) formal; c) omissivo próprio ou puro: a omissão está descrita pelo tipo penal; d) de perigo abstrato; e) de forma livre; f) unissubjetivo, unilateral ou de concurso eventual; g) unissubsistente; h) instantâneo; i) crime a prazo:** é aquele em que o tipo penal exige, para sua configuração, o decurso de certo espaço de tempo, *in casu, dentro de prazo razoável*; **j) crime de forma livre.**

15.9. Ação penal, pena, competência para o julgamento, procedimento adequado, transação penal, suspensão condicional do processo e acordo de não persecução penal

Consultar comentários ao *caput* do art. 9º da Lei n. 13.869/19.

15.10. Não realização da audiência de custódia (ou de apresentação)

Na sistemática adotada pelos arts. 287 e 310, caput, do CPP, ambos com redação dada pela Lei n. 13.964/19 (Pacote Anticrime), a audiência de custódia pode ser conceituada como a realização de uma audiência sem demora após a prisão em flagrante (preventiva ou temporária) de alguém, permitindo o contato imediato do custodiado com o juiz das garantias, com um defensor (público, dativo ou constituído) e com o Ministério Público.

Em prática em inúmeros países, dentre eles Peru, Argentina e Chile, a audiência de custódia tem 2 (dois) objetivos precípuos: 1) coibir eventuais excessos como torturas e/ou maus tratos, verificando-se o respeito aos direitos e garantias individuais do preso; 2) conferir ao juiz das garantias, no caso da prisão em flagrante, uma ferramenta mais eficaz para fins de convalidação judicial, é dizer, para ter mais subsídios quanto à medida a ser adotada – relaxamento da prisão ilegal, decretação da prisão preventiva (ou temporária), ou imposição isolada ou cumulativa das medidas cautelares diversas da prisão (CPP, art. 310, I, II e III), sem prejuízo de possível substituição da prisão preventiva pela domiciliar, se acaso presentes os pressupostos do art. 318 do CPP. Indiretamente, sua realização também visa à diminuição da superpopulação carcerária. Afinal, em contraposição à simples leitura de um auto de prisão em flagrante, o contato mais próximo com o preso proporcionado pela realização da audiência de custódia permite elevar o nível de cientificidade da autoridade judiciária, que terá melhores condições para fazer a triagem daqueles flagranteados que efetivamente devem ser mantidos presos.

Por anos, o Poder Legislativo quedou-se inerte no sentido de implantar a realização da audiência de custódia no Brasil. Por isso, o Conselho Nacional de Justiça e diversos Tribunais de Justiça e Tribunais Regionais Federais passaram a adotar resoluções e provimentos com o objetivo de implementá-la, porquanto se trata de garantia convencional decorrente da própria Convenção Americana sobre Direitos Humanos (Dec. 678/92), dotada de status normativo supralegal, cujo art. 7º, § 5º, dispõe que "toda pessoa detida ou retida deve ser conduzida, sem demora, à presença de um juiz ou outra autoridade autorizada pela lei a exercer funções judiciais". É o caso, por exemplo, do Estado de São Paulo: o Provimento Conjunto nº 03/2015 da Presidência do Tribunal de Justiça de São Paulo e da Corregedoria Geral da Justiça, de 27 de janeiro de 2015, passou a determinar a apresentação da pessoa detida em flagrante delito até 24 (vinte e quatro) horas após a sua prisão para participar de audiência de custódia (art. 1º).

Para o Supremo Tribunal Federal, essa *regulamentação* das audiências de custódia por meio de Resoluções e Provimentos dos Tribunais de Justiça (ou dos Tribunais Regionais Federais) não importaria violação aos princípios da legalidade e da reserva de lei federal em matéria processual penal (CF, art. 5º, II, e art. 22, I, respectivamente). Por isso, o Plenário do STF julgou improcedente pedido formulado em Ação direta ajuizada pela Associação dos Delegados de Polícia do Brasil (ADEPOL) em face do Provimento Conjunto nº 03/2015 do TJ/SP. Para o Supremo, não teria havido, por parte dos referidos provimentos, nenhuma extrapolação daquilo que já constaria da Convenção Americana sobre Direitos Humanos (art. 7º, § 5º), e do próprio CPP, numa interpretação teleológica de seus dispositivos, como, por exemplo, o art. 656, que dispõe que, recebida a petição de *habeas corpus*, o juiz, se julgar necessário, e estiver preso o paciente, poderá determinar que este lhe seja imediatamente apresentado em dia e hora que designar.[66] Com o advento da Lei n. 13.964/19, a controvérsia em questão deixou de existir, visto que, doravante, a audiência de custódia passa a constar expressamente do art. 310, *caput*, e parágrafos, do Código de Processo Penal.

Ao tratar da audiência de custódia, a Convenção Americana dispõe que a pessoa será conduzida, sem demora, à presença de um juiz *ou outra autoridade autorizada pela lei a exercer funções judiciais*. Por conta da parte final do art. 7º, § 5º, da CADH, causou muita polêmica decisão do Tribunal de Justiça de São Paulo, que entendeu que o ato em questão poderia ser presidido por um Delegado de Polícia, *in verbis:* "(...) No cenário jurídico brasileiro, embora o Delegado de Polícia não integre o Poder Judiciário, é certo que a Lei atribui a esta autoridade a função de receber e ratificar a ordem de prisão em flagrante. Assim, *in concreto*, os pacientes foram devidamente apresentados ao Delegado, não se havendo falar em relaxamento da prisão. Não bastasse, em 24 horas, o juiz analisa o auto de prisão em flagrante".[67]

Com a devida vênia, não se pode afirmar que toda e qualquer autoridade possa presidir a audiência de custódia. Somente terá competência para tanto aquela *autoridade legalmente autorizada ao exercício de função judicial*. É difícil afirmar quem seria essa 'outra autoridade autorizada por lei a exercer funções judiciais', já que os pactos possuem abrangência mundial (ou regional), devendo-se atentar, por isso, à realidade interna de cada nação que os subscrevem. Mas parece certo que, pelo menos na realidade brasileira, não seria o Delegado de Polícia, nem tampouco o órgão do Ministério Público. Longe de se pretender estabelecer, com essa premissa, qualquer demérito às funções do Delegado de Polícia e do Promotor de Justiça, mas não são eles dotados de autorização para exercer funções judiciais.

Firmada a premissa de que a audiência de custódia só pode ser presidida por uma autoridade judiciária, jamais pelo órgão do Ministério Público, nem tampouco pelo Delegado de Polícia, resta

66. STF, Pleno, ADI 5.240/SP, Rel. Min. Luiz Fux, j. 20/08/2015.

67. TJSP, 16ª Câmara, HC n. 2016152-70.2015.8.26.0000, Rel. Desembargador Guilherme de Souza Nucci, j. 12/05/2015.

saber qual é o juiz competente para tanto. A despeito do silêncio do art. 310, *caput,* do CPP, acerca da matéria – o dispositivo faz referência apenas ao *juiz* –, é de rigor a conclusão no sentido de que o magistrado em questão será, doravante, o juiz das garantias. Primeiro, porque, dentre suas competências estão a de receber a comunicação imediata da prisão, nos termos do inciso LXII do *caput* do art. 5º da Constituição Federal, a de receber o auto de prisão em flagrante para o controle da legalidade da prisão, observado o disposto no art. 310 deste Código, e a de zelar pela observância dos direitos do preso, podendo determinar que este seja conduzido à sua presença, a qualquer tempo (CPP, art. 3º-B, I, II e III), competências estas que evidentemente compreendem a realização da audiência de custódia. De mais a mais, se se trata, a audiência de custódia, na sistemática adotada pelo art. 310, *caput,* do CPP, de espécie de audiência a ser realizada sem demora após a prisão em flagrante de alguém, espécie de medida pré-cautelar levada a efeito na fase investigatória, logo, antes do recebimento da denúncia, a competência para a sua presidência deverá recair sobre o juiz das garantias, nos exatos termos do art. 3º-C, *caput,* do CPP, com redação dada pela Lei n. 13.964/19.

Sempre houve controvérsia acerca do prazo para a realização da audiência de custódia. O Pacto de São José da Costa Rica não determina a apresentação "imediata" da pessoa presa, mas, sim, que a pessoa presa seja conduzida "sem demora" à presença de um juiz. Conforme precedentes de Cortes Internacionais de Direitos Humanos, "sem demora" pode ser considerado "poucos dias", a ser analisado caso a caso, e não 24 horas improrrogáveis, como consta, por exemplo, do provimento conjunto nº 03/2015 da Presidência do Tribunal de Justiça do Estado de São Paulo e da Corregedoria Geral de Justiça. Aliás, curiosamente, quiçá por reconhecer a existência de um crônico quadro de fragilidade institucional, o mesmo provimento que prevê a realização da audiência de custódia em até 24 (vinte e quatro) horas dispõe que a implantação da referida audiência no Estado de São Paulo será *gradativa e obedecerá ao cronograma de afetação dos distritos policiais aos juízos competentes* (art. 2º).

A propósito, no julgamento de arguição de descumprimento de preceito fundamental (ADPF 347) em que se discute a configuração do chamado "estado de coisas inconstitucional" relativamente ao sistema penitenciário brasileiro – violação generalizada de direitos fundamentais dos presos inseridos no sistema prisional brasileiro no tocante à dignidade, higidez física e integridade psíquica; inércia ou incapacidade reiterada e persistente das autoridades públicas em modificar a conjuntura; transgressões a exigir a atuação não apenas de um órgão, mas sim de uma pluralidade de autoridades –, em virtude do qual as penas privativas de liberdade aplicadas nos presídios teriam sido convertidas em penas cruéis e desumanas, o Plenário do Supremo Tribunal deferiu medida cautelar para determinar que juízes e tribunais de todo o País, observados os artigos 9.3 do Pacto dos Direitos Civis e Políticos e 7.5 da Convenção Interamericana de Direitos Humanos, realizem, em até 90 dias, *audiências de custódia*, viabilizando o comparecimento do preso perante a autoridade judiciária no prazo máximo de 24 horas, contadas do momento da prisão.[68] Com a entrada em vigor da Lei n. 13.964/19 no dia 23 de janeiro de 2020, temos, enfim, um regramento legal acerca da matéria. Consoante disposto no art. 310, *caput*, do CPP, referido ato deverá ser realizado no prazo máximo de até 24 (vinte e quatro) horas após a realização da prisão.

Em conclusão, resta saber quais serão as consequências decorrentes da não realização da audiência de custódia em até 24 (vinte e quatro) horas após a prisão. Será que estamos diante de um prazo próprio, cujo descumprimento implica o reconhecimento da ilegalidade da prisão, autorizando, por consequência, o relaxamento da prisão (nossa posição)? Ou será que, valendo-se da premissa de que a contagem para o excesso de prazo na formação da culpa é global, e não individualizado, eventual excesso na apresentação do preso para fins de realização da audiência de custódia pode ser compensando durante o curso do processo judicial, transformando-se, assim, o referido prazo, em mais um prazo impróprio constante do CPP, funcionando como mero balizador para os operadores do Direito, mas cuja inobservância não gera

68. STF, Pleno, ADPF 347 MC/DF, Rel. Min. Marco Aurélio, j. 09/09/2015. Com vigência a partir do dia 1º de fevereiro de 2016, o Conselho Nacional de Justiça aprovou, em data de 15 de dezembro de 2015, a Resolução nº 213, regulamentando a implantação da audiência de custódia em todo o território nacional, fixando o prazo de 24 (vinte e quatro) horas para apresentação do preso, salvo por situações excepcionais devidamente justificadas. Consta expressamente do art. 1º da referida Resolução que a comunicação da prisão em flagrante à autoridade judicial por meio do encaminhamento do auto de prisão em flagrante não supre a apresentação pessoal do flagranteado efetivada por meio da audiência de custódia.

qualquer sanção? Quanto à controvérsia, mesmo antes do advento do Pacote Anticrime já era firme a jurisprudência do STJ no sentido de que, uma vez realizada a conversão da prisão em flagrante em preventiva, ficaria superada a alegação de nulidade porventura existente em relação à ausência de audiência de custódia.[69] Com a entrada em vigor da Lei n. 13.964/19, a controvérsia foi dirimida pelo art. 310, § 4º, do CPP, que passou a dispor: "Transcorridas 24 (vinte e quatro) horas após o decurso do prazo estabelecido no *caput* deste artigo, a não realização de audiência de custódia sem motivação idônea ensejará também a ilegalidade da prisão, a ser relaxada pela autoridade competente, sem prejuízo da possibilidade de imediata decretação de prisão preventiva".

Em conclusão, especial atenção deve ser dispensada ao art. 310, § 3º, do CPP, incluído pela Lei n. 13.964/19: "§3º A autoridade que deu causa, sem motivação idônea, à não realização da audiência de custódia no prazo estabelecido no *caput* deste artigo responderá administrativa, civil e *penalmente pela omissão*". Ante a explícita referência à *responsabilidade penal pela omissão*, indaga-se: haverá crime de abuso de autoridade se acaso o juiz das garantias não determinar a realização da audiência de custódia no prazo estabelecido no *caput* do art. 310 do CPP? Sobre o tema, certamente surgirão 2 (duas) correntes:

a) não tipificação do crime de abuso de autoridade: inexplicavelmente, a nova Lei de Abuso de Autoridade olvidou-se de prever uma figura específica quanto à não realização da audiência de custódia. Deveria tê-lo feito. É dizer, deveria ter acrescentado ao parágrafo único do art. 9º um inciso IV no seguinte sentido: "IV – Deixar a autoridade judiciária de realizar audiência de custódia no prazo legal". Não o fez, todavia. Logo, por mais que o art. 310, § 3º, do CPP, faça referência à responsabilidade penal pela omissão em questão, firmada a premissa de que tal dispositivo não é um tipo penal, já que não contém sujeito ativo, tipos objetivo e subjetivo, etc., é de todo evidente que, isoladamente considerado, jamais terá o condão de alçar referida conduta à categoria de crime. Assim,

69. STJ, 5ª Turma, RHC 103.333/MG, Rel. Min. Felix Fischer, j. 06/12/2018, DJe 12/12/2018; STJ, 6ª Turma, HC 474.093/SP, Rel. Min. Nefi Cordeiro, j. 04/12/2018, DJe 04/02/2019; STJ, 6ª Turma, RHC 98.748/RS, Rel. Min. Laurita Vaz, j. 04/12/2018, DJe 19/12/2018; STJ, 5ª Turma, HC 423.564/SC, Rel. Min. Joel Ilan Paciornik, j. 13/11/2018, DJe 28/11/2018; STJ, 5ª Turma, RHC 85.101/MG, Rel. Min. Felix Fischer, j. 15/08/2017, DJe 21/08/2017.

se, a despeito de não ter sido realizada a audiência de custódia, o juiz das garantias tiver deliberado, tão logo recebida a comunicação do flagrante, pelo relaxamento da prisão manifestamente ilegal, pela concessão de liberdade provisória manifestamente cabível, ou até mesmo pela conversão do flagrante em prisão preventiva ou temporária, não há falar em crime de abuso de autoridade à luz da Lei n. 13.869/19, seja por conta do absurdo esquecimento do legislador em criar um tipo penal específico nesse sentido, seja por conta da impossibilidade de qualquer construção hermenêutica para que se entenda que a conduta em questão também estaria tutelada pelo art. 9º, *caput,* ou por qualquer um dos incisos de seu parágrafo único, sob pena de evidente analogia *in malam partem* e consequente violação ao princípio da legalidade. Isso, todavia, não afastaria eventual responsabilização do juiz das garantias no âmbito cível e/ou administrativo;

b) tipificação do crime de abuso de autoridade (nossa posição): é bem verdade que o legislador da nova Lei de Abuso de Autoridade não tipificou de maneira autônoma a não realização da audiência de custódia no prazo legal. Porém, a partir do momento em que o art. 310, § 4º, do CPP, incluído pela Lei n. 13.964/19, dispõe que, transcorridas 24 (vinte e quatro) horas após o decurso do prazo estabelecido no *caput* do art. 310, a não realização de audiência de custódia *sem motivação idônea* ensejará também a *ilegalidade da prisão, a ser relaxada pela autoridade competente,* é perfeitamente possível concluir que a não realização do ato em questão pode vir a tipificar o crime do art. 9º, parágrafo único, inciso I, da Lei n. 13.869/19, visto que, em tal hipótese, ter-se-á, ao fim e ao cabo, uma *prisão manifestamente ilegal que não foi relaxada pela autoridade judiciária dentro de prazo razoável.* Logo, se determinado juiz das garantias receber um auto de prisão em flagrante, deixando de determinar a realização da audiência de custódia, por exemplo, em até 5 (cinco) dias após a prisão, e desde que não haja nenhuma motivação idônea justificando sua inércia, a conduta em questão terá o condão de tipificar o delito sob comento, ainda que, dentro desse prazo, tenha o magistrado concedido liberdade provisória ou convertido o flagrante em preventiva (ou temporária), porquanto tais decisões não teriam o condão de suprir a ausência da realização da audiência de apresentação. A ressalva ficaria por conta da possibilidade de o juiz ter determinado o relaxamento da prisão em flagrante imediatamente após receber o respectivo auto, por exemplo, em virtude de suposto flagrante preparado (súmula n. 145 do STF), vez que, nesse caso, se a prisão em flagrante já fora anteriormente relaxada, sequer seria possível cogitar em novo relaxamento decorrente da não realização da audiência de custódia, o que, em tese, inviabilizaria a tipificação do crime do art. 9º, parágrafo único, inciso I, da nova Lei de Abuso de Autoridade, eis que o magistrado já teria relaxado a prisão manifestamente ilegal, ainda que por outro motivo que não aquele previsto no art. 310, § 4º, do CPP. De todo modo, convém lembrar que, para fins de tipificação de abuso de autoridade, há de se demonstrar a presença do especial fim de agir do art. 1º, § 1º, da Lei n. 13.869/19 – "finalidade específica de prejudicar outrem ou beneficiar a si mesmo ou a a terceiro, ou, ainda, por mero capricho ou satisfação pessoal" –, algo que dificilmente estaria presente, a nosso juízo, não apenas na hipótese de o juiz haver concedido ao flagranteado liberdade provisória com ou sem fiança, cumulada ou não com as cautelares diversas da prisão, mas também quando o juiz deixasse de adotar quaisquer das providências dos incisos do art. 310 em virtude do excesso de trabalho (v.g., acúmulo de varas em comarcas diversas na condição de juiz das garantias).

> **Art. 9º (...)**
>
> **Pena – detenção, de 1 (um) a 4 (quatro) anos, e multa.**
>
> **Parágrafo único.** Incorre na mesma pena a autoridade judiciária que, dentro de prazo razoável, deixar de:
>
> (...)
>
> II – substituir a prisão preventiva por medida cautelar diversa ou de conceder liberdade provisória, quando manifestamente cabível;
>
> (...)

16. Não substituição da prisão preventiva por medida cautelar diversa ou não concessão de liberdade provisória, quando manifestamente cabível

16.1. Direito intertemporal

Sob a égide da revogada Lei n. 4.898/65, constituía abuso de autoridade *qualquer atentado à liberdade de locomoção* (art. 3º, alínea "a"). Também se incriminava a conduta de *levar à prisão e nela deter quem quer se propusesse a prestar fiança, permitida em lei.* Como a fiança é arbitrada por meio de uma decisão que concede a liberdade provisória, é possível, em tese, associar a figura delituosa do art. 9º, parágrafo único, II, da Lei n. 13.869/19, aos referidos tipos penais. Afinal, em ambas as hipóteses haveria a negativa de concessão de liberdade provisória. Independentemente dessa discussão quanto ao fato de se tratar de *novatio legis* incriminadora (ou não), fato é que o novo preceito secundário é evidentemente mais gravoso que o anterior, daí por que terá seu âmbito de aplicação restrito aos crimes cometidos após a vigência da nova Lei de Abuso de Autoridade.

16.2. Noções gerais acerca da liberdade provisória e das medidas cautelares diversas da prisão

O direito à liberdade provisória tem fundamento constitucional no art. 5º, inciso LXVI, segundo o qual *ninguém será levado à prisão ou nela mantido, quando a lei admitir a liberdade provisória, com ou sem fiança.* Como consectário lógico da regra de tratamento que deriva do princípio da presunção de inocência, cuida-se de verdadeiro direito subjetivo do cidadão preso frente ao Estado, quando ausentes razões de cautela, e não de um poder discricionário atribuído ao juiz, que não pode impor uma prisão cautelar sem a necessária motivação judicial.[70]

Antes do advento da Lei nº 12.403/11, a liberdade provisória, com ou sem fiança, funcionava como uma medida de contracautela que substituía apenas a prisão em flagrante – nunca a preventiva e a temporária, com as quais cra incompatível –, se presentes determinados pressupostos e sob determinadas condições de manutenção da liberdade. Funcionava, pois, tão somente como sucedâneo da prisão em flagrante. Nessa hipótese, em que a liberdade provisória funciona como medida de contracautela, que ainda subsiste com o advento da Lei nº 12.403/11 (CPP, art. 310, III), o acusado posto em liberdade fica submetido a certas obrigações que o vinculam ao processo e ao juízo, com o escopo de assegurar sua presença aos atos do processo sem a necessidade de que permaneça privado

70. Nessa linha: OLIVEIRA, Eugênio Pacelli de. Op. cit. p. 99.

de sua liberdade. Daí se dizer que é *provisória*, pois a liberdade não é definitiva, encontrando-se sujeita a condições resolutórias, que podem acarretar sua revogação.[71]

Com o advento da Lei n. 12.403/11, houve uma ampliação significativa do rol de medidas cautelares pessoais diversas da prisão cautelar, proporcionando ao juiz a escolha da providência mais ajustada ao caso concreto, dentro de critérios de legalidade e de proporcionalidade. De acordo com a nova redação do art. 319 do CPP, são previstas 9 (nove) medidas cautelares diversas da prisão, todas aplicáveis pelo juiz, de forma isolada ou cumulativa, *como vínculos da liberdade provisória (CPP, art. 321)*, ou, ainda, de forma autônoma à prisão, sendo que o art. 320 do CPP também passou a prever a possibilidade de retenção do passaporte quando for imposta ao acusado a proibição de se ausentar do país. A nova redação do art. 321 do CPP confirma que, doravante, deverá o juiz conceder liberdade provisória, impondo, se for o caso, as medidas cautelares previstas no art. 319 deste Código e observados os critérios constantes do art. 282 deste Código, quando considerar que tais medidas são suficientes para produzir o mesmo resultado que a prisão preventiva, porém com menor lesividade à liberdade de locomoção do agente.

Leitura apressada do art. 310, inciso III, do CPP, pode levar o intérprete à conclusão de que somente seria possível a concessão de liberdade provisória com ou sem fiança, o que não é verdade. Isso porque tal dispositivo deve ser interpretado em conjunto com o art. 321 do CPP, o qual prevê que, ausentes os requisitos que autorizam a decretação da prisão preventiva, o juiz deverá conceder *liberdade provisória, impondo, se for o caso, as medidas cautelares previstas no art. 319 do CPP e observados os critérios constantes do art. 282*. Como se percebe, com o advento da Lei nº 12.403/11, a liberdade provisória já não se restringe mais àquela anteriormente concedida: com ou sem fiança. Para além da concessão (ou não) da fiança, é plenamente possível que o juiz aplique isolada ou cumulativamente as medidas cautelares diversas da prisão, desde que evidenciada sua necessidade para neutralizar uma das situações de perigo listadas no art. 282, I, do CPP. Supondo, assim,

71. Nesse contexto: BATISTA, Weber Martins. *Liberdade provisória*. 2ª ed. Rio de Janeiro: Forense, 1985, p. 38.

funcionário público preso em flagrante pela prática do crime de concussão (CP, art. 316), ao juiz é permitido conceder liberdade provisória com fiança, impondo, cumulativamente, a suspensão do exercício da função pública, nos termos do art. 319, VI, c/c art. 282, I, do CPP, desde que evidenciado que a manutenção do agente no exercício funcional poderá dar ensejo à reiteração delituosa.

16.3. Bem jurídico tutelado

São válidos aqui os mesmos comentários feitos em relação ao *caput* do art. 9º da nova Lei de Abuso de Autoridade.

16.4. Sujeitos do crime

Consultar comentários ao art. 9º, parágrafo único, inciso I, da Lei n. 13.869/19.

16.5. Tipo objetivo

O crime do art. 9º, inciso II, da Lei n. 13.869/19, restará caracterizado quando o magistrado, dentro de prazo razoável, deixar de substituir a prisão preventiva por medida cautelar diversa da prisão ou de conceder liberdade provisória, quando manifestamente cabível.

16.6. Tipo subjetivo

Consultar comentários ao art. 9º, parágrafo único, inciso I, da Lei n. 13.869/19.

16.7. Consumação e tentativa

Consultar comentários ao art. 9º, parágrafo único, inciso I, da Lei n. 13.869/19.

16.8. Classificação doutrinária

Consultar comentários ao art. 9º, parágrafo único, inciso I, da Lei n. 13.869/19.

16.9. Ação penal, pena, competência para o julgamento, procedimento adequado, transação penal, suspensão condicional do processo e acordo de não persecução penal

Consultar comentários ao *caput* do art. 9º da Lei n. 13.869/19.

Art. 9º (...)

Pena – detenção, de 1 (um) a 4 (quatro) anos, e multa.

Parágrafo único. Incorre na mesma pena a autoridade judiciária que, dentro de prazo razoável, deixar de:

(...)

III – deferir liminar ou ordem de *habeas corpus*, quando manifestamente cabível.

17. Não deferimento de liminar ou de ordem de habeas corpus, quando manifestamente cabível

17.1. Direito intertemporal

Sob a égide da revogada Lei n. 4.898/65, não havia figura delituosa absolutamente idêntica à do art. 9º, parágrafo único, inciso III, da Lei n. 13.869/19. Cuida-se, pois, de *novatio legis in pejus,* com aplicação restrita aos crimes cometidos após a vigência da nova Lei de Abuso de Autoridade, o que, *in casu,* teria ocorrido no dia 3 de janeiro de 2020.

17.2. Bem jurídico tutelado

Consultar comentários ao art. 9º, *caput,* da Lei n. 13.869/19.

17.3. Sujeitos do crime

Quanto ao sujeito ativo, a redação do parágrafo único do art. 9º deixa evidente que o legislador mira exclusivamente a **autoridade judiciária**. Importante lembrar que um *habeas corpus* também pode ser apreciado por um juiz de primeira instância: se a autoridade coatora for um Delegado de Polícia e o *writ* for impetrado antes do oferecimento da denúncia, a competência será do juiz das garantias, nos termos do art. 3º-B, XII, do CPP, incluído pela Lei n. 13.964/19. Destarte, para além de Desembargadores e Ministros, o sujeito ativo do crime em análise também pode ser um juiz em exercício no primeiro grau de jurisdição. De seu turno, o sujeito passivo direto ou imediato será o indivíduo prejudicado pela demora no deferimento de liminar ou na concessão de *habeas corpus*, figurando o Estado como sujeito passivo indireto (ou mediato).

17.4. Tipo objetivo

Incrimina-se a conduta da autoridade judiciária que, dentro de prazo razoável,[72] *deixar de deferir liminar* – é a decisão concessiva do pedido formulado pelo impetrante antes da conclusão do julgamento definitivo do processo do remédio heroico – *ou ordem de habeas corpus* – é a decisão concessiva do pedido ao final do processo –, quando manifestamente cabível.

No Título referente aos direitos e garantias fundamentais – Título II –, a Carta Magna prevê que "conceder-se-á *habeas corpus* sempre que alguém sofrer ou se achar ameaçado de sofrer violência ou coação em sua liberdade de locomoção, por ilegalidade ou abuso de poder" (CF, art. 5º, LXVIII). Em termos semelhantes, consta do CPP que "dar-se-á *habeas corpus* sempre que alguém sofrer ou se achar na iminência de sofrer violência ou coação ilegal na sua liberdade de ir e vir, salvo nos casos de punição disciplinar" (art. 647).

Trata-se de ação autônoma de impugnação, de natureza constitucional, vocacionada exclusivamente à tutela da liberdade de locomoção. Logo, desde que a violência ou coação ao direito subjetivo de ir, vir e ficar decorra de ilegalidade ou abuso de poder, o *writ of habeas corpus* servirá como o instrumento constitucional idôneo a proteger o *ius libertatis* do agente. Conquanto sua utilização seja muito mais comum no âmbito criminal, o remédio heroico vista prevenir e remediar toda e qualquer restrição ilegal ou abusiva à liberdade de locomoção, daí por que pode ser utilizado para impugnação de quaisquer atos judiciais, administrativos e até mesmo de particulares.

Sua utilização está condicionada à demonstração de constrangimento ilegal à liberdade de locomoção. As hipóteses em que a coação é tida como ilegal estão listadas no rol não taxativo do art. 648 do CPP: I – quando não houver justa causa; II – quando alguém estiver preso por mais tempo do que determina a lei; III – quando quem ordenar a coação não tiver competência para fazê-lo; IV – quando houver cessado o motivo que autorizou a coação; V – quando não for alguém admitido a prestar fiança, nos casos em

72. O conceito de prazo razoável foi objeto de análise nos comentários ao inciso I do parágrafo único do art. 9º, para onde remetemos o leitor.

que a lei a autoriza; VI – quando o processo for manifestamente nulo; VII – quando extinta a punibilidade.

Quanto à liminar, convém lembrar que há certas situações excepcionais que recomendam a imediata antecipação da restituição da liberdade de locomoção do paciente, ou, na hipótese de habeas corpus preventivo, da adoção de providências urgentes para que coação ilegal não cause prejuízos irreversíveis ao direito de ir, vir e ficar. Por esses motivos, apesar de não ter previsão legal, doutrina e jurisprudência admitem a concessão da medida liminar em *habeas corpus*, desde que presentes os requisitos das medidas cautelares em geral: *fumus boni iuris* e *periculum in mora*. Para tanto, costuma-se aplicar, subsidiariamente, o dispositivo previsto no procedimento atinente ao mandado de segurança. De fato, segundo o art. 7º, III, da Lei nº 12.016/09, ao despachar a inicial, o juiz ordenará "que se suspenda o ato que deu motivo ao pedido, quando houver fundamento relevante e do ato impugnado puder resultar a ineficácia da medida, caso seja finalmente deferida, sendo facultado exigir do impetrante caução, fiança ou depósito, com o objetivo de assegurar o ressarcimento à pessoa jurídica". Ora, se, no bojo do mandado de segurança, em que podem ser discutidas questões patrimoniais, afigura-se cabível a concessão de liminar, soaria estranho sua não concessão no procedimento do *habeas corpus*, ação constitucional destinada à tutela da liberdade de locomoção, bem indisponível de todo e qualquer cidadão. Portanto, demonstrada a necessidade da liminar para se resguardar a eficácia da decisão a ser proferida por ocasião do julgamento definitivo do *writ*, tal medida deverá ser concedida, ainda que não haja requerimento do impetrante nesse sentido. Afinal, se aos juízes e tribunais é dado expedir de ofício ordem de *habeas corpus* (CPP, art. 654, § 2º), é evidente que podem conceder a liminar independentemente de provocação do impetrante.

Como se percebe, ao tipificar a omissão quanto ao deferimento de liminar ou ordem de *habeas corpus* dentro de prazo razoável, o art. 9º, parágrafo único, inciso III, da Lei n. 13.869/19, assume uma amplitude completamente diversa das figuras delituosas anteriores. Explica-se: os crimes do *caput* e dos incisos I e II do parágrafo único, ambos do art. 9º têm seu âmbito de aplicação restrito a medidas de privação da liberdade; de sua vez, o inciso III do parágrafo único do art. 9º também pode guardar relação com tais medidas, quando, por exemplo, um Desembargador deixar de deferir liminar para expedir um alvará de soltura em favor de alguém que estiver preso temporariamente há 120 (cento e vinte) dias, mas também pode ser aplicado para outras hipóteses, não necessariamente relacionadas à iminente prisão de alguém, haja vista o alargamento do campo de abrangência do remédio heroico, cuja impetração tem sido admitida para impugnar, por exemplo, a instauração de investigações, o recebimento de denúncia, a ordem de apresentação de alegações finais,[73] etc.

17.5. Tipo subjetivo

Consultar comentários ao art. 9º, parágrafo único, inciso I, da Lei n. 13.869/19.

17.6. Consumação e tentativa

Consultar comentários ao art. 9º, parágrafo único, inciso I, da Lei n. 13.869/19.

17.7. Classificação doutrinária

Consultar comentários ao art. 9º, parágrafo único, inciso I, da Lei n. 13.869/19.

17.8. Ação penal, pena, competência para o julgamento, procedimento adequado, transação penal, suspensão condicional do processo e acordo de não persecução penal

Consultar comentários ao *caput* do art. 9º da Lei n. 13.869/19.

Art. 10. Decretar a condução coercitiva de testemunha ou investigado manifestamente descabida ou sem prévia intimação de comparecimento ao juízo:

Pena – detenção, de 1 (um) a 4 (quatro) anos, e multa.

---

73. Como já se pronunciou a 2ª Turma do STF, "(...) cabe *habeas corpus* mesmo nas hipóteses que não envolvem risco imediato de prisão, como na análise da licitude de determinada prova ou no pedido para que a defesa apresente por último as alegações finais, se houver a possibilidade de condenação do paciente. Isso porque neste caso a discussão envolve liberdade de ir e vir". (STF, 2ª Turma, HC 157.627 AgR/PR, Rel. Min. Ricardo Lewandowski, j. 27/08/2019).

18. Decretação de condução coercitiva de testemunha ou investigado manifestamente descabida ou sem prévia intimação de comparecimento ao juízo

18.1. Direito intertemporal

A revogada Lei n. 4.898/65 não previa conduta delituosa absolutamente semelhante à do art. 10. Previa como abuso de autoridade, genericamente, qualquer atentado à liberdade de locomoção (art. 3º, alínea "a"). Cuida-se, portanto, de *novatio legis in pejus*, com aplicação restrita aos crimes cometidos após sua vigência (3 de janeiro de 2020).

18.2. Noções gerais acerca da condução coercitiva

Conquanto não listada no rol das medidas cautelares diversas da prisão dos arts. 319 e 320 do CPP, a condução coercitiva também funciona como espécie de medida cautelar de coação pessoal. Por meio dela, o ofendido, a testemunha, o investigado/acusado ou até mesmo o perito são privados de sua liberdade de locomoção pelo lapso temporal necessário para que sejam levados, contra a sua vontade, à presença da autoridade judiciária (ou administrativa) para participar de ato processual penal (ou administrativo da investigação preliminar), no qual sua presença seja considerada imprescindível.

É equivocado acreditar que apenas o investigado/acusado possa ser objeto de condução coercitiva. De fato, uma simples leitura do nosso diploma processual penal aponta para a possibilidade de condução coercitiva das seguintes pessoas:

a) do ofendido: "se, intimado para esse fim, deixar de comparecer sem motivo justo, o ofendido poderá ser conduzido à presença da autoridade" (CPP, art. 201, § 1º);[74]

b) de testemunhas: "se, regularmente intimada,[75] a testemunha deixar de comparecer sem motivo justificado, o *juiz* poderá requi-

74. Admitindo a condução coercitiva de vítima para depor em juízo, ainda que esta alegue não mais ter interesse em processar seu companheiro na esfera criminal: STJ, 6ª Turma, AgRg no HC 506.814/SP, Rel. Min. Rogerio Schietti Cruz, j. 06/08/2019, DJe 12/08/2019.

75. Sem embargo do silêncio do CPP acerca da matéria, queremos crer que a testemunha deve ser intimada com pelo menos 5 (cinco) dias de antecedência em relação à audiência, aplicando-se, subsidiariamente, e com fundamento no art. 3º do CPP, o disposto

sitar à autoridade policial a sua apresentação ou *determinar seja conduzida* por oficial de justiça, que poderá solicitar o auxílio da força pública" (CPP, art. 218). Inserido no capítulo que versa sobre a primeira fase do procedimento escalonado do Júri, o art. 411, § 7º, do CPP, prevê que nenhum ato deverá ser adiado, salvo quando imprescindível à prova faltante, *determinado o juiz a condução coercitiva de quem deva comparecer*. Em sentido semelhante, o art. 461, § 1º, do CPP, aplicável, porém, especificamente à sessão de julgamento do Júri, dispõe que na eventualidade de a testemunha intimada não comparecer, o *juiz presidente* suspenderá os trabalhos e *mandará conduzi-la* ou adiará o julgamento para o primeiro dia desimpedido, *ordenando a sua condução*;

c) do investigado (ou acusado): "se o acusado não atender à intimação para o interrogatório, reconhecimento ou qualquer outro ato que, sem ele, não possa ser realizado, a autoridade poderá mandar conduzi-lo à sua presença" (CPP, art. 260);

d) do perito: "no caso de não comparecimento do perito, sem justa causa, a autoridade poderá determinar a sua condução" (CPP, art. 278).

Em comparação com uma prisão preventiva (ou temporária), há uma redução do grau de coerção da liberdade de locomoção do indivíduo, que fica restrita ao tempo estritamente necessário para a preservação das fontes de provas ou para a produção do meio de prova, não podendo persistir por lapso temporal superior a 24 (vinte e quatro) horas, hipótese em que assumiria, indevidamente, as vestes de verdadeira prisão cautelar. Ou seja, ao invés de o juiz decretar eventual prisão cautelar (preventiva ou temporária), poderá determinar a expedição de um mandado de condução coercitiva sempre que visualizar a necessidade da presença dessa pessoa para a colheita de elementos de informação para a elucidação da autoria e/ou da materialidade da infração penal, hipótese em que o cidadão será privado da sua liberdade de locomoção tão somente

---

no art. 935 do novo CPC. Embora o dispositivo diga respeito à intimação para a pauta da sessão de julgamento dos recursos e ações originárias dos Tribunais, não se pode olvidar que as leis processuais constituem um sistema, de forma que a *ratio essendi* da norma irradia seus efeitos para além da sua literalidade, passando a constituir uma baliza para o julgador. Há precedentes do STJ nesse sentido, aplicando, porém, o prazo de 48 (quarenta e oito) horas, que era o prazo previsto no antigo CPC (art. 552, § 1º): STJ, 5ª Turma, HC 109.967/RJ, Rel. Min. Laurita Vaz, j. 02/02/2010, DJe 01/03/2010.

por algumas horas. A título de exemplo, de modo a evitar a supressão ou destruição de fontes de prova, é relativamente comum a expedição de mandados de condução coercitiva no mesmo dia em que operações policiais de maior complexidade são deflagradas, objetivando evitar que o investigado, em liberdade, prejudique o cumprimento de mandados de busca em seu domicílio e/ou local de trabalho.

Em relação à autoridade legitimada para expedir o mandado de condução coercitiva,[76] é interessante perceber que, à exceção dos dispositivos do Código de Processo Penal que versam sobre a decretação dessa medida em relação às testemunhas – arts. 218, 411, § 7º e 461, § 1º –, geralmente se faz referência apenas à *autoridade* (v.g., art. 260). Não estabelece se se trata exclusivamente da autoridade judiciária ou se, na verdade, também abrange a autoridade policial (ou ministerial). Talvez por conta da redação dúbia desses outros dispositivos legais, notadamente o art. 260 do CPP, tenha concluído o Supremo, em precedente isolado, que há possibilidade de a *autoridade policial* determinar a condução coercitiva do investigado para prestar esclarecimentos. Na visão do Relator Min. Ricardo Lewandowski, a própria Constituição Federal assegura, em seu art. 144, § 4º, às polícias civis, dirigidas por delegados de polícia de carreira, as funções de polícia judiciária e a apuração de infrações penais. Logo, a polícia judiciária tem legitimidade para tomar todas as providências necessárias à elucidação de um delito, incluindo-se aí a condução de pessoas para prestar esclarecimentos.[77]

A nosso juízo, a não ser que se queira retroceder à concepção autoritária do acusado como objeto de prova, cujo corpo pode ser coercitivamente submetido à condução pela polícia judiciária para fins de interrogatório policial, tido como verdadeiro meio de pro-

76. O mandado de condução coercitiva deve conter, além da ordem de condução, os requisitos formais do mandado de citação, nos termos do parágrafo único do art. 260 do CPP. A execução da ordem deve ser levada a efeito com total respeito à integridade física e moral do conduzido, com proteção do conduzido contra toda e qualquer forma de sensacionalismo (Lei de Execução Penal, arts. 40, 41, VIII, e 42). A utilização de algemas, por sua vez, deve se dar em fiel observância aos dizeres da súmula vinculante nº 11 do STF.

77. STF, 1ª Turma, HC 107.644/SP, Rel. Min. Ricardo Lewandowski, j. 06/09/2011, DJe 200 17/10/2011.

va, somente o juiz natural da causa pode determinar a condução coercitiva do investigado, do acusado ou de qualquer pessoa. Ora, estamos diante de medida que importa em supressão absoluta da liberdade de locomoção, ainda que temporária, sujeita, pois, à cláusula de reserva de jurisdição. Em síntese, a função de polícia judiciária e de apuração de infrações penais atribuída às Polícias Civis e à Polícia Federal, assim como a atribuição investigatória exercida subsidiariamente pelo Ministério Público, não lhes confere poderes para decretar medidas cautelares de coação pessoal, as quais pressupõem prévia autorização judicial, consoante disposto no art. 5º, inciso LXI, da Constituição Federal, interpretado extensivamente, e no art. 282, § 2º, do CPP.[78]

Faz-se necessária, portanto, uma decisão escrita, prévia e motivada da autoridade judiciária competente, demonstrando a proporcionalidade da medida no caso concreto (CPP, art. 282, II) e a presença dos seguintes pressupostos: a) somatório da prova da materialidade do crime com indícios de autoria (*fumus comissi delicti*); b) estrita necessidade da presença física do acusado (ou investigado) em ato processual (ou administrativo) que, sem ele, não possa ser realizado; c) prévia falta injustificada de atendimento à notificação para comparecer ao sobredito ato processual penal (ou administrativo).[79]

Na medida em que a Constituição Federal e a Convenção Americana sobre Direitos Humanos asseguram ao acusado o direito de não produzir prova contra si mesmo, tratando o interrogatório como meio de autodefesa, o art. 260 do CPP, que fala expressamente

78. Reconhecendo a impossibilidade de o Ministério Público determinar a condução coercitiva do investigado no curso de procedimento investigatório presidido pelo órgão ministerial: STF, 2ª Turma, HC 94.173/BA, Rel. Min. Celso de Mello, j. 27/10/2009, DJe 223 26/11/2009. No sentido de que o Delegado de Polícia deve representar ao juiz competente com vistas à decretação de condução coercitiva: RANGEL, Paulo. *Direito processual penal.* 25ª ed. São Paulo: Atlas, 2017. p. 163. Especificamente quanto às Comissões Parlamentares de Inquérito, o art. 3º, § 1º, da Lei n. 1.579/52, com redação dada pela Lei n. 13.367/16, dispõe que, em caso de não comparecimento da testemunha sem motivo justificado, a *sua intimação será solicitada ao juiz criminal* da localidade em que resida ou se encontre, nos termos dos arts. 218 e 219 do CPP. Como se percebe, os poderes de investigação próprios das autoridades judiciais outorgados às Comissões Parlamentares de Inquérito (CF, art. 58, § 3º) não abrange a possibilidade de decretação de conduções coercitivas.

79. Nesse contexto: MALAN, Diogo. *Condução coercitiva do acusado (ou investigado) no processo penal.* Boletim do IBBCRIM. Ano 23. nº 266. Janeiro/2015, p. 2-4.

em possibilidade de condução coercitiva para a *realização do interrogatório*, precisa ser obrigatoriamente submetido a um controle de constitucionalidade e convencionalidade. Logo, reputa-se ilegal a expedição de mandado de condução coercitiva objetivando a consecução das seguintes finalidades: a) prestar declarações perante Comissão Parlamentar de Inquérito;[80] b) comparecer à audiência una de instrução e julgamento;[81] c) participar de reconstituição simulada do crime ou fornecer padrões gráficos ou vocais para perícia criminal;[82] d) fazer exame pericial de dosagem alcoólica;[83] e) prestar declarações em Delegacia de Polícia;[84] f) participar de acareação, etc.

Noutro giro, quando se tratar de meio de prova cuja realização não demande nenhum comportamento ativo por parte do investigado (ou acusado), logo, não protegido pelo direito à não autoincriminação, é perfeitamente possível a expedição de mandado de condução coercitiva. É o que ocorre, por exemplo, com o reconhecimento pessoal (CPP, art. 226) e com a identificação criminal nas hipóteses previstas em lei (Lei nº 12.037/09, art. 3º). Mesmo nessas hipóteses, em fiel observância ao princípio da proporcionalidade, a condução coercitiva será cabível apenas quando não houver nenhum outro meio de reconhecimento do acusado (v.g., fotográfico) ou esclarecimento de sua identidade (v.g., consulta a banco de dados).

A propósito, levando-se em consideração o princípio do *nemo tenetur se detegere*, o Plenário do Supremo, por maioria, julgou

80. STF, 2ª Turma, HC 119.941/DF, Rel. Min. Cármen Lúcia, j. 25/03/2014, DJe 80 28/04/2014.
81. No sentido de que a possibilidade de o acusado não comparecer à audiência é uma expressão do direito constitucional ao silêncio (art. 5º, LXIII, da CF/88), pois "nemo tenetur se deterege": STF, 1ª Turma, RHC 109.978/DF, Rel. Min. Luiz Fux, j. 18/06/2013, DJe 154 07/08/2013. Com entendimento semelhante: FERNANDES, Antônio Scarance. Processo penal constitucional. 6ª ed. São Paulo: Editora Revista dos Tribunais, 2010. p. 264.
82. STF, 2ª Turma, HC 99.289/RS, Rel. Min. Celso de Mello, j. 23/06/2009, DJe 149 03/08/2011.
83. No sentido de que não se pode presumir a embriaguez de quem não se submete a exame de dosagem alcoólica, porquanto a Constituição impede que se extraia qualquer conclusão desfavorável àquele que, suspeito ou acusado de praticar alguma infração penal, exerce o direito de não produzir prova contra si mesmo: STF, 1ª Turma, HC 93.916/PA, Rel. Min. Cármen Lúcia, j. 10/06/2008, DJe 117 26/06/2008.
84. No sentido de que o não comparecimento do investigado à delegacia de polícia para prestar depoimento não autoriza, por si só, a decretação de sua custódia cautelar: STF, 2ª Turma, HC 89.503/RS, Rel. Min. Cezar Peluso, j. 03/04/2007, DJe 32 06/06/2007.

procedente o pedido formulado nas ADPF's 395/DF e 444/DF[85] para declarar a não recepção da expressão "para o interrogatório" constante do art. 260 do CPP, e a incompatibilidade com a Constituição Federal da condução coercitiva de investigados ou de réus para interrogatório, sob pena de responsabilidade disciplinar, civil e penal do agente ou da autoridade e de ilicitude das provas obtidas, sem prejuízo da responsabilidade civil do Estado. O Tribunal destacou que a decisão não teria o condão de desconstituir interrogatórios realizados até a data do referido julgamento, ainda que os interrogados tivessem sido coercitivamente conduzidos para o referido ato processual. Esclareceu, ademais, que a condução coercitiva objeto da decisão seria tão somente àquela destinada à condução de investigados e acusados à presença da autoridade policial ou judicial para serem interrogados, é dizer, não foi analisada a condução de outras pessoas como testemunhas, ou mesmo de investigados ou acusados para atos diversos do interrogatório, não abrangidos pelo princípio que veda a autoincriminação, como, por exemplo, aquela decretada pela autoridade judiciária quando houver dúvida sobre a identidade civil do imputado (CPP, art. 313, parágrafo único), ou aquela determinada para fins de qualificação do acusado, já que esta primeira parte do interrogatório não está abrangida pelo direito ao silêncio.

18.3. Bem jurídico tutelado

Para além da dignidade da função pública e o prestígio de que o poder público deve desfrutar perante os administrados, o delito do art. 10 da Lei n. 13.869/19 também tutela a liberdade de locomoção da testemunha ou do investigado, objeto de indevido constrangimento quando a condução coercitiva é decretada de maneira manifestamente descabida ou sem prévia intimação de comparecimento ao juízo.

18.4. Sujeitos do crime

Para aqueles que entendem que a condução coercitiva pode ser decretada por outras autoridades que não apenas o juiz, como, por exemplo, Delegados de Polícia, Promotores de Justiça, etc.,

85. STF, Pleno, ADPF 395/DF e ADPF 444/DF, Rel. Min. Gilmar Mendes, j. 14/06/2018.

o sujeito ativo do delito do art. 10 poderia ser qualquer desses agentes públicos. Com tal conclusão não podemos concordar. Isso porque, como exposto anteriormente, partilhamos do entendimento segundo o qual apenas o juiz pode decretar a condução coercitiva de alguém, haja vista se tratar de evidente espécie de supressão absoluta, ainda que temporária, da liberdade de locomoção, sujeita, portanto, à cláusula de reserva de jurisdição, nos termos do art. 5º, inciso LXI, da Constituição Federal. Em reforço a esse entendimento, é interessante notar que consta da parte final do art. 10 menção expressa à intimação prévia de *comparecimento ao juízo*. Ora, a única autoridade que pode intimar testemunha ou investigado a comparecer em juízo é o próprio magistrado. Na eventualidade de a condução coercitiva ser decretada no curso da fase de investigação, o juiz competente será o juiz das garantias, salvo em se tratando de infrações de menor potencial ofensivo, *ex vi* do art. 3º-B, incisos III e V, do CPP, incluído pela Lei n. 13.964/19 (Pacote Anticrime); caso a medida seja decretada após o recebimento da denúncia, a competência será do juiz da instrução e julgamento (CPP, art. 3º-C, *caput, in fine,* incluído pela Lei n. 13.964/19). Logo, é apenas o juiz que pode figurar como sujeito ativo do delito do art. 10.[86] Caso a condução coercitiva seja decretada por outro agente público que não o juiz, o ideal é tipificar a conduta à luz do art. 9º, *caput,* da Lei n. 13.869/19, porquanto terá havido, em última análise, a decretação de medida de privação da liberdade *em manifesta desconformidade com as hipóteses legais.*

Por outro lado, o sujeito passivo direto ou imediato é a testemunha ou investigado submetidos ao constrangimento ilegal decorrente de uma condução coercitiva manifestamente descabida ou sem prévia intimação de comparecimento ao juízo. Sujeito passivo indireto ou mediato é o Estado.

18.5. Tipo objetivo

Decretar é ordenar, estabelecer explicitamente, determinar, mandar, etc. A medida decretada seria a condução coercitiva, que já foi objeto de análise. Conquanto a legislação processual penal admita a condução coercitiva do ofendido, de testemunhas, do

86. Na mesma linha: PINHEIRO, Igor Pereira; CAVALCANTE, André Clark Nunes; BRANCO, Emerson Castelo. Op. cit. p. 78.

investigado/acusado e até mesmo de peritos, o tipo penal do art. 10 da Lei n. 13.869/19 faz menção apenas à condução coercitiva de *testemunha ou investigado*. Daí podemos extrair três conclusões importantes: a) sob pena de evidente analogia *in malam partem* e consequente violação ao princípio da legalidade, revela-se atípica a condução coercitiva de *ofendido* ou *de perito* manifestamente descabida ou sem prévia intimação de comparecimento ao juízo; b) o vocábulo *investigado* abrange toda e qualquer pessoa sobre a qual recaiam indícios da prática de um delito, pouco importando se se trata de mero suspeito, investigado, indiciado, etc.; c) estranhamente, o legislador fez uso apenas do termo *investigado*, não fazendo qualquer menção à figura do *acusado*. Diante desse imperdoável lapso do legislador, parece-nos inadmissível qualquer tipo de construção hermenêutica para que se entenda que a condução coercitiva de *acusado* durante o curso do processo judicial também estaria tutelada pelo tipo penal do art. 10 da Lei n. 13.869/19, sob pena de evidente analogia *in malam partem* e consequente violação ao princípio da legalidade.[87] Em sentido diverso, partindo da premissa de que a investigação não se limita à fase do inquérito policial (ou outra espécie de investigação preliminar), prolongando-se, na verdade, durante toda a persecução criminal, que abarca tanto a fase investigatória quanto o processo penal propriamente dito, certamente haverá quem entenda que a expressão *investigado* também teria o condão de abranger o próprio *acusado*, assertiva esta que ganha reforço quando se nota que o próprio tipo penal faz referência, em sua parte final, ao comparecimento em juízo.[88]

---

87. Greco e Cunha (op. cit. p. 97) sustentam que, em virtude da redação legal, se for decretada a condução coercitiva manifestamente descabia de *acusado*, não há falar em abuso de autoridade, sob pena de indevida analogia *in malam partem*.

88. Nesse contexto, porém em relação à figura delituosa do art. 2º, § 1º, da Lei n. 12.850/13 ("Nas mesmas penas incorre quem impede ou, de qualquer forma, embaraça a investigação de infração penal que envolva organização criminosa"), a 5ª Turma do STJ (HC 487.962/SC, Rel. Min. Joel Ilan Paciornik, j. 28/05/2019, DJe 07/06/2019) já teve a oportunidade de concluir que "(...) a tese de que a investigação criminal descrita no art. 2º, § 1º, da Lei n. 12.850/13 cinge-se à fase do inquérito, não deve prosperar, eis que as investigações se prolongam durante toda a persecução criminal, que abarca tanto o inquérito policial quanto a ação penal deflagrada pelo recebimento da denúncia. Com efeito, não havendo o legislador inserido no tipo a expressão estrita 'inquérito policial', compreende-se ter conferido à investigação de infração penal o sentido de persecução penal, até porque carece de razoabilidade punir mais severamente a obstrução das investigações do inquérito do que a obstrução da ação penal. (...)".

A condução coercitiva de testemunha (ou investigado) não está restrita a investigações ou processos criminais. Deveras, admite-se a utilização da medida em outras esferas, como, por exemplo, no curso de um inquérito civil, procedimentos previstos no Estatuto da Criança e do Adolescente, processos cíveis, trabalhistas, etc. Portanto, ante o silêncio do art. 10 da Lei n. 13.869/19 acerca da matéria, o ideal é concluir que a tipificação do referido delito não fica condicionada à decretação da condução coercitiva em feitos de natureza criminal.

Haverá abuso de autoridade quando a condução coercitiva de testemunha ou investigado for decretada em uma das seguintes hipóteses *alternativas*:

a) **manifestamente descabida**: à semelhança da redação típica dos crimes do art. 9º, o legislador também condiciona a configuração do crime do art. 10 à decretação da condução coercitiva de maneira *manifestamente descabida*, sem, porém, especificar, quando essa elementar estaria configurada. Ante o caráter aberto e impreciso do tipo penal, o ideal é interpretá-lo, especificamente quanto à medida adotada contra o investigado, à luz das recentes decisões do Supremo Tribunal Federal – ADPF's 395 e 444 –, quando concluiu ser incabível a condução coercitiva do imputado para fins de interrogatório, porquanto absolutamente incompatíveis com o princípio do *nemo tenetur se detegere*, mesmo que o investigado tenha sido previamente notificado para comparecer perante a autoridade policial. Por outro lado, a condução coercitiva do investigado não será manifestamente descabida quando for decretada para a realização de ato investigatório não protegido pelo direito à não autoincriminação, como, por exemplo, quando houver dúvida sobre a identidade civil (CPP, art. 313, parágrafo único), para fins de reconhecimento pessoal, etc. É nesse sentido, aliás, o **enunciado n. 6** do Conselho Nacional de Procuradores-Gerais dos Ministérios Públicos dos Estados e da União (CNPG) e do Grupo Nacional de Coordenadores de Centro de Apoio Criminal (GNCCRIM): "Os investigados e réus não podem ser conduzidos coercitivamente à presença da autoridade policial ou judicial para serem interrogados. Outras hipóteses de condução coercitiva, mesmo de investigados ou réus para atos diversos do interrogatório, são possíveis, observando-se as formalidades legais";

b) **sem prévia intimação de comparecimento ao juízo**: a doutrina processual penal[89] sempre impôs, como condição *sine qua non* para a condução coercitiva de alguém, prévia intimação para comparecimento à Polícia (ou ao juízo). De fato, se alguém está sendo privado de sua liberdade de locomoção, ainda que momentaneamente, para a prática de determinado ato investigatório (ou processual), isso deveria ocorrer tão somente após uma tentativa frustrada de comparecimento voluntário. Especificamente quanto à necessidade de prévia intimação de testemunhas para comparecimento em juízo, tal exigência já consta inclusive do art. 218 do CPP ("Se, *regularmente intimada*, a testemunha deixar de comparecer sem motivo justificado, o juiz poderá requisitar à autoridade policial a sua apresentação ou determinar seja conduzida por oficial de justiça, que poderá solicitar o auxílio da força pública"). Enfim, com o advento da nova Lei de Abuso de Autoridade, resta claro que a condução coercitiva sem prévia intimação de testemunha ou investigado a comparecer em juízo terá o condão de tipificar a figura delituosa do art. 10. É nesse sentido, aliás, o **enunciado n.** 7 do Conselho Nacional de Procuradores-Gerais dos Ministérios Públicos dos Estados e da União (CNPG) e do Grupo Nacional de Coordenadores de Centro de Apoio Criminal (GNCCRIM): "A condução coercitiva pressupõe motivação e descumprimento de prévia notificação". Conquanto a parte final do art. 10 da Lei n. 13.869/19 faça referência à *prévia intimação de comparecimento ao juízo*, daí não se pode concluir que o crime em questão estaria restrito às conduções coercitivas decretadas durante a fase judicial.[90] A uma porque é o próprio tipo penal que faz referência à pessoa do *investigado*, terminologia própria para a fase investigatória. A duas porque o crime também resta caracterizado quando a decretação de condução coercitiva de testemunha ou investigado é *manifestamente descabida*, hipótese perfeitamente possível de caracterização na fase investigatória, quando, por exemplo, o juiz decreta a condução coercitiva de investigado para fins de interrogatório policial, contrariando frontalmente a decisão proferida pelo Supremo no julgamento das ADPF's 395 e 444.

---

89. Nesse contexto: MALAN, Diogo. *Condução coercitiva do acusado (ou investigado) no processo penal.* Boletim do IBBCRIM. Ano 23. nº 266. Janeiro/2015, p. 2-4.

90. Para Pinheiro, Cavalcante e Branco (op. cit. p. 80), não há como considerar crime de abuso de autoridade a condução coercitiva de comparecimento à autoridade policial.

18.6. Tipo subjetivo

Consultar comentários ao art. 1º, § 1º.

18.7. Consumação e tentativa

À semelhança do crime do art. 9º, *caput,* da Lei n. 13.869, o delito do art. 10 também se consuma com a mera prolação da decisão determinando a condução coercitiva, ainda que esta não seja concretizada, por exemplo, em virtude da não localização do investigado. Cuida-se, portanto, de **crime formal**, que não depende da produção do resultado naturalístico. Desse modo, imagine que o juiz decrete a condução coercitiva do investigado mesmo sendo manifestamente descabida. Antes que a providência seja cumprida, o investigado consegue do Tribunal uma ordem em *habeas corpus* cassando a decisão de 1ª instância. Em tese, o crime estará consumado mesmo não tendo havido a efetiva condução coercitiva. Por outro lado, conquanto seja de difícil configuração, admite-se a tentativa quando a medida for decretada por escrito, eis que, nesse caso, a conduta poderá ser fracionada em vários atos (crime plurissubsistente).

18.8. Classificação doutrinária

O crime do art. 10 da Lei n. 13.869/19 pode ser classificado da seguinte forma: a) **crime próprio**: consultar comentários ao art. 2º; b) **crime formal (de consumação antecipada ou de resultado cortado)**: existe um resultado – condução coercitiva –, que, no entanto, não precisa ocorrer para que se verifique a consumação do delito; c) **crime unissubjetivo**: o crime pode ser praticado por uma única pessoa, conquanto admita o concurso de agentes; d) **crime unissubsistente ou plurissubsistente**: se praticado verbalmente, ter-se-á crime unissubsistente, não admitindo, portanto, a tentativa. Se, todavia, a conduta for praticada por escrito, a conduta poderá ser fracionada (plurissubsistente), hipótese em que não se pode afastar a possibilidade de configuração do *conatus.*

18.9. Ação penal, pena, competência para o julgamento, procedimento adequado, transação penal, suspensão condicional do processo e acordo de não persecução penal

São válidos aqui os mesmos comentários feitos em relação ao preceito secundário do crime do art. 9º, *caput,* da nova Lei de

Abuso de Autoridade, ao qual também é cominada uma pena de detenção, de 1 (um) a 4 (quatro) anos, e multa.

Art. 11. (VETADO).

19. Execução de captura de pessoa que não esteja em situação de flagrante delito ou sem ordem escrita da autoridade judiciária competente

Quando aprovado pelo Congresso Nacional, o Projeto que deu origem à Lei n. 13.869 previa, em seu art. 11, a seguinte figura delituosa: "Executar a captura, prisão ou busca e apreensão de pessoa que não esteja em situação de flagrante delito ou sem ordem escrita de autoridade judiciária, salvo nos casos de transgressão militar ou crime propriamente militar, definidos em lei, ou de condenado ou internado fugitivo". Ao referido delito era cominada uma pena de detenção, de 1 (um) a 4 (quatro) anos, e multa." Ocorre que o referido dispositivo acabou sendo vetado pelo Presidente da República, nos seguintes termos: "A propositura legislativa, ao dispor sobre a criminalização de execução de captura, prisão ou busca e apreensão de pessoa que não esteja em situação de flagrante delito gera insegurança jurídica, notadamente aos agentes da segurança pública, tendo em vista que há situações que a flagrância pode se alongar no tempo e depende de análise do caso concreto. Ademais, a propositura viola o princípio da proporcionalidade entre o tipo penal descrito e a pena cominada." Levando-se em consideração que o veto em questão não foi derrubado pelo Congresso Nacional na sessão conjunta realizada no dia 24 de setembro de 2019, forçoso é concluir que a figura delituosa em questão não foi alçada à categoria de crime, pelo menos de maneira autônoma.

Art. 12. Deixar injustificadamente de comunicar prisão em flagrante à autoridade judiciária no prazo legal:

Pena – detenção, de 6 (seis) meses a 2 (dois) anos, e multa.

Parágrafo único. Incorre na mesma pena quem:

(...)

20. Omissão quanto à comunicação da prisão em flagrante à autoridade judiciária no prazo legal

20.1. Direito intertemporal

A despeito de não ter uma redação idêntica, é possível afirmar que a conduta incriminada pelo art. 12, *caput,* da Lei n. 13.869/19, já era tipificada na vigência da revogada Lei n. 4.898/65, nos seguintes termos: "Art. 4º. Constitui também abuso de autoridade: (...) c) deixar de comunicar, imediatamente, ao juiz competente a prisão ou detenção de qualquer pessoa; (...)". Houve, porém, um sensível incremento da pena privativa de liberdade. Com efeito, na vigência da legislação pretérita, a pena privativa de liberdade prevista para essa conduta delituosa era de detenção por 10 (dez) dias a 6 (seis) meses. Com a entrada em vigor da Lei n. 13.869/19, a pena de prisão cominada passou a ser de detenção, de 6 (seis) meses a 2 (dois) anos, e multa. Por se tratar de *lex gravior*, esse novo preceito secundário deve abranger apenas as condutas delituosas cometidas a partir da vigência desta figura delituosa, o que ocorreu no dia 3 de janeiro de 2020,[91] sob pena de violação ao princípio da irretroatividade da lei mais gravosa (CF, art. 5º, XL).

20.2. Noções gerais acerca do dever de comunicação imediata da prisão ao Juiz competente

De acordo com o art. 5º, inciso LXII, da Constituição Federal, *a prisão de qualquer pessoa e o local onde se encontre serão comunicados imediatamente ao juiz competente* e à família do preso ou à pessoa por ele indicada.

Como se percebe, a Carta Magna estabelece que a prisão de qualquer pessoa será comunicada imediatamente ao juiz competente, sem se referir à espécie de prisão. Logo, toda e qualquer prisão deve ser comunicada à autoridade judiciária, seja ela preventiva, temporária, flagrante, prisão penal, cível, etc. A questão, todavia, assume especial relevância quando do estudo da prisão em flagrante, haja vista que tal modalidade de prisão independe de prévia autorização judicial.

91. Para mais detalhes acerca das diferentes datas de entrada em vigor de alguns dispositivos da nova Lei de Abuso de Autoridade, remetemos o leitor aos comentários ao art. 45.

Essa comunicação imediata da prisão de qualquer pessoa ao juiz das garantias (CPP, art. 3º-B, I, incluído pela Lei n. 13.964/19) consiste em verdadeira garantia de liberdade, pois dela dependem outras garantias expressamente previstas no texto constitucional, como a análise da ocorrência ou não das hipóteses permissivas para a prisão (art. 5º, LXI), a possibilidade de relaxamento por sua ilegalidade (art. 5º, LXV), ou, nos casos de legalidade, se possível for, a concessão de liberdade provisória com ou sem fiança (art. 5º, LXVI).

Com a entrada em vigor da Lei nº 11.449/07, o art. 306, *caput,* do CPP passou a prever que "*a prisão de qualquer pessoa e o local onde se encontre serão comunicados imediatamente ao juiz competente* e à família do preso ou a pessoa por ele indicada". O art. 306, § 1º, do CPP, em acréscimo, estabelecia que "*dentro em 24 (vinte e quatro horas) depois da prisão, será encaminhado ao juiz competente o auto de prisão em flagrante acompanhado de todas as oitivas colhidas* e, caso o autuado não informe o nome de seu advogado, cópia integral para a Defensoria Pública".

Antes de qualquer coisa, é de bom alvitre destacar que a comunicação imediata da prisão de toda e qualquer pessoa ao juiz competente não se confunde com o posterior encaminhamento do auto de prisão em flagrante. São coisas distintas, em momentos diferentes.

Uma coisa é a imediata comunicação da prisão à autoridade judiciária. Como a própria Constituição Federal dispõe em seu art. 5º, LXII, tal comunicação deve ser *imediata*, ou seja, tão logo haja o cerceamento à liberdade de locomoção, o juiz competente deve ser comunicado acerca da prisão. Outra coisa é a posterior remessa do auto de prisão em flagrante delito, em até 24 (vinte e quatro) horas depois da captura. A comunicação imediata informa a autoridade judiciária de que há uma pessoa que está detida sem que haja prévia autorização judicial, possibilitando que o magistrado, a partir de então, passe a controlar os passos da autoridade policial, até mesmo no que toca à conclusão do auto de prisão em flagrante no prazo legal de 24 (vinte e quatro) horas.[92]

92. Comungam do mesmo entendimento: Walter Nunes da Silva Júnior (*Curso de direito processual penal: teoria (constitucional) do processo penal.* Rio de Janeiro: Renovar, 2008,

A Constituição Federal (art. 5º, LXII) dispõe que a prisão de qualquer pessoa será comunicada ao juiz competente. Logo, como a Constituição não faz qualquer menção à necessidade de que essa prisão seja mantida, conclui-se que, mesmo que a autoridade policial conceda ao preso liberdade provisória com fiança (CPP, art. 322), essa comunicação deve ser feita. Afinal, em última análise, houve cerceamento da liberdade de locomoção. Ademais, o afiançado fica submetido ao cumprimento de certas condições e, caso o flagrante seja anulado pelo juiz, tais obrigações deixarão de existir, com a consequente devolução do valor dado em garantia.[93]

Resta saber, então, quais são as consequências da ausência dessa comunicação do flagrante ao juiz das garantias. A princípio, se restar demonstrado que o agente público assim deixou de agir com a finalidade específica de prejudicar outrem ou beneficiar a si mesmo ou a terceiro, ou, ainda, por mero capricho ou satisfação pessoal, restará caracterizado o crime do art. 12, *caput*, da Lei n. 13.869/19. Mas e em relação ao indivíduo que fora preso e cuja prisão não foi comunicada ao juiz? Será que a ausência dessa comunicação acarreta o obrigatório relaxamento da prisão? Ou será que se trata de mera irregularidade, sem o condão de determinar o relaxamento da prisão?

Há julgados antigos do Supremo Tribunal Federal e do Superior Tribunal de Justiça, segundo os quais a ausência de comunicação da prisão à autoridade judiciária não teria o condão de excluir a legalidade da prisão, gerando tão somente responsabilidade funcional e criminal por parte da autoridade que presidiu o auto de prisão em flagrante.[94]

Com a devida vênia, pensamos que a ausência de comunicação do flagrante à autoridade judiciária configura grave violação a preceito constitucional (CF, art. 5º, LXII), o qual foi colocado na Carta Magna visando à preservação do *status libertatis* do indiví-

---

p. 889/890) e Aury Lopes Jr. (*Direito Processual Penal e sua Conformidade Constitucional*. 3. ed. Rio de Janeiro: Lumen Juris, 2008. v. 1, p. 53).

93. Nesse sentido: GONÇALVES, Daniela Cristina Rios (*Prisão em flagrante*. São Paulo: Editora Saraiva, 2004. p. 103).

94. STF, 2ª Turma, RHC 64.152/PR, Rel. Min. Aldir Passarinho, DJ 29/08/1986 p. 15.186; STF, 2ª Turma, RHC 62.187/GO, Rel. Min. Aldir Passarinho, DJ 08/03/1985, p. 2.599; STJ, 5ª Turma, HC 28.575/BA, Rel. Min. Felix Fischer, DJ 28/10/2003 p. 321; STJ, 6ª Turma, RHC 4.274/RJ, Rel. Min. Luiz Vicente Cernicchiaro, DJ 20/03/1995 p. 6.145.

duo, determinando que toda e qualquer prisão seja comunicada à autoridade judiciária, a fim de que o magistrado possa verificar sua legalidade (para fins de eventual relaxamento), ou analisar o cabimento de liberdade provisória, com ou sem fiança. Não custa lembrar que estamos falando da prisão em flagrante, espécie de restrição à liberdade de locomoção que independe de prévia autorização judicial. Dizer que a não comunicação da prisão é mera irregularidade significa dizer que a inobservância de preceito constitucional é de todo irrelevante, tornando letra morta importante garantia constitucional.[95]

Temos, portanto, que a ausência da comunicação da prisão em flagrante importa em violação à garantia constitucional, gerando a perda da força coercitiva do auto de prisão, e o consequente relaxamento da prisão. Portanto, o auto de prisão em flagrante continuará valendo, mas tão somente como peça informativa.[96] No entanto, eventual relaxamento da prisão em flagrante por conta da ausência de comunicação ao juiz das garantias não impede a imposição de medidas cautelares de natureza pessoal, inclusive a própria prisão preventiva (ou temporária), desde que presentes seus pressupostos legais.

20.3. Bem jurídico tutelado

Tutela-se a dignidade da função pública e o prestígio que o poder público deve desfrutar perante os administrados, assim como a liberdade de locomoção do agente cuja prisão em flagrante não foi comunicada à autoridade judiciária no prazo legal.

20.4. Sujeitos do crime

O sujeito ativo do delito previsto no art. 12, *caput*, da Lei n. 13.869/19 não é qualquer agente público. Para tanto, o agente deve ostentar a qualidade de Delegado de Polícia, porquanto é este que detém a atribuição legal de lavrar o auto de prisão em flagrante e, consequentemente, de comunicar sua execução à au-

---

95. BRANCO, Tales Castelo. *Da prisão em flagrante*. 5ª ed. rev., aum. e atual. São Paulo: Saraiva, 2001.

96. TRF1 – RHC 2002.38.00.019498-5/MG – 4ª Turma – Rel. Desembargador Federal Hilton Queiroz – DJ 04/10/2002 p. 122. E também: TRF1 – RCHC 2001.33.00.006872-1/BA – 4ª Turma – Rel. Desembargador Federal Hilton Queiroz – DJ 05/09/2001 p. 123).

toridade judiciária. É nesse sentido, aliás, o teor do art. 304 do CPP, segundo o qual, uma vez apresentado o preso à *autoridade competente*, deverá esta ouvir o condutor e colher, desde logo, sua assinatura, entregando a este cópia do termo e recibo de entrega do preso. Para fins de melhor compreensão do termo *autoridade competente*, há de se ter em mente o quanto disposto no art. 2º, § 1º, da Lei n. 12.830/13 ("Ao *Delegado de Polícia*, na *qualidade de autoridade policial*, cabe a condução da investigação criminal por meio de inquérito policial ou outro procedimento previsto em lei, que tem como objetivo a apuração das circunstâncias, da materialidade e da autoria das infrações penais").

Por sua vez, o sujeito passivo direto ou imediato é o flagranteado, cuja prisão em flagrante não foi comunicada à autoridade judiciária no prazo legal. Sujeito passivo indireto (ou mediato) é o Estado.

20.5. Tipo objetivo

A conduta incriminada pelo *caput* do art. 12 é deixar injustificadamente de comunicar prisão em flagrante à autoridade judiciária no prazo legal. *Deixar de comunicar* é uma conduta omissiva, significando não dar ciência de algo a alguém.

Para a caracterização do crime, não basta que o agente público deixe de comunicar a prisão em flagrante ao juiz das garantias no prazo legal. É preciso que o faça **injustificadamente** – sem haver alguma justificativa razoável para deixar de fazê-lo. A presença dessa justa causa (v.g., falha técnica e generalizada em todos os sistemas de comunicação disponíveis, ínfimo número de policiais em um determinado plantão conjugada com uma grande quantidade de prisões em flagrante, excepcional inexistência de magistrado na comarca, etc.) conduz à exclusão da tipicidade do fato.

Quando o *caput* do art. 12 diz que é crime deixar, injustificadamente, de comunicar a prisão em flagrante à autoridade judiciária no **prazo legal**, ele está se referindo ao *caput* do art. 306 do CPP ("imediatamente") ou ao § 1º do art. 306 ("em até 24 horas")? Adotada uma interpretação literal do *caput* do art. 12, e firmada a premissa de que o dever de comunicação da prisão em flagrante à autoridade judiciária não se confunde com a ulterior remessa do auto de prisão em flagrante, poder-se-ia chegar à conclusão de que o tipo penal em questão refere-se ao *caput* do art. 306 do CPP (e não ao § 1º). Isso porque o art. 12 fala em 'comunicar' (comunicação), mesmo verbo do *caput* do art. 306 do CPP. O § 1º do art. 306, por sua vez, é mais do que a mera comunicação da prisão. Trata-se do encaminhamento (remessa) do auto de prisão em flagrante.

Ocorre que o *caput* do art. 306 do CPP não traz um prazo certo e determinado. Na verdade, faz uso da expressão 'imediatamente', que é vaga e subjetiva. Diante disso, para os fins do art. 12 da Lei de Abuso de Autoridade, o ideal é concluir que a *comunicação* ali prevista dar-se-á com a *remessa do auto de prisão em flagrante*, que deverá ocorrer no prazo legal previsto no § 1º do art. 306 do CPP, ou seja, em até 24 (vinte e quatro) horas após a realização da prisão. Por consequência, o crime do art. 12, *caput*, da Lei n. 13.869/19 deve ser compreendido como o não encaminhamento ao juiz competente do auto de prisão em flagrante em até 24 (vinte e quatro) horas após a realização da prisão. Essa é a interpretação que melhor se coaduna com o princípio da legalidade na vertente da *lex certa*, ou seja, o tipo penal deve ser claro e taxativo, traduzindo um mandado de certeza.[97]

Como a compreensão do conceito de *prazo legal* e, consequentemente, do próprio preceito primário do crime do art. 12 da Lei n. 13.869/19, demanda uma complementação por meio de lei, trata-se de espécie de **norma penal em branco**. Como se sabe, norma penal em branco é aquela cuja compreensão do preceito primário demanda complementação. Em outras palavras, por mais que exista a descrição de uma conduta proibida, esta descrição demanda um complemento extraído de um outro diploma, como, por exemplo, leis, decretos, regulamentos, etc., para que se possa compreender os limites da proibição feita pela lei penal. É o que ocorre, por exemplo, com a figura delituosa do art. 12, *caput*, da nova Lei de Abuso de Autoridade. O termo *prazo legal* previsto neste artigo não funciona como elemento normativo do tipo, sujeito a uma interpretação valorativa do magistrado. Na verdade, há uma verdadeira lacuna que precisa ser complementada por norma específica. Ou seja, somente após a leitura do art. 306, § 1º, do CPP, é que poderemos saber o prazo legal para a comunicação da prisão em flagrante à autoridade judiciária. Como o complemento

97. No mesmo sentido: GRECO; CUNHA. Op. cit. p. 108.

do art. 12, *caput*, da Lei n. 13.869/19, é oriundo da mesma fonte legislativa que editou a norma cujo preceito primário precisa ser complementado – Congresso Nacional –, pode-se dizer que estamos diante de uma **norma penal em branco homogênea (em sentido amplo ou homóloga)**. Noutro giro, levando-se em consideração que a lei incriminadora e seu complemento encontram-se alocadas em diplomas normativos diversos – Lei n. 13.869/19 e Código de Processo Penal –, também se pode concluir que estamos diante de uma **norma penal em branco homogênea heterovitelina**.

O objeto da conduta do *caput* do art. 12 é apenas a *prisão em flagrante*. A omissão da comunicação da execução de prisão temporária ou preventiva à autoridade judiciária que a decretou terá o condão de tipificar o crime do inciso I do parágrafo único do art. 12 da Lei n. 13.869/19. Vedada que é a analogia *in malam partem* no âmbito do Direito Penal, não nos parece possível ampliar os tipos penais em referência para outras espécies de prisão aí não mencionadas, como, por exemplo, a prisão civil, sob pena de evidente violação ao princípio da legalidade. Noutro giro, se a autoridade policial deixar injustificadamente de comunicar ao juiz a apreensão de criança ou adolescente, deverá responder pelo crime do art. 231 do Estatuto da Criança e do Adolescente ("Deixar a autoridade policial responsável pela apreensão de criança ou adolescente de fazer imediata comunicação à autoridade judiciária competente e à família do apreendido ou à pessoa por ele indicada"), e não pelo delito do art. 12, *caput*, da Lei n. 13.869/19. Por fim, tendo em vista a taxatividade que há de orientar qualquer tipo penal, a ausência de comunicação da prisão em flagrante ao Ministério Público e à Defensoria Pública, quando o autuado não informar o nome de seu advogado (CPP, art. 306, *caput*, e § 1º), não configurará este crime, pois há menção expressa à ausência de comunicação apenas à autoridade judiciária.

20.6. Tipo subjetivo

O tipo subjetivo está representado pelo dolo, consubstanciado na vontade e consciência de deixar, injustificadamente, de comunicar prisão em flagrante à autoridade judiciária no prazo legal. Logo, eventual desídia do Delegado de Polícia (ou da autoridade de polícia judiciária militar) em comunicar a prisão em flagrante ao juiz das garantias não terá o condão de configurar o crime do art. 12, *caput*, devendo a infração ser apurada exclusivamente na esfera do respectivo processo administrativo disciplinar. Também se faz necessária a presença do dolo específico de prejudicar outrem ou beneficiar a si mesmo ou a terceiro, ou, ainda, por mero capricho ou satisfação pessoal (Lei n. 13.869, art. 1º, § 1º). Não se admite a modalidade culposa.

20.7. Consumação e tentativa

Como estamos diante de crime omissivo próprio, o delito se consuma no exato momento em que o agente deixa de fazer aquilo que a norma lhe impõe como dever legal. No caso do art. 12, *caput*, da Lei n. 13.869, o crime estará consumado quando houver o decurso, injustificado, do prazo legal de 24 (vinte e quatro) horas sem que o agente público tenha comunicado a prisão em flagrante à autoridade judiciária. Por se tratar de crime omissivo próprio, não se admite o *conatus*.

20.8. Classificação doutrinária

O crime do art. 12, *caput*, da nova Lei de Abuso de Autoridade pode ser classificado da seguinte forma: **a) próprio; b) doloso; c) omissivo próprio:** o agente deixa de fazer aquilo que a norma contida no tipo penal determinava; **d) unissubjetivo;** e) **crime de mera conduta.**

20.9. Ação penal, pena, competência para o julgamento, procedimento adequado, transação penal, suspensão condicional do processo e acordo de não persecução penal

Como exposto nos comentários ao art. 3º da nova Lei de Abuso de Autoridade, a ação penal é pública incondicionada, admitindo-se a ação penal privada subsidiária da pública se acaso verificada a inércia do órgão ministerial. A pena cominada ao crime do art. 12 da Lei n. 13.869/19 é de detenção, de 6 (seis) meses a 2 (dois) anos, e multa. Tendo em conta que a pena máxima não é superior a 2 (dois) anos, trata-se de infração de menor potencial ofensivo. A competência, portanto, é dos Juizados Especiais Criminais, aplicando-se o procedimento comum sumaríssimo. Como se admite a transação penal, bem como os demais institutos despenalizadores previstos na Lei n. 9.099/95, não será possível a celebração do acordo de não persecução penal, *ex vi* do art. 28-A, § 2º, do CPP, incluído pela Lei n. 13.964/19.

Art. 12. (...)

Pena – detenção, de 6 (seis) meses a 2 (dois) anos, e multa.

Parágrafo único. Incorre na mesma pena quem:

I – deixa de comunicar, imediatamente, a execução de prisão temporária ou preventiva à autoridade judiciária que a decretou;

(...)

21. Omissão quanto à comunicação imediata da execução de prisão temporária ou preventiva à autoridade judiciária que a decretou

21.1. Direito intertemporal

Referida figura delituosa já estava prevista, grosso modo, no art. 4º, alínea "c", da revogada Lei n. 4.898/65: "Deixar de comunicar, imediatamente, ao juiz competente a prisão ou detenção de qualquer pessoa". Não há falar, portanto, em *abolitio criminis*. Todavia, considerando-se o caráter mais gravoso da pena cominada ao crime do art. 12, parágrafo único, inciso I, da Lei n. 13.869/19, seus ditames serão aplicáveis exclusivamente aos crimes cometidos após sua vigência, sob pena de violação ao princípio da irretroatividade da *lex gravior*.

21.2. Noções gerais acerca do dever de comunicação imediata da execução de prisão temporária ou preventiva à autoridade judiciária que a decretou

Consoante disposto no art. 289-A do CPP, incluído pela Lei n. 12.403/11, o juiz competente providenciará o imediato registro do mandado de prisão em banco de dados mantido pelo Conselho Nacional de Justiça para essa finalidade. Esse dispositivo foi introduzido no nosso diploma processual penal com a finalidade de otimizar o sistema de comunicação e de troca de informações entre autoridades policiais e judiciais. Isso porque, pelo menos até o advento da referida Lei, a existência de mandado de prisão contra determinada pessoa costumava constar apenas dos registros da própria unidade federativa que o expediu, o que dificultava sobremaneira o seu cumprimento quando o indivíduo empreendia fuga para outro Estado. Objetiva-se, assim, unificar, em um só sistema, todos os mandados de prisão expedidos no país, possibilitando o seu cumprimento por qualquer agente público em qualquer localidade do território nacional, evitando que os limites territoriais das cidades e dos Estados sejam utilizados por pessoas foragidas como ferramentas para facilitar sua ocultação.

Esse Banco Nacional de Monitoramento de Prisões (BNMP 2.0) criado pela Lei nº 12.403/11 encontra-se, atualmente, disciplinado pela Resolução nº 251, de 4 de setembro de 2018, do Conselho Nacional de Justiça. As informações não sigilosas ou restritas constantes do "BNMP 2.0" são disponibilizadas na rede mundial de computadores a toda pessoa, independente de prévio cadastramento ou demonstração de interesse, por meio do Portal de Consulta Pública. Consoante disposto em seu art. 3º, abrangerá todas as pessoas privadas de liberdade por ordem judicial proferida em procedimentos de natureza criminal e civil. Para tanto, considera-se pessoa privada de liberdade o preso e o internado provisório, o condenado que esteja cumprindo pena em regime fechado, semiaberto ou aberto, desde que haja recolhimento em unidade penal do sistema penitenciário e o cumpridor de medida de segurança na modalidade internação. Por outro lado, o Banco não alcança pessoas que estiverem no cumprimento de medida cautelar diversa da prisão, os condenados que, no cumprimento de pena, estiverem submetidos ao sistema de monitoramento eletrônico, sem recolhimento, ou prisão domiciliar e os adolescentes apreendidos em razão de ato infracional.

Qualquer agente policial poderá efetuar a prisão determinada no mandado de prisão registrado no Conselho Nacional de Justiça, ainda que fora da competência territorial do juiz que o expediu. Ademais, consoante disposto no art. 289-A, § 2º, do CPP, incluído pela Lei n. 12.403/11, qualquer agente policial poderá efetuar a prisão decretada, ainda que sem registro no Conselho Nacional de Justiça, adotando as precauções necessárias para averiguar a autenticidade do mandado e **comunicando ao juiz que a decretou**, devendo este providenciar, em seguida, o registro do mandado na forma do caput deste artigo. Essa prisão também deve ser imediatamente comunicada ao juiz do local de cumprimento da medida o qual providenciará a certidão extraída do registro do Conselho Nacional de Justiça e **informará ao juízo que a decretou** (CPP, art. 289-A, § 3º).

É dentro desse cenário que deve ser compreendida a figura delituosa do art. 12, parágrafo único, inciso I, da Lei n. 13.869/19. Firmado o dever constitucional (art. 5º, LXII) e legal de se comunicar ao juiz o cumprimento de prisão temporária (ou preventiva) por ele decretada – art. 289-A, § §2º e 3º do CPP, incluídos pela Lei n. 12.403/11 –, o agente público que se omitir no cumprimento desta obrigação deverá ser responsabilizado pelo crime de abuso de autoridade em comento, desde que, obviamente, presente o elemento subjetivo especial do injusto previsto no art. 1º, § 1º, da Lei n. 13.869/19.

21.3. Bem jurídico tutelado

O bem jurídico tutelado pelo art. 12, parágrafo único, inciso I, da nova Lei de Abuso de Autoridade, é a própria dignidade da função pública e o prestígio de que o poder público deve desfrutar perante os administrados, que são maculados pelo agente do crime. O delito também tutela a liberdade de locomoção do indivíduo, cuja prisão temporária ou preventiva não foi imediatamente comunicada à autoridade judiciária que a decretou.

21.4. Sujeitos do crime

O sujeito ativo do crime é o agente público, nos termos do art. 2º da Lei n. 13.869/19. Cuida-se, pois, de crime próprio, porquanto se exige uma qualidade especial do agente. À primeira vista, pode ficar a impressão de que o agente público em questão seria exclusivamente o integrante da Polícia Judiciária, porquanto é ele o responsável pelo cumprimento de mandados de prisão preventiva ou temporária, sujeitando-se, portanto, ao dever de comunicação do art. 289-A, § 2º, do CPP. Todavia, não se pode perder de vista que o § 3º do art. 289-A do CPP também impõe ao juiz do local do cumprimento da medida, tão logo comunicado acerca da execução da prisão, o dever de informar ao juízo que a decretou. Logo, sem embargo de opiniões em sentido contrário, é perfeitamente possível que o magistrado também figure como sujeito ativo do presente crime de abuso de autoridade. De seu turno, o sujeito passivo é não apenas o Estado, mas também o preso preventivo ou temporário.

21.5. Tipo objetivo

Deixar de comunicar significa quedar-se inerte em relação ao dever legal de comunicar, imediatamente, a execução de prisão temporária ou preventiva à autoridade judiciária que a decretou. A comunicação em questão pode ocorrer por diversos meios, como, por exemplo, via telefone, e-mail, ofício entregue pessoalmente à autoridade judiciária, etc. Cuida-se de típica hipótese de **crime omissivo próprio (ou puro)**, pois a omissão está descrita diretamente no tipo penal.

Para fins de tipificação do crime do art. 12, parágrafo único, inciso I, da nova Lei de Abuso de Autoridade, o agente público deve deixar de comunicar, **imediatamente**, a execução da prisão temporária ou preventiva. "*Imediata*" é a comunicação que é feita sem delonga, ou seja, no mesmo instante. Em outras palavras, é aquela efetuada pelo agente público tão logo ocorra a execução da prisão preventiva (ou temporária). Revela-se equivocado equiparar a locução *imediatamente* ao prazo de 24 (vinte e quatro) horas. Ora, se é verdade que não é fácil definir o conceito exato de *imediatamente,* também não é menos verdade que dentro desse conceito não se pode inserir um prazo tão elástico quanto o de 24 (vinte e quatro) horas, sob pena de subversão completa do próprio mandamento legal. De mais a mais, quando o legislador da Lei n. 13.869/19 quis se referir a este prazo mais elástico de 24 (vinte e quatro) horas, o fez expressamente, como, por exemplo, no inciso III do parágrafo único do mesmo art. 12. Logo, se o legislador optou por fazer uso da expressão *imediatamente* nos demais incisos do parágrafo único, não se pode querer equipará-las.

A omissão quanto à comunicação imediata deve recair sobre a execução de **prisão temporária ou preventiva**. Esses dois conceitos já foram objeto de estudo nos comentários ao *caput* do art. 9º da Lei n. 13.869/19, quando analisamos o elemento normativo *medidas de privação da liberdade.* Referindo-se o crime em questão exclusivamente à omissão de comunicação da execução de *prisão temporária ou preventiva*, revela-se atípica a conduta do agente público que deixar de comunicar a execução de qualquer outra espécie de medida cautelar de natureza pessoal (v.g., internação provisória, monitoramento eletrônico, etc.), sob pena de indevida analogia *in malam partem.*

21.6. Tipo subjetivo

Consultar comentários ao art. 1º, § §1º e 2º, da nova Lei de Abuso de Autoridade.

21.7. Consumação e tentativa

Consuma-se o delito no exato momento da omissão, *in casu*, quando o agente público não comunicar de imediato a execução de prisão temporária ou preventiva à autoridade judiciária que a decretou. Tratando-se de crime omissivo próprio (ou puro), não se admite o *conatus*.

21.8. Classificação doutrinária

O crime do art. 12, parágrafo único, inciso IV, pode ser classificado da seguinte forma: **a) crime próprio**; **b) crime formal**: independe da produção de qualquer resultado naturalístico; **c) crime unissubjetivo**; **d) crime unissubsistente**: a conduta não pode ser fracionada, daí por que não se admite a tentativa; **e) crime instantâneo**: a conduta criminosa não se dilata no tempo; **f) crime omissivo próprio (ou puro)**; **g) crime de forma livre**.

> **Art. 12. (...)**
>
> **Pena – detenção, de 6 (seis) meses a 2 (dois) anos, e multa.**
>
> **Parágrafo único. Incorre na mesma pena quem:**
>
> **(...)**
>
> **II – deixa de comunicar, imediatamente, a prisão de qualquer pessoa e o local onde se encontra à sua família ou à pessoa por ela indicada;**
>
> **(...)**

22. Omissão quanto à comunicação imediata da prisão de qualquer pessoa e do local onde se encontra à sua família ou à pessoa por ela indicada

22.1. Direito intertemporal

Na vigência da revogada Lei n. 4.898/65, tipificava-se apenas a omissão quanto ao dever de comunicar a prisão ou detenção de qualquer pessoa *ao juiz competente* (art. 4º, alínea "c"). Destarte, por mais que a Constituição Federal (art. 5º, LXII) exija a comunicação da prisão imediatamente ao juiz e à *família do preso ou à pessoa por ele indicada*, a ausência de comunicação a estes últimos não se subsumia ao referido crime de abuso de autoridade. Se, todavia, fosse apreendida alguma pessoa menor de idade, a ausência de comunicação da apreensão ao juiz ou à família do apreendido ou à pessoa por ele indicada faria com que a autoridade responsável incorresse no crime do art. 231 do ECA. Portanto, cuida-se, o art. 12, parágrafo único, inciso II, da Lei n. 13.869/19, de *novatio legis* incriminadora, de aplicação restrita aos crimes cometidos após a vigência da nova Lei de Abuso de Autoridade.

22.2. Noções gerais acerca do dever de comunicação imediata da prisão de qualquer pessoa e do local onde se encontra à sua família ou à pessoa por ele indicada

A comunicação imediata da prisão de qualquer pessoa aos seus familiares ou à pessoa por ele indicada funciona como um ato de dignidade humana, enxergando no preso um sujeito de direitos, e não um mero objeto. Está relacionada a dois objetivos básicos: primeiro, pôr fim à angustia daquela família que não tem nenhuma informação acerca do paradeiro do seu ente querido; segundo, permitir que o preso obtenha de seus familiares a assistência e o apoio de que necessita.

Obviamente, caso o preso não indique a pessoa a quem deva ser comunicada sua prisão, não há como a autoridade policial dar cumprimento ao preceito constitucional do art. 5º, LXII, sendo inviável qualquer alegação de ilegalidade da prisão. Noutro giro, se do auto de prisão em flagrante constar menção à observância das garantias constitucionais acima mencionadas, incumbe ao preso o ônus de demonstrar o descumprimento dos preceitos constitucionais, haja vista a presunção de legitimidade que recai sobre o ato administrativo.[98]

Como já teve a oportunidade de se manifestar o STJ, "a Constituição da República visa a resguardar o *status libertatis*, ensejando a pessoas de confiança do preso o conhecimento do fato, a fim de, diante de qualquer ilegalidade, ser afrontado o vício

98. STJ, 6ª Turma, HC 8.690/GO, Rel. Min. Vicente Leal, DJ 07/06/1999 p. 133.

jurídico. A participação imediata do juiz competente é impostergável. A comunicação à família ou à pessoa pelo preso indicada configura direito público subjetivo. A interpretação, porém, deve ser finalística. Pode ocorrer que o preso não tenha interesse, ou mesmo não deseje que tal aconteça. Urge respeito a sua intimidade. Se terceira pessoa, ainda que estranha à família ou pelo preso indicada, intervier, e de modo eficaz, compensar a ausência de alguém do rol constitucional, suprida estará a situação jurídica. Exemplificativamente, a presença de defensor".[99]

E qual é a consequência da inobservância desse preceito constitucional? Sob o ponto de vista processual, podemos dizer, como exposto anteriormente ao tratar da não comunicação da prisão em flagrante à autoridade judiciária, que a observância de todas as formalidades no momento da prisão de alguém é de extrema relevância, porque constituem meio de tutela da liberdade. Sua inobservância configura, pois, constrangimento ilegal, sanável por meio de *habeas corpus* objetivando o relaxamento da prisão. Por outro lado, sob o ponto de vista do direito material, é possível asseverar que a inobservância do preceito do art. 5º, inciso LXII, *in fine,* da Constituição Federal terá o condão de tipificar o crime do art. 12, parágrafo único, inciso II, da Lei n. 13.869/19.

22.3. Bem jurídico tutelado

À semelhança dos tipos penais anteriores, o bem jurídico tutelado pelo art. 12, parágrafo único, inciso II, também é a dignidade da função pública e o prestígio de que o poder público deve desfrutar perante os administrados, que são maculados pelo agente do crime. O delito também tutela a liberdade de locomoção e o direito à comunicação da prisão de qualquer pessoa e o local onde se encontra à família do preso ou à pessoa por ele indicada (CF, art. 5º, LXII, *in fine).*

---

99. STJ, 6ª Turma, RHC 1.526/RJ, Rel. Min. Luiz Vicente Cernicchiaro, DJ 25/11/1991 p. 17.084. Ainda segundo o STJ, "em se tratando de prisão em flagrante de estrangeiros acusados de associação para a prática de crime de tráfico internacional de substâncias entorpecentes e roubo de aeronave, que residem na Colômbia onde tem famílias, a autoridade policial não está obrigada a comunicar a ocorrência aos familiares. Basta-lhe assegurar o direito de comunicação. Por outro lado, há nos autos notas assegurando-lhes os direitos constitucionais de assistência da família e de advogado". (STJ, 5ª Turma, RHC 3.894/PA, Rel. Min. Jesus Costa Lima, DJ 12/09/1994 p. 23.775).

22.4. Sujeitos do crime

O sujeito ativo do crime é o agente público, nos termos do art. 2º da Lei n. 13.869/19. Cuida-se, pois, de crime próprio, porquanto se exige uma qualidade especial do agente. O sujeito passivo é o Estado e a pessoa cuja prisão e localização não foram comunicadas à família ou à pessoa por ela indicada.

22.5. Tipo objetivo

Deixar de comunicar significa quedar-se inerte em relação ao dever constitucional e legal de comunicar, imediatamente, a prisão e localização à família ou à pessoa indicada pelo preso. Cuida-se de típica hipótese de **crime omissivo próprio (ou puro)**, pois a omissão está descrita diretamente no tipo penal. O conceito de **imediatamente** foi objeto de análise nos comentários ao inciso I do parágrafo único do art. 12, para onde remetemos o leitor. Diversamente da figura delituosa do *caput* do art. 12, que versa sobre a ausência de comunicação da *prisão em flagrante*, o crime do inciso II do parágrafo único do art. 12 refere-se à *prisão* em sentido amplo, abrangendo, portanto, qualquer medida privativa da liberdade, como, por exemplo, prisão temporária, prisão civil, etc. Logicamente, não há falar em crime se o preso não indicar quaisquer pessoas a serem contatadas, ou se, a despeito de todos os esforços envidados pelo agente público, este não lograr êxito em entrar em contato com as pessoas indicadas pelo preso.

22.6. Tipo subjetivo

Consultar comentários ao art. 1º, § §1º e 2º, da nova Lei de Abuso de Autoridade.

22.7. Consumação e tentativa

Consultar comentários ao art. 12, parágrafo único, inciso I, da Lei n. 13.869/19.

22.8. Classificação doutrinária

O crime do art. 12, parágrafo único, inciso IV, pode ser classificado da seguinte forma: **a) crime próprio**; **b) crime formal**: independe da produção de qualquer resultado naturalístico;

c) **crime unissubjetivo**; d) **crime unissubsistente**: a conduta não pode ser fracionada, daí por que não se admite a tentativa; e) **crime instantâneo**: a conduta criminosa não se dilata no tempo; f) **crime omissivo próprio (ou puro)**; g) **crime de forma livre**.

> **Art. 12. (...)**
>
> **Pena – detenção, de 6 (seis) meses a 2 (dois) anos, e multa.**
>
> **Parágrafo único. Incorre na mesma pena quem:**
>
> **(...)**
>
> **III – deixa de entregar ao preso, no prazo de 24 (vinte e quatro) horas, a nota de culpa, assinada pela autoridade, com o motivo da prisão e os nomes do condutor e das testemunhas;**
>
> **(...)**

23. Omissão quanto à entrega ao preso, no prazo de 24 (vinte e quatro) horas, da nota de culpa, assinada pela autoridade, com o motivo da prisão e os nomes do condutor e das testemunhas.

23.1. Direito intertemporal

Sob a égide da revogada Lei n. 4.898/65, não havia um tipo penal absolutamente idêntico ao crime ora em análise. Na verdade, tipificava-se, de maneira genérica, tão somente qualquer atentado à liberdade de locomoção (art. 3º, alínea "a") e a conduta de ordenar ou executar medida privativa de liberdade individual, sem as formalidades legais ou com abuso de poder (art. 4º, alínea "a"), sujeitando o agente à pena de detenção por 10 (dez) dias a 6 (seis) meses. Destarte, cuida-se, o art. 12, parágrafo único, inciso III, da Lei n. 13.869/19, de *novatio legis* incriminadora, com aplicação restrita aos crimes cometidos após a vigência da nova Lei de Abuso de Autoridade.

23.2. Noções gerais acerca do direito à entrega da nota de culpa

De acordo com o art. 5º, inciso LXIV, da Constituição Federal, o preso tem direito à *identificação dos responsáveis por sua prisão ou por seu interrogatório policial.* Dispositivo semelhante a este é encontrado na Convenção Americana sobre Direitos Humanos (art. 7º, § 4º).

No caso da prisão em flagrante, tal direito se torna efetivo por meio da entrega da **nota de culpa** ao preso. Trata-se de instrumento de caráter informativo, dirigido ao preso, que lhe comunica o motivo da prisão, o nome da autoridade que lavrou o auto, da pessoa que o prendeu (condutor) e o das testemunhas,[100] tornando efetiva a garantia constitucional prevista no art. 5º, inciso LXIV, além de assegurar o direito de resguardo da liberdade do preso contra eventuais abusos e o exercício da ampla defesa. A necessidade da entrega da nota de culpa limita-se às hipóteses de prisão em flagrante, porquanto, nas demais espécies de prisão, a concretização do preceito do art. 5º, LXIV, da Constituição Federal ocorre com a entrega ao preso de cópia do mandado expedido, do qual já constam as informações imprescindíveis à defesa.

Em se tratando de prisão em flagrante delito, o art. 306, § 2º, do CPP dispõe que, *em até 24 (vinte e quatro) horas após a realização da prisão*, será entregue ao preso, mediante recibo, a nota de culpa, assinada pela autoridade, com o motivo da prisão, o nome do condutor e o das testemunhas. Esse prazo de 24 (vinte e quatro) horas é contado a partir do momento da captura, e não da lavratura do auto de prisão em flagrante delito.[101]

Caso o preso não saiba, não possa, ou não queira assinar, duas testemunhas assinarão o recibo pelo preso, atestando a entrega do

---

100. Em situações excepcionais envolvendo, por exemplo, organizações criminosas, admite-se que não conste da nota de culpa o nome do condutor, das testemunhas e das vítimas, preservando-se, assim, a vida, a integridade corporal e a liberdade individual de tais pessoas. O fundamento legal para a preservação desses dados seria a Lei n. 12.850/13, que outorga ao colaborador e ao agente infiltrado o direito de terem seus nomes, qualificações, imagens e demais informações pessoais preservados (art. 5º, inciso II, e art. 14, inciso III, respectivamente), bem como a Lei n. 9.807/99, cujo art. 7º, inciso IV, assegura a vítimas e testemunhas a preservação da identidade, da imagem e dos dados pessoais. É nesse sentido, aliás, o **enunciado n. 8** do Conselho Nacional de Procuradores-Gerais dos Ministérios Públicos dos Estados e da União (CNPG) e do Grupo Nacional de Coordenadores de Centro de Apoio Criminal (GNCCRIM): "Com o fim de preservar a sua identidade, imagem e dados pessoais, é possível, nas exceções legais, que da nota de culpa não conste o nome do condutor, das testemunhas e das vítimas".

101. Perfilha do mesmo entendimento Tourinho Filho (op. cit. p. 722).

documento (testemunhas instrumentárias). A nota de culpa de modo algum importa em confissão, nem tampouco que o preso esteja aceitando as acusações que lhe foram feitas quando de sua prisão.

Sob o ponto de vista do direito processual penal, a ausência de entrega da nota de culpa, ou a ausência de entrega de cópia do mandado de prisão, maculam a prisão com grave vício de ilegalidade, autorizando seu relaxamento. De fato, se considerarmos que a ausência de entrega é causa de mera irregularidade, afasta-se o caráter coercitivo do art. 5º, LXIV, da Constituição Federal, tornando ineficaz o preceito que assegura ao preso o direito à identificação dos responsáveis por sua prisão ou por seu interrogatório policial.[102]

Novamente, não podemos concordar com posicionamento doutrinário e/ou jurisprudencial segundo o qual o desrespeito ao direito do preso à identificação dos responsáveis por sua prisão seria mera irregularidade, inidôneo, portanto, para afetar a força coercitiva da prisão.[103] Cuidando-se a prisão de inequívoco gravame à liberdade de locomoção, a observância das formalidades previstas na Constituição e no Código de Processo Penal são essenciais à validade do ato, devendo se emprestar máxima efetividade ao preceito do art. 5º, inciso LXIV, da Constituição Federal. Deveras, como observa o Min. Luís Roberto Barroso, por força do princípio da efetividade, também designado por princípio da eficiência ou da interpretação efetiva, deve se dar preferência, nos problemas constitucionais, aos pontos de vista que levem as normas a obter a máxima eficácia ante as circunstâncias de cada caso. No caso de dúvidas, deve se dar preponderância à interpretação que reconheça maior eficácia aos direitos fundamentais.[104]

---

102. STF, 1ª Turma, HC 77.042/RJ, Rel. Min. Sepúlveda Pertence, DJ 19/06/1998 p. 3.

103. STJ, 5ª Turma, RHC 21.532/PR, Relatora Ministra Laurita Vaz, DJ 12/11/2007 p. 239. E ainda: STJ, 5ª Turma, HC 60.666/SP, Relatora Ministra Laurita Vaz, DJ 10/09/2007 p. 254; STJ, 6ª Turma, RHC 20.625/BA, Relatora Ministra Maria Thereza de Assis Moura, DJ 21/05/2007 p. 616; STJ, 5ª Turma, RHC 7.890/RJ, Rel. Min. José Arnaldo da Fonseca, DJ 16/11/1998 p. 106; STJ, 6ª Turma, RHC 7.122/PA, Rel. Min. Fernando Gonçalves, DJ 30/03/1998 p. 140.

104. BARROSO, Luís Roberto. *Interpretação e aplicação da Constituição: fundamentos de uma dogmática constitucional transformadora.* 6ª ed. São Paulo: Saraiva, 2004. p. 246. Na mesma linha, vide: NOVELINO, Marcelo. *Direito constitucional.* 4ª ed. São Paulo: Método, 2010. p. 180.

23.3. Bem jurídico tutelado

Tutela-se não apenas o Estado, mas também o direito do preso à *identificação dos responsáveis por sua prisão ou por seu interrogatório policial* (CF, art. 5º, LXIV).

23.4. Sujeitos do crime

O sujeito ativo é a autoridade responsável pela emissão e entrega ao preso, no prazo de 24 (vinte e quatro) horas, da nota de culpa, atribuição esta geralmente outorgada aos Delegados de Polícia (ou à autoridade de polícia judiciária militar, no caso de crimes militares). O sujeito passivo é o Estado e o preso ao qual não foi entregue a respectiva nota de culpa.

23.5. Tipo objetivo

A ausência de entrega ao preso, no prazo de 24 (vinte e quatro) horas, da nota de culpa, assinada pela autoridade, com o motivo da prisão e os nomes do condutor e das testemunhas, tipifica o crime do art. 12, parágrafo único, inciso III, da Lei n. 13.869/19.

Conquanto o dispositivo faça referência apenas à figura do *preso,* sem fazer qualquer menção quanto à espécie de prisão, parece-nos evidente que o dispositivo abrange apenas o flagranteado. Primeiro porque consta do próprio inciso III a menção ao *condutor,* que nada mais é do que a autoridade (ou particular) responsável pela condução do flagranteado à Polícia. Segundo porque, como exposto anteriormente, só se pode cogitar da entrega de nota de culpa nos casos de prisão em flagrante.

23.6. Tipo subjetivo

Consultar comentários ao art. 1º, § §1º e 2º, da nova Lei de Abuso de Autoridade.

23.7. Consumação e tentativa

Consultar comentários ao art. 12, *caput,* da nova Lei de Abuso de Autoridade.

23.8. Classificação doutrinária

O crime do art. 12, parágrafo único, inciso III, da nova Lei de Abuso de Autoridade, pode ser classificado da seguinte forma: **a)**

crime próprio; b) crime formal; c) crime omissivo próprio (ou puro); d) crime a prazo: exige o esgotamento do prazo de 24 (vinte e quatro) horas para a sua consumação; **e) crime unissubsistente; f) crime unissubjetivo**.

> **Art. 12.** (...)
>
> Pena – detenção, de 6 (seis) meses a 2 (dois) anos, e multa.
>
> **Parágrafo único.** Incorre na mesma pena quem:
>
> (...)
>
> IV – prolonga a execução de pena privativa de liberdade, de prisão temporária, de prisão preventiva, de medida de segurança ou de internação, deixando, sem motivo justo e excepcionalíssimo, de executar o alvará de soltura imediatamente após recebido ou de promover a soltura do preso quando esgotado o prazo judicial ou legal.

24. Prolongamento indevido de prisão, de medida de segurança ou de internação

24.1. Direito intertemporal

Na vigência da revogada Lei n. 4.898/65, o art. 4º, alínea "i", tipificava como abuso de autoridade a conduta de "prolongar a execução de prisão temporária, de pena ou de medida de segurança, deixando de expedir em tempo oportuno ou de cumprir imediatamente ordem de liberdade". Esta modalidade de abuso de autoridade fora acrescentada à revogada Lei n. 4.898/65 pela Lei n. 7.960/89, que instituiu a prisão temporária no nosso ordenamento jurídico. Ao referido delito era cominada uma pena de detenção por 10 (dez) dias a 6 (seis) meses.

A figura delituosa do art. 12, parágrafo único, inciso IV, da nova Lei de Abuso de Autoridade assemelha-se, portanto, ao tipo penal do art. 4º, alínea "i", destacando-se, porém, a seguinte diferença: enquanto este último fazia menção apenas à prisão temporária, à pena e à medida de segurança, aquele, em acréscimo, também destaca a prisão preventiva e a internação. Houve, ademais, um sensível recrudescimento da sanção penal, que doravante será de detenção, de 6 (seis) meses a 2 (dois) anos, e multa. Logicamente, por se tratar de *novatio legis in pejus,* este novo preceito secundário terá sua aplicação restrita aos crimes cometidos após a vigência da Lei n. 13.869/19, sob pena de violação ao princípio da irretroatividade da lei penal mais gravosa.

24.2. Bem jurídico tutelado

O bem jurídico tutelado pelo art. 12, parágrafo único, inciso IV, da nova Lei de Abuso de Autoridade, é a própria dignidade da função pública e o prestígio de que o poder público deve desfrutar perante os administrados, que são maculados pelo agente do crime. O delito também tutela a liberdade de locomoção do indivíduo, que tem seu encarceramento prolongado pelo fato de o agente público deixar de executar o alvará de soltura imediatamente após recebido ou de promover a soltura do preso quando esgotado o prazo judicial ou legal.

24.3. Sujeitos do crime

O sujeito ativo do crime é o agente público, nos termos do art. 2º da Lei n. 13.869/19. Cuida-se, pois, de crime próprio, porquanto se exige uma qualidade especial do agente. Pelo menos em tese, o prolongamento dessa medida privativa de liberdade pode ser determinado não apenas por uma autoridade policial, mas também por diretores de estabelecimentos prisionais, de manicômios judiciários, de casas de internação de adolescentes infratores, etc.

O sujeito passivo é o Estado e, no caso concreto, a pessoa cuja liberdade foi lesionada. Em virtude do princípio da especialidade, o descumprimento de prazo em favor de adolescente privado de liberdade, cumprindo medida de internação pelo cometimento de ato infracional, não configura crime de abuso de autoridade, mas sim crime contra a criança e o adolescente previsto no art. 235 da Lei n. 8.069/90 (ECA): "Descumprir, injustificadamente, prazo fixado nesta Lei em benefício de adolescente privado de liberdade: Pena – detenção, de seis meses a dois anos".

24.4. Tipo objetivo

A conduta incriminada pelo art. 31, *caput,* e parágrafo único, é **prolongar**, que significa estender, expandir no tempo, alongar, aumentar a duração.

Esse prolongamento deve recair sobre a **execução de pena privativa de liberdade, de prisão temporária, de prisão preventiva, de medida de segurança ou de internação.**[105] Em fiel observância ao princípio da legalidade, que veda a analogia *in malam partem,* não comete crime quem deixar de executar alvará de soltura imediatamente em caso de prisão civil por dívida de alimentos, já que esta espécie de medida privativa de liberdade equivocadamente não consta do tipo penal sob comento.

Para fins de tipificação do crime do art. 12, parágrafo único, inciso IV, da Lei n. 13.869/19, o prolongamento dessas medidas de privação da liberdade necessariamente deve ser praticado por meio de uma das seguintes condutas alternativas:

a) deixar, *sem motivo justo e excepcionalíssimo*, de executar o alvará de soltura imediatamente após recebido: se determinado indivíduo foi beneficiado com a expedição de um alvará de soltura (v.g., habeas corpus liberatório), incumbe ao agente público responsável por sua custódia empreender, de imediato, todos os esforços possíveis para dar início aos trâmites burocráticos necessários à execução da ordem judicial, evitando-se, assim, indevido prolongamento daquela medida de privação da liberdade. O legislador faz uso do termo aberto "imediatamente" para se referir ao prazo que o agente público tem para executar o alvará de soltura, tão logo por ele recebido. Há quem entenda que o prazo máximo de 24 (vinte e quatro) horas previsto no art. 12, parágrafo único, inciso III, da Lei n. 13.869/19 possa servir como parâmetro.[106] Com tal orientação não podemos concordar. Ora, por mais abstrato que seja a locução *imediatamente,* parece fora de dúvida que a tanto não se pode equiparar o prazo de 24 (vinte e quatro) horas. De mais a mais, como estamos tratando da restrição à liberdade de locomoção, o termo *imediatamente* deve ser interpretado restritivamente (princípio do *favor rei*), a ser traduzido como a execução pronta e imediata do alvará, sem qualquer solução de continuidade;

b) deixar, *sem motivo justo e excepcionalíssimo*, de promover a soltura do preso quando esgotado o prazo judicial ou legal:

105. Esses conceitos já foram objeto de análise nos comentários ao art. 9º, *caput,* da nova Lei de Abuso de Autoridade, por ocasião da análise do elemento normativo *medida de privação da liberdade* ali inserido.

106. Nesse sentido: GRECO; CUNHA. Op. cit. p. 114.

prazo judicial é aquele determinado pela autoridade judiciária, ao passo que legal é aquele previsto em lei. Logo, se um juiz decretar a prisão temporária de alguém por 5 (cinco) dias – lembre-se que o mandado de prisão temporária necessariamente deve conter o período de duração da prisão temporária, bem como o dia em que o preso deverá ser libertado (Lei n. 7.960/89, art. 2º, § 4º-A, incluído pela Lei n. 13.869/19) –, é dever do agente público responsável por sua custódia colocá-lo em liberdade tão logo esgotado esse prazo, salvo se, obviamente, houver a prorrogação desse prazo ou se a temporária for convertida em preventiva. Não o fazendo, e presente o elemento subjetivo especial do injusto previsto no art. 1º, § 1º, o agente deverá responder pelo crime do art. 12, parágrafo único, inciso IV, da Lei n. 13.869/19.

Essas duas condutas omissivas necessariamente devem ser praticadas **sem motivo justo e excepcionalíssimo.** Mais uma vez, o legislador da Lei n. 13.869/19 se vale de expressões vagas e indeterminadas, dificultando sobremaneira o trabalho do intérprete. Sem embargo da dificuldade para se delimitar o significado desse elemento normativo, queremos crer que o inciso IV do parágrafo único do art. 12 só admite a não execução imediata do alvará de soltura ou a negativa de soltura do preso quando esgotado o prazo judicial ou legal em situações extremas (v.g., amotinamento de presos, com sublevação e rebelião) e teratológicas. É sabido que em diversas penitenciárias, por razões de segurança, há horários definidos previamente para cumprimento diário dos alvarás de soltura. Além disso, antes de serem colocados em liberdade, é de rigor a realização de exame médico nos presos para atestar as condições de saúde, evitando-se, assim, possíveis alegações de maus-tratos e tortura no período em que estiveram privados de sua liberdade. Esse motivo justo e excepcionalíssimo também estará presente quando o agente público estiver em dúvida acerca da existência de eventual mandado de prisão preventiva (ou temporária) em aberto decretado em face do mesmo indivíduo, porém em autos diversos. Ou quando o agente público responsável pela custódia visualizar a possibilidade de a ordem judicial em questão ter como destinatário pessoa diversa daquela que efetivamente deveria ser colocada em liberdade (v.g., homônimo). Presente esse motivo justo e excepcionalíssimo, impõe-se o reconhecimento da atipicidade da conduta. A propósito, eis o teor do **enunciado n. 9** do Conselho Nacional de Procuradores-Gerais dos Ministérios Públicos dos

Estados e da União (CNPG) e do Grupo Nacional de Coordenadores de Centro de Apoio Criminal (GNCCRIM): "A execução imediata do alvará de soltura deve ocorrer após o cumprimento dos procedimentos de segurança necessários, incluindo a checagem sobre a existência de outras ordens de prisão e da autenticidade do próprio alvará".

24.5. Tipo subjetivo

Consultar comentários ao art. 1º, § §1º e 2º, da nova Lei de Abuso de Autoridade.

24.6. Consumação e tentativa

O crime estará consumado no exato momento em que se esgotar o prazo razoável para o cumprimento do alvará de soltura ou quando esgotado o prazo judicial ou legal da medida. Por se tratar de crime omissivo próprio, não se admite a tentativa.

24.7. Classificação doutrinária

O crime do art. 12, parágrafo único, inciso IV, pode ser classificado da seguinte forma: **a) crime próprio**; **b) crime material**: exige a produção do resultado naturalístico, *in casu*, prolongamento da execução de pena privativa de liberdade, de prisão temporária, de prisão preventiva, de medida de segurança ou de internação; **c) crime unissubjetivo**; **d) crime unissubsistente**: a conduta não pode ser fracionada, daí por que não se admite a tentativa; **e) crime permanente**: a conduta criminosa se dilata no tempo, vez que a prisão se prolonga; **f) omissivo próprio (ou puro)**; **g) crime de forma vinculada:** o prolongamento da prisão, da medida de segurança ou da internação necessariamente deve ser cometido pela omissão do agente público em executar o alvará de soltura imediatamente após recebido ou em promover a soltura do preso quando esgotado o prazo judicial ou legal.

Art. 13. Constranger o preso ou o detento, mediante violência, grave ameaça ou redução de sua capacidade de resistência, a:

I – exibir-se ou ter seu corpo ou parte dele exibido à curiosidade pública;

II – submeter-se a situação vexatória ou a constrangimento não autorizado em lei;

III – produzir prova contra si mesmo ou contra terceiro:

Pena – detenção, de 1 (um) a 4 (quatro) anos, e multa, sem prejuízo da pena cominada à violência.

25. Constrangimento de preso ou detento

25.1. Direito intertemporal

Na vigência da revogada Lei n. 4.898/65, não havia tipo penal absolutamente idêntico ao do art. 13 da Lei n. 13.869/19. Com efeito, o art. 4º, alínea "b", da legislação pretérita, tipificava como abuso de autoridade a conduta de "submeter pessoa sob sua guarda ou custódia a vexame ou a constrangimento não autorizado em lei". Por sua vez, a alínea "h" do mesmo art. 4º rotulava como abuso de autoridade o *ato lesivo da honra* ou do patrimônio *de pessoa natural ou jurídica, quando praticado com abuso ou desvio de poder ou sem competência legal.* Em ambas as hipóteses, não havia o constrangimento mediante violência, grave ameaça ou redução da capacidade de resistência. Daí por que se pode concluir que o art. 13 da Lei n. 13.869/19 funciona como evidente hipótese de *novatio legis* incriminadora, de aplicação restrita aos crimes cometidos após a vigência da nova Lei de Abuso de Autoridade.

25.2. Noções gerais acerca do respeito à integridade moral do preso

De acordo com o art. 5º, inciso XLIX, da Constituição Federal, "é assegurado aos presos o respeito à integridade física e moral". Ao proclamar o respeito à integridade física e moral dos presos, a Carta Magna garante ao preso a conservação de todos os direitos fundamentais reconhecidos à pessoa livre, à exceção, é claro, daqueles que sejam incompatíveis com a condição peculiar de uma pessoa presa, tais como a liberdade de locomoção (CF, art. 5º, XV), o livre exercício de qualquer profissão (CF, art. 5º, XIII), a inviolabilidade domiciliar em relação à cela (CF, art. 5º, XI) e o exercício dos direitos políticos (CF, art. 15, III). Não obstante, mantém o preso os demais diretos e garantias fundamentais, tais como o respeito à integridade física e moral (CF, art. 5º, III, V, X e LXIV), à liberdade religiosa (CF, art. 5º, VI), ao direito de propriedade (CF, art. 5º, XXII), e, em especial, aos direitos à vida e à dignidade humana.[107]

É preciso compreender, portanto, que o preso não é um mero objeto, mas sim um sujeito de direitos, destacando-se, dentre eles, a proteção contra qualquer forma de sensacionalismo (LEP, art. 41, inciso VIII). Não se pode admitir sua exibição à imprensa como se fosse um verdadeiro *troféu de caça*, até mesmo porque essa exibição desprovida de qualquer interesse público pode causar danos irreparáveis àquele indivíduo, que amanhã pode vir a ser absolvido. É dizer, a curiosidade pública, o sensacionalismo e a intromissão indevida não representam o interesse público.[108]

O que se vê no dia a dia, todavia, é uma crescente degradação da imagem e da honra produzida pelos meios de comunicação de massa com a conivência das autoridades estatais, por meio da reprodução da imagem do preso sem que haja prévia autorização do preso, nem tampouco um fim público e social na sua exibição. Utilizam sua imagem, pois, como produto da notícia, a fim de saciar a curiosidade do povo. Os programas sensacionalistas do rádio e da televisão saciam curiosidades perversas extraindo sua matéria-prima da miséria de cidadãos humildes que aparecem algemados e exibidos como verdadeiros troféus.[109]

Queremos crer, com base na lição de Ana Lúcia Menezes Vieira,[110] que a reprodução pública da imagem de pessoas envolvidas em crimes deve ser vedada se ela resulta de modo antissocial, aflitivo ou degradante, a não ser que haja autorização do titular da imagem, ou se necessária à administração da justiça – exemplo seria o retrato falado ou a própria fotografia, para fins investigativos.

---

107. MORAES, Alexandre de. *Constituição do Brasil: interpretada e legislação constitucional.* 5ª ed. São Paulo: Atlas, 2005. 338.
108. Nessa linha: LEVORIN, Marco Polo. *Nova Lei do abuso de autoridade comentada artigo por artigo.* Coordenação de Guaracy Moreira Júnior. São Paulo: Rideel, 2019. p. 49.
109. Nesse sentido: BUCCI, Eugênio. *Sobre ética e imprensa.* São Paulo: Companhia das Letras, 2000. 156. *Apud* VIEIRA, Ana Lúcia Menezes. *Processo penal e mídia.* São Paulo: Editora Revista dos Tribunais, 2003. p. 156.
110. VIEIRA, Ana Lúcia Menezes. *Processo penal e mídia.* São Paulo: Editora Revista dos Tribunais, 2003. p. 153.

Ora, como dito acima, a condição de cidadão preso não lhe retira o direito ao respeito à integridade moral e à dignidade.[111] Seus direitos personalíssimos devem ser tutelados de forma mais eficaz, não só por jornalistas, como também por autoridades policiais e membros do Ministério Público, que devem se abster de exibir presos à mídia. E isso não só para preservar os direitos personalíssimos do preso, como também para evitar que inocentes sejam identificados indevidamente como autores de delitos.

Pelo menos até a entrada em vigor do Pacote Anticrime (Lei n. 13.964/19), a legislação brasileira não possuía normas infraconstitucionais específicas regulamentando explicitamente a publicidade das investigações e dos atos judiciais de modo a preservar os direitos personalíssimos do preso (CF, art. 5º, incisos X e XLIX). Sem embargo, já era possível encontrar alguma normatização do assunto através de Portarias e Regulamentos dos próprios órgãos policiais. A título de exemplo, o art. 11 da Portaria nº 18 da Delegacia Geral de Polícia do Estado de São Paulo dispõe que as autoridades policiais devem zelar pela preservação dos direitos à imagem, ao nome, à privacidade e à intimidade das pessoas submetidas à investigação policial, detidas em razão da prática de infração penal ou a sua disposição na condição de vítimas, a fim de que a elas e a seus familiares não sejam causados prejuízos irreparáveis, decorrentes da exposição de imagem ou de divulgação liminar de circunstância objeto de apuração. Após orientadas sobre seus direitos constitucionais, tais pessoas somente serão fotografadas, entrevistadas ou terão suas imagens por qualquer meio registradas, se expressamente o consentirem mediante manifestação explícita de vontade, por escrito ou por termo devidamente assinado.[112]

Com a entrada em vigor da Lei n. 13.964/19, passou a constar do CPP dispositivo expresso acerca do assunto, senão vejamos: "Art. 3º-F. O juiz das garantias deverá assegurar o cumprimento das regras para o tratamento dos presos, impedindo o acordo ou ajuste de qualquer autoridade com órgãos da imprensa para explorar a imagem da pessoa submetida à prisão, sob pena de responsabilidade civil, administrativa e penal. Parágrafo único. Por meio de

111. SUANNES, Adauto. *Os fundamentos éticos do devido processo penal.* 2ª ed. São Paulo: Editora Revista dos Tribunais, 2004. p. 181.

112. Publicada no DOE de 27 de novembro de 1998.

regulamento, as autoridades deverão disciplinar, em 180 (cento e oitenta) dias, o modo pelo qual as informações sobre a realização da prisão e a identidade do preso, serão, de modo padronizado e respeitada a programação normativa aludida no *caput* deste artigo, transmitidas à imprensa, assegurados a efetividade da persecução penal, o direito à informação e a dignidade da pessoa submetida à prisão".

É dentro desse contexto que devemos compreender os tipos penais dos incisos I e II do art. 13 da nova Lei de Abuso de Autoridade: ambos têm como objetivo precípuo evitar que presos (ou detentos) continuem a ser exibidos à curiosidade pública, sem qualquer finalidade social na sua exibição, ou que sejam submetidos a situações vexatórias ou a constrangimentos não autorizados em lei.

25.3. Bem jurídico tutelado

Para além da dignidade da função pública – consultar comentários ao art. 9º, *caput* –, o delito do art. 13 da nova Lei de Abuso de Autoridade, verdadeira modalidade especial de constrangimento ilegal (CP, art. 146), também tutela a integridade moral e a honra objetiva do preso ou detento, no caso dos incisos I e II, e o direito à não autoincriminação, no caso do inciso III.

25.4. Sujeitos do crime

Quanto ao sujeito ativo, cuida-se de **crime próprio**, nos exatos termos do art. 2º da Lei n. 13.869/19. A conduta criminosa é do agente público, e não, no caso dos incisos I e II do art. 13, do profissional da imprensa que estimula a transmissão desse tipo de conteúdo.[113]

No tocante ao sujeito passivo, a vítima não pode ser qualquer pessoa, mas tão somente aquela que se estiver na condição de *preso* ou *detento*. Cuida-se, portanto, de verdadeiro **crime bipróprio**, já que se exigem qualidades especiais tanto do sujeito ativo quanto

---

113. Como observam Pinheiro, Cavalcante e Branco (op. cit. p. 95), "esse constrangimento vexatório descrito no inciso I constitui parte do 'circo de horrores' de alguns programas de televisão e outros veículos de comunicação especializados em explorar a violência e a criminalidade da pior forma, submetendo pessoas presas a inúmeras situações vexatórias. A Lei de Abuso de Autoridade não prevê enquadramento típico para esses profissionais da imprensa que estimulam a transmissão desse tipo de conteúdo".

do sujeito passivo. Especificamente em relação à conduta delituosa do art. 13, inciso II, da Lei n. 13.869/19, se a vítima for criança ou adolescente, aplica-se o art. 232 do Estatuto da Criança e do Adolescente ("Art. 232. Submeter criança ou adolescente sob sua autoridade, guarda ou vigilância a vexame ou constrangimento"), haja vista o princípio da especialidade.

25.5. Tipo objetivo

O núcleo do tipo (verbo da descrição da conduta na lei penal) é *constranger*, que significa retirar de alguém sua liberdade de autodeterminação. *Constranger* significa, então, *submeter*, *subjugar*, *obrigar*, *compelir*, *forçar alguém a fazer* ou *deixar de fazer alguma coisa*. Esse constrangimento contra o *preso ou detento* deve ser praticado com violência, grave ameaça ou redução de sua capacidade de resistência. Vejamos o conceito desses meios de execução:

a) violência: a violência à pessoa, também denominada de *vis corporalis* ou *vis absoluta*, significa a violência física empregada pela força contra o corpo de alguém. É desnecessário que da violência resulte lesão corporal. Na eventualidade de o delito ser cometido com o emprego de violência, não há falar em aplicação do princípio da consunção, haja vista a diversidade de bens jurídicos tutelados, daí por que o agente público deverá responder não apenas pelo crime de abuso de autoridade em análise, mas também, por exemplo, por eventual crime de lesão corporal (CP, art. 129). Prova disso, aliás, é a parte final do preceito secundário do art. 13 – *sem prejuízo da pena cominada à violência* –, de cuja interpretação *a contrario sensu* denota-se que haverá a consunção da ameaça, mas não de eventual violência;[114]

b) grave ameaça: também chamada de *vis compulsiva* ou *vis relativa*, é a violência moral capaz de causar temor na vítima, de forma a viciar sua vontade e incapacitar sua resistência. A vítima, neste caso, experimenta um fundado receio de grave e iminente mal, seja físico ou moral, que possa atingir a si próprio ou pessoas que lhe são afetas;

---

114. Nesse sentido, referindo-se, porém, à revogada Lei n. 4.898/65: STF, 2ª Turma, HC 59.403/SP, Rel. Min. Cordeiro Guerra, j. 19/03/1982, DJ 23/04/1982.

c) redução de sua capacidade de resistência (violência imprópria ou meio sub-reptício): à semelhança do que ocorre na redação típica do crime de roubo previsto no *caput* do art. 157 do Código Penal, a Lei n. 13.869/19 utiliza a interpretação analógica (ou *intra legem),* pois apresenta uma fórmula casuística seguida de uma fórmula genérica. É dizer, a grave ameaça e a violência perpetradas contra o preso ou detento são meios que reduzem a sua possibilidade de resistência. Mas não são os únicos. Como o legislador não tem condições de arrolar taxativamente todos os referidos meios, ele se vale dessa fórmula residual, admitida em Direito Penal e diversa da analogia. O agente é quem dolosamente coloca a vítima em uma posição marcada pela ausência de defesa, como ocorre, por exemplo, após o consumo de substâncias psicotrópicas.

Esse constrangimento deve ter como objeto material *o preso ou o detento*. É princípio básico da hermenêutica que a lei não contém palavras inúteis. Logo, se o art. 13, *caput,* faz referência ao *preso* e ao *detento,* e se ambos os termos devem ser compreendidos como tendo alguma eficácia, impõe-se distingui-los nos moldes sugeridos pela doutrina: "Preso é aquele que teve sua prisão já formalizada, seja através do auto de prisão em flagrante, provisória, preventiva ou mesmo após sentença penal condenatória transitada em julgado. Detido é aquele que ainda não teve formalizada essa prisão, mas que se encontra com sua liberdade ambulatorial limitada, a exemplo do Promotor de Justiça que, após ser flagrado na prática de um crime punido com reclusão, tem sua liberdade ambulatorial limitada pela autoridade policial até que seja comunicado e venha até o local o Procurador-Geral de Justiça, que se encarregará das investigações".[115]

Referindo-se o tipo penal *sub examen* exclusivamente ao *preso* e ao *detento,* não se pode admitir qualquer tipo de analogia, evidentemente, *in malam partem,* para aí se incluir uma pessoa que esteja em liberdade. De todo modo, na eventualidade de se tratar de uma vítima solta, conquanto a conduta não tenha o condão de

115. GRECO; CUNHA. Op. cit. p. 130. Nessa linha de raciocínio, outro exemplo de "detento" seria o autor de infração de menor potencial ofensivo que é conduzido à presença da autoridade policial para, posteriormente, ser liberado mediante o compromisso de comparecer ao Juizado Especial Criminal (Lei n. 9.099/95, art. 69).

tipificar o crime do art. 13, poderá restar caracterizado outro crime, como, por exemplo, o delito de constrangimento ilegal previsto no art. 146 do Código Penal.

Para fins de tipificação do crime do art. 13, o agente público deve ter constrangido o preso ou detento, mediante violência, grave ameaça ou redução de sua capacidade de resistência, a praticar *alternativamente* uma das seguintes condutas:

I – **exibir-se ou ter seu corpo ou parte dele exibido à autoridade pública**: o verbo exibir tem o significado de expor, colocar à mostra, mostrar, *in casu*, o preso (ou o detento). Como exposto anteriormente nos comentários ao *respeito à integridade moral do preso* (CF, art. 5º, XLIX), o fato de se um indivíduo ter sido preso por agentes do Estado não significa dizer que tal pessoa possa ser livremente exibida à sociedade como um verdadeiro animal que acaba de ser capturado. Por força desse populismo penal irracional que vigora nos dias de hoje, não se pode admitir que presos sejam constrangidos a mostrar seus rostos nas famosas "apresentações à polícia", que tenham seus cabelos puxados para trás, ou seus queixos levantados para cima, tão somente para satisfazer o anseio da mídia, sempre ávida por essas imagens: primeiro, diante do interesse que despertam junto à sociedade; segundo, pelo fato de terem o potencial de elevar os índices de audiência e, consequentemente, aumentar o valor da comercialização de espaços publicitários. Tampouco se revela justificada essa prática porque geralmente praticada de modo a atender ao interesse pessoal do agente público, interessado em se aproveitar desse momento de publicidade ostensiva para buscar sua autopromoção, invariavelmente com publicações nas redes sociais. Enfim, como observa Agi, "preso não é prêmio de uma caça, não é um animal perigoso capturado, não é um tesouro descoberto. Temos um ser humano, que provavelmente descumpriu norma penal incriminadora, e que, por isso, está preso. Sua pena é de prisão, não de uso de algemas nos pés, de exposição aos jornalistas com a logo da polícia civil ao fundo, de morte cívica".[116] Diversamente da hipótese do inciso II, o inciso I não demanda a exibição do preso em situação vexatória, ou seja, basta que ele seja exibido à curiosidade pública;

116. Op. cit. p. 16.

II – **submeter-se a situação vexatória ou a constrangimento não autorizado em lei**: à semelhança da hipótese anterior, o art. 13, inciso II, da Lei n. 13.869 visa coibir a submissão – submeter significa subordinar, levar à sujeição, exercer o domínio – do preso (ou detento) a qualquer tipo de situação vexatória (é aquela que causa sentimento de humilhação, desonra, vergonha ou aflição) ou *constrangimento não autorizado em lei*, além, obviamente, da privação da liberdade. A primeira hipótese – submissão à situação vexatória – restará caracterizada, por exemplo, se o preso (ou o detento) for constrangido, mediante violência, grave ameaça ou redução de sua capacidade de resistência, a vestir uma roupa vexatória, a ficar nu, a ser objeto de uma 'cusparada,'[117] a gravar um vídeo pedindo desculpas à vítima ou à sociedade, ou a cantar 'parabéns pra você' com os Policiais Militares na eventualidade de ser preso em flagrante no dia do seu 18º aniversário. Quanto à segunda hipótese, há de se verificar se o preso estaria sendo submetido a algum tipo de *constrangimento não autorizado em lei*. Aqui, é importante ter em mente que a privação da liberdade de qualquer pessoa, *de per si*, e ainda que por um curto espaço de tempo, já é capaz de sujeitar o custodiado a intenso constrangimento, notadamente mental, mas, nesse caso, esse constrangimento é legal e possivelmente decorrente da prática de um crime pelo agente. Assim, se alguém for regularmente submetido ao regime disciplinar diferenciado (RDD) pelo fato, por exemplo, de representar alto risco para a ordem e a segurança do estabelecimento penal ou da sociedade (LEP, art. 52, § 1º, I, incluído pela Lei n. 13.964/19), por mais que não se possa negar que o custodiado será submetido a um certo grau de constrangimento, não há falar em crime de abuso de autoridade, já que se trata de espécie *legal* de constrangimento. Por outro lado, se o Diretor do presídio deliberar por submeter um preso ao RDD sem que haja ordem judicial nesse sentido, contrariando, assim, os dizeres do art. 54, *caput, in fine*, da LEP, poderá, em tese, responder pelo crime do

---

117. "A cuspida é humilhante. Fere o ser humano em sua dignidade e não pode ser tolerada, principalmente quando parte de agente da autoridade, encarregado pelo sistema de prevenir e reprimir os atos antissociais. Presente, ainda, a covardia da agressão, partindo de miliciano armado, contra ré algemado e totalmente impedido de qualquer reação" (RT 711/341). Como já decidiu o TRF da 4ª Região (1ª Turma, ACR 89.04.15462-6, Rel. Ellen Gracie Northfleet, DJ 04/04/1990) na vigência da revogada Lei n. 4.898/65, "(...) pratica abuso de autoridade o policial que, estando detida a mulher, desta circunstância se vale para submetê-la ao vexame de com ele manter relações sexuais. (...)".

art. 13, inciso II, *in fine,* da Lei n. 13.869/19, já que, em tal hipótese, estaremos diante de *constrangimento não autorizado em lei.* Por fim, e especificamente quanto ao uso de algemas, convém destacar que, por ocasião da aprovação do Projeto que deu origem à Lei n. 13.869/19, havia um tipo penal específico para tal hipótese: "Art. 17. Submeter o preso, internado ou apreendido ao uso de algemas ou de qualquer outro objeto que lhe restrinja o movimento dos membros, quando manifestamente não houver resistência à prisão, internação ou apreensão, ameaça de fuga ou risco à integridade física do próprio preso, internado ou apreendido, da autoridade ou de terceiro: Pena – detenção, de 6 (seis) meses a 2 (dois) anos, e multa". Ocorre que este dispositivo foi vetado pelo Presidente da República. Sem embargo da manutenção do veto pelo Congresso Nacional, se restar evidenciado que o preso foi algemado indevidamente, é dizer, sem que houvesse risco de agressão contra os policiais, contra terceiros ou contra si mesmo, ausente, ademais, qualquer risco de fuga,[118] é de rigor a conclusão de que o agente teria sido submetido a *constrangimento não autorizado em lei*, devendo responder, portanto, pelo crime do art. 13, inciso II, da nova Lei de Abuso de Autoridade, conquanto presente o especial fim de agir do art. 1º, § 1º;

III – **produzir prova contra si mesmo ou contra terceiro**:[119] por força do princípio do *nemo tenetur se detegere,* ninguém é obrigado a produzir prova contra si mesmo. Por consequência, revela-se indevido qualquer tipo de constrangimento por parte de um agente público de modo a obrigar o indivíduo a contribuir para a sua própria destruição. É o que ocorre, por exemplo, quando o agente público constrange o preso (ou detento), mediante violência,

---

118. De acordo com a **súmula vinculante n. 11,** "só é lícito o uso de algemas em casos de resistência e de fundado receio de fuga ou de perigo à integridade física própria ou alheia, por parte do preso ou de terceiros, justificada a excepcionalidade por escrito, sob pena de responsabilidade disciplinar, civil e penal do agente ou da autoridade e de nulidade da prisão ou do ato processual a que se refere, sem prejuízo da responsabilidade civil do Estado".

119. O inciso III do art. 13 foi vetado pelo Presidente da República, nos seguintes termos: "A propositura legislativa gera insegurança jurídica, pois o princípio da não produção de prova contra si mesmo não é absoluto como nos casos em que se demanda apenas uma cooperação meramente passiva do investigado. Neste sentido, o dispositivo proposto contraria o sistema jurídico nacional ao criminalizar condutas legítimas, como a identificação criminal por datiloscopia, biometria e submissão obrigatória de perfil genético (DNA) de condenados, nos termos da Lei nº 12.037, de 2009." O veto, todavia, não foi mantido pelo Congresso Nacional.

grave ameaça, ou violência imprópria, a revelar a exata localização da droga, a indicar os nomes dos seus comparsas, a fornecer a senha do seu aparelho celular para que a Polícia tenha acesso às conversas via *whatsapp*, etc. De se notar que o legislador vai além do direito que veda a autoincriminação, pois aduz, no inciso III do art. 13, que o preso ou detido não pode ser constrangido a produzir prova contra si mesmo *ou contra terceiro*. Na eventualidade de a prova ser produzida pelo preso ou detento em virtude do constrangimento perpetrado pelo agente público, impõe-se o reconhecimento de sua ilicitude, nos exatos termos do art. 5º, inciso LVI, da Constituição Federal.

25.6. Tipo subjetivo

Os crimes dos incisos I, II e III do art. 13 são punidos a título de dolo (direto ou eventual). Demanda-se a presença do elemento subjetivo especial constante do art. 1º, § 1º, da Lei n. 13.869/19: finalidade específica de prejudicar outrem ou beneficiar a si mesmo ou a terceiro, ou, ainda, por mero capricho ou satisfação pessoal. Por consequência, na eventualidade de o preso ser exibido à mídia para fins de identificação, por parte de outras vítimas, de eventuais delitos por ele praticados anteriormente, como geralmente ocorre, por exemplo, em crimes sexuais, não há falar em abuso de autoridade por parte do agente público, porquanto sua conduta teria sido praticada com a finalidade de atender ao interesse público. Não se admite a modalidade culposa.

25.7. Consumação e tentativa

À semelhança do crime de constrangimento ilegal previsto no art. 146 do Código Penal, os delitos dos incisos I, II e III do art. 13 da Lei n. 13.869/19 consumam-se quando o ofendido faz ou deixa de fazer aquilo a que foi constrangido, *in casu*, quando o preso ou detento é exibido (ou tem seu corpo ou parte dele exibido) à curiosidade pública, quando é submetido à situação vexatória ou a constrangimento não autorizado em lei, ou quando produz prova contra si mesmo ou contra terceiro, em decorrência da violência, grave ameaça ou redução da sua capacidade de resistência. Deve-se ter presente que não se trata de crime de mera atividade, que se consuma com a simples ação, mas de crime de lesão que tem uma execução complexa, exigindo duplicidade comportamental: a ação coativa do sujeito ativo e a atividade coagida do sujeito passivo, fazendo aquilo a que foi constrangido. Assim, consuma-se o crime quando o constrangido, em razão da violência ou grave ameaça sofrida, começa a obedecer a imposição do sujeito ativo. Enquanto não ceder à vontade do sujeito ativo, isto é, enquanto não der início ao "fazer", a violência, grave ameaça e redução da capacidade de resistência do coagido poderão configurar somente a tentativa. Cuidando-se de crime material, admite-se a tentativa, que se verifica com o início da ação constrangedora, que pode ser fracionada. A exigência de uma execução complexa, com a ação do sujeito ativo, de um lado, e a atividade do coagido, de outro, facilita a identificação do *conatus*. É o que ocorre, por exemplo, se um investigador de polícia der início à agressão de um preso com o objetivo de que este revele a exata localização dos objetos por ele subtraídos, deixando de lograr êxito em seu desiderato devido à pronta intervenção do Delegado de Polícia. Nesse caso, podemos concluir que o agente deverá responder pelo crime do art. 13, inciso III, da Lei n. 13.869/19, na forma do art. 14, inciso II, do Código Penal.

25.8. Classificação doutrinária

Os delitos dos incisos I, II e III do art. 13 da Lei n. 13.869/19 podem ser classificados da seguinte forma: a) **crimes próprios**; b) **crimes de forma livre**; c) **crimes materiais:** os delitos do art. 13 da nova Lei de Abuso de Autoridade assemelham-se ao crime de constrangimento ilegal previsto no art. 146 do Código Penal, que se consuma no momento em que a vítima, constrangida, faz ou deixa de fazer algo contrário à sua vontade; d) **crime comissivo**, porquanto praticado mediante uma conduta positiva, um fazer, o que não impede que o fato seja praticado por meio de omissão imprópria, nas hipóteses em que o agente ostente a condição de garantidor (CP, art. 13, § 2º) e, dolosamente, com o especial fim de agir do art. 1º, § 1º, nada faça para impedir a superveniência do resultado; d) **crimes instantâneos,** salvo se o constrangimento se prolongar no tempo, quando o crime passa a ter natureza permanente; e) **crimes de dano**; f) **crimes unissubjetivos**; g) **crimes plurissubsistentes**.

25.9. Conflito aparente de normas

Os crimes dos incisos I, II e III do art. 13 da nova Lei de Abuso de Autoridade, sempre subsidiários (soldado de reserva) em relação às figuras típicas de tortura, não se confundem com o delito de tortura-confissão (ou tortura probatória) previsto no art. 1º, inciso I, alínea "a", da Lei n. 9.455/97 ("Art. 1º. Constitui crime de tortura: I – constranger alguém com emprego de violência ou grave ameaça, causando-lhe sofrimento físico ou mental: a) com o fim de obter informação, declaração ou confissão da vítima ou de terceira pessoa;") pelos seguintes motivos: 1) aquele é crime próprio do agente público, nos termos do art. 2º da Lei n. 13.869/19, enquanto este é crime comum; 2) aquele pode ser cometido mediante violência, grave ameaça ou redução da capacidade de resistência da vítima, enquanto este não admite a violência imprópria; 3) aquele não demanda a causação de intenso sofrimento físico ou mental à vítima, enquanto a Lei de Tortura faz referência explícita à produção deste resultado; 4) o elemento subjetivo especial do injusto dos crimes do art. 13 da nova Lei de Abuso de Autoridade é prejudicar outrem, beneficiar a si mesmo ou a terceiro, ou mero capricho ou satisfação pessoal, ao passo que o especial fim de agir da Lei de Tortura é obter informação, declaração ou confissão da vítima ou de terceira pessoa.

25.10. Ação penal, pena, competência para o julgamento, procedimento adequado, transação penal, suspensão condicional do processo e acordo de não persecução penal

Como exposto nos comentários ao art. 3º da nova Lei de Abuso de Autoridade, a ação penal é pública incondicionada, admitindo-se a ação penal privada subsidiária da pública se acaso verificada a inércia do órgão ministerial.

A pena cominada ao crime do art. 13 é de *detenção*, de 1 (um) a 4 (quatro) anos, e multa, *sem prejuízo da pena cominada à violência*. De se notar que o legislador adotou o sistema do cúmulo material, do que se conclui que a pena correspondente à violência – v.g., lesão corporal leve (detenção, de 3 meses a um ano) – deve se somar à pena do art. 13, haja vista a existência de possível concurso material (CP, art. 69) ou formal impróprio (CP, art. 70, segunda parte).

Tendo em conta que a pena máxima é superior a 2 (dois) anos, não se trata de infração de menor potencial ofensivo. A competência, portanto, não é dos Juizados Especiais Criminais, mas sim do juízo comum, aplicando-se, *in casu*, o procedimento especial dos crimes de responsabilidade dos funcionários públicos (CPP, arts. 513 a 518).[120]

Como se trata de crime cometido com violência ou grave ameaça à pessoa, não se admite a celebração do acordo de não persecução penal, *ex vi* do art. 28-A, *caput*, do CPP, incluído pela Lei n. 13.964/19.

Conquanto não seja cabível a transação penal – pena máxima superior a 2 (dois) anos –, admite-se a suspensão condicional do processo, consoante disposto no art. 89, *caput*, da Lei n. 9.099/95, vez que a pena mínima cominada ao delito não é superior a 1 (um) ano (crime de médio potencial ofensivo). Há de se ressalvar, porém, a hipótese em que o delito for praticado com violência. Nesse caso, devido à adoção do sistema do cúmulo material – *sem prejuízo da pena cominada à violência* – não será cabível a suspensão condicional do processo, porquanto a somatória das penas mínimas do delito do art. 13 com aquela correspondente à violência (v.g., art. 129, *caput*) terá o condão de ultrapassar o limite mínimo de 1 (um) ano, inviabilizando a concessão do benefício, nos exatos termos da **súmula n. 243 do STJ** ("O benefício da suspensão do processo não é aplicável em relação às infrações penais cometidas em concurso material, concurso formal ou continuidade delitiva, quando a pena mínima cominada, seja pelo somatório, seja pela incidência da majorante, ultrapassar o limite de 1 ano").

Art. 14. (VETADO).

26. Fotografia ou filmagem de preso sem o seu consentimento ou com autorização obtida mediante constrangimento ilegal

Na origem, o art. 14 da Lei n. 13.869/19 possuía a seguinte redação: "Fotografar ou filmar, permitir que fotografem ou filmem, divulgar ou publicar fotografia ou filmagem de preso, internado, investigado, indiciado ou vítima, sem seu consentimento ou com autorização obtida mediante constrangimento ilegal, com o intuito

120. Para mais detalhes acerca da necessidade de observância do referido procedimento, remetemos o leitor aos comentários ao art. 39 da Lei n. 13.869/19.

de expor a pessoa a vexame ou execração pública". À referida figura delituosa era cominada uma pena de detenção, de 6 (seis) meses a 2 (dois) anos, e multa. De seu turno, o parágrafo único dispunha que não haveria crime se o intuito da fotografia ou da filmagem fosse o de produzir prova em investigação criminal ou processo penal ou o de documentar as condições de estabelecimento penal.

Entretanto, a novel figura delituosa acabou sendo vetada pelo Presidente da República nos seguintes termos: "A propositura legislativa, ao prever como elemento do tipo 'com o intuito de expor a pessoa a vexame ou execração pública', gera insegurança jurídica por se tratar de tipo penal aberto e que comporta interpretação, notadamente aos agentes da segurança pública, tendo em vista que não se mostra possível o controle absoluto sobre a captação de imagens de indiciados, presos e detentos e sua divulgação ao público por parte de particulares ou mesma da imprensa, cuja responsabilidade criminal recairia sobre os agentes públicos. Por fim, o registro e a captação da imagem do preso, internado, investigado ou indiciado poderá servir no caso concreto ao interesse da própria persecução criminal, o que restaria prejudicado se subsistisse o dispositivo." Sem embargo do veto presidencial, é possível cogitarmos da tipificação dos crimes dos incisos I e II do art. 13, desde que presentes, logicamente, as respectivas elementares.

Art. 15. Constranger a depor, sob ameaça de prisão, pessoa que, em razão de função, ministério, ofício ou profissão, deva guardar segredo ou resguardar sigilo:

Pena – detenção, de 1 (um) a 4 (quatro) anos, e multa.

Parágrafo único. (...)

27. Constrangimento a depor, sob ameaça de prisão, de pessoa que deva guardar segredo ou resguardar sigilo em razão de função, ministério, ofício ou profissão

27.1. Direito intertemporal

Não havia, sob a égide da revogada Lei n. 4.898/65, conduta delituosa absolutamente semelhante à ora incriminada pelo art. 15 da Lei n. 13.869/19. É bem verdade que a legislação pretérita incriminava qualquer atentado *aos direitos e garantias legais assegurados ao exercício profissional* (revogada Lei n. 4.898/65, art. 3º, alínea "j"). Ocorre que, diversamente do crime do art. 15, referida figura delituosa não era praticada por meio de constrangimento sob ameaça de prisão, resguardando apenas o exercício profissional, é dizer, não tutelava as pessoas que devem guardar segrego em razão de função, ministério ou ofício. Estamos diante, portanto, de *novatio legis* incriminadora, passível de aplicação exclusivamente aos crimes cometidos a partir da vigência da Lei n. 13.869/19.

27.2. Noções gerais acerca das pessoas que são proibidas de depor em razão do dever de guardar segredo decorrente do exercício de função, ministério, ofício ou profissão

Pelo menos em regra, toda e qualquer pessoa tem o dever de depor, contribuindo para o acertamento do fato delituoso. É nesse sentido, aliás, o teor do art. 202 do CPP, segundo o qual toda pessoa poderá ser testemunha. Não obstante, a própria lei processual penal aponta certas pessoas que podem se recusar a depor (CPP, art. 206), e outras que estão até mesmo proibidas de depor (CPP, art. 207).

Quanto a estas, o art. 207 do CPP dispõe que "são proibidas de depor as pessoas que, em razão de função, ministério, ofício ou profissão, devam guardar segredo, salvo se, desobrigadas pela parte interessada, quiserem dar o seu testemunho". A doutrina qualifica essas pessoas como *confidentes necessários*, ou seja, "aqueles a quem são confiados segredos em razão do seu mister, no caso em apreço, função, ministério, ofício ou profissão. A terminologia utilizada confidentes necessários fundamenta-se na essência de determinadas atividades em que a relação profissional-cliente encerra confidências, sigilos, segredos, cuja revelação indevida fere, no mínimo, a ética profissional".[121] É o que acontece, por exemplo, em relação ao padre, quanto ao conteúdo da confissão religiosa; ou com o psicólogo, em relação ao teor da sessão de terapia.

Para fins do disposto no art. 207 do CPP, impõe-se a exata compreensão das pessoas que são obrigadas a guardar segredo:

a) em razão de função: refere-se ao encargo que alguém recebe em virtude de lei (v.g., funcionário público), decisão judicial (v.g.,

121. BITENCOURT, Cezar Roberto. *Tratado de direito penal.* 3ª ed. São Paulo: Saraiva, 2008, vol. 3, p. 548.

tutor, curador) ou contrato (diretor de empresa sujeito a cláusulas de confidencialidade), também abarcando a função pública;

b) em razão de ministério: exerce ministério todo aquele que, por força da religião ou de alguma atividade social, recebe algum tipo de confissão sobre a qual deva guardar segredo. É o que ocorre, a título de exemplo, com os padres, haja vista o disposto no art. 983, § 1º, do Código Canônico ("O sigilo sacramental é inviolável; por isso é absolutamente ilícito ao confessor de alguma forma trair o penitente, por palavras ou de qualquer outro modo e por qualquer que seja a causa");

c) em razão de ofício: a expressão *ofício* denota a atividade eminentemente mecânica, manual;

d) em razão de profissão: *profissão* é a atividade de natureza intelectual, ou aquela que contempla a conduta habitual do indivíduo, tendo fim lucrativo. Para fins de ilustração, o Código de Ética Médica veda ao médico "revelar fato de que tenha conhecimento em virtude do exercício de sua profissão, salvo por motivo justo, dever legal ou consentimento, por escrito, do paciente" (art. 73). De acordo com o parágrafo único desse dispositivo, "permanece essa proibição (...) b) quando de seu depoimento como testemunha. Nessa hipótese, o médico comparecerá perante a autoridade e declarará seu impedimento". Na mesma linha, Deputados e Senadores não serão obrigados a testemunhar sobre informações recebidas ou prestadas em razão do exercício do mandato, nem sobre as pessoas que lhes confiaram ou deles receberam informações (CF, art. 53, § 6º). De seu turno, juízes e membros do Ministério Público não podem atuar em processo em que tenham servido como testemunhas, nos termos do art. 252, inciso II, c/c art. 258, ambos do CPP.

Vale lembrar que o Código Penal prevê o tipo penal de violação do segredo profissional (CP, art. 154), que consiste em alguém, sem justa causa, revelar segredo, de que tem ciência em razão da função, ministério, ofício ou profissão, e cuja revelação possa produzir dano a outrem. Equivale a dizer que tais pessoas estão proibidas de revelar segredos e, consequentemente, de depor sobre esses fatos como testemunha, o que encontra ressonância na proibição contida no art. 207 do CPP.[122]

---

122. Na dicção do STJ, "o sigilo profissional é exigência fundamental da vida social que se deve ser respeitado como princípio de ordem pública, por isso mesmo que o Poder

Veja-se que tais pessoas, ainda que queiram dar seu depoimento, não poderão fazê-lo, a não ser que sejam desobrigadas pela parte interessada. Portanto, se a parte interessada desobrigá-la, ela passa a ter o direito de depor, mas não a obrigação. Se várias forem as pessoas interessadas, é necessária a autorização de todas.

Em alguns casos, todavia, mesmo que a pessoa proibida de depor seja desobrigada pela parte interessada, e queira prestar seu depoimento, isso não será possível. Nessas hipóteses, não se aplica o art. 207 do CPP, mas sim a lei específica. É o que ocorre, por exemplo, com advogados, na medida em que o Estatuto da Ordem dos Advogados do Brasil proíbe o advogado de depor, mesmo que desobrigado pela parte interessada. O art. 7º, inciso XIX, da Lei nº 8.906/94 prevê que é direito do advogado "recusar-se a depor como testemunha em processo no qual funcionou ou deva funcionar, ou sobre fato relacionado com pessoa de quem seja ou foi advogado, mesmo quando autorizado ou solicitado pelo constituinte, bem como sobre fato que constitua sigilo profissional". Em sentido semelhante, o art. 26 do Código de Ética e Disciplina da OAB também prevê que "o advogado deve guardar sigilo, mesmo em depoimento judicial, sobre o que saiba em razão de seu ofício, cabendo-lhe recusar-se a depor como testemunha em processo no qual funcionou ou deva funcionar, ou sobre fato relacionado com pessoa de quem seja ou tenha sido advogado, mesmo que autorizado ou solicitado pelo constituinte". Somente em situações excepcionais é que se verifica a presença de justa causa autorizadora da revelação do segredo, como ocorre no caso de grave ameaça ao direito à vida, à honra, ou quando o advogado é afrontado pelo próprio cliente ou necessitar depor em defesa própria (art. 25 do Código de Ética e Disciplina da OAB). Não se deve interpretar o

---

Judiciário não dispõe de força cogente para impor a sua revelação, salvo na hipótese de existir específica norma de lei formal autorizando a possibilidade de sua quebra, o que não se verifica na espécie. O interesse público do sigilo profissional decorre do fato de se constituir em um elemento essencial à existência e à dignidade de certas categorias, e à necessidade de se tutelar a confiança nelas depositada, sem o que seria inviável o desempenho de suas funções, bem como por se revelar em uma exigência da vida e da paz social. Hipótese em que se exigiu da recorrente ela que tem notória especialização em serviços contábeis e de auditoria e não é parte na causa – a revelação de segredos profissionais obtidos quando anteriormente prestou serviços à ré da ação". (STJ, 4ª Turma, RMS 9.612/SP, Rel. Min. Cesar Asfor Rocha, j. 03/09/1998, DJ 09/11/1998 p. 103).

referido dispositivo no sentido de que o advogado jamais poderá ser testemunha. Na verdade, essa proibição está relacionada ao conteúdo da confidência que o advogado teve conhecimento para exercer o *munus* que lhe foi confiado. Logo, ausente a proibição de depor prevista no art. 207 do Código de Processo Penal e inaplicável a prerrogativa prevista no art. 7º, XIX, da Lei nº 8.906/94, o advogado passa a ter o dever de depor.[123]

27.3. Bem jurídico tutelado

Tutela-se não apenas a Administração Pública, mas também o direito ao sigilo inerente ao exercício de certas funções, ministérios, ofícios ou profissões.

27.4. Sujeitos do crime

Cuida-se de crime próprio, cujo sujeito ativo é o agente público, nos termos do art. 2º da Lei n. 13.869/19. Por sua vez, o sujeito passivo é o Estado e, no caso concreto, a pessoa que, a despeito do dever de guardar segredo em razão de função, ministério, ofício ou profissão, foi constrangida pelo agente público a prestar depoimento.

27.5. Tipo objetivo

O núcleo do tipo (verbo da descrição da conduta na lei penal) é **constranger**, que significa retirar de alguém sua liberdade de autodeterminação. **Constranger** significa, então, submeter, subjugar, obrigar, compelir, forçar alguém a fazer ou deixar de fazer alguma coisa.

Diversamente do que ocorre com os crimes do art. 13, incisos I, II e III, em que o constrangimento pode ser praticado mediante violência, grave ameaça ou redução da capacidade de resistência (violência imprópria), o art. 15, *caput,* da Lei n. 13.869/19 dispõe expressamente que o constrangimento a depor deve ser cometido **sob ameaça de prisão**. Como exposto anteriormente, a **ameaça** (*vis compulsiva* ou *vis relativa)* é a violência moral capaz de causar temor na vítima, de forma a viciar sua vontade e incapacitar sua

123. STF, Tribunal Pleno, AP 470 QO-QO/MG, Rel. Min. Joaquim Barbosa, DJe 079 29/04/2009.

resistência. A vítima, neste caso, experimenta um fundado receio de grave e iminente mal, seja físico ou moral, consubstanciado exclusivamente pelo temor de ser levada à prisão. É dizer, estamos diante de um **crime de forma vinculada**, porquanto o legislador estabelece expressamente que o constrangimento deve ser executado mediante ameaça de indevida prisão de pessoa que está na iminência de depor, ou já prestando seu depoimento, mas que, em razão de função, ministério, ofício ou profissão, deva guardar segredo ou resguardar sigilo.

27.6. Tipo subjetivo

O crime é punido a título de dolo (direto ou eventual). O juízo de tipicidade também depende da presença do elemento subjetivo especial do tipo previsto no art. 1º, § 1º, com a ressalva de que eventual divergência na interpretação de lei ou na avaliação de fatos e provas não configura abuso de autoridade (art. 1º, § 2º).

27.7. Consumação e tentativa

O crime se consuma no exato momento em que a pessoa obrigada a guardar segredo ou resguardar sigilo em razão de função, ministério, ofício ou profissão, prestar seu depoimento em virtude do constrangimento sob ameaça de prisão.[124] Cuida-se, portanto, de crime material, assemelhando-se, neste ponto, ao delito do art. 13. Por se tratar de crime plurissubsistente, é possível, pelo menos em tese, a tentativa. É o que ocorre na hipótese em que, a despeito do constrangimento, a pessoa não depõe.

27.8. Classificação doutrinária

O crime do art. 15, *caput,* da Lei n. 13.869/19 pode ser classificado da seguinte forma: a) **crime próprio**; b) **crime material**; c) **crime plurissubsistente**; d) **crime unissubjetivo;** e) **crime de forma vinculada:** são aqueles que podem ser executados apenas pelos meios indicados pelo tipo penal. É o que ocorre com o delito do *caput* do art. 15, vez que o tipo penal deixa transparecer que o

---

124. Nessa linha: AGI. Op. cit. p. 53. Em sentido diverso, entendendo que o crime estará consumado independentemente de o depoimento vir ou não a ser realizado: CAVALCANTE, André Clark Nunes; BRANCO, Emerson Castelo. Op. cit. p. 100.

constrangimento necessariamente deve ser praticado sob ameaça de prisão. Por consequência, na eventualidade de o constrangimento ser praticado por meio de ameaça a qualquer outro mal injusto e grave ou por meio de violência, impõe-se o reconhecimento de sua atipicidade formal, pelo menos sob a ótica do art. 15, *caput*, da Lei n. 13.869/19, o que, no entanto, não impede que o agente seja responsabilizado por outros delitos, como, por exemplo, constrangimento ilegal (CP, art. 146).

27.9. Ação penal, pena, competência para o julgamento, procedimento adequado, transação penal e suspensão condicional do processo

São válidos aqui os mesmos comentários feitos em relação ao preceito secundário do crime do art. 9º, *caput*, da nova Lei de Abuso de Autoridade, ao qual também é cominada uma pena de detenção, de 1 (um) a 4 (quatro) anos, e multa. A ressalva fica por conta do acordo de não persecução penal, que não é admitido em relação ao delito do art. 15, *caput*, por se tratar de crime cometido mediante grave ameaça à pessoa (art. 28-A, *caput*, do CPP, incluído pela Lei n. 13.964/19).

> **Art. 15. (...)**
>
> **Pena – detenção, de 1 (um) a 4 (quatro) anos, e multa.**
>
> **Parágrafo único. Incorre na mesma pena quem prossegue com o interrogatório:**
>
> **I – de pessoa que tenha decidido exercer o direito ao silêncio; ou**
>
> **(...)**

28. Prosseguimento de interrogatório de pessoa que tenha decidido exercer o direito ao silêncio

28.1. Rejeição do veto presidencial

Durante a tramitação do Projeto que deu origem à nova Lei de Abuso de Autoridade, o art. 15, parágrafo único, incisos I e II, acabou sendo vetado pelo Presidente da República, senão vejamos: "O dispositivo proposto gera insegurança jurídica e contraria o interesse público ao penalizar o agente pelo mero prosseguimento do interrogatório de pessoa que tenha decidido exercer o direito ao silêncio, embora o interrogatório seja oportunidade de defesa, pode ser conveniente à pessoa o conhecimento das perguntas formuladas, bem como exercer o silêncio apenas em algumas questões, respondendo voluntariamente às demais, cuja resposta, a seu exclusivo juízo, lhe favoreçam. Além disso, a falta de assistência por advogado ou defensor público durante o interrogatório não deve ser criminalizada, uma vez que se trata de procedimento administrativo de natureza inquisitiva e não configura falta de defesa ao indivíduo." Ocorre que o veto presidencial foi rejeitado pelo Congresso Nacional.

28.2. Direito intertemporal

Não havia, sob a égide da revogada Lei n. 4.898/65, figura delituosa semelhante à do art. 15, parágrafo único, inciso I, da Lei n. 13.869/19. Trata-se, portanto, de *novatio legis* incriminadora, de aplicação restrita aos crimes cometidos após sua vigência.

28.3. Noções gerais acerca do direito ao silêncio

De acordo com o art. 5º, inciso LXIII, da Constituição Federal, "o preso será informado de seus direitos, entre os quais o de permanecer calado, sendo-lhe assegurada a assistência da família e de advogado". O direito ao silêncio, previsto na Carta Magna como direito de permanecer calado, apresenta-se apenas como uma das várias decorrências do *nemo tenetur se detegere*, segundo o qual ninguém é obrigado a produzir prova contra si mesmo. Além da Constituição Federal, referido princípio também se encontra previsto no Pacto Internacional dos Direitos Civis e Políticos (art. 14.3, "g"), e na Convenção Americana sobre Direitos Humanos (art. 8º, § 2º, "g").

Trata-se de uma modalidade de autodefesa passiva, que é exercida por meio da inatividade do indivíduo sobre quem recai ou pode recair uma imputação. Consiste, grosso modo, na proibição de uso de qualquer medida de coerção ou intimidação ao investigado (ou acusado) em processo de caráter sancionatório para obtenção de uma confissão ou para que colabore em atos que possam ocasionar sua condenação. É irrelevante que se trate de inquérito policial ou administrativo, processo criminal ou cível ou de Comissão Parlamentar de Inquérito. Se houver possibilidade de autoincriminação, a pessoa pode fazer uso do princípio do *nemo tenetur se detegere*.

A forma como o direito de não se incriminar foi escrito e inserido em nosso texto constitucional e nos Tratados Internacionais acima referidos padece de deficiência, porquanto, em um primeiro momento, dá impressão de que teve como destinatário apenas a pessoa que se encontra na condição processual de *preso*, ou que figura como acusado da prática de determinado delito. A doutrina mais aceita, contudo, é a de que o dispositivo constitucional em destaque se presta para proteger não apenas quem está preso, como também aquele que está solto, assim como qualquer pessoa a quem seja imputada a prática de um ilícito criminal. Pouco importa se o cidadão é suspeito, indiciado, acusado ou condenado, e se está preso ou em liberdade. Ele não pode ser obrigado a confessar o crime.[125]

Não é válido, por outro lado, arrolar alguém como *testemunha* e querer, em razão do dever de dizer a verdade aplicável à hipótese, forçá-la a responder sobre uma pergunta que importe, mesmo que indiretamente, em incriminação do depoente. De certo que a testemunha, diferentemente do acusado, tem o dever de falar a verdade, sob pena de responder pelo crime de falso testemunho (CP, art. 342), porém não está obrigada a responder sobre fato que possa, em tese, incriminá-la.[126] Daí ter decidido o Supremo que não configura o crime de falso testemunho, quando a pessoa, depondo como testemunha, ainda que compromissada, deixa de revelar fatos que possam incriminá-la.[127]

Muito se discute acerca do procedimento a ser adotado pela autoridade (policial ou judiciária) quando o imputado, logo no início de seu interrogatório, informa que irá fazer uso do direito

---

125. Nessa linha: GOMES FILHO, Antônio Magalhães. *Direito à prova no processo penal*. São Paulo: Revista dos Tribunais, 1997. p. 113.

126. Ofende o princípio da não-autoincriminação denúncia baseada unicamente em confissão feita por pessoa ouvida na "condição de testemunha", quando não lhe tenha sido feita a advertência quanto ao direito de permanecer calada: STF, 2ª Turma, RHC 122.279/RJ, Rel. Min. Gilmar Mendes, j. 12/08/2014, DJe 213 29/10/2014.

127. STF, Pleno, HC 73.035/DF, Rel. Min. Carlos Velloso, j. 13/11/1996, DJ 19/12/1996. Com entendimento semelhante: STF, Pleno, HC 79.812/SP, Rel. Min. Celso de Mello, j. 08/11/2000, DJ 16/02/2001, p. 21; STF, 2ª Turma, HC 106.876/RN, Rel. Min. Gilmar Mendes, j. 14/06/2011, DJe 125 30/06/2011).

ao silêncio, ou que pretende responder exclusivamente às perguntas formuladas por seu defensor: impõe-se a imediata interrupção do ato? Ou é possível que a autoridade continue formulando suas perguntas, indagando do imputado os motivos que o levaram a optar pelo exercício do direito ao silêncio?

Em sua redação original, o art. 191 do CPP, inserido no capítulo que trata do *interrogatório do acusado*, dispunha que deveriam ser consignadas as perguntas que o réu deixasse de responder e as razões que invocasse para não fazê-lo. O dispositivo sempre foi alvo de críticas da doutrina, notadamente pelo fato de que o exercício de um direito não precisa ser justificado por seu titular. Maria Elizabeth Queijo,[128] por exemplo, sustentava que a consignação das perguntas, em relação às quais o acusado exerceu o direito de calar, permitiria extrair elementos para valoração do silêncio do acusado, ainda que esses elementos não fossem declinados na fundamentação da decisão. De mais a mais, se o indivíduo está sendo compelido a declinar as razões que o levaram a se calar, está, em última análise, indiretamente respondendo às perguntas que lhe foram formuladas.

Não obstante a supressão dessa autorização legal para o prosseguimento do interrogatório e consignação de todas as perguntas que fossem formuladas ao interrogando pela Lei n. 10.792/03, que deu nova redação ao art. 191 do CPP ("Havendo mais de um acusado, serão interrogados separadamente"),[129] a prática ainda é relativamente comum em interrogatórios policiais e judiciais. É dizer, a despeito de o interrogando ter optado por permanecer calado imediatamente após ser advertido quanto ao direito ao silêncio (*Aviso de Miranda)*, o que deveria levar ao encerramento imediato do referido ato, a autoridade responsável pela condução do interrogatório continua fazendo suas perguntas, com o nítido propósito de constranger o indivíduo a ceder e responder aos questionamentos, constando, ao final de cada pergunta, que o imputado teria optado por exercer o direito ao silêncio.

128. QUEIJO, Maria Elizabeth. *O direito de não produzir prova contra si mesmo: o princípio do nemo tenetur se detegere e suas decorrências no processo penal.* São Paulo: Saraiva, 2003. p. 216.

129. A regra, contudo, ainda encontra previsão legal no Código de Processo Penal Militar, cujo art. 305, parágrafo único, dispõe que "consignar-se-ão as perguntas que o acusado deixar de responder e as razões que invocar para não fazê-lo".

É dentro desse contexto que deve ser compreendida a nova figura delituosa introduzida pela Lei n. 13.869/19, cujo art. 15, parágrafo único, inciso I, criminaliza a conduta do agente público que *prossegue com o interrogatório de pessoa que tenha decidido exercer o direito ao silêncio*. De maneira contundente, o novo tipo penal esclarece que, uma vez feita a opção livre e voluntária pelo direito ao silêncio, seja em relação ao todo, seja de maneira seletiva, a exemplo do que ocorre quando responde apenas às perguntas formuladas por seu defensor, impõe-se a imediata interrupção do ato, sem a formulação de mais nenhum questionamento.[130] Toda e qualquer tentativa de dar continuidade ao ato poderá, doravante, tipificar a figura delituosa em análise, desde que presente, logicamente, o elemento subjetivo especial do art. 1º, § 1º, da nova Lei de Abuso de Autoridade.

Em conclusão, é de todo conveniente destacar que o direito ao silêncio somente tem aplicação em relação ao interrogatório de mérito (CPP, art. 187, § 2º), não abrangendo, portanto, o interrogatório de qualificação sobre a pessoa do acusado (CPP, art. 187, § 1º). Isso porque, no que diz respeito aos dados de qualificação do interrogando, este tem a obrigação de declará-los corretamente, sem mentiras ou omissões. Tanto é verdade que o *nemo tenetur se detegere* não abrange o direito de falsear a verdade quanto à identidade pessoal que os Tribunais Superiores vêm entendendo que tipifica o crime de falsa identidade (CP, art. 307) o fato de o agente, ao ser preso, identificar-se com nome falso, com o objetivo de esconder seus maus antecedentes.[131] A propósito, eis o teor da **súmula nº 522 do STJ**: "A conduta de atribuir-se falsa identidade perante autoridade policial é típica, ainda que em situação de alegada autodefesa".

Tal conclusão é de todo relevante para fins de análise da nova figura delituosa introduzida pela Lei n. 13.869/19. Com efeito, firmada a premissa de que o interrogatório sobre a pessoa do acusado (CPP, art. 187, § 1º) não está tutelado pelo direito

---

130. Com entendimento semelhante: GRECO; CUNHA. Op. cit. p. 145.

131. STF, 2ª Turma, HC 72.377/SP, Rel. Min. Carlos Velloso, DJ 30/06/1995 p. 271. E também: STF, 1ª Turma, RE 561.704, Rel. Min. Ricardo Lewandowski, DJe 64 02/04/2009; STJ, 5ª Turma, HC 151.866/RJ, Rel. Min. Jorge Mussi, j. 01/12/2011, DJe 13/12/2011; STJ, 3ª Seção, REsp 1.362.524/MG, Rel. Min. Sebastião Reis Júnior, j. 23/10/2013.

ao silêncio, o fato de a autoridade policial (ou judiciária) dar prosseguimento ao interrogatório, questionando o imputado exclusivamente em relação a sua qualificação, residência, meios de vida ou profissão, oportunidades sociais, etc., não terá o condão de tipificar o crime do art. 15, parágrafo único, inciso I, porquanto o exercício do direito ao silêncio ali inserido pode versar exclusivamente quanto ao mérito.

28.4. Bem jurídico tutelado

Para além da dignidade da função pública e o prestígio de que o poder público deve desfrutar perante os administrados, o delito do art. 15, parágrafo único, inciso I, da Lei n. 13.869/19 também tutela o direito ao silêncio, desdobramento do princípio que veda a autoincriminação.

28.5. Sujeitos do crime

O sujeito ativo do delito não é qualquer agente público, mas tão somente aquele que detém atribuição ou competência para presidir o interrogatório, a exemplo de Delegados de Polícia, no curso do inquérito policial, Promotores de Justiça, em se tratando de procedimento investigatório criminal presidido pelo *Parquet*, presidentes de Comissões Parlamentares de Inquérito, ou até mesmo a autoridade judiciária, quando se tratar de interrogatório judicial, pouco importando, ademais, a natureza do processo ou do procedimento em que se der o abuso (v.g., criminal, cível, trabalhista, tributário, etc.). O sujeito passivo, por sua vez, é o Estado e a pessoa cujo direito ao silêncio foi alvo de indevido constrangimento decorrente do prosseguimento do interrogatório.

28.6. Tipo objetivo

O verbo núcleo do tipo penal do art. 15, parágrafo único, inciso I, é **prosseguir**, que significa continuar, seguir avante, dar seguimento, levar adiante, exprimindo a ideia de dar continuidade a uma ação. Importante notar que, diversamente do delito previsto no *caput*, o crime do parágrafo único, inciso I, do mesmo art. 15, não demanda a prática de constrangimento sob ameaça de prisão. É dizer, basta que o agente público dê prosseguimento ao interrogatório de pessoa que tenha decidido exercer o direito ao silêncio.

O objeto material da conduta é o **interrogatório**, assim compreendido como o meio de defesa por meio do qual a autoridade policial (ou judicial) ouve o investigado (ou acusado) acerca da imputação que recai sobre sua pessoa, oportunidade em que este, no exercício do seu direito de audiência, desdobramento da autodefesa, poderá apresentar sua versão sobre os fatos, confessar a prática delituosa, ou até mesmo optar pelo exercício do direito ao silêncio.

Referindo-se o dispositivo tão somente ao **interrogatório**, sem especificar se seria aquele realizado durante o curso das investigações (interrogatório policial) ou se seria apenas aquele em juízo (interrogatório judicial), é de rigor a conclusão no sentido de que os dois estão tutelados pelo tipo penal em comento. A propósito, basta comparar a redação do crime do art. 18 com a do art. 15, parágrafo único, ambos da nova Lei de Abuso de Autoridade: enquanto aquele tipo penal se refere explicitamente ao *interrogatório policial*, expressão esta que logicamente não abrange o interrogatório judicial, o parágrafo único do art. 15 faz menção, genericamente, ao *interrogatório*.

Para fins de tipificação da conduta, o agente público deverá dar prosseguimento ao interrogatório *de pessoa que tenha decidido exercer o direito ao silêncio*. O tema foi objeto de análise nos comentários introdutórios deste crime, para onde remetemos o leitor.

28.7. Tipo subjetivo

Consultar comentários ao art. 1º, § 1º, da nova Lei de Abuso de Autoridade.

28.8. Consumação e tentativa

Consuma-se o delito do art. 15, parágrafo único, inciso I, da Lei n. 13.869/19, no exato momento em que o agente público dá continuidade às indagações, a despeito de a pessoa já ter manifestado seu interesse em exercer o direito ao silêncio, pouco importando se a vítima respondeu (ou não) aos questionamentos que lhe foram endereçados. Por se tratar de delito unissubsistente, não nos parece possível a configuração da tentativa, salvo se eventualmente o interrogatório for feito por escrito (v.g., surdo-mudo).

28.9. Classificação doutrinária

O crime do art. 15, parágrafo único, inciso I, da nova Lei de Abuso de Autoridade pode ser classificado da seguinte forma: a) **crime próprio**; b) **crime comissivo**, pelo menos em regra; c) **crime material**; d) **crime unissubjetivo**; e) **crime unissubsistente**.

28.10. Ação penal, pena, competência para o julgamento, procedimento adequado, transação penal, suspensão condicional do processo e acordo de não persecução penal

São válidos aqui os mesmos comentários feitos em relação ao preceito secundário do crime do art. 9º da nova Lei de Abuso de Autoridade, ao qual também é cominada uma pena de detenção, de 1 (um) a 4 (quatro) anos, e multa. Diversamente da figura delituosa prevista no *caput* do art. 15, que não admite a celebração do acordo de não persecução penal por se tratar de crime cometido com grave ameaça à pessoa, ambos os delitos do parágrafo único do art. 15 admitem a celebração do referido negócio jurídico, já que não têm, como elementares, a violência, nem tampouco a grave ameaça (CPP, art. 28-A, *caput*, incluído pela Lei n. 13.964/19).

> **Art. 15. (...)**
>
> **Pena – detenção, de 1 (um) a 4 (quatro) anos, e multa.**
>
> **Parágrafo único. Incorre na mesma pena quem prossegue com o interrogatório:**
>
> **(...)**
>
> **II – de pessoa que tenha optado por ser assistida por advogado ou defensor público, sem a presença de seu patrono.**

29. Prosseguimento de interrogatório de pessoa que tenha optado por ser assistida por advogado ou defensor público sem a presença de seu patrono

29.1. Rejeição do veto presidencial

Consultar comentários ao art. 15, parágrafo único, inciso I.

29.2. Direito intertemporal

À época da vigência da revogada Lei n. 4.898/65, seu art. 3º, alínea "j" tipificava como abuso de autoridade *qualquer atentado aos direitos e garantias legais assegurados ao exercício profissional*, dentre os quais poderíamos incluir exatamente o direito de "assistir a seus clientes investigados durante a apuração de infrações, sob pena de nulidade absoluta do respectivo interrogatório ou depoimento e, subsequentemente, de todos os elementos investigatórios e probatórios dele decorrentes ou derivados, direta ou indiretamente" (Lei n. 8.906/94, art. 7º, XXI, incluído pela Lei n. 13.245/16), ao qual era cominada uma pena de detenção, de 10 (dez) dias a 6 (seis) meses. De se notar, portanto, que não houve *abolitio criminis*, pois a referida conduta delituosa continua sendo considerada típica pela nova Lei de Abuso de Autoridade. Sua pena, porém, por ser mais gravosa, terá seu âmbito de aplicação restrito aos crimes cometidos após sua vigência.

29.3. Noções gerais acerca da (des)necessidade de presença de defensor por ocasião do interrogatório policial (ou judicial)

Dúvida não há quanto à necessidade da presença de defensor por ocasião do interrogatório judicial. Com as modificações produzidas pela Lei nº 10.792/03, referido ato passou a ser assistido tecnicamente, significando, por conseguinte, que a presença de advogado é indispensável à validade do ato. Nessa linha, dispõe o art. 185 do CPP que o acusado que comparecer perante a autoridade judiciária, no curso do processo penal, será qualificado e interrogado *na presença de seu defensor*, constituído ou nomeado.

Se o tema não apresenta maiores controvérsias quando se trata do interrogatório judicial, o mesmo não pode ser dito quanto àquele realizado em sede de investigação preliminar. De um lado, parte da doutrina – posição à qual nos filiávamos, pelo menos até a entrada em vigor da nova Lei de Abuso de Autoridade – sempre sustentou que a presença de um advogado não era necessária durante o interrogatório policial (ou ministerial).[132] Isso porque toda e

132. No sentido de que a ausência de advogado por ocasião da lavratura do flagrante não é causa de nulidade do ato quando o indivíduo é informado de seus direitos constitucionais e expressamente declara que se reserva no direito de só falar em juízo: STJ, 5ª

qualquer investigação preliminar funciona como mero procedimento de natureza administrativa, com caráter instrumental, dela não resultando a aplicação de nenhuma espécie de sanção, destinando-se tão somente à colheita de elementos de informação para que o titular da ação penal possa ingressar em juízo, daí por que não estaria sujeito à observância da ampla defesa e do contraditório.

É bem verdade que a Lei n. 13.245/16 já teria alterado o Estatuto da OAB para prever expressamente o direito do advogado assistir a seus clientes investigados durante a apuração de infrações, sob pena de nulidade absoluta[133] do respectivo interrogatório ou depoimento e, subsequentemente, de todos os elementos investigatórios e probatórios dele decorrentes ou derivados, direta ou indiretamente, podendo, inclusive, no curso da respectiva apuração, apresentar razões e quesitos (Lei n. 8.906/94, art. 7º, XXI). Mas daí não se poderia concluir, pelo menos à época, pela obrigatoriedade da presença de advogado durante o interrogatório policial. Ora, fosse necessária a presença de advogado no interrogatório policial, a

---

Turma, HC 24.510/MG, Rel. Min. Jorge Scartezzini, j. 06/03/2003, DJ 02/06/2003 p. 310. Com o entendimento de que a documentação do flagrante prescinde da presença do defensor técnico do conduzido, sendo suficiente a lembrança, pela autoridade policial, dos direitos constitucionais do preso de ser assistido, comunicando-se com a família e com profissional da advocacia, e de permanecer calado: STF, Pleno, HC 102.732/DF, Rel. Min. Marco Aurélio, j. 04/03/2010, DJe 81 06/05/2010.

133. O art. 7º, XXI, da Lei nº 8.906/94, com redação determinada pela Lei nº 13.245/16, dispõe que a não observância desse direito acarretará a *nulidade absoluta* do respectivo interrogatório ou depoimento e, subsequentemente, de todos os elementos investigatórios e probatórios dele decorrentes ou derivados, direta ou indiretamente. Sem embargo da terminologia utilizada pela Lei nº 13.245/16, parece-nos incorreto referir-se à inobservância desse direito como causa de *nulidade absoluta,* porquanto a nulidade funciona como uma sanção processual aplicada ao ato *processual* defeituoso, privando-o da aptidão de produzir seus efeitos regulares. Logo, como o art. 7º, XXI, do Estatuto da OAB, faz referência à inobservância de um direito do advogado durante o curso da fase preliminar de investigações, tecnicamente soa mais correto dizer que há, *in casu,* uma ilegalidade, que pode contaminar os demais elementos informativos e probatórios daí derivados (teoria dos frutos da árvore envenenada). Ainda que se queira objetar que se trata de verdadeira *nulidade,* o fato de a Lei nº 13.245/16 tê-la rotulado de *absoluta* não acarreta, *de per si,* a invalidação do referido ato, salvo se comprovado o prejuízo causado ao investigado. Afinal, conforme recentes decisões do Supremo Tribunal Federal (v.g., STF, 2ª Turma, HC 117.102/SP, Rel. Min. Ricardo Lewandowski, j. 25/06/2013), o reconhecimento de uma nulidade, ainda que absoluta, também pressupõe a comprovação do prejuízo. Por conseguinte, ainda que não seja franqueado ao advogado presente o direito de assistir a seu cliente investigado durante a realização do interrogatório policial, não há falar em invalidação do procedimento investigatório se este, por exemplo, permanecer em silêncio.

mudança legislativa deveria ter sido introduzida pela Lei n. 13.245/16 no âmbito do Código de Processo Penal, diploma normativo que regulamenta o interrogatório policial, e não no Estatuto da Ordem dos Advogados do Brasil. Na verdade, o que o Estatuto da OAB passou a prever foi tão somente a impossibilidade de se negar ao advogado presente o direito de acompanhar interrogatórios realizados em sede policial.

Se o próprio Supremo Tribunal Federal entende que a falta de defesa técnica por advogado no processo administrativo disciplinar não ofende a Constituição (súmula vinculante nº 5), era no mínimo contraditório concluir que, a partir da vigência da Lei nº 13.245/16, o interrogatório policial seria considerado válido tão somente quando o investigado estivesse assistido por profissional da advocacia. Em outras palavras, se não há necessidade de um defensor no curso de um processo administrativo disciplinar, do qual pode resultar a aplicação de sanções relativamente severas (v.g., suspensão, exoneração, perda de função, etc.), era de se estranhar a obrigatoriedade de defensor durante a realização de um interrogatório policial, do qual jamais seria possível a aplicação imediata de uma sanção.

Em sentido diverso, porém, boa parte da doutrina já advogava, mesmo antes da entrada em vigor da nova Lei de Abuso de Autoridade, que a presença de advogado era *conditio sine qua non* para a realização de qualquer interrogatório, seja ele realizado em juízo, seja ele realizado em sede de investigação preliminar. Primeiro, porque não se poderia atribuir à investigação preliminar um caráter inquisitorial, mas sim de um procedimento sujeito ao contraditório diferido e à ampla defesa, ainda que com um alcance mais limitado que aquele reconhecido na fase processual. Segundo porque, ao assegurar aos acusados em geral o contraditório e a ampla defesa, com os meios e recursos a ela inerentes, o inciso LV do art. 5º da Constituição Federal jamais poderia ser objeto de interpretação restritiva para fins de se concluir que a expressão processo administrativo ali utilizada não teria o condão de abranger as investigações preliminares, nem tampouco para se alegar que o fato de mencionar *acusados*, e não investigados ou indiciados, seria um impedimento para sua aplicação na fase pré-processual.

A experiência do cotidiano policial (e ministerial) demonstra inexoravelmente que a simples entrega de uma nota de culpa ou de um termo de ciência das garantias constitucionais ao investigado (indiciado ou preso em flagrante) não tem se mostrado suficiente para a tutela de seus diversos direitos fundamentais. O sujeito passivo da investigação preliminar não tem conhecimentos necessários e suficientes para resistir à pretensão estatal. Agravada pela posição de inferioridade ante o poder da autoridade estatal encarnada pelo Delegado de Polícia (ou pelo Promotor de Justiça), esta hipossuficiência deve ser suprida com a presença de um defensor já na fase pré-processual, presença esta que deve ser concebida como um instrumento de controle da atuação do Estado e de seus órgãos persecutórios, garantindo-se, assim, o respeito ao devido processo legal.

É dentro desse cenário que se destaca a importância da novel figura delituosa prevista no art. 15, parágrafo único, inciso II, da nova Lei de Abuso de Autoridade. De maneira categórica, o novo tipo penal passa a tipificar a conduta do agente público que prossegue com o interrogatório de pessoa que tenha optado por ser assistida por advogado ou defensor público, sem a presença de seu patrono. Ora, interpretando-se *a contrario sensu* a referida figura delituosa, parece não haver dúvida de que, doravante, *optando o interrogando pela presença de um defensor*, não mais se poderá admitir a realização de nenhum interrogatório sem a presença deste, nem mesmo aquele realizado em sede policial. Conquanto fosse tecnicamente recomendável que o legislador tivesse alterado o Código de Processo Penal para dispor expressamente, por exemplo, no art. 6º, inciso V, que o interrogatório policial deve ser feito com a presença de advogado, se assim o desejar o interrogando, a criação da novel figura delituosa não deixa mais qualquer dúvida acerca da necessidade da presença de um profissional da advocacia nessa hipótese. Enfim, toda e qualquer tentativa de dar continuidade ao ato poderá, doravante, não apenas acarretar a ilicitude das provas assim obtidas, mas também tipificar a figura delituosa do art. 15, parágrafo único, inciso II, da nova Lei de Abuso de Autoridade, se acaso presente, obviamente, o elemento subjetivo especial do injusto previsto no art. 1º, § 1º, do referido diploma normativo. Em conclusão, ante a ressalva contida no inciso II do parágrafo único do art. 15 – "*optado por ser assistida*" –, se o indivíduo informar que não tem interesse nessa assistência profissional na fase investigatória, a realização do interrogatório sem a presença de um defensor não caracterizará o delito de abuso de autoridade sob comento.

29.4. Bem jurídico tutelado

Tutela-se não apenas a dignidade da função pública, mas também o direito à assistência de advogado, previsto expressamente no art. 5º, inciso LXIII, da Constituição Federal.

29.5. Sujeitos do crime

Consultar comentários ao inciso I do parágrafo único do art. 15.

29.6. Tipo objetivo

Pelo menos em um primeiro momento, o crime do inciso II assemelha-se ao do inciso I, ambos do parágrafo único do art. 15 da Lei n. 13.869/19, porquanto, em ambos, o agente público *dá prosseguimento ao interrogatório*. Diferenciam-se, todavia, pelo fato de que neste a pessoa teria decidido exercer o direito ao silêncio, ao passo que naquele o interrogando teria optado por ser assistido por advogado ou defensor público, deliberando o agente público pelo prosseguimento do ato a despeito da ausência do profissional da advocacia.

29.7. Tipo subjetivo

Consultar comentários ao art. 1º, § 1º, da Lei n. 13.869/19.

29.8. Consumação e tentativa

Consultar comentários ao inciso I do parágrafo único do art. 15.

29.9. Classificação doutrinária

Consultar comentários ao inciso I do parágrafo único do art. 15.

29.10. Ação penal, pena, competência para o julgamento, procedimento adequado, transação penal, suspensão condicional do processo e acordo de não persecução penal

São válidos aqui os mesmos comentários feitos em relação ao preceito secundário do crime do art. 9º, *caput,* da nova Lei de Abuso de Autoridade, ao qual também é cominada uma pena de detenção, de 1 (um) a 4 (quatro) anos, e multa.

Art. 16. Deixar de identificar-se ou identificar-se falsamente ao preso por ocasião de sua captura ou quando deva fazê-lo durante sua detenção ou prisão:

Pena – detenção, de 6 (seis) meses a 2 (dois) anos, e multa.

Parágrafo único. Incorre na mesma pena quem, como responsável por interrogatório em sede de procedimento investigatório de infração penal, deixa de identificar-se ao preso ou atribui a si mesmo falsa identidade, cargo ou função.

30. Omissão de identificação ou identificação falsa ao preso

30.1. Rejeição do veto presidencial

Por ocasião da tramitação do Projeto que deu origem à nova Lei de Abuso de Autoridade, o Presidente da República deliberou por vetar o art. 16, *in verbis*: "A propositura legislativa contraria o interesse público pois, embora seja exigível como regra a identificação da autoridade pela prisão, também se mostra de extrema relevância, ainda que em situações excepcionais, a admissão do sigilo da identificação do condutor do flagrante, medida que se faz necessária com vistas à garantia da vida e integridade física dos agentes de segurança e de sua família, que, não raras vezes, têm que investigar crimes de elevada periculosidade, tal como aqueles praticados por organizações criminosas." Porém, o veto foi rejeitado pelo Congresso Nacional.

30.2. Direito intertemporal

Não havia, sob a égide da revogada Lei n. 4.898/65, tipo penal idêntico ao do art. 16 da Lei n. 13.869/19. Por isso, à época, se o agente público atribuísse a si mesmo falsa identidade para obter vantagem, em proveito próprio ou alheio, ou para causar dano a outrem, responderia pelo crime comum de falsa identidade previsto no art. 307 do Código Penal, ao qual é cominada uma pena de detenção, de 3 (três) meses a 1 (um) ano, ou multa, se o fato não constituir elementar de crime mais grave. Trata-se, portanto, de *novatio legis in pejus*, de aplicação restrita aos crimes cometidos após a vigência da nova Lei de Abuso de Autoridade.

30.3. Bem jurídico tutelado

Para além da Administração Pública, o crime do art. 16, verdadeira modalidade especial do crime de falsa identidade (CP, art. 307), também tutela o direito constitucional que o preso tem à identificação dos responsáveis por sua prisão ou por seu interrogatório policial (art. 5º, LXIV). Referido direito foi objeto de análise nos comentários ao art. 12, parágrafo único, inciso III, para onde remetemos o leitor.

30.4. Sujeitos do crime

Consoante disposto no art. 2º da Lei n. 13.869/19, cuida-se de crime próprio, devendo o sujeito ativo, no caso do *caput* do art. 16, ostentar a qualidade de agente público responsável pela captura, detenção ou prisão do indivíduo. Na hipótese do parágrafo único do mesmo dispositivo, a norma alcança qualquer agente público responsável por interrogatório em sede de procedimento investigatório de infração penal, a exemplo do Promotor de Justiça, do Delegado de Polícia, etc. Na eventualidade de um particular identificar-se falsamente como servidor público por ocasião da captura de alguém em flagrante delito, deverá responder não pelo crime do art. 16, pois não preenche a elementar do art. 2º da Lei n. 13.869/19, mas sim pelo delito do art. 45 da Lei das Contravenções Penais ("Art. 45. Fingir-se funcionário público").

O sujeito passivo, por sua vez, é o Estado e o preso. Referindo-se o *caput* e o parágrafo único do art. 16 ao *preso*, e revelando-se indevido o emprego de analogia *in malam partem*, é de rigor a conclusão no sentido de que eventual falsa identidade em interrogatório de indivíduo *solto* não terá o condão de caracterizar o crime em análise, subsistindo, todavia, a depender do caso concreto, o crime comum de falsa identidade constante do art. 307 do CP.

30.5. Tipo objetivo

São duas as condutas incriminadas pelo art. 16, *caput*, da nova Lei de Abuso de Autoridade, ambas cometidas com a finalidade de evitar o reconhecimento do agente no ato da captura, detenção ou prisão, ou no ato do interrogatório do preso em sede de procedimento investigatório de infração penal:

a) **deixar de identificar-se (atuação negativa)**: estamos diante de crime *omissivo próprio*, ou seja, a despeito da obrigação constitucional de se identificar ao preso, o agente público responsável por sua captura, detenção ou prisão, abstém-se de fazê-lo;

b) **identificar-se falsamente (atuação positiva)**: nesse caso, o agente atribui a si próprio a identidade de outra pessoa, efetivamente existente (substituição de pessoas), ou imputa a si mesmo uma identidade fictícia, imaginária, inexistente. Trata-se de crime de forma livre, compatível com os mais diversos meios de execução. Não é necessário que o agente verbalize dados identificadores falsos, sendo suficiente que modifique identificação que conste em seu uniforme, por exemplo. Conquanto seja mais comum a realização do delito oralmente, nada impede sua execução por escrito. O crime consiste na simples atribuição de falsa identidade, *sem a utilização de documento falso*. Por conseguinte, havendo o emprego de documento falsificado ou adulterado, o agente deverá responder exclusivamente pelo crime do art. 304 do Código Penal, o qual terá o condão de absorver o delito do art. 16 da Lei n. 13.869/19 com base no princípio da consunção.

Esses dois núcleos verbais constantes do art. 16 fazem dele um **crime de ação múltipla ou de conteúdo variado**. Assim, se o agente deixar de identificar-se e, na sequência, dentro de um mesmo contexto fático, identificar-se falsamente, responderá por crime único, haja vista o princípio da alternatividade, devendo, no entanto, a pluralidade de verbos efetivamente praticados ser levada em consideração pelo juiz por ocasião da fixação da pena (art. 59, caput, do CP). Entretanto, inexistindo uma proximidade comportamental entre as várias condutas, haverá concurso de crimes (material ou mesmo continuado).

Para fins de tipificação do crime do art. 16, *caput*, essa atuação negativa ("Deixar de identificar-se") ou positiva ("Identificar-se falsamente") deve ter como destinatário o *preso*, e necessariamente ser cometida por ocasião de sua *captura, detenção ou prisão*.[134] Quanto à identificação no momento da detenção ou prisão, o art. 306, § 2º, do CPP, estabelece um critério temporal objetivo, definindo que, no prazo de 24 (vinte e quatro) horas após a prisão, será entregue ao

134. A diferença entre prisão e detenção foi objeto de análise nos comentários ao art. 13, para onde remetemos o leitor.

preso, mediante recibo, a nota de culpa, *assinada pela autoridade*, com o motivo da prisão, o *nome do condutor* e os das testemunhas.

De seu turno, o parágrafo único do art. 16 dispõe que incorre na mesma pena quem, como responsável por interrogatório em sede de procedimento investigatório de infração penal, deixa de identificar-se ao preso ou atribui a si mesmo falsa identidade, cargo ou função. Levando-se em consideração que o tipo penal faz referência ao *interrogatório em sede de procedimento investigatório de infração penal*, é de se concluir que o tipo penal não abrange eventual interrogatório judicial, porquanto realizado em sede processual, nem tampouco aquele realizado em procedimento administrativo disciplinar, vez que este não visa à apuração de infração penal. No mais, por se referir ao *preso*, locução esta que evidentemente não abrange quem está solto, revela-se formalmente atípica, sob a ótica do art. 16, parágrafo único, a omissão de identificação (ou identificação falsa) do agente público responsável por interrogatório de investigado solto.

O objeto material dos crimes do *caput* e do parágrafo único do art. 16 da Lei n. 13.869/19 é a **identidade.** Como é sabido, esta deve ser compreendida, pelo menos em regra, como o conjunto de características próprias de determinada pessoa, capazes de identificá-la e individualizá-la em sociedade, tais como o nome, que abrange o prenome e o sobrenome (CC, art. 16), a filiação, a idade, o estado civil, o sexo e a profissão. Ocorre que na parte final do parágrafo único do art. 16 o legislador se refere expressamente à não identificação ou à atribuição de falsa identidade, *cargo ou função*. Ou seja, enquanto o *caput* faz referência apenas à *identidade*, o parágrafo único vai além, impondo ao agente público que também informe corretamente ao preso *o cargo ou função* por ele exercida – a título de exemplo, um escrivão não pode se identificar como Delegado de Polícia. Ante a diferença redacional entre os dois dispositivos, o ideal é concluir que, para fins de tipificação do *caput* do art. 16, a atuação negativa (ou positiva) do agente deverá recair apenas sobre a sua *identidade*, aí compreendido exclusivamente o nome do agente público, ao passo que, na hipótese do parágrafo único, as condutas podem recair não apenas sobre a identidade, mas também sobre o cargo ou função do agente.[135]

135. Em sentido diverso, Greco e Cunha (op. cit. p. 154) asseveram que "a identidade no tipo em exame, mesmo no *caput*, abrange o conjunto de características peculiares

30.6. Tipo subjetivo

Consultar comentários aos § §1º e 2º do art. 1º da Lei n. 13.869/19.

30.7. Consumação e tentativa

Quanto à primeira conduta ("Deixar de identificar-se"), o delito consuma-se quando o agente estatal, tendo o dever se identificar ao preso, cala-se (crime instantâneo). Nesse caso, por se tratar de crime omissivo próprio, não se admite o *conatus*. Na segunda modalidade ("Identificar-se falsamente"), o crime restará consumado quando o agente atribuir a si próprio a identidade de outra pessoa ou de uma pessoa inexistente. Nesse caso, se a identificação falsa for cometida verbalmente, a tentativa não será admissível, por se tratar de delito unissubsistente. Todavia, se a falsa identificação for cometida por escrito, é possível, pelo menos em tese, a configuração do crime tentado (delito plurissubsistente).

30.8. Classificação doutrinária

O crime do art. 16, *caput*, da Lei n. 13.869/19 pode ser classificado da seguinte forma: **a) crime próprio; b) crime de forma livre; c) crime omissivo próprio**, quanto à primeira hipótese ("Deixar de identificar-se"), e **comissivo** quanto à segunda ("Identificar-se falsamente"); **d) crime unissubjetivo, unilateral ou de concurso eventual; e) crime unissubsistente ou plurissubsistente,** a depender do meio de execução.

30.9. Ação penal, pena, competência para o julgamento, procedimento adequado, transação penal, suspensão condicional do processo e acordo de não persecução penal

São válidos aqui os mesmos comentários feitos em relação ao preceito secundário do crime do art. 12 da nova Lei de Abuso de Autoridade, ao qual também é cominada uma pena de detenção, de 6 (seis) meses a 2 (dois) anos, e multa.

---

e funcionais do agente, que permite reconhecê-lo e individualizá-lo no âmbito da Administração. Obviamente abrange, mesmo no silêncio do legislador, cargo ou função".

Art. 17. (VETADO).

31. Submissão de preso, internado ou apreendido ao uso de algemas fora das hipóteses legais

O art. 17 do Projeto de Lei n. 7.596/17 (n. 85/17 no Senado Federal), quando aprovado pelo Congresso Nacional, tinha a seguinte redação: "Art. 17. Submeter o preso, internado ou apreendido ao uso de algemas ou de qualquer outro objeto que lhe restrinja o movimento dos membros, quando manifestamente não houver resistência à prisão, internação ou apreensão, ameaça de fuga ou risco à integridade física do próprio preso, internado ou apreendido, da autoridade ou de terceiro: Pena – detenção, de 6 (seis) meses a 2 (dois) anos, e multa. Parágrafo único. A pena é aplicada em dobro se: I – o internado tem menos de 18 (dezoito) anos de idade; II – a presa, internada ou apreendida estiver grávida no momento da prisão, internação ou apreensão, com gravidez demonstrada por evidência ou informação; III – o fato ocorrer em penitenciária."

Ocorre que o dispositivo foi vetado pelo Presidente da República nos seguintes termos: "A propositura legislativa, ao tratar de forma genérica sobre a matéria, gera insegurança jurídica por encerrar tipo penal aberto e que comporta interpretação. Ademais, há ofensa ao princípio da intervenção mínima, para o qual o Direito Penal só deve ser aplicado quando estritamente necessário, além do fato de que o uso de algemas já se encontra devidamente tratado pelo Supremo Tribunal Federal, nos termos da Súmula Vinculante nº 11, que estabelece parâmetros e a eventual responsabilização do agente público que o descumprir."

À semelhança do que ocorreu com os arts. 11, 14, 20, inciso II, 26, 29, parágrafo único, 34 e 35, este veto ao art. 17 não foi rejeitado pelo Congresso Nacional. Como exposto nos comentários ao art. 13, sem embargo do veto presidencial, a depender do caso concreto, é possível a tipificação dos crimes dos incisos I e II do art. 13, desde que presentes as respectivas elementares.

Art. 18. Submeter o preso a interrogatório policial durante o período de repouso noturno, salvo se cap-

turado em flagrante delito ou se ele, devidamente assistido, consentir em prestar declarações:

Pena – detenção, de 6 (seis) meses a 2 (dois) anos, e multa.

32. Submissão de preso a interrogatório policial durante o período de repouso noturno

32.1. Direito intertemporal

A revogada Lei n. 4.898/65 não tipificava conduta semelhante à ora incriminada pelo art. 18 da Lei n. 13.869. Trata-se, portanto, de *novatio legis in pejus,* com aplicação restrita aos crimes cometidos após a vigência da nova Lei de Abuso de Autoridade, *in casu,* no dia 3 de janeiro de 2020.

32.2. Noções gerais acerca do respeito à liberdade de autodeterminação do interrogando

De modo a se respeitar a dignidade do interrogando, bem como seu direito de não produzir prova contra si mesmo, não se admite o emprego no interrogatório de nenhum método tendente a extrair uma confissão, ou capaz de exercer uma influência indevida sobre a liberdade de autodeterminação do acusado. Portanto, as perguntas que lhe são formuladas devem ser claras, precisas, unívocas e não complexas. A fim de que as respostas representem o produto espontâneo da vontade do indivíduo, não se admite a formulação de perguntas equívocas, obscuras, tendenciosas ou capciosas, sendo vedadas, ademais, quaisquer formas de ameaças.

Ainda visando à preservação da liberdade psíquica do acusado, certos métodos de interrogatório também não são admissíveis, nem mesmo com o consentimento do interrogando. São eles: os métodos químicos, como a narcoanálise,[136] o "soro da verdade", e os

136. *Narcoanálise* é o processo de investigação psicanalítica do psiquismo e que consiste em injetar no organismo do paciente um narcótico euforizante, que provoca a supressão do controle, permitindo-lhe a evocação do passado, de experiências, conflitos, tendências, etc.

psíquicos, como a hipnose,[137] a submissão ao polígrafo, detectores de mentira e outros similares.[138] Como pondera Gomes Filho, tais métodos afetam a liberdade de declaração, bem como a intimidade e a dignidade do acusado, com subjugação de sua vontade.[139]

Também são incompatíveis com a liberdade de autodeterminação do acusado no momento do interrogatório toda e qualquer forma de violência física ou moral para fazê-lo cooperar na persecução penal. Apesar da proibição constante do art. 5º, III, da Carta Magna, no sentido de que ninguém será submetido a tortura nem a tratamento desumano ou degradante, a tortura ainda é uma prática rotineira utilizada pelas autoridades estatais de modo a auxiliar as investigações, seja no Brasil, seja no estrangeiro.

Na verdade, sob a pseudojustificativa de razões de segurança do Estado, ainda são utilizadas novas formas de tortura de presos, porém sob outra nomenclatura: são os chamados **interrogatórios duros**. Nos Estados Unidos da América, por exemplo, tal prática foi utilizada na prisão de Guantánamo, quando presos eram mantidos acordados durante inúmeras horas seguidas, privados de sono, submetidos a afogamentos simulados, a temperaturas extremamente baixas, entre outras práticas semelhantes. Tais métodos não podem ser aceitos, porquanto presentes todos os elementos constitutivos da tortura, segundo a Corte Interamericana sobre Direitos Humanos: a) um ato intencional; b) que cause severos sofrimentos físicos ou mentais; e c) que se cometa com determinado fim ou propósito (p.ex., obter informações de uma pessoa, castigá-la ou intimidá-la).

Parte da doutrina entende que a utilização de certos métodos de interrogatório pode acabar se transformando em verdadeiro emprego de tortura contra o acusado. Nessa linha, Maria Elizabeth

---

137. *Hipnose* é o estado mental semelhante ao sono, provocado artificialmente, e no qual o indivíduo continua capaz de obedecer às sugestões feitas pelo hipnotizador.

138. Para Roxin, a utilização do detector de mentiras não pode ser aceita, por ferir o princípio do *nemo tenetur se detegere*. Segundo o autor, por meio deste aparato, mostra-se o funcionamento inconsciente do corpo, como a respiração ou a pressão arterial, de onde se extraem certas conclusões com relevância probatória; porque por meio dele o acusado é forçado, contra sua vontade, a produzir prova contra si mesmo. (ROXIN, Claus. La evolución de la política criminal el derecho penal y el proceso penal. Traducción de Carmen Gómez Rivero y María del Carmen García Cantizano. Valência: Tirant lo blanch, 2000, pp. 132-134).

139. GOMES FILHO, Antônio Magalhães. *Direito à prova no processo penal*. São Paulo: Revista dos Tribunais, 1997. 116.

Queijo cita "a questão da duração do interrogatório que, realizado durante longo espaço de tempo, sem intervalos, à noite, conduz o acusado à exaustão e à falta de serenidade para posicionar-se diante das perguntas formuladas, não deixando de caracterizar tais expedientes tortura ou, quando menos, tratamento desumano".[140] Em tais situações, o cansaço, a pressão psicológica exercida pelo tempo e pela sucessão de perguntas, o ambiente a que ele fica submetido, podem influenciar a sua liberdade de autodeterminação no interrogatório. *De lege ferenda*, portanto, seria recomendável a obrigatoriedade de consignação do horário do começo e do encerramento do interrogatório e de eventuais intervalos ocorridos.

Pelo menos no âmbito do Código de Processo Penal comum, não há dispositivo legal regulamentando a duração do interrogatório. Na Espanha, Argentina e Chile, todavia, o legislador estabeleceu a obrigatoriedade de suspensão do interrogatório se este se prolongar por muito tempo ou se forem formuladas tantas perguntas que o acusado perca a serenidade ou demonstre cansaço, além de ser obrigatória a consignação do tempo que durou o interrogatório. A despeito do silêncio do CPP, convém destacar que o Código de Processo Penal Militar possui dispositivo expresso acerca do assunto, cuja aplicação pode ser estendida ao processo penal comum, por força do art. 3º do CPP. Segundo o art. 19, § 1º, do CPPM, inserido no Título que versa sobre o inquérito policial militar, o escrivão lavrará assentada do dia e hora do início das inquirições ou depoimentos; e, da mesma forma, do seu encerramento ou interrupções, no final daquele período. Ademais, de acordo com o art. 19, § 2º, a testemunha e o ofendido não poderão ser inquiridos por mais de 4 (quatro) horas consecutivas, sendo-lhes facultado o descanso de 1/2 (meia hora), sempre que tiverem de prestar declarações daquele termo (CPPM, art. 19, § 2º).

É exatamente dentro desse cenário de necessária proteção à liberdade de autodeterminação do interrogando que se introduz no ordenamento jurídico a novel figura delituosa do art. 18 da Lei n. 13.689/19, que criminaliza a submissão do preso *a interrogatório policial* durante o período de repouso noturno, salvo se capturado em flagrante delito ou se ele, devidamente assistido, consentir em prestar declarações.

140. Op. cit. p. 226.

32.3. Bem jurídico tutelado

Para além da dignidade da função pública e o prestígio de que o poder público deve desfrutar perante os administrados, o delito também tutela a liberdade de autodeterminação do interrogando.

32.4. Sujeitos do crime

Não é qualquer agente público que pode figurar como sujeito ativo do delito previsto no art. 18 da Lei n. 13.869/19. Para tanto, o agente deve ter atribuição para presidir o *interrogatório policial*. E esta atribuição é exclusiva dos Delegados de Polícia e dos encarregados de inquérito policial militar, no caso de crimes militares. Logo, sem embargo da possibilidade de membros do Ministério Público presidirem procedimentos investigatórios criminais, oportunidade em que poderão interrogar presos, por não se tratar, *in casu*, de *interrogatório policial*, mas sim *ministerial*, não há falar em crime, sob pena de indevida analogia *in malam partem*.

O sujeito passivo, por sua vez, será não apenas o Estado, mas também o preso que for submetido ao interrogatório policial durante o período de repouso noturno, salvo se capturado em flagrante delito ou se, devidamente assistido, consentir em prestar declarações. A norma alcança qualquer indivíduo que esteja preso (v.g., prisão militar) e seja interrogado, à exceção do flagranteado.

32.5. Tipo objetivo

O núcleo do tipo (verbo da descrição da conduta na lei penal) é **submeter**, que tem o significado de tirar a liberdade e a independência de, dominar, subjugar, sujeitar, etc.

O objeto material da conduta é o **preso**, cujo conceito foi objeto de análise nos comentários ao art. 13 da Lei n. 13.869/19. Como o tipo penal faz menção apenas à submissão do *preso* a *interrogatório policial* durante o período de repouso noturno, eventual realização de interrogatório de investigado *solto*, ou submetido à medida cautelar diversa da prisão, ainda que de recolhimento domiciliar, nesse mesmo período, não terá o condão de tipificar o crime em análise. Na mesma linha, referindo-se o tipo penal expressamente ao *interrogatório policial*, revela-se atípica a realização de eventual *interrogatório judicial (ou ministerial)* nas mesmas condições, também sob pena de indevida analogia *in malam partem* e consequente violação ao princípio da legalidade. Por outro lado, referindo-se o tipo penal ao *interrogatório policial*, aí está inserido aquele realizado em inquéritos policiais militares, vez que não consta do art. 18 qualquer restrição ao tipo de inquérito em que o ato é realizado.[141]

No tocante ao conceito de **repouso noturno**, poder-se-ia cogitar em aplicação dos costumes locais, como a doutrina o faz, por exemplo, para fins de reconhecimento do *furto praticado durante o repouso noturno* (CP, art. 155, § 1º). Todavia, por meio de interpretação sistemática, o ideal é buscar esse conceito dentro da própria Lei n. 13.869/19, cujo art. 22, § 1º, inciso III, não autoriza o cumprimento de mandado de busca e apreensão domiciliar *após as 21h (vinte e uma horas) ou antes das 5h (cinco horas)*. Ora, se a própria lei veda a execução do referido mandado nesse período, atendendo, pois, ao mandamento constitucional que só autoriza o ingresso em domicílio durante o dia (art. 5º, XI), por que não nos valermos desse mesmo critério para fins de tipificação do crime do art. 18? Onde impera a mesma razão, deve imperar a mesma lógica.[142] É nesse sentido, aliás, o **Enunciado n. 11** do Conselho Nacional de Procuradores-Gerais dos Ministérios Públicos dos Estados e da União (CNPG) e do Grupo Nacional de Coordenadores de Centro de Apoio Criminal (GNCCRIM): "Para efeitos do art. 18 da Lei de Abuso de Autoridade, compreende-se por repouso noturno o período de 21h00 a 5h00, nos termos do art. 22, § 1º, III, da mesma Lei".

Como será exposto mais adiante, em relação ao crime do art. 22, § 1º, inciso III, atinente ao cumprimento de mandado de busca e apreensão domiciliar após as 21 h (vinte e uma horas) ou antes das 5h (cinco horas), entendemos que o início da execução deve ocorrer antes das 21 (vinte e uma) horas, pouco importando, assim, que o cumprimento da diligência se prolongue durante o período noturno. Isso porque o adiamento da diligência para o dia seguinte colocaria em risco a própria eficácia da busca domiciliar, já que, durante esse hiato temporal, fatalmente o objeto da busca acabaria desaparecendo. Este raciocínio não nos parece válido em relação ao crime do art. 18. É dizer, iniciado o interrogatório policial do preso por volta de 20h (vinte horas), este deve ser interrompido às 21h (vinte e uma

141. Na mesma linha: CAVALCANTE. Op. cit. p. 105.

142. Com entendimento distinto, Agi (op. cit. p. 58) sustenta que deve ser considerado horário de repouso noturno o período entre 22 (vinte e duas) e 6 (seis) horas.

horas e retomado no dia seguinte às 5h (cinco horas). Ora, se o escopo da lei é preservar a autodeterminação do preso submetido a interrogatório policial em momento de maior vulnerabilidade, não há nenhuma lógica em estender a realização do ato durante o período de repouso noturno, até mesmo porque o prosseguimento do ato no dia seguinte não trará nenhum prejuízo à investigação.[143] A propósito, eis o teor do **Enunciado n. 12** do Conselho Nacional de Procuradores-Gerais dos Ministérios Públicos dos Estados e da União (CNPG) e do Grupo Nacional de Coordenadores de Centro de Apoio Criminal (GNCCRIM): "Ressalvadas as hipóteses de prisão em flagrante e concordância do interrogado devidamente assistido, o interrogatório extrajudicial do preso iniciado antes, não pode adentrar o período de repouso noturno, devendo ser o ato encerrado e, se necessário, complementado no dia seguinte".

De se notar que não consta do art. 18 qualquer menção aos dias da semana em que o interrogatório não possa ser realizado. É dizer, veda-se, pelo menos em regra, a realização desse ato no período noturno, mas não há nenhuma restrição quanto a determinados dias da semana. Portanto, admite-se a realização do interrogatório policial de segunda a segunda, dias úteis ou não.

Em conclusão, não há falar no crime do art. 18 se acaso o interrogatório policial durante o período de repouso noturno for realizado nas seguintes hipóteses (causas de exclusão da tipicidade):

a) **salvo se capturado em flagrante delito:** em se tratando de prisão em flagrante, o interrogatório pode ser realizado a qualquer momento, seja durante o dia, seja durante a noite, haja vista a exiguidade de tempo disponível para que o Delegado proceda à remessa do auto de prisão em flagrante à autoridade judiciária competente;

b) **se o preso, devidamente assistido, consentir em prestar declarações**: apesar da redação pouco clara da parte final do art. 18, parece evidente que a referência em questão diz respeito à assistência jurídica, prestada por advogado ou defensor público. Afinal, como exposto anteriormente, toda e qualquer pessoa, mas principalmente aquela que está presa, tem direito à assistência de um profissional da advocacia. Daí por que não se admite o prosseguimento do respectivo interrogatório, sem a presença desse profissional, se a

143. No mesmo sentido: GRECO; CUNHA. Op. cit. p. 161.

pessoa tiver optado por ser assistida por advogado ou defensor público, sob pena, aliás, de configuração do crime do art. 15, parágrafo único, inciso II, da Lei n. 13.869/19. É dentro desse cenário que deve ser compreendida a segunda ressalva constante do tipo penal do art. 18, leia-se, se um indivíduo preso (v.g., preventiva ou temporariamente), devidamente assistido por um profissional da advocacia de sua confiança, consentir voluntariamente em prestar declarações, mesmo sendo o horário considerado como de repouso noturno, não há falar no crime do art. 18.

32.6. Tipo subjetivo

Consultar comentários ao art. 1º, § 1º, da nova Lei de Abuso de Autoridade.

32.7. Consumação e tentativa

Consuma-se o delito do art. 18 no exato momento em que o agente público dá início ao interrogatório policial do preso durante o período de repouso noturno, ainda que o ato não venha a ser concluído. Por se tratar de delito plurissubsistente, cujo *iter criminis* é passível de fracionamento, admite-se, pelo menos em tese, o raciocínio correspondente à tentativa, a exemplo do que ocorre quando um preso temporário é retirado de sua cela por um investigador de polícia durante a madrugada para ser interrogado, o que não ocorre graças à intervenção do Delegado de Polícia.

32.8. Classificação doutrinária

O delito do art. 18 da nova Lei de Abuso de Autoridade pode ser classificado da seguinte forma: **a) crime próprio; b) crime comissivo:** pelo menos em regra; **c) crime unissubjetivo; d) crime plurissubsistente; e) crime permanente:** o crime se prolonga no tempo, pelo menos enquanto o preso for submetido a interrogatório policial durante o período de repouso noturno.

32.9. Ação penal, pena, competência para o julgamento, procedimento adequado, transação penal, suspensão condicional do processo e acordo de não persecução penal

São válidos aqui os mesmos comentários feitos em relação ao preceito secundário do crime do art. 12 da nova Lei de Abuso de

Autoridade, ao qual também é cominada uma pena de detenção, de 6 (seis) meses a 2 (dois) anos, e multa.

> **Art. 19. Impedir ou retardar, injustificadamente, o envio de pleito de preso à autoridade judiciária competente para a apreciação da legalidade de sua prisão ou das circunstâncias de sua custódia:**
>
> **Pena – detenção, de 1 (um) a 4 (quatro) anos, e multa.**
>
> **Parágrafo único. Incorre na mesma pena o magistrado que, ciente do impedimento ou da demora, deixa de tomar as providências tendentes a saná-lo ou, não sendo competente para decidir sobre a prisão, deixa de enviar o pedido à autoridade judiciária que o seja.**

33. Impedimento ou retardamento do envio de pleito de preso à autoridade judiciária competente

33.1. Direito intertemporal

A revogada Lei n. 4.898/65 não previa figura delituosa semelhante à do art. 19, que passa a funcionar, portanto, como *novatio legis* incriminadora, de aplicação restrita aos crimes cometidos após a vigência da Lei n. 13.869/19, *in casu*, a partir do dia 3 de janeiro de 2019.

33.2. Bem jurídico tutelado

Para além da dignidade da função pública e o prestígio de que o poder público deve desfrutar perante os administrados, o delito também tutela o direito de petição previsto no art. 5º, inciso XXXIV, da Constituição Federal, segundo o qual é assegurado a todos, independentemente do pagamento de taxas, o direito de petição aos Poderes Públicos em defesa de direitos ou contra ilegalidade ou abuso de poder. De certo modo, também visa resguardar o direito que toda e qualquer pessoa tem de impetrar ordem de *habeas corpus*, independentemente da presença de capacidade postulatória, pouco importando, ademais, se se trata de pessoa física ou jurídica, nacional ou estrangeira, presa ou em liberdade, dotada (ou não) de capacidade civil. É nesse sentido, aliás, o teor do art. 654, *caput*, primeira parte, do CPP, que prevê que o *habeas corpus* pode ser impetrado por qualquer pessoa, em seu favor ou de outrem. É por isso que parte da doutrina considera o *habeas corpus* como exemplo de ação penal popular. Afinal, qualquer pessoa está legitimada a impetrá-lo, independentemente de qualquer qualificação especial. O writ pode ser impetrado, portanto, inclusive por menor de idade e insanos mentais, ainda que não assistidos.

Aqui, é importante ter em mente que, quando alguém está preso, é comum que procure entrar em contato com o juiz para que este reavalie a sua situação. Muitas vezes o faz escrevendo uma carta de próprio punho, ou, a depender do grau de conhecimento jurídico que tiver, até mesmo redigindo ele mesmo um *habeas corpus*. Como esse indivíduo está custodiado em uma cela, esse trabalho costuma ser feito pelo próprio advogado ou defensor público. No entanto, nem sempre o preso dispõe dessa assistência profissional. Daí por que necessita da cooperação de um agente público, como, por exemplo, o diretor do presídio, um agente penitenciário, para que recolha seus pleitos e os direcione ao juiz competente, doravante sob pena de responsabilização criminal nos termos do art. 19, *caput,* da Lei n. 13.869/19.

33.3. Sujeitos do crime

Quanto ao sujeito ativo, os crimes do *caput* e do parágrafo único do art. 19 funcionam como **crimes próprios**, devendo o autor (ou partícipe) do delito ostentar a qualidade de agente público responsável pela custódia de presos (v.g., Diretor de estabelecimento prisional, agente penitenciário, etc.). Especificamente quanto ao parágrafo único, a redação do tipo penal deixa transparecer que o agente público em questão poderá ser exclusivamente o **magistrado**. De seu turno, o sujeito passivo direto (ou imediato) é o preso, ao passo que o sujeito passivo indireto (ou mediato) é o Estado.

33.4. Tipo objetivo

São dois os verbos núcleos do tipo penal do art. 19, *caput,* da Lei n. 13.869/19: a) **impedir**: significa obstar, interromper, embaraçar, tolher, consumando-se com a efetiva obstrução do envio de pleito de preso à autoridade judiciária competente para a apreciação da legalidade de sua prisão ou das circunstâncias de sua custódia; b) **retardar**: consiste em complicar, perturbar, causar adiamento, protelar, procrastinar, ou seja, o crime restará consumado com qualquer ação ou omissão que cause algum tipo de embaraço ao envio do pleito, ainda que não haja sua obstrução completa (crime formal).

Esses dois núcleos verbais constantes do *caput* do art. 19 fazem dele um **crime de ação múltipla ou de conteúdo variado**. Assim, se o agente, inicialmente, retardar o envio do pleito do preso ao magistrado e, na sequência, e dentro do mesmo contexto fático – é dizer, em relação ao mesmo pedido –, decidir não remetê-lo à autoridade judiciária competente (impedir), responderá por crime único, haja vista o princípio da alternatividade, devendo, no entanto, a pluralidade de verbos efetivamente praticados ser levada em consideração pelo juiz por ocasião da fixação da pena (art. 59, caput, do CP). Entretanto, inexistindo uma proximidade comportamental entre as várias condutas, haverá concurso de crimes (material ou mesmo continuado).

Mais uma vez, o legislador faz uso do elemento normativo *injustificadamente,* a significar que, havendo escusa legítima para a obstrução (ou retardamento) do envio do pleito ao magistrado, a conduta será atípica.

O objeto material de ambas as condutas delituosas previstas no *caput* do art. 19 é o *pleito de preso à autoridade judiciária competente.* De acordo com o Dicionário Houaiss da língua portuguesa,[144] *pleito* é uma questão judicial, um litígio, uma demanda, etc. Como se percebe, a expressão é absolutamente aberta e indeterminada, causando até mesmo certa dificuldade para se compreender o seu exato significado. De todo modo, como o próprio *caput* do art. 19 refere-se ao envio desse pleito à autoridade judiciária competente *para a apreciação da legalidade de sua prisão ou das circunstâncias de sua custódia*, e se é este exatamente o objeto do *habeas corpus* quando o paciente está preso, devemos compreender o vocábulo "*pleito*", verbal ou escrito, como sinônimo de *petição de habeas corpus*, consoante disposto no art. 654, § 1º, do CPP ["Art. 654. (...) § 1º. A petição de *habeas corpus* conterá: a) o nome da pessoa que sofre ou está ameaçada de sofrer violência ou coação e o de quem exercer a

144. Rio de Janeiro: Objetiva, 2009. p. 1.509.

violência, coação ou ameaça; b) a declaração da espécie de constrangimento ou, em caso de simples ameaça de coação, as razões em que se funda o seu temor; c) a assinatura do impetrante, ou de alguém a seu rogo, quando não souber ou não puder escrever, e a designação das respectivas residências"]. Enfim, para fins de tipificação do crime, o pleito em questão obrigatoriamente deve estar relacionado à apreciação da legalidade da prisão ou das circunstâncias da custódia.

Noutro giro, levando-se em consideração que o art. 19 faz referência ao impedimento ou retardamento no envio de pleito à autoridade judiciária competente, não haverá crime se a obstrução disser respeito a pleito encaminhado ao Ministério Público ou a outras instituições, como, por exemplo, corregedorias, ouvidorias do sistema penitenciário, etc., ainda que estas tenham o dever de fiscalizar a legalidade de prisões ou das condições de custódia.

De seu turno, o parágrafo único do art. 19 tipifica a conduta do magistrado que, ciente do impedimento ou da demora no envio do pleito de preso, ligado à legalidade da sua prisão ou das circunstâncias da sua custódia, deixa de tomar as providências tendentes a saná-lo ou, não sendo competente para decidir sobre a prisão, deixa de enviar o pedido à autoridade judiciária que o seja. Na primeira hipótese, o tipo penal cria para o *magistrado competente* o dever de adotar todas as providências tendentes a sanar o impedimento ou a demora no envio do pleito a sua pessoa. Caso não o faça, desincumbindo-se do dever jurídico de evitar tal resultado, deverá responder pelo crime em comento, verdadeira espécie de crime omissivo próprio. Na segunda hipótese, a despeito de não ser ele o magistrado competente para apreciar a legalidade da prisão ou das circunstâncias da custódia, o juiz, mesmo tendo ciência do impedimento ou da demora no envio do pleito, deixa de enviá-lo à autoridade judiciária competente.

33.5. Tipo subjetivo

Os crimes do *caput* e do parágrafo único do art. 19 são dolosos – não admitem a modalidade culposa – revelando-se indispensável, ademais, a presença do elemento subjetivo especial do injusto previsto no art. 1º, § 1º, da Lei n. 13.869/19. Diferenciam-se, todavia, por um detalhe. Enquanto a conduta do *caput* pode ser atribuída ao agente tanto a título de dolo direto quanto eventual, aquelas previstas no parágrafo único admitem apenas o dolo direto. Isso porque, no caso do parágrafo único do art. 19, a utilização da expressão "ciente do impedimento ou da demora" deixa entrever que o legislador deliberadamente excluiu a possibilidade do dolo eventual. É dizer, à semelhança de outros tipos penais que fazem uso de expressões como, por exemplo, "que sabe" ou "que devia saber" (v.g., arts. 180, *caput*, e 339, *caput*, do CP), a redação do tipo penal do parágrafo único do art. 19 denota que a punição de tal delito só é admitida a título de dolo direto. Isso significa dizer que, na hipótese de o magistrado apenas desconfiar ou suspeitar do impedimento ou da demora no envio do pleito de pessoa presa, não poderá responder pelo crime do art. 19, parágrafo único, da Lei n. 13.869/19, porquanto este crime não admite a punição a título de dolo eventual.

33.6. Consumação e tentativa

Quanto às condutas incriminadas pelo *caput* do art. 19, há de se distinguir: a) **quanto ao verbo impedir**: nesse caso, o crime estará consumado com a efetiva obstrução do envio de pleito de preso à autoridade judiciária competente. É dizer, a petição de *habeas corpus* jamais terá chegado ao conhecimento do magistrado; b) **quanto ao verbo retardar**: nessa hipótese, a consumação ocorrerá com qualquer ação ou omissão que cause algum tipo de embaraço ao envio do pleito. Ou seja, ainda que o pleito seja, posteriormente, encaminhado ao magistrado, se tiver havido algum atraso injustificado, a conduta já estará consumada. Em ambas as hipóteses, admite-se o *conatus*. Seria o caso do agente penitenciário flagrado ao rasgar pleito formulado pelo preso, haja vista a antipatia em relação a sua pessoa, sendo o pedido prontamente encaminhado à autoridade judiciária pelo agente que flagrou o ato ilícito do colega.

No que diz respeito ao parágrafo único do art. 19, o crime estará consumado com qualquer uma das omissões criminosas, leia-se, seja quando o magistrado deixar de tomar as providências tendentes a sanar o impedimento ou a demora no envio do pleito de preso, seja quando, não sendo competente para apreciar a legalidade da prisão ou as circunstâncias da custódia, deixar de enviar o pedido à autoridade competente. Nesse caso, por se tratar de crime omissivo próprio, não se admite a tentativa.

33.7. Classificação doutrinária

O crime do art. 19, *caput*, pode ser classificado da seguinte forma: **a) crime próprio; b) crime material**, no tocante ao verbo impedir, e **formal**, quando ao verbo núcleo retardar; **c) crime unissubjetivo; d) crime de ação múltipla (ou de conteúdo variado); e) crime comissivo**. Por sua vez, o delito do parágrafo único do art. 19 funciona como espécie de: **a) crime próprio; b) crime omissivo próprio; c) crime de perigo abstrato; d) crime unissubsistente; e) crime instantâneo; f) crime unissubjetivo.**

33.8. Ação penal, pena, competência para o julgamento, procedimento adequado, transação penal, suspensão condicional do processo e acordo de não persecução penal

São válidos aqui os mesmos comentários feitos em relação ao preceito secundário do crime do art. 9º da nova Lei de Abuso de Autoridade, ao qual também é cominada uma pena de detenção, de 1 (um) a 4 (quatro) anos, e multa.

> **Art. 20.** Impedir, sem justa causa, a entrevista pessoal e reservada do preso com seu advogado:
>
> Pena – detenção, de 6 (seis) meses a 2 (dois) anos, e multa.
>
> **Parágrafo único.** Incorre na mesma pena quem impede o preso, o réu solto ou o investigado de entrevistar-se pessoal e reservadamente com seu advogado ou defensor, por prazo razoável, antes de audiência judicial, e de sentar-se ao seu lado e com ele comunicar-se durante a audiência, salvo no curso de interrogatório ou no caso de audiência realizada por videoconferência.

34. Restrição, sem justa causa, da entrevista pessoal e reservada do preso com seu advogado

34.1. Rejeição do veto presidencial

Por ocasião da tramitação do Projeto de Lei que deu origem à nova Lei de Abuso de Autoridade, o Presidente da República deliberou por vetar seu art. 20, fazendo-o com base nos seguintes argumentos: "O dispositivo proposto, ao criminalizar o impedimento da entrevista pessoal e reservada do preso ou réu com seu advogado, mas de outro lado autorizar que o impedimento se dê mediante justa causa, gera insegurança jurídica por encerrar tipo penal aberto e que comporta interpretação. Ademais, trata-se de direito já assegurado nas Leis nºs 7.210, de 1984 e 8.906, de 1994, sendo desnecessária a criminalização da conduta do agente público, como no âmbito do sistema Penitenciário Federal, destinado a isolar presos de elevada periculosidade." À semelhança de outros vetos presidenciais, este também foi rejeitado pelo Congresso Nacional.

34.2. Direito intertemporal

À época da vigência da revogada Lei n. 4.898/65, seu art. 3º, alínea "j" tipificava como abuso de autoridade *qualquer atentado aos direitos e garantias legais assegurados ao exercício profissional*, dentre os quais poderíamos incluir exatamente o direito à entrevista pessoal e reservada do profissional da advocacia com seu cliente (Lei n. 8.906/94, art. 7º, III), ao qual era cominada uma pena de detenção, de 10 (dez) dias a 6 (seis) meses. De se notar, portanto, que não houve *abolitio criminis*, pois a referida conduta delituosa continua sendo considerada típica pela nova Lei de Abuso de Autoridade. Sua pena, porém, por ser mais gravosa, terá seu âmbito de aplicação restrito aos crimes cometidos após sua vigência, o que, *in casu,* teria ocorrido no dia 25 de janeiro de 2020.

34.3. Noções gerais acerca da ampla defesa e do direito à entrevista pessoal e reservada do acusado, ainda que preso, com seu defensor

Quando a Constituição Federal (art. 5º, LV) assegura aos litigantes, em processo judicial ou administrativo, e aos acusados em geral a *ampla defesa*, entende-se que a proteção deve abranger os seguintes direitos, entre os quais há uma relação de complementariedade:

a) defesa técnica (processual ou específica): é aquela exercida por profissional da advocacia, dotado de capacidade postulatória, seja ele advogado constituído, nomeado, ou defensor público. Para ser ampla, como impõe a Constituição Federal, apresenta-se no processo como defesa necessária, indeclinável, plena e efetiva, não sendo possível que alguém seja processado sem que possua defensor. Como dispõe a **súmula n. 523 do STF**, "no processo penal, a falta da defesa constitui nulidade absoluta, mas a sua deficiência só o anulará se houver prova de prejuízo para o réu". Em virtude da relação de confiança que necessariamente se estabelece entre o profissional da advocacia e o acusado, pertence a este o direito escolher seu defensor. A nomeação de defensor pelo juiz só poderá ocorrer nas hipóteses de abandono do processo pelo advogado constituído e desde que o acusado permaneça inerte, após ser instado a constituir novo defensor;

b) autodefesa (material ou genérica): é aquela exercida pelo próprio acusado, em momentos cruciais do processo. Diferencia-se da defesa técnica porque, embora não possa ser desprezada pelo juiz, é disponível, já que não há como se compelir o acusado a exercer seu direito ao interrogatório nem tampouco a acompanhar os atos da instrução processual. Manifesta-se no processo penal de várias formas: b.1) **Direito de audiência**: é o direito que o acusado tem de apresentar ao juiz da causa a sua defesa, pessoalmente. Esse direito se materializa através do interrogatório, já que é este o momento processual adequado para que o acusado, em contato direto com o juiz natural, possa trazer ao magistrado sua versão a respeito da imputação constante da peça acusatória. Daí o entendimento hoje majoritário em torno da natureza jurídica do interrogatório: meio de defesa; b.2) **Direito de presença**: por meio dele, assegura-se ao acusado a oportunidade de, ao lado de seu defensor, acompanhar os atos de instrução, auxiliando-o na realização da defesa. Daí a importância da obrigatória intimação do defensor e do acusado para todos os atos processuais. Afinal, durante a instrução criminal, podem ser prestadas declarações cuja falsidade ou incorreção só o acusado consiga detectar. Nesse caso, o acusado deve poder relatar de imediato tais falsidades ou incorreções ao seu defensor técnico, a fim de que este último tenha tempo hábil para explorá-las, durante a colheita da prova; b.3) **Capacidade postulatória autônoma do acusado**: dada a importância do bem jurídico em disputa no processo penal – liberdade de locomoção –, defere-se ao acusado, em alguns momentos específicos, capacidade postulatória autônoma, independentemente da presença de seu advogado. É por isso que o acusado, mesmo não sendo profissional da advocacia, pode interpor recursos (CPP, art. 577, caput), impetrar *habeas corpus* (CPP, art. 654, caput), ajuizar revisão criminal (CPP, art. 623), assim como formular pedidos relativos à execução da pena (LEP, art. 195, caput).

Para o exercício da defesa técnica e da autodefesa, é de fundamental importância que o profissional da advocacia possa manter contato com seus clientes, pouco importando que estes se encontrem presos. Esse direito à entrevista prévia e reservada do imputado, ainda que preso, com seu defensor está previsto não apenas na Convenção Americana sobre Direitos Humanos (art. 8º, 2, "d"), mas também na Lei de Execução Penal (art. 41, IX), no Estatuto da Ordem dos Advogados do Brasil (art. 7º, III), na Lei Complementar n. 80/94 (art. 128, inciso VI), que organiza a Defensoria Pública, no Estatuto da Criança e do Adolescente (art. 124, III) e no Código de Processo Penal (art. 185, § 5º). O objetivo precípuo desta entrevista é permitir que o imputado seja orientado por um profissional da advocacia de sua confiança, o que, em última análise, resultará numa sensível melhora da atuação não apenas da defesa técnica, mas também da própria autodefesa.[145]

A comunicação em questão deve ser pessoal e reservada. Pessoal denota que é o próprio preso, em pessoa, que deve estar ali, diante do advogado. Reservadamente, por sua vez, diz respeito ao fato de que essa comunicação não pode ocorrer na presença de mais ninguém além do preso e de seu defensor, ou seja, ninguém mais pode ter acesso à referida comunicação, preservando-se, assim, o sigilo inerente ao exercício da advocacia. A comunicação deve ser feita sem qualquer tipo de monitoramento, seja por outras pessoas, seja por quaisquer equipamentos capazes de registrar em áudio ou vídeo a conversa. Logicamente, o direito em questão não autoriza o advogado a falar com seu cliente preso a qualquer momento do dia. Devemos observar a reserva do possível, daí por que devem ocorrer nos horários e dias determinados pelo estabelecimento prisional.

145. Na dicção de Ada Pellegrini Grinover, "(...) se o interrogatório é, como é, meio de defesa; e se a assistência do defensor é, como é, obrigatória no interrogatório, é evidente que a entrevista prévia do acusado com o defensor é essencial para que autodefesa e defesa técnica se integrem, por intermédio do contato reservado dos dois protagonistas da defesa penal, indispensável ao adequado exercício da defesa, em sua dúplice configuração". (*O interrogatório como meio de defesa: Lei n. 10.792/03*. Revista Brasileira de Direito Constitucional, São Paulo, jan./jun. 2005 p. 191).

34.4. Bem jurídico tutelado

Tutela-se não apenas a Administração Pública, mas também, como exposto anteriormente, o direito à assistência de advogado, do qual é consectário lógico o direito à entrevista pessoal e reservada do imputado com seu advogado.

34.5. Sujeitos do crime

Quanto ao sujeito ativo, a conduta do *caput* do art. 20, pelo menos em tese, pode ser praticada por qualquer agente público que tenha atribuição para custodiar o preso, impedindo, assim, a comunicação pessoal e reservada com seu advogado. O sujeito passivo, nesse caso, além do Estado, é o preso, independentemente da espécie de prisão (penal ou extrapenal).

Em sentido diverso, como o parágrafo único do art. 20 refere-se expressamente à *audiência judicial*, a qual necessariamente é presidida por um juiz, conclui-se que o sujeito ativo deste delito será, em regra, apenas o *magistrado*. Sem embargo, na eventualidade de o interrogatório ser realizado por videoconferência, é possível, pelo menos em tese, que o delito seja praticado pelo funcionário público lotado no estabelecimento que o interrogando estiver preso, privando-o do direito de se entrevistar pessoal e reservadamente com seu advogado antes da realização do ato.

Ainda em relação ao delito do art. 20, parágrafo único, o sujeito passivo, além do Estado, será não apenas o *acusado preso*, mas também aquele que estiver em liberdade, e até mesmo o próprio *investigado*. À primeira vista, estranha-se a utilização da terminologia *investigado* se o próprio dispositivo versa sobre a restrição ao direito à entrevista pessoal e reservada com advogado durante a *audiência judicial*. Esta aparente contradição, todavia, é afastada quando nos lembramos da audiência de custódia (ou de apresentação), espécie de *audiência judicial* na qual o preso ainda não adquiriu o status de *acusado*, porquanto ainda não foi denunciado pelo Ministério Público. Como se trata de ato judicial cuja realização demanda a presença obrigatória de defensor, *ex vi* do art. 310, *caput*, do CPP, com redação dada pela Lei n. 13.964/19, a redação do tipo penal deixa transparecer que o desrespeito ao direito de entrevista pessoal e reservada do custodiado, leia-se, do investigado com seu defensor em tal ato poderá caracterizar abuso de autoridade, desde que presente, obviamente, o especial fim de agir do art. 1º, § 1º, da Lei n. 13.869/19.

34.6. Tipo objetivo

O verbo núcleo do tipo é **impedir**, que significa atravancar, barrar, bloquear, cortar, dificultar, embargar, empecer, estorvar, evitar, impossibilitar, obstaculizar, obstar, obstruir, etc. *In casu*, cria-se, **sem justa causa**, um obstáculo à entrevista pessoal e reservada do preso com seu advogado. O elemento normativo "sem justa causa" demonstra que, havendo justificativa razoável para se impedir, ainda que momentaneamente, a entrevista do preso com seu advogado, a conduta será atípica. É o que ocorre, por exemplo, se não houver escolta suficiente para acompanhar todos os presos. Constando do tipo penal a referência explícita à necessidade de que a comunicação em questão seja pessoal e reservada, ter-se-á como caracterizado o delito se o agente público condicionar a realização da entrevista à gravação.

O *caput* do art. 20 faz referência apenas ao *preso*. Portanto, não se pode admitir qualquer tipo de interpretação extensiva para se aplicar esse tipo penal ao indivíduo solto, que esteja em liberdade, sob pena de incorrermos em verdadeira analogia *in malam partem* e consequente violação ao princípio da legalidade. Como o dispositivo se limita a citar o indivíduo *preso*, sem, porém, especificar a espécie de prisão em questão, é de se concluir que, para fins de tipificação da referida figura delituosa, pouco importa que o indivíduo esteja preso em flagrante, preventivamente, etc. O termo *preso*, aliás, abrange inclusive o menor infrator internado, a quem também é assegurado o direito à entrevista pessoal e reservada com seu defensor (Lei n. 8.069/90, art. 124, III).

Noutro giro, o parágrafo único do art. 20 também tipifica como abuso de autoridade a conduta do agente público que impede o preso, o réu solto ou o investigado de entrevistar-se pessoal e reservadamente com seu advogado ou defensor, por prazo razoável, antes de audiência judicial, e de sentar-se ao seu lado e com ele comunicar-se durante a audiência, salvo no curso de interrogatório ou no caso de audiência realizada por videoconferência. Cuida-se de norma especial em relação ao *caput*, pois versa sobre o direito de entrevista antes da audiência judicial, pouco importando, ademais, se o indivíduo está preso ou solto.

Procura-se, mais uma vez, resguardar o direito à entrevista prévia e reservada do advogado com seu cliente prevista no art. 185, § 5º, do CPP, permitindo-se, assim, uma maior interação entre o profissional da advocacia e o imputado. É dizer, para que se possa falar em defesa ampla e efetiva como exige a Constituição Federal, não basta que o advogado esteja presente no interrogatório judicial apenas de maneira formal e meramente decorativa. Deve poder se entrevistar prévia e reservadamente com seu cliente para tomar conhecimento do que realmente teria acontecido (ou não) no dia dos fatos, saber quem são as testemunhas e vítimas arroladas pela acusação e o grau de conhecimento que têm sobre a imputação, explicar-lhe eventuais benefícios decorrentes de uma possível confissão, ou até mesmo orientá-lo acerca do exercício do direito ao silêncio. Enfim, o que realmente importa é que o acusado, antes de ser submetido ao interrogatório judicial, seja devidamente orientado por um profissional da advocacia de sua confiança acerca da melhor estratégia a ser seguida por ocasião de sua oitiva em juízo.

De acordo com a redação do parágrafo único, se a entrevista pessoal e reservada do imputado com seu defensor não perdurar por prazo razoável antes da audiência judicial, ter-se-á como caracterizado o delito. Como se percebe, o legislador faz uso, mais uma vez, de expressão vaga e indeterminada, dificultando sobremaneira o trabalho do intérprete. Ora, de nada vale a observância da anterioridade da lei penal se esta não estiver dotada da clareza necessária, de modo a permitir reduzir o grau de variabilidade subjetiva na aplicação da lei. É dizer, esse caráter dúbio e ambíguo da expressão *prazo razoável* constante do tipo penal acaba funcionando como campo fértil para prosperar a arbitrariedade. De todo modo, levando-se em consideração que não apenas o juiz, mas também todos os demais envolvidos nessa audiência estarão aguardando o final dessa entrevista, a doutrina[146] sugere que um tempo em torno de 30 (trinta) minutos seria um prazo razoável, até mesmo porque o acusado deverá acompanhar a audiência ao lado de seu advogado, podendo com ele se comunicar durante a integralidade do ato, salvo quando tiver início seu interrogatório ou em se tratando de audiência por videoconferência.

---

146. GRECO; CUNHA. Op. cit. p. 179. Para Agi (op. cit. p. 64), 15 (quinze) minutos seria um prazo razoável.

De se notar que, em sua parte final, o art. 20, parágrafo único, afasta a tipificação do delito em duas situações:

a) **no curso de interrogatório**: a despeito de se tratar de um ato assistido tecnicamente e protegido pelo direito ao silêncio, o interrogatório é um ato pessoal, ou seja, deve ser exercido pessoalmente pelo acusado, sem a possibilidade de o acusado se consultar com seu defensor durante a sua realização. Daí o porquê da ressalva constante do tipo penal, no sentido de que não haverá crime se ao acusado, por exemplo, for negada a possibilidade de conversar com seu defensor exclusivamente durante o interrogatório;

b) **no caso de audiência realizada por videoconferência:** consoante disposto no art. 185, § 5º, do CPP, em qualquer modalidade de interrogatório, o juiz garantirá ao réu o direito de entrevista prévia e reservada com o seu defensor; se realizado por videoconferência, fica também garantido o acesso a canais telefônicos reservados para comunicação entre o defensor que esteja no presídio e o advogado presente na sala de audiência do Fórum, e entre este e o preso. Como se percebe, quando se trata de audiência realizada por videoconferência, assegura-se ao acusado não apenas o direito à entrevista pessoal e reservada com o seu defensor, como também a possibilidade de comunicação entre ambos. Nem sempre, porém, o defensor constituído pelo acusado estará fisicamente ao seu lado. De fato, pelo menos em tese, é possível que tal defensor esteja no fórum, e que seu cliente esteja no presídio, logicamente acompanhado por outro advogado. Ante a impossibilidade de se sentarem lado a lado, o art. 20, parágrafo único, *in fine*, da Lei n. 13.869/19, afasta a tipificação do delito nessas circunstâncias.

Dentro dessa última ressalva – no caso de audiência realizada por videoconferência – também estão inseridas, implicitamente, as duas hipóteses constantes do art. 217 do CPP: "Se o juiz verificar que a presença do réu poderá causar humilhação, temor, ou sério constrangimento à testemunha ou ao ofendido, de modo que prejudique a verdade do depoimento, *fará a inquirição por videoconferência*[147] e, somente na impossibilidade dessa forma, *determinará a*

147. Da leitura do art. 217 do CPP fica a impressão de que, sendo a audiência realizada por videoconferência, estaria o acusado autorizado a assisti-la, ou seja, a retirada do acusado da sala de audiência seria permitida apenas quando da realização da audiência na forma comum, leia-se, com a presença de todos. Não parece ser este o objetivo

retirada do réu, prosseguindo na inquirição, com a presença do seu defensor". Por mais que o acusado faça jus ao direito à presença, não se trata de um direito de natureza absoluta. Dentre os direitos fundamentais que podem colidir com o direito de presença, legitimando sua restrição, encontram-se os direitos das testemunhas e das vítimas à vida, à segurança, à intimidade e à liberdade de declarar, os quais se revestem de inequívoco interesse público, e cuja proteção é indiscutível dever do Estado. Portanto, na hipótese de efetiva prática de atos intimidatórios, subentende-se que houve uma renúncia tácita ao direito de presença pelo acusado decorrente da adoção de comportamento incompatível com o exercício regular de um direito.[148] Nessa hipótese, seja quando o ato for realizado por videoconferência, seja quando for determinada a retirada do acusado da sala de audiências, não há falar em tipificação do crime do art. 20, parágrafo único, da Lei n. 13.869/19, desde que assegurada a presença da defesa técnica no ato processual em questão, bem como um canal de comunicação livre e reservada do defensor com seu cliente. É dizer, se a segunda parte do art. 217 do CPP autoriza expressamente a retirada do acusado da sala de audiência quando não for possível realizar o ato por videoconferência, é de todo evidente que a determinação judicial fundamentada nesse sentido (CPP, art. 217, parágrafo único) jamais terá o condão de tipificar o delito sob comento. Afinal, não se pode conceber que uma norma proíba o que outra autoriza, sob pena de verdadeiro caos normativo.

34.7. Tipo subjetivo

Consultar comentários aos § §1º e 2º do art. 1º da nova Lei de Abuso de Autoridade.

---

do dispositivo. Na verdade, seja por meio da videoconferência, seja pessoalmente, não se deve permitir, em hipótese alguma, que a pessoa constrangida seja identificada pelo acusado. É bem verdade que a testemunha ou o ofendido terão contato com os defensores do acusado, mas estes, sob compromisso de seu grau, certamente não irão desvendar-lhe a identidade. Em sentido semelhante: PINTO, Ronaldo Batista; CUNHA, Rogério Sanches. *Crime organizado: comentários à nova lei sobre o Crime Organizado*. Editora Juspodivm, 2013, p. 80.

148. Considerando lícita a retirada dos acusados da sala de audiências, se as testemunhas de acusação demonstram temor e receio em depor na presença dos réus: STF, 1ª Turma, HC 86.572/PE, Rel. Min. Carlos Britto, j. 06/12/2005, DJ 30/03/2007 p. 76; STF, 1ª Turma, HC 86.711/GO, Rel. Min. Ricardo Lewandowski, j. 04/03/2006, DJ 16/06/2006; STF, 2ª Turma, HC 73.879/SP, Rel. Min. Francisco Rezek, j. 10/06/1996, DJ 11/04/1997.

34.8. Consumação e tentativa

Consumam-se os delitos do art. 20, *caput* e parágrafo único, quando o imputado for efetivamente privado do direito à entrevista pessoal e reservada com seu defensor. Conquanto seja de difícil configuração, admite-se a tentativa, quando, por exemplo, a conduta for praticada por escrito.

34.9. Classificação doutrinária

Os crimes do art. 20, *caput,* e parágrafo único, podem ser classificados da seguinte forma: a) **crime próprio**; b) **crime comissivo**, pelo menos em regra; c) **crime material**; d) **crime plurissubsistente**; e) **crime unissubjetivo.**

34.10. Conflito aparente de normas

Há um conflito aparente de normas entre o delito do art. 20, *caput,* da nova Lei de Abuso de Autoridade, e o crime do art. 7º-B da Lei n. 8.906/94, incluído pela Lei n. 13.869/19, especificamente no tocante à violação da prerrogativa constante do inciso III do art. 7º do Estatuto da OAB, que assegura aos advogados o direito de se comunicar com seus clientes, pessoal e reservadamente, mesmo sem procuração, quando estes se acharem presos, detidos ou recolhidos em estabelecimentos civis ou militares, ainda que considerados incomunicáveis.

De modo a resolver esse conflito, há de ser aplicado o princípio da especialidade no seguinte sentido: se o preso for impedido de se entrevistar com seu advogado antes da prática de algum ato da persecução penal, como, por exemplo, seu interrogatório policial, ter-se-á caracterizado o delito do art. 20. Se, todavia, estivermos diante de outra comunicação entre o advogado e seu cliente preso, que não a entrevista, a exemplo de uma visita ao presídio, o crime caracterizado será o do art. 7º-B da Lei n. 8.906/94.[149]

Art. 21. Manter presos de ambos os sexos na mesma cela ou espaço de confinamento:

Pena – detenção, de 1 (um) a 4 (quatro) anos, e multa.

149. É nesse sentido a lição de Samer Agi (op. cit. p. 63).

Parágrafo único. Incorre na mesma pena quem mantém, na mesma cela, criança ou adolescente na companhia de maior de idade ou em ambiente inadequado, observado o disposto na Lei n. 8.069, de 13 de julho de 1990 (Estatuto da Criança e do Adolescente).

35. Manutenção de presos de ambos os sexos na mesma cela ou espaço de confinamento

35.1. Direito intertemporal

Sob a égide da revogada Lei n. 4.898/65, não havia figura delituosa semelhante à do art. 21. Cuida-se, pois, de *novatio legis in pejus*, de aplicação restrita aos crimes cometidos após a vigência da Nova Lei de Abuso de Autoridade, *in casu*, no dia 3 de janeiro de 2020.

35.2. Noções gerais acerca da necessidade de recolhimento de presos a estabelecimento próprio e adequado ao seu respectivo sexo

Dispõe o art. 5º, XLVIII, da Constituição Federal que 'a pena será cumprida em estabelecimentos distintos, de acordo com a natureza do delito, a idade e o *sexo do apenado*'. Harmonizando-se com essa disposição, o art. 82, § 1º, da Lei de Execução Penal prevê que *a mulher deverá ser recolhida a estabelecimento próprio e adequado à sua condição pessoal*. Objetiva-se, na separação entre homens e mulheres, afastar violências de ordem sexual e a própria promiscuidade entre eles.[150]

Os estabelecimentos penais destinados a mulheres deverão possuir, exclusivamente, agentes do sexo feminino na segurança de suas dependências internas (LEP, art. 83, § 3º). Também deverão contar com berçário, onde as condenadas possam cuidar de seus filhos, inclusive amamentá-los, no mínimo, até 6 (seis)

150. Ganhou notoriedade no Brasil, sob o ponto de vista negativo, um caso concreto ocorrido na cidade de Abaetetuba/PA nos idos de 2007, no qual uma adolescente de 15 (quinze) anos foi presa e colocada em uma cela com aproximadamente 20 (vinte) homens, ali permanecendo por aproximadamente 26 (vinte e seis) dias, período no qual foi estuprada inúmeras vezes, muitas delas para que tivesse acesso à comida e materiais de higiene pessoal.

meses de idade (LEP, art. 83, § 2º). O dispositivo guarda relação com o disposto no art. 5º, L, da Constituição Federal, segundo o qual "às presidiárias serão asseguradas condições para que possam permanecer com seus filhos durante o período de amamentação".

Com o objetivo de reformular as práticas do sistema prisional brasileiro e contribuir para a garantia dos direitos das mulheres, nacionais e estrangeiras, inclusive as previstas nos referidos arts. 82, § 1º, e 83, § §2º e 3º, da LEP, o Ministério da Justiça instituiu, por meio da Portaria Interministerial n. 210, de 16 de janeiro de 2014, a Política Nacional de Atenção às Mulheres em Situação de Privação de Liberdade e Egressas do Sistema Prisional, estabelecendo, no enfoque dos estabelecimentos penais, entre outras metas, o incentivo aos órgãos estaduais de administração prisional para que promovam a efetivação dos direitos fundamentais no âmbito dos estabelecimentos prisionais, levando em conta as peculiaridades relacionadas a gênero, cor ou etnia, orientação sexual, idade, maternidade, nacionalidade, religiosidade e deficiências física e mental, bem como aos filhos inseridos no contexto prisional (art. 4º, II, da Portaria).

Especificamente quanto ao recolhimento à prisão de lésbicas, gays, bissexuais, travestis e transexuais, é importante ficar atento aos dizeres da Resolução Conjunta n. 1, de 15 de abril de 2014 do Conselho Nacional de Política Criminal e Penitenciária (CNPCP) e do Conselho Nacional de Combate à Discriminação (CNCD/LGBT): "Art. 1º – Estabelecer os parâmetros de acolhimento de LGBT em privação de liberdade no Brasil. Parágrafo único – Para efeitos desta Resolução, entende-se por LGBT a população composta por lésbicas, gays, bissexuais, travestis e transexuais, considerando-se: I – Lésbicas: denominação específica para mulheres que se relacionam afetiva e sexualmente com outras mulheres; II – Gays: denominação específica para homens que se relacionam afetiva e sexualmente com outros homens; III – Bissexuais: pessoas que se relacionam afetiva e sexualmente com ambos os sexos; IV – Travestis: pessoas que pertencem ao sexo masculino na dimensão fisiológica, mas que socialmente se apresentam no gênero feminino, sem rejeitar o sexo biológico; e V – Transexuais: pessoas que são psicologicamente de um sexo e anatomicamente de outro, rejeitando o próprio órgão sexual biológico. Art. 2º – A pessoa travesti ou transexual em privação de liberdade tem o direito de ser chamada pelo seu nome social, de acordo com o seu gênero. Parágrafo único – O registro de admissão no estabelecimento prisional deverá conter o nome social da pessoa presa. Art. 3º – Às travestis e aos gays privados de liberdade em unidades prisionais masculinas, considerando a sua segurança e especial vulnerabilidade, deverão ser oferecidos espaços de vivência específicos. § 1º – Os espaços para essa população não devem se destinar à aplicação de medida disciplinar ou de qualquer método coercitivo. § 2º – A transferência da pessoa presa para o espaço de vivência específico ficará condicionada à sua expressa manifestação de vontade. Art. 4º – As pessoas transexuais masculinas e femininas devem ser encaminhadas para as unidades prisionais femininas. Parágrafo único – Às mulheres transexuais deverá ser garantido tratamento isonômico ao das demais mulheres em privação de liberdade. Art. 5º – À pessoa travesti ou transexual em privação de liberdade serão facultados o uso de roupas femininas ou masculinas, conforme o gênero, e a manutenção de cabelos compridos, se o tiver, garantindo seus caracteres secundários de acordo com sua identidade de gênero".

35.3. Bem jurídico tutelado

O delito do art. 21 da nova Lei de Abuso de Autoridade tutela não apenas a Administração Pública, como também a dignidade da pessoa humana, evidentemente lesada diante da colocação do preso em um mesmo espaço de confinamento com custodiados do sexo oposto.

35.4. Sujeitos do crime

Quanto ao sujeito ativo, estamos diante de crime próprio, nos exatos termos do art. 2º da Lei n. 13.869/19. Logicamente, ante a redação do tipo penal, que faz menção à manutenção de presos de ambos os presos na mesma cela ou espaço de confinamento, tal agente público deve ter atribuição ou competência para definir, ainda que momentaneamente, em que lugar os presos ficarão custodiados. Enfim, podem praticar o delito não apenas Delegados de Polícia, agentes carcerários, diretores de presídios, mas também os próprios juízes.

O sujeito passivo direto (ou imediato) é a mulher custodiada com homens, assim como o homem confinado com uma mulher. No caso do parágrafo único, as crianças ou adolescentes recolhidos na companhia de maior de idade ou em ambiente inadequado. O sujeito passivo mediato, como de costume, é o Estado.

35.5. Tipo objetivo

A conduta incriminada pelo art. 21, *caput,* é manter presos de ambos os sexos na mesma cela ou espaço de confinamento.

O verbo núcleo **manter** tem o significado de fazer ficar ou ficar em determinada posição, estado ou situação. O objeto material da conduta são **presos de ambos os sexos**. Referindo-se a *presos* em sentido amplo, denota-se que o tipo penal abrange qualquer espécie de prisão, seja ela penal, cautelar, ou extrapenal, inclusive a internação de menores. Para a configuração do delito, é indispensável que presos do sexo masculino e feminino sejam colocados na mesma cela ou espaço de confinamento.

A distinção em questão não se limita ao sexo biológico, devendo observar, na verdade, a identidade de gênero. Como já se pronunciou a Suprema Corte, "(...) a identidade de gênero é manifestação da própria personalidade da pessoa humana e, como tal, cabe ao Estado apenas o papel de reconhecê-la, nunca de constituí-la. A pessoa transgênero que comprove sua identidade de gênero dissonante daquela que lhe foi designada ao nascer por autoidentificação firmada em declaração escrita desta sua vontade dispõe do direito fundamental subjetivo à alteração do prenome e da classificação de gênero no registro civil pela via administrativa ou judicial, independentemente de procedimento cirúrgico e laudos de terceiros, por se tratar de tema relativo ao direito fundamental ao livre desenvolvimento da personalidade".[151]

Enfim, é a classificação do gênero constante do registro civil que deve, *pelo menos em regra*, determinar se a pessoa presa deve ficar em cela destinada a homens ou a mulheres. Logo, na hipótese de preso (a) transexual, este (a) deverá ser recolhido (a) na cela referente ao seu gênero, a não ser que opte em permanecer na cela correspondente ao seu sexo anatômico.[152] Dissemos "em regra" porque, em decisão singular do Min. Luís Roberto Barroso no HC 152.491 (DJe 16/02/2018), foi deferida a ordem de ofício

---

151. STF, Pleno, ADI 4.275/DF, Rel. Min. Edson Fachin, j. 01/03/2018, DJe 45 06/03/2019.

152. Nessa linha: GRECO; CUNHA. Op. cit. p. 192.

para determinar ao Juízo da Comarca de Tupã/SP, que presos transexuais fossem colocados em estabelecimento prisional compatível com as respectivas orientações sexuais, de modo que sequer se exigiu a observância do gênero constante do registro civil, mas apenas do *gênero social*, conforme apresentação do indivíduo junto à sociedade. Assim, na hipótese de prisão de travesti, há de ser respeitada sua identidade social, com o consequente recolhimento a uma cela feminina.

Constam da redação do art. 21, *caput*, dois elementos espaciais do tipo: a) **cela**: é o local destinado ao aprisionamento de alguém. De acordo com o art. 88 da LEP, o condenado será alojado em cela individual que conterá dormitório, aparelho sanitário e lavatório, tendo como requisitos básicos a salubridade do ambiente pela concorrência dos fatores de aeração, insolação e condicionamento térmico adequado à existência humana, e uma área mínima de 6,00 m2 (seis metros quadrados); b) **espaço de confinamento**: ante as mazelas do sistema carcerário brasileiro, que nem sempre dispõe de celas para a custódia dos presos, a Lei n. 13.869/19 houve por bem se valer desta elementar ampla e genérica para se referir a qualquer outra área ou ambiente não necessariamente projetada para a ocupação contínua de presos, mas que venha a receber essa destinação, ainda que provisoriamente, a exemplo de veículos de transporte de presos, salas de custódia nos fóruns criminais, sítios de triagem, contêineres, viaturas policiais, etc.

Na eventualidade de a manutenção de presos de ambos os sexos na mesma cela acarretar intenso sofrimento físico ou mental ao indivíduo custodiado, a exemplo do que ocorreu na cidade de Abaetetuba/PA, em que uma adolescente ficou presa por 26 (vinte e seis) dias numa cela com mais de 20 detentos do sexo masculino, sendo, então, estuprada e espancada, a conduta melhor se subsume ao crime de tortura imprópria previsto no art. 1º, § 1º, da Lei n. 9.455/97 ("§1º. Na mesma pena incorre quem submete pessoa presa ou sujeita a medida de segurança a sofrimento físico ou mental, por intermédio da prática de ato não previsto em lei ou não resultante de medida legal"), verdadeira norma especial em relação ao art. 21, *caput,* da Lei n. 13.869/19.

Por sua vez, consoante disposto no parágrafo único do art. 21, incorre na mesma pena quem mantém, na mesma cela, criança ou adolescente na companhia de maior de idade ou em ambiente inadequado, observado o disposto no Estatuto da Criança e do Adolescente. A novel figura delituosa vem ao encontro do art. 123 da Lei n. 8.069/90, que prevê que a internação deverá ser cumprida em entidade exclusiva para adolescentes, em local distinto daquele destinado ao abrigo, obedecida rigorosa separação por critérios de idade, compleição física e gravidade da infração. De se notar que, nesse caso, a lei não exige, para fins de tipificação da conduta delituosa, que crianças ou adolescentes fiquem em celas com pessoas de ambos os sexos. Na verdade, basta que os menores sejam colocados na companhia de maiores de idade ou em ambiente inadequado. Importante lembrar que o ECA permite que o adolescente permaneça por até 5 (cinco) dias em unidade policial, enquanto aguarda transferência para local apropriado.[153] A parte final desse tipo consagra verdadeira hipótese de **norma penal em branco**, vez que a exata compreensão da norma penal incriminadora, *in casu*, da adequação (ou não) do ambiente, depende de complementação constante do art. 94 do Estatuto da Criança e do Adolescente.

35.6. Tipo subjetivo

O crime é punido a título de dolo (direto ou eventual). Faz-se necessária, ademais, a presença do especial fim de agir constante do art. 1º, § 1º, cuja ausência acarreta a atipicidade da conduta. Como o conhecimento de que *presos de ambos os sexos* funciona como elementar do tipo do art. 21, *caput*, da Lei n. 13.869/19, caso o agente desconheça esse fato, acreditando, por exemplo, que todos eram do sexo masculino, ou vice-versa, e seu erro estiver plenamente justificado pelas circunstâncias de fato, caracterizado estará o erro de tipo, com a consequente exclusão do dolo do agente. Como o referido delito não admite a modalidade culposa, sua conduta será considerada atípica, nos termos do art. 20, *caput*, do Código Penal.

---

153. Lei n. 8.069/90: "Art. 185. A internação, decretada ou mantida pela autoridade judiciária, não poderá ser cumprida em estabelecimento prisional. § 1º Inexistindo na comarca entidade com as características definidas no art. 123, o adolescente deverá ser imediatamente transferido para a localidade mais próxima. § 2º Sendo impossível a pronta transferência, o adolescente aguardará sua remoção em repartição policial, desde que em seção isolada dos adultos e com instalações apropriadas, não podendo ultrapassar o prazo máximo de cinco dias, sob pena de responsabilidade".

35.7. Consumação e tentativa

Os delitos estarão consumados no exato momento em que o preso for recolhido em cela diversa daquela correspondente ao seu sexo, pouco importando, para tanto, que venha a sofrer algum tipo de agressão física ou sexual. Na verdade, se essas agressões vierem a ocorrer, ter-se-á novo crime de lesões corporais, estupro, etc., os quais deverão ser imputados em concurso material com o abuso de autoridade ao próprio agente público, que assume inegavelmente a condição de garante, nos exatos termos do art. 13, § 2º, do Código Penal. Na hipótese de a conduta ser praticada por omissão do agente público responsável pela tutela do preso, o crime estará consumado no instante em que ele, ao tomar ciência da situação, nada fizer para corrigi-la.

Por se tratar de conduta plurissubsistente, cujo *iter criminis* é passível de fracionamento, não se pode refutar a possibilidade de configuração do *conatus* quando o crime for praticado de maneira comissiva. É o que ocorre, por exemplo, se um Delegado de Polícia, em virtude da ausência de celas destinadas a pessoas do sexo feminino na comarca, determinar o recolhimento de uma mulher a uma cela destinada a homens, resultado este não alcançado, porém, em virtude da pronta e imediata intervenção da autoridade judiciária, que, ao tomar conhecimento do fato, deliberou pela substituição da prisão em questão por uma medida cautelar diversa.

35.8. Classificação doutrinária

O crime do art. 21 da nova Lei de Abuso de Autoridade pode ser classificado da seguinte forma: **a) próprio; b) material; c) permanente:** o verbo núcleo *manter* traduz a ideia de permanência, já que a consumação do crime se prolonga no tempo, detendo o agente o poder de fazer cessar a execução do delito a qualquer momento; **d) crime comissivo**: o delito é praticado mediante uma conduta positiva, um fazer, consubstanciado na determinação para o encarceramento indevido, o que não impede que o fato seja praticado por meio de omissão imprópria, nas hipóteses em que o agente ostente a condição de garantidor (CP, art. 13, § 2º) e, dolosamente, com o especial fim de agir do art. 1º, § 1º, nada faça para impedir a superveniência do resultado, a exemplo do juiz que toma conhecimento da situação abusiva e se abstém de corrigi-la; **e) unissubjetivo; f) plurissubsistente.**

35.9. Ação penal, pena, competência para o julgamento, procedimento adequado, transação penal, suspensão condicional do processo e acordo de não persecução penal

São válidos aqui os mesmos comentários feitos em relação ao preceito secundário do crime do art. 9º, *caput*, da nova Lei de Abuso de Autoridade, ao qual também é cominada uma pena de detenção, de 1 (um) a 4 (quatro) anos, e multa.

Art. 22. Invadir ou adentrar, clandestina ou astuciosamente, ou à revelia da vontade do ocupante, imóvel alheio ou suas dependências, ou nele permanecer nas mesmas condições, sem determinação judicial ou fora das condições estabelecidas em lei:

Pena – detenção, de 1 (um) a 4 (quatro) anos, e multa.

§1º Incorre na mesma pena, na forma prevista no caput deste artigo, quem:

I – coage alguém, mediante violência ou grave ameaça, a franquear-lhe o acesso a imóvel ou suas dependências;

II – (VETADO);

III – cumpre mandado de busca e apreensão domiciliar após as 21h (vinte e uma horas) ou antes das 5h (cinco horas).

§2º Não haverá crime se o ingresso for para prestar socorro, ou quando houver fundados indícios que indiquem a necessidade do ingresso em razão de situação de flagrante delito ou de desastre.

36. Violação de domicílio em um contexto de abuso de autoridade

36.1. Direito intertemporal

A revogada Lei n. 4.898/65 tipificava como abuso de autoridade qualquer atentado "à inviolabilidade do domicílio" em seu art. 3º, alínea "b", ao qual era cominada uma pena de detenção por 10 (dez) dias a 6 (seis) meses. É de se notar, portanto, que o crime do art. 22 da Lei n. 13.869/19 funciona como evidente hipótese de *novatio legis in pejus*, haja vista a pena mais gravosa cominada à referida conduta – detenção, de 1 (um) a 4 (quatro) anos, e multa –, daí por que deve ter seu âmbito de aplicação restrito aos crimes cometidos após a vigência da Lei n. 13.869/19, *in casu*, no dia 3 de janeiro de 2020.

36.2. Bem jurídico tutelado

Tutela-se não apenas a dignidade da função pública e o prestígio de que o poder público deve desfrutar perante os administrados, mas também a inviolabilidade domiciliar, cujo fundamento constitucional repousa no art. 5º, XI, da Constituição Federal ("A casa é asilo inviolável do indivíduo, ninguém nela podendo penetrar sem consentimento do morador, salvo em caso de flagrante delito ou desastre, ou para prestar socorro, ou, durante o dia, por determinação judicial").

Tendo em conta que a inviolabilidade do domicílio protege, em última análise, o direito à intimidade, pouco importa que a casa esteja (ou não) ocupada, pois o que se consagra é a intimidade espacial, esteja ou não a pessoa no local. Mesmo estando a casa vazia (v.g., casa de campo ou de praia ocupada apenas esporadicamente), cuida-se de expressão de intimidade da pessoa, sendo vedado o ingresso de estranhos. De se ver, então, que a casa abandonada não está tutelada pelo dispositivo do art. 5º, inciso XI, da Magna Carta, pois, neste caso, ausente a figura do morador, não há falar em tutela do direito à intimidade. Portanto, o ingresso em imóvel abandonado ou desabitado por agente público não terá o condão de tipificar o delito do art. 22 da Lei n. 13.869/19, podendo restar caracterizado, a depender das circunstâncias do caso concreto, o crime de esbulho possessório previsto no art. 161, § 1º, inciso II, do Código Penal.

36.3. Sujeitos do crime

O sujeito ativo é o agente público, nos termos do art. 2º da Lei n. 13.869/19. E é exatamente isso que diferencia o delito em questão do crime comum de violação de domicílio previsto no art. 150, *caput*, do Código Penal. Com efeito, se o agente público ingressar em imóvel alheio, porém tal conduta não guardar nenhuma relação com as funções por ele exercidas, o crime será o de violação de domicílio previsto no art. 150 do Código Penal.

O sujeito passivo, por sua vez, é o titular do direito à intimidade protegido pela inviolabilidade domiciliar. Na terminologia usada pelo art. 22, é o *ocupante* do imóvel, pouco importando seja (ou não) seu proprietário. Pode ser uma pessoa a quem os demais habitantes da casa estão subordinados (regime de subordinação) ou diversas pessoas, habitantes da mesma residência, em relação isonômica (regime de igualdade). Aliás, havendo um regime de igualdade entre os vários moradores (v.g., marido e mulher, república de estudantes, etc.), o conflito de vontades deverá ser solucionado pela aplicação do princípio *melior est conditio prohibentis,* é dizer, prevalece a decisão daquele que proibiu o acesso ao domicílio. Tendo em conta que o ingresso em domicílio para fins de investigação criminal devassa a intimidade e retira o sossego de todas as pessoas que habitam o local, não apenas a pessoa suspeita pode negar o consentimento, como também qualquer um dos moradores que ali se encontram.[154]

36.4. Tipo objetivo

Verdadeira modalidade especial de violação de domicílio (CP, art. 150), o crime do art. 22, *caput,* da Lei n. 13.869/19 possui 3 (três) verbos: **a) invadir:** é a ação de adentrar, ocupar, penetrar totalmente em imóvel alheio ou suas dependências, diferenciando-se do verbo adentrar por ser praticado de maneira ostensiva, geralmente com o emprego de meios violentos para que o agente público possa ter aceso ao imóvel ou a suas dependências, a exemplo do que ocorre quando há o arrombamento da porta de entrada para ingresso na residência; **b) adentrar:** também traduz a ideia de penetrar ou de ingressar totalmente, porém de maneira não violenta; **c) permanecer:** pressupõe a entrada lícita, pelo menos num primeiro momento, seguida de uma omissão, consubstanciada na negativa em sair do local. Diversamente das

---

154. Discorrendo sobre o *jus prohibendi* do empregado doméstico que reside na casa, Walter Nunes da Silva Júnior (op. cit. p. 654/655) conclui que o empregado, residente no local, tem o direito de negar o ingresso no espaço territorial definido para a sua privacidade, sendo pertinente a oposição contra outros moradores da casa, e, até mesmo, contra o patrão. Segundo o referido autor, "o patrão que entra na casa do caseiro ou quarto do empregado para verificar, por exemplo, se ele furtou algum objeto, afronta o preceito constitucional que assegura a inviolabilidade do domicílio, não tendo validade eventuais provas obtidas sob essa forma".

duas condutas anteriores, praticadas de maneira comissiva, esta é atribuída ao agente a título de omissão.

Cuida-se, pois, de **tipo misto alternativo, crime de ação múltipla ou de conteúdo variado**. Por consequência, com base no princípio da alternatividade, se o agente público invadir um imóvel alheio ou suas dependências clandestinamente, e nele permanecer, ter-se-á um único crime do art. 22, *caput,* da Lei n. 13.869/19, desde que as condutas, logicamente, sejam praticadas em um único contexto fático.

36.4.1. Elementos normativos do tipo

As condutas em questão devem ser praticadas da seguinte forma: **a) clandestinamente:** invadir, adentrar ou permanecer em imóvel alheio ou suas dependências *clandestinamente* significa fazê-lo de forma oculta, sem se deixar notar pela vítima; **b) astuciosamente**: deve ser compreendido como o ingresso ou permanência em imóvel alheio por meio de conduta fraudulenta, maliciosa; **c) à revelia da vontade do ocupante:** quem adentra um imóvel alheio clandestina ou astuciosamente, o faz, obviamente, contra a vontade de quem de direito, já que essa pessoa não sabe que o agente público lá se encontra. Ter-se-ia como redundante, portanto, a previsão normativa "à revelia da vontade do ocupante". Sem embargo, de modo a evitar quaisquer controvérsias, e por se tratar de tipo penal incriminador, o art. 22, *caput,* da Lei n. 13.869/19 faz referência expressa ao ingresso em imóvel alheio *à revelia da vontade do ocupante*, leia-se, contra a vontade expressa ou tácita de quem de direito, cujo dissenso poderia obstaculizar a violação em questão, salvo, logicamente, sc houvesse determinação judicial ou se presente uma das hipóteses que autorizam o ingresso em domicílio alheio independentemente da aquiescência do morador (flagrante delito, desastre, para prestar socorro, ou, durante o dia, por determinação judicial).

Para além do ingresso clandestino, astucioso, ou à revelia da vontade do ocupante do imóvel, a parte final do *caput* do art. 22 deixa claro que a conduta em questão deve ser praticada sem determinação judicial ou fora das condições estabelecidas em lei. Vejamos essas duas causas excludentes da tipicidade, separadamente:

1) **sem determinação judicial**: a violação do domicílio está sujeita à cláusula de reserva de jurisdição (CF, art. 5º, XI). Para fins

de expedição de um mandado de busca domiciliar, é indispensável a presença de fundadas razões apontando que uma das coisas ou pessoas citadas no art. 240, § 1º, do CPP, encontra-se no interior da casa sujeita à diligência. De acordo com o art. 243 do CPP, o mandado de busca deverá: I – indicar, o mais precisamente possível, a casa em que será realizada a diligência e o nome do respectivo proprietário ou morador; ou, no caso de busca pessoal, o nome da pessoa que terá de sofrê-la ou os sinais que a identifiquem; II – mencionar o motivo e os fins da diligência; III – ser subscrito pelo escrivão e assinado pela autoridade que o fizer expedir. Ademais, se houver ordem de prisão, constará do próprio texto do mandado de busca (CPP, art. 243, § 1º). Mandados de busca domiciliar não podem se revestir de conteúdo genérico, nem podem se mostrar omissos quanto à indicação, o mais precisamente possível, do local objeto dessa medida extraordinária, tal qual dispõe o art. 243 do CPP.[155] Por isso, em caso concreto envolvendo o cumprimento de mandado de busca que teria como alvo o endereço profissional de investigado localizado no 28º andar de determinado edifício, a 2ª Turma do Supremo concluiu ser ilegal a apreensão de equipamentos de informática no endereço de instituição financeira localizada no 3º andar do mesmo edifício, porquanto não havia mandado judicial para este endereço. Por consequência, por se tratar de apreensão realizada no domicílio de alguém sem autorização judicial fundamentada, revelar-se-ia ilegítima, e o material eventualmente apreendido configuraria prova ilicitamente obtida;[156]

2) fora das condições estabelecidas em lei: a parte final do art. 22, *caput,* da Lei n. 13.869/19 demonstra que estamos diante de uma **norma penal em branco em sentido amplo (homogênea ou imprópria) heterovitelina**, é dizer, de um tipo penal cuja compreensão do preceito primário depende de outra norma, *in casu,* do Código de Processo Penal, que estabelece todo o regra-

155. Em caso concreto versando sobre a apuração de crimes praticados em comunidades de favelas, concluiu a 6ª Turma do STJ em recente julgado – AgRg no HC 435.934/RJ, Rel. Min. Sebastião Reis Júnior, j. 05/11/2019, DJe 20/11/2019 – ser nula a decisão que havia decretado a medida de busca e apreensão coletiva, genérica e indiscriminada para a entrada da polícia em qualquer residência. Isso porque a ausência de individualização das medidas de apreensão estaria em rota de colisão com diversos dispositivos legais, dentre eles os arts. 240, 242, 244, 245, 248 e 249 do CPP, além do art. 5º, XI, da CF.

156. Nesse contexto: STF, 2ª Turma, HC 106.566/SP, Rel. Min. Gilmar Mendes, j. 16/12/2014.

mento necessário para o cumprimento de um mandado de busca domiciliar. Na esteira do que dispõe o art. 245, caput, do CPP, "as buscas domiciliares serão executadas de dia, salvo se o morador consentir que se realizem à noite, e, antes de penetrarem na casa, os executores mostrarão e lerão o mandado ao morador, ou a quem o representante, intimando-o, em seguida, abrir a porta". Caso o morador não franqueie o acesso à casa durante o dia após a leitura do mandado de busca domiciliar, a porta será arrombada e forçada a entrada, sendo possível que o agente seja responsabilizado pelo crime de desobediência (CP, art. 330). Recalcitrando o morador, será permitido o emprego de força contra coisas existentes no interior da casa, para o descobrimento do que se procura (CPP, art. 245, § § 2º e 3º). Em se tratando de casa habitada, deve a busca ser feita de modo que não moleste os moradores mais do que o indispensável para o êxito da diligência (CPP, art. 248). Ausentes os moradores, a diligência deve ser realizada normalmente, com a ressalva de que, neste caso, deve ser intimado a assistir à diligência algum vizinho, se houver e estiver presente. Igual procedimento será adotado quando as pessoas presentes em casa não tiverem capacidade para consentir (v.g., menores de idade ou doentes mentais). Se é determinada a pessoa ou coisa que se vai procurar, o morador será intimado a mostrá-la. Descoberta a pessoa ou coisa que se procura, será imediatamente apreendida e posta sob custódia da autoridade ou de seus agentes. Finda a diligência, os executores lavrarão auto circunstanciado, assinando-o com duas testemunhas presenciais, e, eventualmente, por um vizinho, quando não houver moradores na casa. A ausência de testemunhas presenciais ao cumprimento da diligência de busca domiciliar é considerada mera irregularidade. Dispõe o art. 247 do CPP que, não sendo encontrada a pessoa ou coisa procurada, os motivos da diligência serão comunicados a quem tiver sofrido a busca, se o requerer. Por fim, não há justificativa para o acompanhamento da mídia aos atos de busca e apreensão, notadamente em tempo real. Portanto, é recomendável que o mandado de busca e apresnão determine que a polícia se abstenha de convocar a imprensa e observe a discrição necessária no seu cumprimento. Por mais que, nesse caso, a exposição indevida da intimidade e da vida privada das pessoas não torne o ato viciado e nem acarrete a ilicitude da prova obtida, poderá gerar indenizações e responsabilidades dos agentes envolvidos. De mais a mais, o cumprimento dos mandados em órgãos públicos deve manter a discrição necessária, evitando-se, pelo menos em regra, o uso de armamento ostensivo.

36.4.2. Objeto material

É o *imóvel alheio ou suas dependências*, que suporta a invasão ou a entrada do agente público, clandestina ou astuciosamente, ou à revelia da vontade do ocupante.

A nosso juízo, andou mal o legislador ao usar o termo *imóvel* na redação dos tipos penais incriminadores do art. 22, *caput*, e § 1º, I, ambos da Lei n. 13.869/19. Isso porque transparece, à primeira vista, que estaria se referindo ao conceito de *bem imóvel* que nos é dado pelo Código Civil.[157] Na verdade, a expressão foi usada em seu sentido vulgar, como *qualquer lugar privado habitado por alguém*, ou seja, como sinônimo de *casa*. Prova disso, aliás, é que o próprio art. 22, § 2º, da Lei n. 13.869/19, praticamente reproduzindo os dizeres do art. 5º, inciso XI, da Constituição Federal, que, todavia, faz uso do termo *casa*, prevê que "não haverá crime se o ingresso for para prestar socorro, ou quando houver fundados indícios que indiquem a necessidade do ingresso em razão de situação de flagrante delito ou desastre". Impõe-se, pois, a exata compreensão do conceito de *casa*.

Esse conceito deve ser extraído do art. 150, § 4º, do Código Penal, segundo o qual a referida expressão compreende: a) qualquer compartimento habitado; b) aposento ocupado de habitação coletiva, ainda que se destine à permanência por poucas horas; c) compartimento não aberto ao público, onde alguém exerce profissão ou atividade. Insere-se no conceito de casa, portanto,

---

157. "Art. 79. São bens imóveis o solo e tudo quanto se lhe incorporar natural ou artificialmente. Art. 80. Consideram-se imóveis para os efeitos legais: I – os direitos reais sobre imóveis e as ações que os asseguram; II – o direito à sucessão aberta. Art. 81. Não perdem o caráter de imóveis: I – as edificações que, separadas do solo, mas conservando a sua unidade, forem removidas para outro local; II – os materiais provisoriamente separados de um prédio, para nele se reempregarem. Citando o art. 79 do Código Civil, Greco e Cunha (op. cit. p. 195) apontam que qualquer edificação, desde o solo *in natura*, a exemplo dos terrenos, e todas as construções por ele sobrepostas serão consideradas imóveis para efeito de reconhecimento do abuso de autoridade. É nesse sentido, aliás, o enunciado n. 14 do Conselho Nacional de Procuradores-Gerais dos Ministérios Públicos dos Estados e da União (CNPG) e do Grupo Nacional de Coordenadores de Centro de Apoio Criminal (GNCCRIM): "A elementar 'imóvel' do art. 22 da Lei de Abuso de Autoridade deve ser conceituada nos termos do art. 79 do Código Civil".

não só a casa ou habitação, mas também o escritório profissional, o consultório médico, o quarto ocupado de hotel ou motel,[158] o quarto de hospital,[159] empresas e lojas (do balcão para dentro), pátios, jardins, quintal, garagens, depósitos, etc. Não se exige, para a definição de "casa", que ela esteja fixada ao solo, pois o conceito constitucional abrange as residências sobre rodas (trailers residenciais), barcos-residência, a parte traseira do interior da boleia do caminhão, etc.[160] O dispositivo legal também protege as dependências da casa (v.g., jardins, garagens, quintais, terraços, pátios, lajes, etc.), desde que fechados, cercados ou se existentes obstáculos de fácil visualização vedando a passagem do agente público. As pastagens e campos de propriedades rurais não são abrangidas pela proteção legal.

Por outro lado, não se compreende como *casa* hospedaria, estalagem ou qualquer outra habitação coletiva, enquanto aberta, salvo na hipótese do aposento ocupado (CP, art. 150, § § 4º e 5º). Também não pode ser considerada "casa" o carro, na medida em que este não serve para esse fim.[161] Estabelecimentos como bares, clubes, teatros, cinemas, restaurantes, supermercados, shopping centers, enquanto estiverem abertos ao público, não estão compreendidos pela expressão 'casa', podendo as autoridades policiais neles ingressar livremente no exercício de sua função, mesmo sem

---

158. STF, 2ª Turma, RHC 90.376/RJ, Rel. Min. Celso de Mello, DJE 018, DJ 18/05/2007 p. 113.

159. Segundo Walter Nunes da Silva Júnior (op. cit. p. 646), "nos casos em que o agente, em razão da prática de crime, vem a ser hospitalizado, mesmo que o atendimento se dê em serviço médico oferecido pela rede pública, estando ele em um quarto de hospital, a entrada de policiais, para fins de interrogatório ou outro qualquer, salvo se for hipótese de flagrante delito – configurada sob a forma de perseguição, por exemplo –, somente pode ocorrer mediante o consentimento daquele ou então com suporte em mandado judicial".

160. Por se equiparar a uma busca pessoal, aquela realizada no interior de veículo de propriedade de investigado fundada no receio de que a pessoa esteja na posse de material que possa constituir corpo de delito independe de prévia autorização judicial, salvo nos casos em que o veículo é utilizado para moradia, como é o caso de cabines de caminhão, barcos, *trailers,* etc: STJ, 6ª Turma, HC 216.437/DF, Rel. Min. Sebastião Reis Júnior, j. 20/09/2012.

161. No sentido de que as apreensões de documentos no interior de veículos automotores, por constituírem hipótese de busca pessoal – caracterizada pela inspeção do corpo, das vestes, de objetos e de veículos (não destinados à habitação do indivíduo) –, dispensam autorização judicial quando houver fundada suspeita de que neles estão ocultados elementos necessários à elucidação dos fatos investigados, a teor do disposto no art. 240, § 2º, do CPP: STF, 2ª Turma, RHC 117.767/DF, Rel. Min. Teori Zavascki, j. 11.10.2016.

consentimento ou autorização judicial. Todavia, se esses estabelecimentos estiverem fechados ao público, passam a estar protegidos pela garantia da inviolabilidade do domicílio.

Quanto aos órgãos públicos, Walter Nunes da Silva Júnior assevera que "a despeito de o ingresso nos órgãos públicos ser franqueado ao público em geral, não seria razoável admitir-se que, tendo a autoridade policial a pretensão de realizar alguma diligência com o fim de obter alguma prova, pudesse ela ingressar, livremente, independentemente de autorização da autoridade pública, nos prédios. Principalmente se a diligência tiver de ser realizada no gabinete de algum servidor ou juiz."[162]

36.4.3. *Figuras assemelhadas*

De acordo com o art. 22, § 1º, da Lei n. 13.869/19, incorre na mesma pena quem, na forma prevista no *caput*, ou seja, sem determinação judicial ou fora das condições estabelecidas em lei: I – coage alguém, mediante violência ou grave ameaça, a franquear-lhe o acesso a imóvel ou suas dependências; II – VETADO; III – cumpre mandado de busca e apreensão domiciliar após as 21h(vinte e uma horas) ou antes das 5h (cinco horas). Vejamos as duas figuras delituosas separadamente.

36.4.3.1. Constrangimento de alguém a franquear-lhe o acesso a imóvel

De acordo com a Constituição Federal (art. 5º, XI), se o ocupante do imóvel consentir, é perfeitamente válido o ingresso no domicílio, seja durante o período do dia, seja durante a noite. Este consentimento deve ser voluntário, jamais poderá ser objeto de constrangimento. Daí a figura delituosa sob comento, que visa reprimir o emprego de violência ou grave ameaça de modo a obrigar o ocupante a franquear o acesso do agente público ao imóvel ou suas dependências. Para fins de tipificação deste crime,

---

162. Op. cit. p. 648. No sentido de que o gabinete (ou sala) de um funcionário público, embora faça parte de um prédio ou de uma repartição pública, pode ser compreendido como casa, nos termos do art. 150, § 4º, III, do CP, porquanto se trata de compartimento com acesso restrito e dependente de autorização, logo, um local fechado ao público, onde determinado indivíduo exerce suas atividades laborais: STJ, 5ª Turma, HC 298.763/SC, Rel. Min. Jorge Mussi, j. 7/10/2014, DJe 14/10/2014.

a violência deve ser exercida contra a pessoa, jamais contra a coisa. À semelhança das modalidades especiais de constrangimento ilegal previstas na nova Lei de Abuso de Autoridade (arts. 13, 15 e 24), este crime, de natureza material, estará consumado quando o agente público tiver acesso ao imóvel em virtude do constrangimento por ele perpetrado.[163]

36.4.3.2. Execução de mandado de busca de forma ostensiva e desproporcional

Por ocasião da tramitação do Projeto que deu origem à nova Lei de Abuso de Autoridade, o inciso II do § 1º do art. 22 possuía a seguinte redação: "II – executa mandado de busca e apreensão em imóvel alheio ou suas dependências, mobilizando veículos, pessoal ou armamento de forma ostensiva e desproporcional, ou de qualquer modo extrapolando os limites da autorização judicial, para expor o investigado a situação de vexame".

Ocorre que este inciso acabou sendo vetado Presidente da República, *in verbis:* "A propositura legislativa, ao prever como elemento do tipo a 'forma ostensiva e desproporcional', gera insegurança jurídica por encerrar tipo penal aberto e que comporta interpretação. Além disso, em operações policiais, o planejamento da logística de bens e pessoas compete às autoridades da segurança pública."

Ao contrário de tantos outros vetos presidenciais, este, em especial, acabou sendo mantido pelo Congresso Nacional. Daí por que não se pode falar em criminalização da referida conduta, pelo menos de maneira autônoma. Sem embargo, parece-nos que, a depender do caso concreto, é perfeitamente possível tipificá-la no art. 13, inciso II, da Lei n. 13.869/19, desde que, logicamente, preenchidos todas as demais elementares deste tipo penal ("Constranger o preso ou o detento, mediante violência, grave ameaça ou redução de sua capacidade de resistência: (...) II – submeter-se a situação vexatória ou a constrangimento não autorizado em lei;");

163. Em sentido diverso, Agi (op. cit. p. 69) sustenta que se trata de crime formal, bastando a coação para fins de consumação, ainda que o coagido não franqueie o acesso ao imóvel ao agente público coator.

36.4.3.3. Cumprimento de mandado de busca e apreensão domiciliar após as 21h (vinte e uma horas) ou antes das 5h (cinco horas)

De acordo com a Constituição Federal, havendo autorização judicial prévia, é possível o ingresso em domicílio alheio durante o *dia*.

Doutrina e jurisprudência sempre divergiram acerca desse conceito. Em virtude das dimensões continentais do território brasileiro, em que o nascer e o pôr do sol ocorrem em horários diversos a depender da região do país em que estivermos, sempre prevaleceu, aos olhos da jurisprudência, o **critério físico-astronômico**, considerando como dia o período compreendido entre a aurora e o crepúsculo.[164] Outros doutrinadores, todavia, sempre preferiram usar um **critério cronológico**, mais seguro, considerando como *dia* o período compreendido entre 6:00h e 18:00h.[165] Por fim, uma última corrente (**mista**) trabalhava com a aplicação conjunta de ambos os critérios, o que, em tese, atenderia à finalidade constitucional de maior proteção ao domicílio durante a noite, resguardando-se a possibilidade de invasão domiciliar com autorização judicial, mesmo após as 18:00 horas, desde que, ainda, não fosse noite, como ocorre, por exemplo, naquelas localidades em que se adota o horário de verão.[166]

Com o objetivo de afastar quaisquer controvérsias acerca da matéria, a Lei n. 13.869/19 passou a criminalizar o cumprimento de mandado de busca e apreensão domiciliar *após as 21h (vinte e uma horas) ou antes das 5h (cinco horas)*, positivando, enfim, pelo menos para fins de tipificação de abuso de autoridade, o conceito de "*noite*" e, *a contrario sensu,* também o de "*dia*" – entre 5 h (cinco horas) e 21 h (vinte e uma horas). O novel dispositivo há de provocar intensa controvérsia, supostamente por antecipar o conceito de dia para as 5h (cinco horas) e estender o de noite até

---

164. É nesse sentido a posição de Celso de Mello (*Constituição Federal anotada.* 2ª ed. São Paulo: Saraiva, 1986. p. 442) e Marcelo Novelino (*Direito Constitucional.* 5ª ed. São Paulo: Método, 2011. p. 464).

165. SILVA, José Afonso da. *Curso de Direito Constitucional Positivo.* 25ª ed., rev. e atual. nos termos da Reforma Constitucional [até a Emenda Constitucional nº 48, de 10.08.2005]. São Paulo: Malheiros Editores. p. 437.

166. Nessa linha: MORAES, Alexandre. *Direito Constitucional.* 9ª ed., atualizada com a EC nº 31/00. São Paulo: Atlas, 2001. p. 76.

as 21h (vinte e uma horas). Certamente hão de se formar diversas correntes acerca de sua (in) constitucionalidade:

a) inconstitucionalidade do conceito de noite (e de dia) constante do art. 22, § 1º, III, da Lei n. 13.869/19: a Constituição Federal autoriza o ingresso em domicílio alheio exclusivamente *durante o dia*, sendo inadmissível, portanto, que o legislador infraconstitucional venha a afirmar que um mandado de busca domiciliar possa ser cumprido às 20h59min, quando certamente o sol já terá desaparecido no horizonte. Nesse caso, à luz do critério cronológico acima apontado, por mais que o cumprimento de um mandado de busca nesse horário não tenha o condão de tipificar o crime do art. 22, § 1º, III, da Lei n. 13.869/19, eventuais objetos apreendidos como resultado dessa diligência no período compreendido entre 18 e 21 horas, ou entre 5 e 6 horas, deverão ser rotulados como prova obtida por meios ilícitos;[167]

b) constitucionalidade do conceito de noite (e de dia) constante do art. 22, § 1º, III, da Lei n. 13.869/19, desde que interpretado conforme a Constituição: para conservar a validade do dispositivo sob comento, conferindo-lhe um sentido compatível com o texto constitucional, cujo art. 5º, XI, autoriza o ingresso em domicílio por determinação judicial apenas *durante o dia*, será considerado lícito o cumprimento de mandado de busca domiciliar após as 21h (vinte e uma horas) ou antes das 5h (cinco horas), desde que presente a luz do sol;[168]

---

167. Nesse contexto: AZEVEDO, André Boiani e. *Nova Lei do abuso de autoridade comentada artigo por artigo.* Coordenação de Guaracy Moreira Júnior. São Paulo: Rideel, 2019. p. 76. Com a devida vênia aos adeptos desta primeira corrente, não conseguimos compreender como uma norma pode determinar certa conduta, *in casu,* o cumprimento de mandado de busca domiciliar entre as 5h e 21h, e parte da doutrina, ao mesmo tempo, considerar que eventual prova assim obtida há de ser reputada ilícita, sob pena de completa antinomia jurídica. Ora, não se pode conceber que uma norma proíba o que outra ordena ou aquela que outra fomenta. Fosse isso admitido, não se poderia falar em ordem normativa, mas sim em um amontoado caprichoso de normas arbitrariamente reunidas. Portanto, ou se considera o art. 22, § 1º, III, da Lei n. 13.869/19 inconstitucional como um todo, retrocedendo, então, aos tempos em que não havia conceito legal de dia (e de noite), ou o consideramos constitucional, com ou sem a necessidade de interpretação conforme a Constituição, daí por que eventual prova obtida nesse horário como resultado de busca domiciliar judicialmente autorizada jamais poderá ser reputada ilícita.

168. Para Greco e Cunha (op. cit. p. 202), admite-se a medida excepcional após as 5h e antes das 21h, *enquanto houver iluminação solar.* Com a devida vênia aos adeptos

c) constitucionalidade do conceito de noite (e de dia) constante do art. 22, § 1º, III, da Lei n. 13.869/19, sem a necessidade de interpretação conforme a Constituição (nossa posição): de modo a superar controvérsias doutrinárias e jurisprudenciais, o legislador optou por positivar o conceito de dia (05h-21h) e o de noite (21h-05h), e não o condicionou à existência de luminosidade solar. Há de se ter em mente que são dois os objetivos da proteção constitucional à inviolabilidade do domicílio durante a noite constante do art. 5º, XI, da Constituição Federal: primeiro, não atrapalhar o merecido descanso das pessoas; segundo, evitar quaisquer arbitrariedades por parte dos agentes públicos em um período de maior precariedade de vigilância e defesa decorrente do recolhimento das pessoas para o repouso durante a noite. Por mais que se queira argumentar que não há mais luminosidade solar às 20h59min, trata-se de horário em que as pessoas ainda estão acordadas, pelo menos em regra. Portanto, o fato de o legislador autorizar o cumprimento de um mandado de busca nesse horário não importa em violação ao núcleo essencial do dispositivo constitucional. Pelo contrário. Bem ou mal, agiu dentro de uma margem de razoabilidade e proporcionalidade para definir o conceito de noite e, *a contrario sensu,* de dia. A inovação deriva de espaço lídimo de conformação normativa do tema pelo legislador ordinário. Não se está a interpretar a Constituição à luz da Lei n. 13.869/19, mas sim o oposto: em um país de dimensões continentais como o nosso, em que ora se utiliza o denominado horário de verão, ora não, é perfeitamente possível que o sol já tenha raiado às 5h e que ainda haja certa luminosidade por volta de 20h, 20h30min, a depender, logicamente, da região do país e da época do ano em que estivermos. É dizer, à semelhança do art. 2º da Lei n. 13.869/19 e do art. 150, § 4º, do Código Penal, que definiram, respectivamente, os conceitos de *agente público* e de *casa*, para fins de interpretação da Constituição Federal e aplicação da própria lei penal, por que não se admitir que o legislador ordinário possa, enfim, definir o conceito de noite (e de dia)? Em conclusão, por não haver lesão ao núcleo essencial do art. 5º, XI, da Constituição Federal, nem tampouco violação da

---

dessa segunda corrente, se exigirmos a luz solar para fins de interpretação conforme do art. 22, § 1º, III, da Lei n. 13.869/19, a positivação do conceito de dia (e de noite) pelo legislador tornar-se-á letra morta, eis que estaremos retrocedendo ao critério físico-astronômico adotado por parte da doutrina, com evidente prejuízo à segurança jurídica.

finalidade da proteção constitucional, respeitando-se, ademais, o princípio da proporcionalidade, é tempo de abandonarmos *critérios doutrinários e jurisprudenciais*, deixando a sorte ou o azar do agente público responsável pelo estrito cumprimento do dever legal condicionados à distribuição de seu futuro *habeas corpus* a este ou àquele Tribunal, para, enfim, trabalharmos com um *conceito legal, positivo,* capaz, portanto, de transmitir maior **segurança jurídica** não apenas aos agentes públicos responsáveis pelo cumprimento de mandados de busca domiciliar, mas também a todos os cidadãos, que, doravante, saberão antecipadamente o horário em que são obrigados a franquear o acesso ao seu domicílio diante da exibição de mandado judicial. Destarte, caso a polícia tenha em mãos mandado de busca domiciliar, expedido pela autoridade judiciária competente, poderá invadir o domicílio entre as 5h (cinco horas) e 21h (vinte e uma horas), pouco importando se já há, ou ainda perdura, respectivamente, a luz solar, eis que a lei não fez nenhuma referência ao critério físico-astronômico, hipótese em que a prova obtida será considerada lícita. Por outro lado, cumprido o mandado antes das 5h (cinco) horas e depois de 21h (vinte e uma horas), para além da ilicitude das provas então obtidas, o crime restará caracterizado, mesmo que o sol já tenha raiado, naquele caso, ou que ainda perdure a luz do sol, nesta última hipótese.[169]

De todo modo, independentemente da corrente doutrinária que se queira adotar, parece não haver dúvida de que o cumprimento de mandado de busca por agente público entre as 5h e 21h, haja ou não luminosidade solar, jamais terá o condão de caracterizar o delito do art. 22, § 1º, III, da Lei n. 13.869/19, haja vista a vedação do crime de hermenêutica constante do art. 1º, § 2º ("A divergência na interpretação de lei ou na avaliação de fatos e provas não configura abuso de autoridade"), pelo menos enquanto não houver uma decisão vinculante do Supremo Tribunal Federal acerca da (in) constitucionalidade do conceito de dia (e de noite) constante do referido dispositivo.

---

169. A propósito, eis o teor do **enunciado n. 15** do Conselho Nacional de Procuradores-Gerais dos Ministérios Públicos dos Estados e da União (CNPG) e do Grupo Nacional de Coordenadores de Centro de Apoio Criminal (GNCCRIM): "O mandado de busca e apreensão deverá ser cumprido durante o dia (art. 5º, XI, CF/88). Mesmo havendo luz solar, veda-se seu cumprimento entre 21h00 e 5h00, sob pena de caracterizar abuso de autoridade (art. 22, § 1º, inc. III)".

Superada essas controvérsias, é de todo relevante destacar que, ausente o consentimento para ingressar à noite, resta cercar o local para que, ao alvorecer, seja dado cumprimento à ordem (CPP, art. 293, caput). Obviamente, se uma pessoa perseguida em flagrante delito invadir a casa de outrem, sem o seu consentimento, estará praticando outro crime – violação de domicílio (CP, art. 150) –, ou seja, estará em flagrante delito no interior da residência, autorizando, assim, que o agente público possa ingressar na casa e efetuar sua prisão, mesmo que durante a noite.

Para fins de tipificação do crime do inciso III, o que importa é o início do cumprimento do mandado de busca e apreensão, que deve ocorrer após as 21h (vinte e uma horas). Por consequência, não haverá crime se a execução do mandado de busca tiver início durante o dia, prolongando-se durante o período da noite de modo a não prejudicar o ato ou causar grave dano à diligência.

Outrossim, referindo-se o tipo penal sob comento ao cumprimento de mandado de *busca e apreensão* domiciliar no período noturno, revela-se atípica, sob pena de evidente analogia *in malam partem,* o cumprimento de ordem judicial de natureza diversa, como, por exemplo, a *exploração de local,* consubstanciada no ingresso de agente público em imóvel alheio, ainda que no período noturno, para fins de instalação de equipamentos destinados à captação de sinais óticos e acústicos, mediante prévia autorização judicial.[170]

36.4.4. Excludentes da ilicitude

Reproduzindo, grosso modo, as hipóteses elencadas no art. 5º, XI, da Constituição Federal em que o ingresso em domicílio alheio pode ser feito mesmo contra a vontade do ocupante do imóvel, o art. 22, § 2º, da Lei n. 13.869/19 dispõe que não haverá crime se o ingresso for *para prestar socorro, ou quando houver*

---

170. Há precedente do STF admitindo o ingresso de autoridade policial, mediante prévia autorização judicial, em escritório de advocacia no *período noturno* para instalação de equipamento destinado à captação de sinais óticos e acústicos, o que seria justificável sob o argumento de que a natureza da execução de tais medidas jamais permitiria que fossem realizadas com publicidade durante o dia, sob pena de absoluta ineficácia: STF, Pleno, Inq. 2.424/RJ, Rel. Min. Cezar Peluso, j. 26/11/2008, DJe 55 25/03/2010. Reconhecendo a legalidade de provas colhidas por meio de escuta ambiental em ação controlada, nos termos do art. 2º, II e IV, da revogada Lei nº 9.034/95: STF, 1ª Turma, HC 102.819/DF, Rel. Min. Marco Aurélio, j. 05/04/2011, DJe 102 27/05/2011.

fundados indícios que indiquem a necessidade do ingresso em razão de situação de flagrante delito ou de desastre.[171] Nessas hipóteses, o ingresso poderá ocorrer tanto durante o dia, quanto durante a noite. Estamos diante de causas especiais de exclusão da ilicitude, vez que a lei usa a expressão "não haverá crime". O teor da regra encontra-se abrangido pelo art. 23, III, 1ª parte, do CP (estrito cumprimento do dever legal).

O termo "delito", utilizado no inciso XI do art. 5º da Constituição Federal e no art. 22, § 2º, da Lei n. 13.869/19, merece interpretação extensiva, abrangendo também a contravenção penal. O raciocínio é idêntico em relação ao princípio da legalidade ou da reserva legal, segundo o qual não há crime (e nem contravenção penal) sem lei anterior que o defina (CF, art. 5º, XXXIX). Portanto, mesmo em se tratando de contravenções penais (v.g., jogo do bicho), é possível o ingresso em casa alheia sem autorização judicial.

Diverge a doutrina quanto à espécie de flagrante que autoriza a violação ao domicílio sem mandado judicial. Parte da doutrina entende que a única espécie de flagrante que autoriza o ingresso em domicílio sem autorização judicial é o flagrante próprio (CPP, art. 302, I e II). Como garantia constitucional, a proteção ao domicílio não pode ser alargada indevidamente.[172] Com a devida vênia, se a Constituição Federal e a própria Lei de Abuso de Autoridade

---

171. Como adverte Celso Ribeiro Bastos, "(...) por desastre deve-se entender qualquer evento de caráter catastrófico, o que significa dizer: um acidente de grandes proporções. Assim, um incêndio é um acidente, como também o é uma inundação de grandes proporções que ponha em perigo a vida dos moradores. (...) é lícito reconhecer-se e podem-se configurar casos de alguém necessitar de socorro, sem que tenha configurado o motivo anterior, qual seja: o desastre. Mas este permissivo constitucional deve ser interpretado com muito rigor. Do contrário teremos casos de intromissões domiciliares sob uma alegação infundada de prestação de socorro. É necessário que, primeiro, haja uma efetiva necessidade de socorro, é dizer: alguém correndo sério risco. Em segundo lugar, que a pessoa carente de ajuda esteja impossibilitada de, por seus próprios meios, fazer um apelo". (*Curso de Direito Constitucional.* 18ª ed. São Paulo: Saraiva, 1997. p. 199-200).

172. É essa a posição de Nucci, *in Código de Processo Penal Comentado.* 4ª ed. ver., atual. e ampl. São Paulo: Editora Revista dos Tribunais, 2005. p. 544. Nesse sentido dispõe a Instrução Normativa 1/92 (DOU 13.11.1992) do Diretor do Departamento de Polícia Federal, tratando do procedimento policial: art. 73. "A autoridade policial somente procederá à busca domiciliar sem mandado judicial quando houver consentimento espontâneo do morador ou quando tiver certeza da situação de flagrância. (...) 73.2. Na segunda hipótese, é imprescindível ter-se certeza de que o delito está sendo praticado naquele momento, não se justificando o ingresso no domicílio para realização

estabelecem que é possível o ingresso em domicílio nas hipóteses de *flagrante delito*, sem fazer qualquer referência ao flagrante em questão, deve se extrair do estatuto processual penal o conceito de flagrância (CPP, art. 302, I, II, III e IV). Ora, se interpretarmos que a fuga para residência seria inviabilizadora da prisão em flagrante, estar-se-ia criando uma hipótese de imunidade ao criminoso: bastaria, ao notar que está sendo perseguido, adentrar em uma residência para se eximir de sua prisão.[173]

Portanto, diante de fundados indícios de flagrante delito, seja durante o dia, seja durante a noite, e independentemente de prévia autorização judicial, é possível o ingresso em imóvel alheio ou suas dependências mesmo contra a vontade do ocupante. Daí a importância da análise dos denominados crimes permanentes, assim compreendidos como aqueles cuja consumação se prolonga no tempo (v.g., extorsão mediante sequestro, tráfico de drogas em algumas modalidades, como, por exemplo, expor à venda, ter em depósito, guardar, etc.). Ora, em relação a tais delitos, entende-se o agente em flagrante delito enquanto não cessar a permanência. Logo, estando o agente em situação de flagrância no interior de sua casa, será possível a violação ao domicílio mesmo sem mandado judicial.[174]

Nesses casos, para que a polícia possa adentrar em uma residência, sem mandado judicial, exige-se aquilo que se costuma chamar de "causa provável" (no direito norte-americano, *probable cause*), ou seja, quando os fatos e as circunstâncias permitiriam a uma pessoa razoável acreditar ou ao menos suspeitar, com elemen-

---

de diligências complementares à prisão em flagrante ocorrido noutro lugar, nem para averiguação de *notitia criminis*".

173. Tourinho Filho comunga do mesmo entendimento: *Código de Processo Penal Comentado 1 (arts. 1º a 393)*. 9ª ed. rev., aum. e atual. São Paulo: Saraiva, 2005. p. 689. Na mesma linha, de acordo com o STJ, "não é ilegal a entrada em domicílio sem o consentimento do autor do delito, que é perseguido, logo após a prática do crime, pela autoridade policial, pois a própria Constituição Federal permite a entrada em casa alheia, mesmo contra a vontade do morador, para fins de prisão em flagrante". (STJ, 5ª Turma, HC 10.899/GO, Rel. Min. Gilson Dipp, DJ 23/04/2001 p. 166). E ainda: STJ, 5ª Turma, RHC 21.326/PR, Relatora Ministra Jane Silva, Desembargadora convocada do TJ/MG, DJ 19/11/2007 p. 247.

174. STF, 2ª Turma, HC 84.772/MG, Relatora Ministra Ellen Gracie, DJ 12/11/2004 p. 41. E também: STF, 2ª Turma, HC 74.127/RJ, Rel. Min. Carlos Velloso, DJ 13/06/1997; STJ, 5ª Turma, HC 31.514/MG, Relatora Ministra Laurita Vaz, DJ 05/04/2004 p. 296.

tos concretos, que um crime está sendo cometido no interior da residência. É exatamente nesse sentido, aliás, a expressão *fundados indícios* constante do art. 22, § 2º, a qual foi usada no sentido de uma prova semiplena, de menor valor persuasivo, que autoriza um juízo de probabilidade, e não de certeza.

A entrada forçada em domicílio sem mandado judicial só é lícita, portanto, quando amparada em fundadas razões, devidamente justificadas *a posteriori*, que indiquem que, dentro da casa, havia situação de flagrante delito, sob pena de responsabilidade disciplinar, civil e penal do agente ou da autoridade, e de nulidade dos atos praticados. Nessa medida, deve ser considerada arbitrária a entrada forçada em domicílio sem uma justificativa conforme o direito, ainda que, posteriormente, seja constatada a existência de situação de flagrante no interior daquela casa. Enfim, deve haver um controle *a posteriori*, exigindo-se dos agentes estatais a demonstração de que a medida fora adotada mediante justa causa, ou seja, que havia elementos para caracterizar a suspeita de flagrante delito no interior daquele domicílio, autorizando, pois, o ingresso forçado, independentemente de prévia autorização judicial. Em síntese, o modelo probatório deve ser o mesmo da busca e apreensão domiciliar, que pressupõe a presença de fundadas razões (CPP, art. 240, § 1º), as quais, logicamente, devem ser exigidas de maneira modesta e compatível com o momento em questão.[175]

36.5. Tipo subjetivo

Consultar comentários aos § §1º e 2º do art. 1º da nova Lei de Abuso de Autoridade.

---

175. Com esse entendimento: STF, Pleno, RE 603.616/RO, Rel. Min. Gilmar Mendes, j. 04/11/2015. Há precedente da 6ª Turma do STJ no sentido de que não configura justa causa apta a autorizar invasão domiciliar a mera intuição da autoridade policial de eventual traficância praticada por indivíduo, fundada unicamente em sua fuga de local supostamente conhecido como ponto de venda de drogas ante iminente abordagem policial, ainda que haja posterior descoberta e apreensão de drogas no interior da residência – circunstância que se mostrará meramente acidental –, sob pena de esvaziar-se a franquia constitucional do art. 5º, XI. A propósito: STJ, 6ª Turma, REsp 1.574.681/RS, Rel. Min. Rogério Schietti Cruz, j. 20/04/2017, DJe 30/05/2017. Em outro julgado – STJ, 6ª Turma, RHC 83.501/SP, Rel. Min. Nefi Cordeiro, j. 06/03/2018, DJe 05/04/2018 -, o mesmo colegiado concluiu que a existência de denúncias anônimas somada à fuga do acusado, por si sós, não configuram fundadas razões a autorizar o ingresso policial no domicílio do acusado sem o seu consentimento ou determinação judicial.

36.6. Consumação e tentativa

Cuida-se de crime de mera conduta ou de simples atividade, pois o tipo penal não contempla nenhum resultado naturalístico. Quanto às condutas de *invadir* ou *adentrar* (crimes instantâneos), o delito estará consumado no exato momento em que o agente público ingressar completamente no imóvel alheio ou em suas dependências. Quanto ao verbo *permanecer* (crime permanente), consuma-se o delito quando o agente, ciente de que deve sair do local, não o faz por tempo juridicamente relevante. Em ambas as hipóteses, é indispensável o ingresso em imóvel alheio. Não haverá crime na conduta de olhar ou observar a movimentação na residência de terceira pessoa. A tentativa é possível nas condutas de *invadir* ou *adentrar* (crimes comissivos), mas incabível no núcleo permanecer (crime omissivo próprio ou puro).

Em relação ao delito do inciso I do § 1º do art. 22, espécie de crime material, a consumação ocorrerá quando o ofendido fizer aquilo a que foi constrangido, *in casu,* quando franquear o acesso do agente público ao imóvel ou suas dependências.[176] Por sua vez, o ilícito do inciso III restará consumado quando o agente público ingressar no imóvel, alvo da busca domiciliar, no período compreendido entre 21h (vinte e uma horas) e 5h (cinco horas). Em ambas as hipóteses, espécies de crimes plurissubsistentes, admite-se a tentativa.

36.7. Classificação doutrinária

Podemos classificar o crime do art. 22, *caput,* da Lei n. 13.869/19 da seguinte forma: a) **crime próprio;** b) **crime instantâneo,** quanto aos verbos *invadir* e *adentrar,* e **permanente,** quando ao núcleo permanecer; **c) crime comissivo,** quanto aos dois primeiros verbos, e **omissivo próprio (ou puro)**, quanto ao terceiro; d) **crime de conteúdo variado, de ação múltipla ou tipo misto alternativo**; e) **crime unissubjetivo**; f) **crime de mera conduta:** são aqueles em que o tipo penal se limita a descrever uma conduta, ou seja, não

176. O momento consumativo desse delito assemelha-se, nesse ponto, ao do art. 13 da Lei n. 13.869/19, que faz uso do verbo *constranger*, sinônimo de *coagir*. Portanto, de modo a evitarmos repetições desnecessárias, remetemos o leitor aos comentários ao item "consumação e tentativa" do art. 13.

contém resultado naturalístico, razão pela qual ele jamais poderá ser verificado.

36.8. Ação penal, pena, competência para o julgamento, procedimento adequado, transação penal, suspensão condicional do processo e acordo de não persecução penal

São válidos aqui os mesmos comentários feitos em relação ao preceito secundário do crime do art. 9º, *caput,* da nova Lei de Abuso de Autoridade, ao qual também é cominada uma pena de detenção, de 1 (um) a 4 (quatro) anos, e multa. Especificamente quanto ao crime do art. 22, § 1º, I, por se tratar de delito cometido com violência ou grave ameaça à pessoa, não se admite a celebração do acordo de não persecução penal, *ex vi* do art. 28, *caput,* do Código de Processo Penal, incluído pela Lei n. 13.964/19.

> **Art. 23.** Inovar artificiosamente, no curso de diligência, de investigação ou de processo, o estado de lugar, de coisa ou de pessoa, com o fim de eximir-se de responsabilidade ou de responsabilizar criminalmente alguém ou agravar-lhe a responsabilidade:
>
> Pena – detenção, de 1 (um) a 4 (quatro) anos, e multa.
>
> **Parágrafo único.** Incorre na mesma pena quem pratica a conduta com o intuito de:
>
> I – eximir-se de responsabilidade civil ou administrativa por excesso praticado no curso de diligência;
>
> II – omitir dados ou informações ou divulgar dados ou informações incompletos para desviar o curso da investigação, da diligência ou do processo.

37. Fraude processual especial em caso de abuso de autoridade

37.1. Direito intertemporal

Na vigência da revogada Lei n. 4.898/65, não havia tipo penal semelhante ao do art. 23. Assim, pelo menos até a entrada em vigor da Lei n. 13.869/19, se um agente público, em um contexto de abuso de autoridade, inovasse artificiosamente o estado de lugar, de coisa ou de pessoa, a fim de induzir a erro o perito ou o juiz, poderia responder pelo crime de fraude processual previsto no art. 347 do Código Penal, ao qual é cominada uma pena de detenção, de 3 (três) meses a 2 (dois) anos, e multa. Com o advento do novo diploma normativo, o legislador houve por bem tipificar no art. 23 uma figura específica de fraude processual *em caso de abuso de autoridade,* sendo-lhe cominada, todavia, uma pena diversa – detenção, de 1 (um) a 4 (quatro) anos, e multa. Na mesma linha, consoante disposto no art. 158-C, § 2º, do CPP, incluído pela Lei n. 13.964/19, é proibida a entrada em locais isolados, bem como a remoção de quaisquer vestígios de locais de crime antes da liberação por parte do perito responsável, *sendo tipificada como fraude processual a sua realização.*

37.2. Bem jurídico tutelado

À semelhança do art. 347 do Código Penal, o bem jurídico tutelado é a *Administração da Justiça*, especificamente no campo da correta aplicação da lei, atividade que não pode ser submetida a artifícios destinados ao falseamento da prova e, por corolário, aos erros de julgamento, a favor ou contra qualquer das partes envolvidas. Por se tratar de crime de abuso de autoridade, também se tutela a Administração Pública.

37.3. Sujeitos do crime

Trata-se de **crime próprio**, nos exatos termos do art. 2º da Lei n. 13.869/19. Na eventualidade de o agente público solicitar, receber ou aceitar promessa de vantagem indevida para inovar artificiosamente o estado de lugar, de coisa ou de pessoa, a ele deverá ser imputado exclusivamente o crime de corrupção passiva (CP, art. 317), haja vista a subsidiariedade implícita do crime previsto no art. 23 da Lei n. 13.869/19. O sujeito passivo é o Estado e a pessoa, física ou jurídica, prejudicada pela inovação artificiosa.

37.4. Tipo objetivo

O núcleo do tipo é *inovar,* que deve ser compreendido como modificar ou alterar algo, introduzindo uma novidade. Consta do art. 23 da Lei n. 13.869/19 o elemento normativo *artificiosamente,* o que significa dizer que a inovação em questão deve ser feita com o emprego de ardil ou fraude material para enganar, por exemplo, o agente policial, o perito ou o juiz. Essa inovação artificiosa deve recair sobre o estado de lugar, de coisa ou de pessoa.[177] Há de ser idônea a enganar, pois, do contrário, restará caracterizado hipótese de crime impossível por ineficácia absoluta do meio (CP, art. 17).

De acordo com o *caput* do art. 23, essa inovação artificiosa há de ocorrer no curso de diligência, de investigação ou de processo. Referindo-se o dispositivo à fraude processual no curso de diligência, há de se admitir a tipificação do referido delito mesmo na fase preliminar de investigações (v.g., chegada da Polícia ao local para fins de realização de exames periciais), independentemente até mesmo da própria instauração do respectivo procedimento investigatório.

Consoante disposto no parágrafo único do art. 23, incorre na mesma pena quem pratica a conduta com o intuito de: I – eximir-se de responsabilidade civil ou administrativa por excesso praticado no curso de diligência – diferencia-se da conduta prevista no *caput,* porque, neste último caso, a fraude é praticada com o fim de eximir-se de responsabilidade *criminal*, ao passo que, naquela hipótese, o agente não praticou qualquer infração penal durante a diligência, excedendo-se tão somente sob o ponto de vista *civil ou administrativo*; II – omitir dados ou informações ou divulgar dados ou informações incompletos para desviar o curso da investigação, da diligência ou do processo.

37.5. Objeto material

O objeto material é o lugar, a coisa ou a pessoa sobre a qual recai a conduta praticada pelo agente. Em caso de abuso de autoridade, inova-se artificiosamente o estado de lugar retirando-se, por exemplo, os vestígios da invasão de um domicílio sem prévia autorização judicial; o estado de coisa, quando, por exemplo, falsifica-se um documento para atestar que o imputado não optou pela presença de um profissional da advocacia por ocasião da realização do seu interrogatório; o estado de pessoa, quando, a título ilustrativo, o agente público derrama uma bebida alcóolica sobre uma pessoa, a fim de induzir a erro os peritos no sentido

177. Vide adiante comentários acerca do objeto material.

de que tal indivíduo estaria completamente embriagado e fora de si, o que, em tese, teria justificado o emprego de violência por ocasião da sua captura.

37.6. Tipo subjetivo

O crime é punido a título de dolo (direto ou eventual), acrescido de um especial fim de agir (elemento subjetivo específico), consubstanciado, no caso do *caput,* na intenção de eximir-se de responsabilidade (v.g., solicitada a entrega de arma de fogo utilizada em confronto com criminosos do qual resultou a morte de terceiro inocente, o agente público entrega artefato diverso), ou de responsabilizar criminalmente alguém (v.g., o agente público deixa no local do crime um objeto qualquer com as impressões digitais de um inocente) ou agravar-lhe a responsabilidade (v.g., sabendo que o indivíduo teria praticado um crime de furto simples, o agente público introduz na cena do crime uma chave falsa, de modo a qualificar o referido delito à luz do inciso III do § 4º do art. 155 do CP). De se notar que, para fins de tipificação do crime do *caput* do art. 23, a responsabilização que se busca evitar ou que se quer imputar ou agravar a terceiro necessariamente deve ter natureza criminal. Caso o especial fim de agir guarde relação com uma responsabilidade civil ou administrativa, o crime será o do inciso I do parágrafo único do art. 23, estranhamente punido, porém, com a mesma pena do *caput.* Não se admite a modalidade culposa.

37.7. Consumação e tentativa

O art. 23 da nova Lei de Abuso de Autoridade é **crime formal, de consumação antecipada** ou **de resultado cortado**. Consuma-se, pois, no exato momento em que o agente inovar artificiosamente o estado de lugar, de coisa ou de pessoa, com o fim de eximir-se de responsabilidade ou de responsabilizar criminalmente alguém ou agravar-lhe a responsabilidade. A parte final da redação típica confirma a natureza formal do delito. No plano da tipicidade, portanto, é de todo irrelevante que ocorra ou não o engano do agente policial, do perito, ou do juiz, ou mesmo que, por um motivo qualquer, o processo não alcance a fase de julgamento ou não se realize o exame pericial, desde que o artifício seja idôneo a enganar a autoridade policial, o perito ou o julgador. Afinal, em ambas as hipóteses, a inovação já estará aperfeiçoada.

Levando-se em conta o caráter plurissubsistente do delito, compatível com o fracionamento do delito, admite-se a tentativa. No entanto, para fins de caracterização do *conatus*, exige-se a idoneidade do meio fraudulento, que deve apresentar potencialidade real para enganar o agente policial, o perito, ou o juiz. Logo, se o artifício for grosseiro, perceptível *ictu oculi* (a olho nu), não há falar em tentativa do crime do art. 23 da Lei n. 13.869/19, mas sim em verdadeiro crime impossível (CP, art. 17), haja vista a ineficácia absoluta do meio.

37.8. Classificação doutrinária

O crime do art. 23 pode ser classificado da seguinte forma: **a) crime próprio; b) formal, de consumação antecipada** ou **de resultado cortado:** consuma-se com a prática da conduta, independentemente da produção do resultado naturalístico; **c) de dano:** causa lesão à Administração da Justiça; **d) doloso; e) comissivo:** pode, entretanto, ser praticado via **omissão imprópria**, nos termos do art. 13, § 2º, do CP; **f) instantâneo**: consuma-se em um momento determinado, sem continuidade no tempo; **g) de forma livre**: admite qualquer meio de execução; **h) unissubjetivo; i) plurissubsistente; j) não transeunte**: pelo menos em regra, costuma deixar vestígios, demandando, portanto, a realização de exame de corpo de delito direto (CPP, art. 158).

37.9. Subsidiariedade tácita ou implícita

A fraude processual em caso de abuso de autoridade é crime tacitamente subsidiário, é dizer, o art. 23 da Lei n. 13.869/19 somente será aplicável quando o fato não constituir crime mais grave. Por consequência, existindo outro delito com pena mais elevada, a fraude processual em comento restará absorvida. É o que se verifica, a título de exemplo, se, por ocasião de um crime de abuso de autoridade com vítima fatal, houver a ocultação de um cadáver para fim de induzir a erro o agente policial, o perito, ou juiz. Nesse caso, o agente deverá responder exclusivamente pelo crime do art. 211 do Código Penal, logicamente em concurso formal e/ou material com os demais delitos por ele praticados (v.g., lesão corporal seguida de morte, homicídio, etc.).

37.10. Fraude processual e direito de não produzir prova contra si mesmo (nemo tenetur se detegere)

O direito ao silêncio, previsto na Carta Magna como direito de permanecer calado, apresenta-se apenas como um dos vários desdobramentos do princípio do *nemo tenetur se detegere*, segundo o qual ninguém é obrigado a produzir prova contra si mesmo. Além da Constituição Federal (art. 5º, LXIII), o referido postulado também se encontra previsto no Pacto Internacional dos Direitos Civis e Políticos (art. 14.3, "g"), e na Convenção Americana sobre Direitos Humanos (art. 8º, § 2º, "g").

Discute-se se seria possível reconhecer a incidência do *nemo tenetur se detegere* quando um segundo delito fosse praticado para encobrir o primeiro. É o que pode ocorrer, por exemplo, quando o agente inova artificiosamente, no curso de diligência, de investigação ou de processo, o estado de lugar, de coisa ou de pessoa, com o fim de eximir-se de responsabilidade por suposto crime de abuso de autoridade ou de responsabilizar criminalmente alguém ou agravar-lhe a responsabilidade. Nesse caso, é possível que o agente responda pelos dois delitos em concurso material? Ou será que o segundo delito – fraude processual – está amparado pela excludente da ilicitude do exercício regular de direito (direito de não produzir prova contra si mesmo)?

A nosso ver, caso haja a prática de nova infração penal, de maneira autônoma e dissociada de qualquer exigência de colaboração por parte de autoridade, com o objetivo de encobrir delito anteriormente praticado – *in casu,* abuso de autoridade –, não há falar em incidência do *nemo tenetur se detegere*. Afinal, desse princípio não decorre a não punibilidade de crimes conexos praticados para encobrir a prática de outros. Não fosse assim, um crime de homicídio praticado contra a testemunha que presenciou o crime antecedente poderia ser considerado como exercício regular de direito. Portanto, em tais situações, como não há risco concreto de autoincriminação, mas mero temor genérico de revelação de crime anteriormente praticado, não se pode admitir que o direito de não produzir prova contra si mesmo possa atenuar a responsabilidade criminal do agente. A propósito, o Superior Tribunal de Justiça assim se pronunciou no *habeas corpus* impetrado em favor de A. N. e A. C. J, denunciados pelo homicídio triplamente qualificado de Isabela Nardoni, e também por *fraude processual* (CP, art. 347), em decorrência da alteração do local do crime: "(...) O direito à não autoincriminação não abrange a possibilidade de os acusados alterarem a cena do crime, inovando o estado de lugar, de coisa ou de pessoa, para, criando artificiosamente outra realidade, levar peritos ou o próprio Juiz a erro de avaliação relevante (...)".[178]

37.11. Ação penal, pena, competência para o julgamento, procedimento adequado, transação penal, suspensão condicional do processo e acordo de não persecução penal

São válidos aqui os mesmos comentários feitos em relação ao preceito secundário do crime do art. 9º, *caput,* da nova Lei de Abuso de Autoridade, ao qual também é cominada uma pena de detenção, de 1 (um) a 4 (quatro) anos, e multa.

Art. 24. Constranger, sob violência ou grave ameaça, funcionário ou empregado de instituição hospitalar pública ou privada a admitir para tratamento pessoa cujo óbito já tenha ocorrido, com o fim de alterar local ou momento de crime, prejudicando sua apuração:

Pena – detenção, de 1 (um) a 4 (quatro) anos, e multa, além da pena correspondente à violência.

38. Constrangimento de funcionário ou empregado de instituição hospitalar pública ou privada a admitir para tratamento pessoa morta

38.1. Direito intertemporal

Não havia, sob a égide da revogada Lei n. 4.898/65, figura delituosa semelhante. Portanto, cuida-se, o art. 24 da nova Lei de Abuso de Autoridade, de *novatio legis* incriminadora, aplicável exclusivamente aos crimes cometidos após sua vigência, *in casu,* no dia 3 de janeiro de 2020.

178. STJ, 5ª Turma, HC 137.206/SP, Rel. Min. Napoleão Nunes Maia Filho, j. 01/12/2009, DJe 01/02/2010.

38.2. Bem jurídico tutelado

O bem jurídico tutelado é não apenas a liberdade individual do funcionário ou empregado de instituição hospitalar pública ou privada que foi objeto de constrangimento ilegal, mas também a Administração da Justiça, especificamente no campo da correta aplicação da lei, atividade que não pode ser submetida a artifícios destinados ao falseamento da prova e, por corolário, aos erros de julgamento, a favor ou contra qualquer das partes envolvidas. Por se tratar de crime de abuso de autoridade, também se tutela a Administração Pública.

38.3. Sujeitos do crime

Grosso modo, é possível afirmar que, ao tipificar a conduta do art. 24, o legislador mirou precipuamente aqueles agentes públicos (v.g., policiais militares, policiais civis, integrantes das Forças Armadas, guardas municipais,[179] etc.) que são os primeiros a chegar à cena do crime e que, por esse motivo, devem zelar pela preservação de todos os vestígios deixados pela infração penal. Não é necessário que o agente público tenha concorrido para o óbito em questão. Basta que sua conduta seja praticada com o objetivo de dificultar a identificação do local ou do momento da conduta que levou ao óbito, gerando prejuízo às investigações.

O sujeito passivo, por sua vez, além do Estado, é o funcionário ou empregado de instituição hospitalar pública ou privada que foi constrangido pelo agente público, e, secundariamente, os familiares da pessoa falecida. Cuida-se, portanto, de **crime bipróprio**, pois a lei exigiu qualidades especiais do sujeito ativo (agente público) e do sujeito passivo (funcionário ou empregado de instituição hospitalar pública ou privada).

38.4. Tipo objetivo

A leitura do tipo penal do art. 24 demonstra que estamos diante de uma modalidade especial de fraude processual no contexto de

---

179. De acordo com o art. 5º, inciso XIV, da Lei n. 13.022/2014, que dispõe sobre o Estatuto Geral das Guardas Municipais, é atribuição da guarda municipal encaminhar ao delegado de polícia, diante de flagrante delito, o autor da infração, *preservando o local do crime*, quando possível e sempre que necessário.

abuso de autoridade (Lei n. 13.869/19, art. 23), diferenciando-se desta pelo fato de a inovação artificiosa ser praticada por meio de constrangimento (sob violência ou grave ameaça) a funcionário de instituição hospitalar com o objetivo único de que este admita para tratamento pessoa cujo óbito já tenha ocorrido.

Na verdade, quando uma pessoa em óbito é admitida "para tratamento", trabalha-se com a ideia de que ela tenha chegado *com vida* à unidade hospitalar, ou seja, que o óbito teria ocorrido no hospital e não em local e momento diversos. Essa conduta acaba dificultando sobremaneira a apuração da efetiva causa do óbito, e até mesmo se alguém teria concorrido para aquela morte, o que efetivamente não ocorreria se ficasse atestado, desde o início, que a pessoa já havia chegado sem vida à unidade hospitalar.

O crime deve ser praticado por meio de *constrangimento, sob violência ou grave ameaça*. Esses conceitos já foram objeto de análise nos comentários ao art. 13, para onde remetemos o leitor. A violência em questão deve ser exercida sobre a pessoa, e não sobre a coisa, salvo se constituir, de fato, grave ameaça a alguém. Diversamente do que ocorre em relação ao crime do art. 13 da Lei n. 13.869/19, em que o constrangimento também pode ser cometido por meio da redução da capacidade de resistência da vítima, o art. 24 não faz menção à violência imprópria, a qual, portanto, não poderá funcionar como meio de execução deste delito, sob pena de flagrante violação ao princípio da legalidade.

Esse constrangimento, necessariamente cometido por meio de violência ou grave ameaça à pessoa, jamais à coisa, visa retirar a liberdade de autodeterminação de funcionário de instituição hospitalar pública ou privada, para que este admita para tratamento pessoa cujo óbito já tenha ocorrido, é dizer, quando já tiver havido a cessação das atividades encefálicas (Lei n. 9.434/97, art. 3º, *caput*) desta pessoa cuja admissão hospitalar se pretendia.

Como se percebe, ao retirar o cadáver da cena do crime, levando-o para o hospital como se a vítima ainda estivesse com vida, o agente público visa modificar o local do óbito e até mesmo o momento de sua ocorrência, com o objetivo de induzir a erro a Administração da Justiça. Ora, é sabido que a preservação do local do crime é de fundamental importância para preservar os vestígios deixados pela infração penal (corpo de delito), a fim de não prejudicar o trabalho a ser desenvolvido na sequência pelos peritos criminais. E um dos requisitos básicos para que os peritos criminais possam realizar um exame pericial satisfatório é que o local esteja adequadamente isolado e preservado, a fim de que não se perca qualquer vestígio que tenha sido produzido pelos sujeitos ativos na cena do crime. A propósito, basta pensar na dificuldade de se apontar o trajeto do projétil no corpo da vítima nas hipóteses em que o cadáver tiver sido removido do sítio do crime. Aliás, não por outro motivo, o art. 6º, inciso I, e o art. 169, ambos do CPP, dispõem que a autoridade policial, tão logo tomar conhecimento do delito, deve se dirigir ao local, providenciando para que não se alterem o estado e conservação das coisas, até a chegada dos peritos criminais.

Ao contrário do crime do art. 23, *caput*, da Lei n. 13.869/19, cujo juízo de tipicidade demanda que a inovação artificiosa ocorra na pendência de diligência, investigação ou processo, o tipo do art. 24 não pressupõe qualquer procedimento investigatório em curso.

38.5. Tipo subjetivo

O crime é punido a título de dolo (direto ou eventual). Não se admite a modalidade culposa. O dolo do agente deve abranger todos os elementos constitutivos do tipo penal. Por conseguinte, como o conhecimento de que a pessoa cujo óbito já tivesse ocorrido funciona como elementar do tipo do art. 24, caso o agente desconheça esse fato, e seu erro esteja plenamente justificado pelas circunstâncias de fato, caracterizado estará o erro de tipo, com a consequente exclusão do dolo do agente. Como o referido delito não admite a modalidade culposa, sua conduta será considerada atípica, nos termos do art. 20, *caput*, do Código Penal.

De mais a mais, para além do elemento subjetivo especial do injusto previsto no art. 1º, § 1º, a tipificação do delito também está condicionada ao especial fim de agir *de alterar local ou momento de crime, prejudicando sua apuração.* Cuida-se, portanto, de delito de intenção.

De se notar que a parte final do art. 24 faz referência apenas a "*crime*", expressão esta que não abrange *contravenções penais.* Logo, na eventualidade de o elemento subjetivo especial guardar relação com a finalidade de alterar local ou momento de *contra-*

venção penal, prejudicando sua apuração, não há falar no crime do art. 24, sob pena de evidente analogia *in malam partem*, restando, todavia, como verdadeiro soldado de reserva, o crime de fraude processual especial previsto no art. 23 da nova Lei de Abuso de Autoridade, além da pena correspondente à violência.

38.6. Consumação e tentativa

O crime estará consumado quando a pessoa cujo óbito já tiver ocorrido for efetivamente admitida para tratamento em virtude do constrangimento perpetrado pelo agente.[180] Para fins de consumação do delito, não é necessário que o agente público efetivamente consiga alterar local ou momento de crime, prejudicando sua apuração. Afinal, essa finalidade de prejudicar a persecução penal é apenas um elemento subjetivo especial do injusto, de cuja caracterização não depende a consumação do delito. No mais, por se tratar de crime plurissubsistente, é perfeitamente possível o *conatus*. É o que ocorre, por exemplo, se o agente público empregar violência contra o funcionário do hospital, mas não lograr êxito na admissão da pessoa cujo óbito já tivesse ocorrido.[181]

38.7. Classificação doutrinária

O crime do art. 24 da Lei n. 13.869 pode ser classificado da seguinte forma: **a) crime formal**; **b) delito de intenção**; **c) crime bipróprio:** o delito exige uma qualidade especial tanto do sujeito ativo – agente público –, como também do sujeito passivo – funcionário ou empregado de instituição hospitalar pública ou privada; **d) crime de forma livre**: admite qualquer meio de execução mediante violência ou grave ameaça; **e) crime unissubjetivo**; **f) crime plurissubsistente.**

180. O raciocínio, nesse ponto, é bem semelhante àquele desenvolvido em relação ao crime do art. 13, para onde remetemos o leitor.

181. No sentido de que o crime se consuma com a admissão de pessoa em óbito em unidade hospitalar para tratamento: CAVALCANTE, André Clark Nunes; BRANCO, Emerson Castelo. Op. cit. p. 126. Em sentido diverso, Greco e Cunha (op. cit. p. 225) entendem que o crime estará consumado mesmo que o agente não consiga, mediante o emprego de violência ou grave ameaça, que ocorra a admissão da pessoa cujo óbito já tivesse ocorrido.

38.8. Ação penal, pena, competência para o julgamento, procedimento adequado, transação penal, suspensão condicional do processo e acordo de não persecução penal

São válidos aqui os mesmos comentários feitos em relação ao preceito secundário do crime do art. 13 da nova Lei de Abuso de Autoridade, ao qual também é cominada uma pena de detenção, de 1 (um) a 4 (quatro) anos, e multa, *sem prejuízo da pena cominada à violência.*

> **Art. 25. Proceder à obtenção de prova, em procedimento de investigação ou fiscalização, por meio manifestamente ilícito:**
>
> **Pena – detenção, de 1 (um) a 4 (quatro) anos, e multa.**
>
> **Parágrafo único. Incorre na mesma pena quem faz uso de prova, em desfavor do investigado ou fiscalizado, com prévio conhecimento de sua ilicitude.**

39. Obtenção de prova por meio manifestamente ilícito

39.1. Direito intertemporal

Trata-se, o art. 25 da Lei n. 13.869/19, de *novatio legis* incriminadora. Com efeito, sob a égide da revogada Lei n. 4.898/65, não havia nenhuma figura semelhante a esta. Sua aplicação ficará restrita, portanto, aos crimes cometidos após a vigência da nova Lei de Abuso de Autoridade, *in casu*, no dia 03 de janeiro de 2020.

39.2. Noções gerais acerca da inadmissibilidade das provas obtidas por meios ilícitos

O direito à prova, como todo e qualquer direito fundamental, não tem natureza absoluta. Está sujeito a limitações porque coexiste com outros direitos igualmente protegidos pelo ordenamento jurídico. Não por outro motivo, dispõe a Constituição Federal que "são inadmissíveis, no processo, as provas obtidas por meios ilícitos" (art. 5º, LVI).

Mas por que se vedar a utilização da prova ilícita no processo? Aos olhos do leigo, soa desarrazoado permitir-se a absolvição de um culpado pelo fato de a prova contra ele produzida ter sido obtida por meios ilícitos. Para ele, *os fins justificam os meios*. Ora, não podemos perder de vista, jamais, que vivemos em um Estado Democrático de Direito, e que neste a descoberta da verdade não pode ser feita a qualquer preço. Mesmo que em prejuízo da apuração da verdade, no prol do ideal maior de um processo justo, condizente com o respeito aos direitos e garantias fundamentais da pessoa humana, não se pode admitir a utilização em um processo de provas obtidas por meios ilícitos. A *eficiência processual*, compreendida como a funcionalidade dos mecanismos processuais tendentes a alcançar a finalidade do processo, que é a apuração dos fatos e das responsabilidades, não pode prescindir do respeito aos direitos e garantias fundamentais, sob pena de deslegitimação do próprio sistema punitivo.

Deveras, seria de todo contraditório que, em um processo criminal, destinado à apuração da prática de um ilícito penal, o próprio Estado se valesse de métodos violadores de direitos, comprometendo a legitimidade de todo o sistema punitivo, pois ele mesmo estaria se utilizando do ilícito penal.[182] Além da proteção aos direitos e garantias fundamentais, a vedação das provas ilícitas também funciona como uma forma de controle da regularidade da persecução penal, atuando como fator de inibição e dissuasão à adoção de práticas probatórias ilegais. Cumpre, assim, eminente função pedagógica, ao mesmo tempo em que tutela direitos e garantias assegurados pela ordem jurídica.[183]

Nunca é demais lembrar as lições de Paulo de Sousa Mendes: "De resto, a proibição de utilização (=valoração) das provas proibidas afigura-se como a melhor maneira de o legislador prevenir a tentação de obtenção das provas a qualquer preço, por parte das instâncias formais de controle social. É como se o legislador anunciasse aos virtuais prevaricadores: – não sucumbais ao canto da sereia da obtenção das provas a qualquer preço, porquanto isso vos custaria a inutilização absoluta dos meios de prova ilicitamente obtidos, nem sequer se podendo repetir essas provas por outros meios! Por exemplo, se invadistes o domicílio do suspeito sem a

---

182. Nessa linha: GOMES FILHO, Antônio Magalhães. *O direito à prova no processo penal*. Op. cit. p. 99.

183. Nesse sentido: OLIVEIRA, Eugênio Pacelli. *Curso de processo penal*. 11ª ed. Rio de Janeiro: Editora Lumen Juris, 2009. p. 303.

devida autorização judicial e nesse local encontrares a arma do crime, então é como se tivésseis destruído essa prova material".[184]

Em conclusão, é de todo oportuno destacar que, com o advento da Lei n. 13.964/19 (Pacote Anticrime), "o juiz que conhecer do conteúdo da prova declarada inadmissível não poderá proferir a sentença ou acórdão" (CPP, art. 157, § 5º). O objetivo do dispositivo é evitar que o juiz que tiver contato com a prova ilícita venha a julgar o caso, pois não teria isenção de ânimo suficiente para apreciar a demanda com a imparcialidade que dele se espera. É o que se denomina de **descontaminação do julgado**.

39.3. Bem jurídico tutelado

Para além da Administração Pública, o crime do art. 25 também visa à proteção dos direitos e garantias fundamentais do cidadão (liberdade individual, intimidade, vida privada, inviolabilidade domiciliar, etc.).

39.4. Sujeitos do crime

Cuida-se de **crime próprio** quanto ao sujeito ativo, nos exatos termos do art. 2º da Lei n. 13.869/19. O sujeito passivo, por sua vez, é não apenas o Estado, mas também a pessoa física ou jurídica prejudicada pela prova ilícita produzida pelo agente público.

39.5. Tipo objetivo

A conduta incriminada pelo *caput* do art. 25 é *proceder à obtenção de prova, em procedimento de investigação ou fiscalização, por meio manifestamente ilícito. Proceder* significa levar a efeito,

184. MENDES, Paulo de Sousa. *Lições de Direito Processual Penal.* Coimbra: Almedina, 2014, p. 182-183. Na mesma linha, como já se pronunciou o Min. Celso de Mello (STF, 2ª Turma, RHC 90.376/RJ, Rel. Min. Celso de Mello, Dje-018 17/05/2007), "a Constituição da República, em norma revestida de conteúdo vedatório (CF, art. 5º, LVI), desautoriza, por incompatível com os postulados que regem uma sociedade fundada em bases democráticas (CF, art. 1º), qualquer prova cuja obtenção, pelo Poder Público, derive de transgressão a cláusulas de ordem constitucional, repelindo, por isso mesmo, quaisquer elementos probatórios que resultem de violação do direito material (ou, até mesmo, do direito processual), não prevalecendo, em consequência, no ordenamento normativo brasileiro, em matéria de atividade probatória, a fórmula autoritária do "male captum, bene retentum". A expressão *male captum, bene retentum* significa "mal colhida, mas bem conservada".

fazer, executar, realizar, produzir, etc. Ou seja, no curso de um procedimento de investigação (v.g., inquérito policial, procedimento investigatório criminal, etc.)[185] ou de fiscalização (v.g., receita federal), penal ou extrapenal, já que a lei não faz qualquer ressalva nesse sentido, o agente público produz uma prova por meio manifestamente ilícito. Dentro desse conceito de **prova obtida por meio manifestamente ilícito** estão inseridas:

a) prova ilícita propriamente dita: a prova será considerada ilícita quando for obtida através da violação de regra de direito material (penal ou constitucional). Portanto, quando houver a obtenção de prova em detrimento de direitos que o ordenamento reconhece aos indivíduos, independentemente do processo, a prova será considerada ilícita. São várias as inviolabilidades previstas na Constituição Federal e na legislação infraconstitucional para resguardo dos direitos fundamentais da pessoa: inviolabilidade da intimidade, da vida privada, da honra, da imagem (CF, art. 5º, X), inviolabilidade do domicílio (art. 5º, XI), inviolabilidade do sigilo das comunicações em geral e dos dados (CF, art. 5º, XII), vedação ao emprego da tortura ou de tratamento desumano ou degradante (CF, art. 5º, III), respeito à integridade física e moral do preso (CF, art. 5º, XLIX), etc. Exemplificando, se determinado indivíduo for constrangido a confessar a prática do delito mediante tortura ou maus-tratos, tem-se que a prova aí obtida será considerada ilícita, pois violado o disposto no art. 5º, inciso III, da Constituição Federal. Com as modificações produzidas pela Lei nº 11.690/08, passou a constar do art. 157, *caput*, do CPP, de modo expresso, a vedação às provas ilícitas, tendo o legislador feito a opção por uma definição legal do tema: "São inadmissíveis, devendo ser desentranhadas do processo, as provas ilícitas, *assim entendidas as obtidas em violação a normas constitucionais ou legais*". Quando o art. 157, *caput*, do CPP, refere-se às *provas ilícitas*, dispõe que assim devem ser consideradas aquelas obtidas em violação a normas constitucionais ou legais, não distinguindo se a norma legal é material ou processual. Esse silêncio da lei quanto à natureza da norma legal

185. Para Agi (op. cit. p. 75), "toda a produção de prova, seja em fase pré-processual, seja fase processual, é tutelada pelo dispositivo. Vale lembrar que a investigação não se limite ao inquérito policial ou à atuação prévia ao oferecimento da denúncia. Durante a instrução processual, a investigação prossegue, persistindo a inadmissibilidade de provas ilícitas e a criminalização de seu desrespeito".

que acarreta a ilicitude da prova tem provocado certa controvérsia doutrinária. De um lado, uma corrente doutrinária entende que, diante do silêncio da lei, e com base na nova redação conferida ao art. 157, *caput*, do CPP, será considerada ilícita tanto a prova que viole disposições materiais quanto processuais.[186] Qualquer violação ao devido processo legal, portanto, acarretará o reconhecimento da ilicitude da prova. Logo, se alguém é torturado e confessa o delito, ou se objetos são exibidos no plenário do júri sem a observância da regra do art. 479 do CPP, que impõe sua juntada aos autos com antecedência mínima de 3 (três) dias úteis, ter-se-á, em ambos os exemplos, provas ilícitas. Por sua vez, para outros doutrinadores (nossa posição), quando o art. 157, *caput*, do CPP, faz menção a normas legais, deve-se interpretar o dispositivo de maneira restritiva, referindo-se única e exclusivamente às normas de direito material, mantendo-se, quanto às provas ilegítimas, o regime jurídico da teoria das nulidades;[187]

b) prova derivada da ilícita: são os meios probatórios que, não obstante produzidos, validamente, em momento posterior, encontram-se afetados pelo vício da ilicitude originária, que a eles se transmite, contaminando-os, por efeito de repercussão causal. A título de exemplo, suponha-se que alguém tenha sido constrangido, mediante tortura, a confessar a prática de um crime de homicídio. Indubitavelmente, essa confissão deverá ser declarada ilícita. Dessa prova ilícita originária, por sua vez, pode resultar a obtenção de uma prova aparentemente lícita (v.g., localização e apreensão de um cadáver). Apesar da aparente licitude desta, não há como negar a existência de um nexo causal inequívoco entre a confissão mediante tortura e a localização do cadáver. Em outras palavras, não fosse a prova ilícita originária, jamais teria sido possível a prova que dela derivou. Nessa linha de pensamento, é possível concluir que a ilicitude da prova originária transmite-se, por repercussão, a todos os dados probatórios que nela se apoiem, ou dela derivem, ou, finalmente, nela encontrem o seu fundamento

---

186. Nessa linha: NUCCI, Guilherme de Souza. *Manual de processo penal e execução penal.* 5ª ed. São Paulo: Editora Revista dos Tribunais, 2008. p. 391. É essa também a posição de Luiz Flávio Gomes (*Legislação criminal especial.* São Paulo: Editora Revista dos Tribunais, 2009. p. 414). Mesmo antes da reforma processual de 2008, o STF já tinha precedente nesse sentido: 2ª Turma, HC 82.788/RJ, Rel. Min. Celso de Mello, DJ 02/06/2006 p. 43.

187. GRINOVER, Ada Pellegrini. *As nulidades no processo penal.* Op. cit. p. 125.

causal.[188] Com a entrada em vigor da Lei nº 11.690/08, a teoria dos frutos da árvore envenenada passou a constar expressamente do art. 157, § 1º, do CPP. Apesar de o art. 25, *caput*, da nova Lei de Abuso de Autoridade fazer referência apenas à prova ilícita, tal conceito também abrange a prova ilícita por derivação. Não se trata de analogia *in malam partem*. Isso porque o conceito de prova derivada da ilícita supõe, por si só, a existência de uma relação de causalidade entre a ilicitude da primeira prova e a obtenção da segunda, que, consequentemente, também pode ser rotulada como espécie de prova ilícita. É nesse sentido, aliás, o **enunciado n. 16** do Conselho Nacional de Procuradores-Gerais dos Ministérios Públicos dos Estados e da União (CNPG) e do Grupo Nacional de Coordenadores de Centro de Apoio Criminal (GNCCRIM): "Ressalvadas situações excepcionais pacificadas, o uso da prova derivada da ilícita está abrangido pelo tipo penal incriminador do art. 25 da Lei de Abuso de Autoridade, devendo o agente ter conhecimento inequívoco da sua origem e do nexo de relação entre a prova ilícita e aquela dela derivada";[189]

c) prova ilícita e ilegítima: são aquelas que violam norma de direito material e processual simultaneamente.[190] É o que ocorre, por exemplo, com a realização de busca e apreensão por um delegado de polícia com violação de domicílio, sem mandado judicial e sem flagrante delito. Nesse caso, há violação de norma penal, pois a conduta é prevista como crime de abuso de autoridade, bem como de norma processual, que estabelece os requisitos para a realização da busca domiciliar (CPP, arts. 240 a 250, c/c art. 5º, XI). Nesse caso, por se tratar de prova em parte ilícita, restará caracterizado o crime do art. 25.

---

188. Há diversos precedentes dos Tribunais Superiores adotando a teoria dos frutos da árvore envenenada: STF, 2ª Turma, RHC 90.376/RJ, Rel. Min. Celso de Mello, Dje-018 17/05/2007; STF, 2ª Turma, HC 82.788/RJ, Rel. Min. Celso de Mello, DJ 02/06/06; STJ, 6ª Turma, HC 100.879, Rel. Min. Maria Thereza de Assis Moura, DJe 08/09/08; STF, 2ª Turma, HC 90.298/RS, Rel. Min. Cezar Peluso, j. 08/09/2009, DJe 195 15/10/2009.

189. No sentido de que o uso da prova derivada está abrangido pelo tipo penal do art. 25, desde que o agente tenha conhecimento da sua origem, não havendo, *in casu*, analogia *in malam partem*, mas sim legítima interpretação extensiva e teleológica: GRECO; CUNHA. Op. cit. p. 232. E ainda: MARQUES, Gabriela; MARQUES, Ivan. Op. cit. p. 116.

190. Nesse contexto: FEITOZA, Denilson. *Direito processual penal.* 7ª ed. Niterói/RJ: Editora Impetus, 2010. p. 720.

Nessas 3 (três) hipóteses acima enumeradas, o reconhecimento do crime demanda que esse meio de obtenção de prova seja *manifestamente* ilícito. Esse elemento normativo, cuja compreensão demanda juízo de valor do magistrado, demonstra que, havendo dúvidas acerca da ilicitude de determinado meio de obtenção de prova, ou mesmo se houver entendimentos doutrinários ou jurisprudenciais diversos acerca da mesma matéria, não haverá crime. A ilicitude em questão há de ser manifesta, ou seja, indubitável.

Por outro lado, considerando-se que o art. 25, *caput,* da nova Lei de Abuso de Autoridade faz referência à obtenção de *prova por meio manifestamente ilícito*, não estão abrangidas por este conceito as seguintes espécies de provas:

1) Prova *ilícita pro reo:* quando a obtenção de uma prova ilícita em benefício da defesa é feita pelo próprio interessado, ou mesmo por um agente público que tenha conhecimento da situação da necessidade, o caso será de exclusão da ilicitude, haja vista a presença do estado de necessidade ou legítima defesa, a depender do caso concreto. Prova disso, aliás, é o art. 233, parágrafo único, do CPP, que conclui pela *licitude* da utilização da comunicação epistolar sem o consentimento do interlocutor, quando presente o interesse do destinatário.[191] É nesse sentido, aliás, o entendimento jurisprudencial: "(...) Utilização de gravação de conversa telefônica feita por terceiro com a autorização de um dos interlocutores sem o conhecimento do outro quando há, para essa utilização, excludente da antijuridicidade. – Afastada a ilicitude de tal conduta – a de, por legítima defesa, fazer gravar e divulgar conversa telefônica ainda que não haja o conhecimento do terceiro que está praticando crime –, é ela, por via de consequência, lícita e, também consequentemente, essa gravação não pode ser tida como prova ilícita, para invocar-se o artigo 5º, LVI, da Constituição com fundamento em que houve violação da intimidade (art. 5º, X, da Carta Magna)".[192] Logo, não se trata de *prova ilícita,* afastando-se, assim, a tipificação do crime

191. Referindo-se à teoria da exclusão da ilicitude, Paulo Rangel (*Direito processual penal.* 18ª ed. Rio de Janeiro: Lumen Juris, 2011. p. 479) assevera que se a conduta do acusado é amparada pelo Direito, jamais poderia ser chamada de ilícita. Na dicção do autor, "o réu, interceptando uma ligação telefônica, sem ordem judicial, com o escopo de demonstrar sua inocência, estaria agindo de acordo com o direito, em verdadeiro estado de necessidade justificante".

192. STF, 1ª Turma, HC 74.678/SP, Rel. Min. Moreira Alves, j. 10/06/1997, DJ 15/08/1997.

do art. 25 da Lei n. 13.869/19. Em reforço a esse entendimento, é interessante notar que o próprio parágrafo único do art. 25 da Lei n. 13.869/19 faz referência à utilização de prova *em desfavor do investigado ou fiscalizado,* de cuja interpretação *a contrario sensu* é possível concluir que a utilização de prova ilícita em benefício do indivíduo jamais terá o condão de tipificar a conduta delituosa em questão. Este raciocínio, porém, só é válido quando se tratar de prova ilícita *pro reo,* e não quando se tratar de prova ilícita *pro societate.* Da explícita proscrição da prova ilícita, sem distinções quanto ao crime objeto do processo (CF, art. 5º, LVI), resulta a prevalência da garantia nela estabelecida sobre o interesse na busca, a qualquer custo, da verdade real no processo. Portanto, a gravidade da infração penal não justifica que princípio da proporcionalidade se sobreponha à vedação constitucional da admissão da prova ilícita. Admitir que o direito à prova prevaleça sobre as liberdades públicas, indiscriminadamente, é criar um perigoso precedente em detrimento da preservação de direitos e garantias individuais: não seria mais possível estabelecer-se qualquer vedação probatória, pois todas as provas, mesmo que ilícitas, poderiam ser admitidas no processo, em prol da busca da verdade e do combate à criminalidade, tornando letra morta o disposto no art. 5º, LVI, da Constituição Federal;[193]

2) provas obtidas por meios ilegítimos: a prova será considerada ilegítima quando obtida mediante violação à norma de direito processual. A título de exemplo, suponha-se que, ao ouvir determinada testemunha, o magistrado se esqueça de compromissá-la. Assim o fazendo, incorreu em violação à regra do art. 203 do CPP, dispositivo este que obriga o juiz a compromissar a testemunha. Em outro exemplo, no curso de audiência una de instrução e julgamento, o magistrado pede à vítima que realize o reconhecimento do acusado. A vítima, então, olhando para trás, aponta o acusado como o suposto autor do delito, o que fica registrado na ata da audiência. Como se vê, tal reconhecimento foi feito ao arrepio do art. 226 do CPP, que traça o procedimento a ser observado na hipótese de reconhecimento de pessoas e coisas. Em ambas as

193. No sentido da inadmissibilidade da prova ilícita *pro societate:* STF, 1ª Turma, HC 80.949/RJ, Rel. Min. Sepúlveda Pertence, DJ 14/12/2001 p. 26; STF, 1ª Turma, HC 80.949/RJ, Rel. Min. Sepúlveda Pertence, DJ 14/12/2001 p. 26. E ainda: STF, Informativo nº 197, RE nº 251.445/GO, DJU 03/08/2000.

situações, temos exemplos de provas obtidas por meios ilegítimos, porquanto colhidas com violação à regra de direito processual. Como exposto anteriormente, queremos crer que a prova obtida por meio manifestamente ilícito a que se refere o *caput* do art. 25 da Lei n. 13.869/19 será tão somente aquela produzida com violação às normas de direito material. Não se pode ampliar o preceito incriminador em questão para também abranger as provas obtidas por meios ilegítimos, sob pena de evidente analogia *in malam partem* e consequente violação ao princípio da legalidade;[194]

3) Provas obtidas por meio de uma fonte independente: de acordo com a teoria ou exceção da fonte independente (CPP, art. 157, § 1º), se o órgão da persecução penal demonstrar que obteve, legitimamente, novos elementos de informação a partir de uma fonte autônoma de prova, que não guarde qualquer relação de dependência, nem decorra da prova originariamente ilícita, com esta não mantendo vínculo causal, tais dados probatórios são admissíveis, porque não contaminados pela mácula da ilicitude originária.[195] Se se trata de uma fonte independente, que não guarda qualquer nexo causal com a prova ilícita originária, é de rigor a conclusão de que não se trata de prova obtida por meio manifestamente ilícito, elementar indispensável para a tipificação do crime do art. 25, *caput*, da Lei n. 13.869/19;

4) Provas obtidas em virtude de uma descoberta inevitável: de acordo com a teoria da descoberta inevitável (ou exceção da fonte hipotética independente), caso se demonstre que a prova derivada da ilícita seria produzida de qualquer modo, independen-

---

194. Na mesma linha: GRECO; CUNHA. Op. cit. p. 228.

195. Os Tribunais Superiores têm diversos precedentes adotando a teoria da fonte independente. A propósito, confira-se: STF, 1ª Turma, HC 83.921/RJ, Rel. Min. Eros Grau, DJ 27/08/2004. Na mesma linha: STF, 2ª Turma, RHC 90.376/RJ, Rel. Min. Celso de Mello, DJe 018 – 17/05/2007. No mesmo sentido, porém sem se referir expressamente ao nome da teoria da fonte independente: STF, 2ª Turma, HC 75.497/SP, Rel. Min. Maurício Corrêa, j. 14/10/1997, DJ 09/05/2003; STF, 2ª Turma, RHC 88.371/SP, Rel. Min. Gilmar Mendes, j. 14/11/2006, DJ 02/02/2007; STJ, 5ª Turma, HC 11.781/RS, Rel. Min. Gilson Dipp, j. 21/03/2000, DJ 17/04/2000 p. 73; STJ, 5ª Turma, HC 57.870/RJ, Rel. Min. Felix Fischer, j. 12/09/2006, DJ 04/12/2006 p. 343; STJ, 5ª Turma, HC 43.234/SP, Rel. Min. Gilson Dipp, j. 03/11/2005, DJ 21/11/2005 p. 265; STJ, 6ª Turma, HC 40.637/SP, Rel. Min. Hélio Quaglia Barbosa, j. 06/09/2005, DJ 26/09/2005 p. 466; STJ, 6ª Turma, HC 23.432/SP, Rel. Min. Vicente Leal, j. 01/04/2003, DJ 28/04/2003 p. 266; STJ, 5ª Turma, REsp 347.270/BA, Rel. Min. Edson Vidigal, j. 26/03/2002, DJ 29/04/2002 p. 283; STF, 2ª Turma, HC 116.931/RJ, Rel. Min. Teori Zavascki, j. 03/03/2015, DJe 85 07/05/2015.

temente da prova ilícita originária, tal prova deve ser considerada válida. A aplicação dessa teoria não pode ocorrer com base em dados meramente especulativos, sendo indispensável a existência de dados concretos a confirmar que a descoberta seria inevitável. Em outras palavras, não basta um juízo do possível: é necessário um juízo do provável, baseado em elementos concretos de prova. A despeito de o CPP não fazer menção explícita à referida teoria, parte da doutrina entende que seu conteúdo pode ser extraído do art. 157, § 2º, do CPP ("§2º. Considera-se *fonte independente* aquela que, por si só, seguindo os trâmites típicos e de praxe, próprios da investigação ou instrução criminal, *seria capaz de conduzir ao fato objeto da prova*"). Parece ter havido uma confusão por parte do legislador ao se referir à *fonte independente*, pois o conceito aí inserido é o da *limitação da descoberta inevitável*. Com efeito, pela própria redação do dispositivo, empregando o verbo no condicional, percebe-se que nem mesmo seria necessário que a prova derivada tivesse sido efetivamente conseguida a partir de uma fonte autônoma e regular de prova (teoria da fonte independente), bastando que houvesse uma mera possibilidade disso ("seria capaz de conduzir ao fato objeto da prova"). Inequívoca, pois, a adoção da limitação da descoberta inevitável.[196] Admitida a constitucionalidade dessa limitação da descoberta inevitável, é de rigor a conclusão de que as provas assim obtidas não podem ser rotuladas como ilícitas, até mesmo porque, se assim o fosse, sequer poderiam ser admitidas no processo. Logo, se não prova ilícita, não há falar em tipificação do crime do art. 25, *caput*, da Lei n. 13.869/19;

5) Provas obtidas em virtude da limitação da mancha purgada: de acordo com a doutrina da mancha purgada (vícios sanados ou tinta diluída), não se aplica a teoria da prova ilícita por derivação se o nexo causal entre a prova primária e a secundária for atenuado em virtude do decurso do tempo, de circunstâncias supervenientes na cadeia probatória, da menor relevância da ilegalidade ou da vontade de um dos envolvidos em colaborar

196. FEITOZA, Denílson. *Direito processual penal.* 7ª ed. Niterói/RJ: Editora Impetus, 2010. p. 700/701. Os Tribunais Superiores já têm diversos precedentes adotando a teoria da descoberta inevitável. A propósito, confira-se: STJ, 6ª Turma, HC 52.995/AL, Rel. Og Fernandes, j. 16/09/2010, DJe 04/10/2010. Referindo-se à adoção da teoria da descoberta inevitável pelo art. 157, § 2º, do CPP: STF, 2ª Turma, HC 91.867/PA, Rel. Min. Gilmar Mendes, j. 24/04/2012, DJe 185 19/09/2012.

com a persecução criminal. Nesse caso, apesar de já ter havido a contaminação de um determinado meio de prova em face da ilicitude ou ilegalidade da situação que o gerou, um acontecimento futuro expurga, afasta, elide esse vício, permitindo-se, assim, o aproveitamento da prova inicialmente contaminada. Segundo parte da doutrina, tal teoria passou a constar do art. 157, § 1º, do CPP ("§1º. São também inadmissíveis as provas derivadas das ilícitas, salvo quando não evidenciado o nexo de causalidade entre umas e outras, ou quando as derivadas puderem ser obtidas por uma fonte independente das primeiras"). Apesar de não haver qualquer referência expressa à limitação da tinta diluída, ao se referir o dispositivo à ausência de nexo de causalidade entre a prova ilícita originária e prova subsequente, pode-se daí extrair a adoção da referida teoria. Isso porque, segundo a teoria em questão, o vício da ilicitude originária, quando atenuado em virtude do decurso do tempo, de circunstâncias supervenientes, da magnitude da ilegalidade funcional ou da colaboração voluntária de um dos envolvidos, faz desaparecer o nexo causal entre a prova ilícita originária e a prova subsequente, não sendo viável falar-se em prova ilícita por derivação.[197] Referindo-se o crime do art. 25 à obtenção de prova *por meio manifestamente ilícito*, aí não se pode inserir eventual prova obtida por meio da teoria da mancha purgada. Isso porque, nesse caso, o lapso temporal decorrido entre a prova primária e a secundária, as circunstâncias intervenientes na cadeia probatória, a menor relevância da ilegalidade ou a vontade do agente em colaborar com a persecução criminal afastam a ilicitude originária, expurgando qualquer vício que possa recair sobre a prova secundária, é dizer, não se trata de prova ilícita.

---

197. Segundo Andrey Borges de Mendonça, a adoção dessa teoria pelo legislador não restou clara, pois "há um certo nexo – embora distante – entre a prova colhida e a ilícita. Certamente o caso concreto e a jurisprudência poderão confrontar-se com situações em que o nexo seja tão distante entre a prova ilícita e a prova obtida que se poderia pensar em um afastamento (ao menos normativo) deste nexo. A depender do caso concreto, a teoria da contaminação expurgada poderia ser enquadrada na hipótese ampla do § 1º do art. 157". (*Nova reforma do Código de processo penal: comentada artigo por artigo.* São Paulo: Editora Método, 2008. p. 177). Para DEZEM (op. cit. p. 137), "esta teoria foi positivada com a reforma processual, ao dispor-se, no parágrafo primeiro do art. 157 que é admissível a prova ilícita por derivação quando não evidenciado o nexo de causalidade entre umas e outras". Adotando a teoria do nexo causal atenuado ou da mancha purgada: STJ, Corte Especial, APn 856/DF, Rel. Min. Nancy Andrighi, j. 18/10/2017, DJe 06/02/2018.

39.6. Tipo subjetivo

Consultar comentários aos § §1º e 2º do art. 1º da nova Lei de Abuso de Autoridade.

39.7. Consumação e tentativa

Trata-se de crime material, cuja consumação está condicionada à obtenção da prova por meio manifestamente ilícito, pouco importando, para tanto, se a referida prova foi (ou não) introduzida no respectivo procedimento de investigação ou fiscalização. Por se tratar de crime plurissubsistente, admite-se o *conatus.*

39.8. Classificação doutrinária

O crime do art. 25, *caput,* da Lei n. 13.869/19 pode ser classificado da seguinte forma: a) **crime próprio**; b) **crime material**; c) **crime comissivo**, pelo menos em regra; d) **crime plurissubsistente**; e) **crime de dano**; f) **crime unissubjetivo**.

39.9. Ação penal, pena, competência para o julgamento, procedimento adequado, transação penal, suspensão condicional do processo e acordo de não persecução penal

São válidos aqui os mesmos comentários feitos em relação ao preceito secundário do crime do art. 9º da nova Lei de Abuso de Autoridade, ao qual também é cominada uma pena de detenção, de 1 (um) a 4 (quatro) anos, e multa.

39.10. Figura equiparada

De acordo com o art. 25, parágrafo único, da Lei n. 13.869, incorre na mesma pena – detenção, de 1 (um) a 4 (quatro) anos, e multa – quem faz uso de prova, *em desfavor do investigado ou fiscalizado*, com prévio conhecimento de sua ilicitude.

A conduta do parágrafo único do art. 25 não se confunde com aquela prevista no *caput:* nesta, o agente público é o responsável pela produção da prova por meio manifestamente ilícito; naquela, o agente público, a despeito de não ter sido o responsável pela produção da prova por meio manifestamente ilícito, dela faz uso em desfavor do investigado, com *prévio* conhecimento de sua ilicitude. Este conhecimento deve ser anterior à utilização da prova ilícita; se posterior ou mesmo concomitante ao seu emprego, não há falar em crime.

A expressão *com prévio conhecimento de sua ilicitude* denota a necessidade de um juízo de certeza acerca da ilicitude da prova, afastando, pois, a possibilidade de responsabilização a título de dolo eventual.

39.11. Conflito aparente de normas

Por força do princípio da especialidade, outros crimes que também versam sobre a produção de provas ilícitas devem prevalecer sobre o delito do art. 25 da Lei n. 13.869/19. É o que ocorre, ilustrativamente, com o delito do art. 10 da Lei n. 9.296/96 ("Art. 10. Constitui crime realizar interceptação de comunicações telefônicas, de informática ou telemática, promover escuta ambiental ou quebrar segredo de Justiça, sem autorização judicial ou com objetivos não autorizados em lei: Pena – reclusão, de 2 a 4 anos, e multa. Parágrafo único. Incorre na mesma pena a autoridade judicial que determina a execução de conduta prevista no *caput* deste artigo com objetivo não autorizado em lei"), com a novel figura delituosa do art. 10-A, também da Lei n. 9.296/96, incluído pela Lei n. 13.964/19 (Art. 10-A. Realizar captação ambiental de sinais eletromagnéticos, ópticos ou acústicos para investigação ou instrução criminal sem autorização judicial, quando esta for exigida: Pena – reclusão, de 2 a 4 anos, e multa. § 1º Não há crime se a captação é realizada por um dos interlocutores. § 2º A pena será aplicada em dobro ao funcionário público que descumprir determinação de sigilo das investigações que envolvam a captação ambiental ou revelar o conteúdo das gravações enquanto mantido o sigilo judicial") e com o ilícito previsto no art. 10 da Lei Complementar n. 105/01 ("Art. 10. A quebra de sigilo, fora das hipóteses autorizadas nesta Lei Complementar, constitui crime e sujeita os responsáveis à pena de reclusão, de um a quatro anos, e multa, aplicando-se, no que couber, o Código Penal, sem prejuízo de outras sanções cabíveis"), os quais, aliás, não contemplam qualquer elemento subjetivo especial do injusto, diferenciando-se, também neste ponto, dos crimes de abuso de autoridade previstos na Lei n. 13.869/19.

Art. 26. (VETADO).

40. Flagrante preparado

O Projeto de Lei que deu origem à nova Lei de Abuso de Autoridade tipificava a seguinte conduta: "Art. 26. Induzir ou instigar pessoa a praticar infração penal com o fim de capturá-la em flagrante delito, fora das hipóteses previstas em lei: Pena – detenção, de 6 (seis) meses a 2 (anos) anos, e multa. § 1º Se a vítima é capturada em flagrante delito, a pena é de detenção, de 1 (um) a 4 (quatro) anos, e multa. § 2º Não configuram crime as situações de flagrante esperado, retardado, prorrogado ou diferido."

Ocorre que o dispositivo foi vetado pelo Presidente da República, com base nos seguintes argumentos: "A propositura legislativa gera insegurança jurídica por indeterminação do tipo penal, e por ofensa ao princípio da intervenção mínima, para o qual o Direito Penal só deve ser aplicado quando estritamente necessário, tendo em vista que a criminalização da conduta pode afetar negativamente a atividade investigativa, ante a potencial incerteza de caracterização da conduta prevista no art. 26, pois não raras são as vezes que a constatação da espécie de flagrante, dada a natureza e circunstâncias do ilícito praticado, só é possível quando da análise do caso propriamente dito, conforme se pode inferir da jurisprudência do Supremo Tribunal Federal (v.g. HC 105.929, Rel. Min. Gilmar Mendes, 2ª T. j. 24/05/2011)."

Como o veto em questão não foi rejeitado pelo Congresso Nacional na sessão conjunta realizada no dia 24 de setembro de 2019, é de se concluir que tal conduta não foi alçada à categoria de crime, pelo menos de maneira autônoma.

Art. 27. Requisitar instauração ou instaurar procedimento investigatório de infração penal ou administrativa, em desfavor de alguém, à falta de qualquer indício da prática de crime, de ilícito funcional ou de infração administrativa:

Pena – detenção, de 6 (seis) meses a 2 (dois) anos, e multa.

Parágrafo único. Não há crime quando se tratar de sindicância ou investigação preliminar sumária, devidamente justificada.

41. Requisição ou instauração de procedimento investigatório sem quaisquer indícios

41.1. Direito intertemporal

Sob a égide da revogada Lei n. 4.898/65, não havia tipo penal semelhante ao do art. 27 da nova Lei de Abuso de Autoridade. Genericamente, o art. 4º, alínea "h", da legislação pretérita rotulava como abuso de autoridade apenas "o ato lesivo da honra ou do patrimônio de pessoa natural ou jurídica, quando praticado com abuso ou desvio de poder ou sem competência legal". Portanto, o ideal é concluir que estamos diante de verdadeira espécie de *novatio legis* incriminadora, com aplicação restrita aos crimes cometidos após a vigência da Lei n. 13.869, o que, *in casu,* teria ocorrido no dia 3 de janeiro de 2020.

41.2. Noções gerais acerca do princípio da obrigatoriedade

Por força do princípio da obrigatoriedade, que também se estende à fase investigatória,[198] caso uma autoridade policial (ou administrativa) tome conhecimento de um ilícito de ação penal pública incondicionada a partir de suas atividades rotineiras (v.g., notícia veiculada na imprensa,[199] registro de ocorrência, etc.), deve instaurar o respectivo procedimento investigatório de ofício, ou seja, independentemente da provocação de qualquer pessoa, como prevê, aliás, o inciso I do art. 5º do CPP.

Tendo em vista que a simples deflagração de uma investigação já é capaz de atingir o chamado *status dignitatis* do imputado – sobretudo nos dias de hoje, em que a mídia noticia a instauração de um inquérito policial como sinônimo de verdadeira condenação transitada em julgado –, não se pode admitir a instauração de procedimentos investigatórios manifestamente levianos, temerários, desprovidos de um lastro mínimo de indícios da prática de

---

198. Ferrajoli define tal postulado como "a obrigação dos órgãos da acusação pública de promover o juízo para toda *notitia criminis* que vier a seu conhecimento – ainda que para requerer o arquivamento ou a absolvição caso considerem o fato penalmente irrelevante ou faltarem indícios de culpabilidade". (*Direito e razão: teoria do garantismo penal.* São Paulo: Editora Revista dos Tribunais, 2002. p. 457).

199. Admitindo a deflagração de investigação criminal com base em matéria jornalística: STJ, 6ª Turma, RHC 98.056/CE, Rel. Min. Antônio Saldanha Palheiro, j. 04/06/2019, DJe 21/06/2019.

crime, ilícito funcional ou de infração administrativa. É dizer, se ninguém pode ser submetido indevidamente ao constrangimento ilegal decorrente de um processo criminal leviano e temerário (*strepitus judicii*), tampouco pode ser desarrazoadamente objeto de investigação indevida (*strepitus investigationem*). Com efeito, vedadas que são as denominadas *fishing expeditions*,[200] não se pode admitir a deflagração de um procedimento investigatório sem um mínimo de indícios acerca da materialidade e/ou autoria de um ilícito.

É exatamente dentro desse cenário que a nova Lei de Abuso de Autoridade passa a criminalizar a conduta de *requisitar instauração ou instaurar procedimento investigatório de infração penal ou administrativa, em desfavor de alguém, à falta de qualquer indício da prática de crime, de ilícito funcional ou de infração administrativa.*

41.3. Bem jurídico tutelado

Tutela-se não apenas a dignidade da função pública e o prestígio de que o poder público deve desfrutar perante os administrados, mas também a honra e a imagem da pessoa que teve contra si instaurado um procedimento investigatório de infração penal ou administrativa à falta de qualquer indício da prática de crime, de ilícito funcional ou de infração administrativa.

41.4. Sujeitos do crime

O sujeito ativo do crime do art. 27 é qualquer agente público que tenha atribuição ou competência para requisitar a instauração ou para instaurar procedimento investigatório de infração penal ou administrativa.

Especificamente quanto à requisição de instauração de inquérito policial, o dispositivo tem como foco precípuo o Promo-

200. Na dicção de Philipe Benoni Melo e Silva (*Fishing Expedition: a pesca predatória por provas por parte dos órgãos de investigação.* http://jota.info/artigos/fishing-expedition-21012017), "trata-se a *fishing expedition* de uma investigação especulativa indiscriminada, sem objetivo certo ou declarado, que 'lança' suas redes com a esperança de 'pescar' qualquer prova, para subsidiar uma futura acusação. Ou seja, é uma investigação prévia, realizada de maneira muito ampla e genérica para buscar evidências sobre a prática de futuros crimes. Como consequência, não pode ser aceita no ordenamento jurídico brasileiro, sob pena de malferimento das balizas de um processo penal democrático de índole Constitucional".

tor de Justiça e o Juiz. Isso porque o Código de Processo Penal (art. 5º, II, primeira parte) dispõe que o inquérito policial pode ser iniciado mediante *requisição da autoridade judiciária ou do Ministério Público.* Especificamente quanto à requisição do juiz, grande parte da doutrina entende que esse dispositivo não teria sido recepcionado pela Constituição Federal. Em um sistema acusatório, onde há nítida separação das funções de acusar, defender e julgar (CF, art. 129, I), não se pode permitir que o juiz requisite a instauração de inquérito policial, sob pena de evidente prejuízo a sua imparcialidade. Portanto, deparando-se com informações acerca da prática de ilícito penal, deve o magistrado encaminhá-las ao órgão do Ministério Público, nos exatos termos do art. 40 do CPP. Essa controvérsia, todavia, não tem qualquer relevância para fins de tipificação do crime do art. 27, visto que não consta do referido tipo penal qualquer ressalva nesse sentido. É dizer, se a instauração de um inquérito policial for objeto de requisição pela autoridade judiciária à falta de qualquer indício da prática de crime, presente, ademais, o especial fim de agir do art. 1º, § 1º, da Lei n. 13.869/19, restará caracterizado o crime do art. 27.

Poder-se-ia questionar a constitucionalidade do art. 27 da nova Lei de Abuso de Autoridade sob o argumento de que a nova figura delituosa estaria criando indevida restrição ao poder de requisição do Ministério Público previsto no art. 129, inciso VIII, da Constituição Federal, segundo o qual são funções institucionais do Ministério Público requisitar diligências investigatórias e a instauração de inquérito policial, *indicados os fundamentos jurídicos de suas manifestações processuais.* Com a devida vênia, se a própria Constituição Federal prevê que esse poder de requisição deve ser exercido com a *indicação dos fundamentos jurídicos de suas manifestações processuais*, dúvida não há no sentido de que tal poder não pode ser exercido de maneira abusiva, a exemplo do que ocorre quando o órgão ministerial requisita a deflagração de um inquérito policial para apurar condutas atípicas, prescritas, ou quando não há nenhum indício, mínimo que seja, indicando a verossimilhança da suspeita da prática de crime a demandar, portanto, o aprofundamento das investigações.

O sujeito passivo mediato (ou indireto) é o Estado, e o imediato (ou direto) é a pessoa, física ou jurídica, prejudicada pela investigação abusiva contra si instaurada.

41.5. Tipo objetivo

São dois os verbos núcleos utilizados no art. 27 da Lei n. 13.869/19: a) **requisitar**: tem o significado de exigir certa providência em razão da autoridade que alguém se encontra investido; **b) instaurar:** consiste em dar início a algo que não existia, promover a instauração de alguma coisa, seguindo os trâmites legais. Nesse caso, é a própria autoridade policial (ou administrativa) que determina a deflagração do procedimento investigatório, a exemplo do que ocorre quando o Delegado lavra uma portaria inaugural de um inquérito policial, ou quando o Promotor de Justiça instaura um procedimento investigatório criminal para apurar determinado delito.

O objeto material de ambas as condutas é o *procedimento investigatório de infração penal ou administrativa.* A expressão abrange, a nosso juízo, qualquer espécie de procedimento investigatório de ilícito penal, funcional ou administrativo, como, por exemplo, inquéritos policiais, termos circunstanciados de ocorrência, procedimentos investigatórios criminais, investigação por Comissão Parlamentar de Inquérito, inquérito administrativo, procedimento administrativo disciplinar, etc. Por outro lado, por não funcionar como espécie de procedimento investigatório, mas sim de processo judicial, o *processo criminal (ou extrapenal),* isoladamente considerado, não está abrangido pela referida expressão.

A redação do art. 27 deixa entrever que os procedimentos investigatórios em questão devem ser instaurados *em desfavor de alguém*. Ou seja, se forem instaurados não em face de uma pessoa certa e determinada, mas sim para a averiguação de um fato, ainda que manifestamente inexistente, sem qualquer indicação acerca de seu suposto autor e/ou partícipe, a conduta será atípica.

Para fins de caracterização do crime em análise, esse procedimento investigatório deve ter sido instaurado *à falta de qualquer indício da prática de crime, de ilícito funcional ou de infração administrativa.* Mas o que é *indício*? A palavra *indício* é usada no Código de Processo Penal com dois significados completamente diversos:

a) como sinônimo de prova indireta: o indício deve ser compreendido como uma das espécies do gênero prova, ao lado da prova direta, funcionando como um dado objetivo que serve para confirmar ou negar uma asserção a respeito de um fato que interessa à decisão judicial. É exatamente nesse sentido que a palavra indício é utilizada no art. 239 do CPP. Partindo-se de um fato base comprovado, chega-se, por meio de um raciocínio dedutivo, a um fato consequência que se quer provar. Na dicção de Maria Thereza Rocha de Assis Moura, "indício é todo rastro, vestígio, sinal e, em geral, todo fato conhecido, devidamente provado, suscetível de conduzir ao conhecimento de um fato desconhecido, a ele relacionado, por meio de um raciocínio indutivo-dedutivo";[201]

b) como sinônimo de prova semiplena: apesar de grande parte da doutrina referir-se aos indícios apenas com o significado de prova indireta, nos termos do art. 239 do CPP, a palavra indício também é usada no ordenamento processual penal pátrio com o significado de uma prova semiplena, ou seja, no sentido de um elemento de prova mais tênue, com menor valor persuasivo. É com esse significado que a palavra *indício* é utilizada não apenas no art. 27 da Lei n. 13.869/19, mas também nos arts. 126, 312 e 413, *caput*, todos do CPP. Nesta acepção, a expressão "indício" refere-se a uma cognição vertical (quanto à profundidade) não exauriente, ou seja, uma cognição sumária, não profunda, em sentido oposto à necessária completude da cognição, no plano vertical, para a prolação de uma sentença condenatória.[202]

De se concluir, portanto, que o crime de abuso de autoridade restará caracterizado tão somente quando as condutas nucleares forem praticadas num ambiente de absoluta falta de qualquer indício da prática de crime, de ilícito funcional ou de infração administrativa. Logo, havendo uma fundada suspeita baseada em dados objetivos, e não em parâmetros unicamente subjetivos, que possam ampará-la, seja no tocante à autoria, seja no tocante à materialidade, e ainda que veiculada pela imprensa,[203] não há falar em crime, pois o princípio

---

201. *A prova por indícios no processo penal.* Reimpressão. Rio de Janeiro: Editora Lumen Juris, 2009.

202. Referindo-se à pronúncia (CPP, art. 413), o próprio Supremo já teve a oportunidade de asseverar que a expressão "indícios de autoria" não têm o sentido de prova indiciária – que pode bastar à condenação – mas, sim, de elementos bastantes a fundar suspeita contra o denunciado: STF, 1ª Turma, HC 83.542/PE, Rel. Min. Sepúlveda Pertence, j. 09/03/2004, DJ 26/03/2004.

203. No sentido de que uma investigação criminal sobre crime de ação penal pública incondicionada pode ser deflagrada com base em notícia veiculada pela imprensa: STJ, 6ª Turma, RHC 98.056/CE, Rel. Min. Antônio Saldanha Palheiro, j. 04/06/2019, DJe 21/06/2019. Logo, desde que a matéria jornalística ministre indícios mínimos acerca da prática delituosa que deu ensejo à instauração do procedimento investigatório, não há

da obrigatoriedade impõe ao agente público o dever de agir. Não há necessidade, portanto, de que tais indícios, capazes de justificar a instauração de uma investigação criminal (ou administrativa), sejam veementes, contundentes e categóricos, *traduzindo um juízo de certeza além de qualquer dúvida razoável*, sob pena de se admitir que o legislador teria indevidamente coarctado o dever de investigação imposto às autoridades policiais (e ministeriais). Enfim, há de se compreender que o *standard probatório* neste momento preambular é completamente diverso daquele necessário para a condenação de alguém ao final do devido processo legal. De mais a mais, fossem necessários elementos robustos e veementes de que um crime teria sido praticado, sequer haveria necessidade de instauração do respectivo procedimento investigatório, porquanto a justa causa necessária para a deflagração de um processo penal (CPP, art. 395, III) já teria sido produzida, esvaziando-se, assim, a própria finalidade de uma investigação prévia.

41.5.1. Causas excludentes da ilicitude

Consoante disposto no art. 27, parágrafo único, da Lei n. 13.869/19, não haverá crime quando se tratar de *sindicância ou investigação preliminar sumária*, devidamente justificada. Estamos diante de causas especiais de exclusão da ilicitude, vez que a lei usa a expressão "não haverá crime". O teor da regra encontra-se abrangido pelo art. 23, III, 1ª parte, do CP (estrito cumprimento do dever legal). Vejamos os dois conceitos, separadamente:

a) sindicância (âmbito administrativo): de acordo com o art. 4º, inciso II, da Portaria CGU n. 335/2006, que regulamenta o Sistema de Correição do Poder Executivo Federal, a sindicância investigativa ou preparatória, e não aquela de natureza acusatória ou punitiva,[204] funciona como um procedimento preliminar su-

---

falar em configuração do crime de abuso de autoridade do art. 27. A propósito, eis o teor do **enunciado n. 17** do Conselho Nacional de Procuradores-Gerais dos Ministérios Públicos dos Estados e da União (CNPG) e do Grupo Nacional de Coordenadores de Centro de Apoio Criminal (GNCCRIM): "A configuração do abuso de autoridade pela deflagração de investigação criminal com base em matéria jornalística, necessariamente, há de ser avaliada a partir dos critérios interpretativos trazidos pela Lei (art. 1º, § 1º) e da flagrante ausência de *standard probatório* mínimo que a justifique".

204. Esta é instaurada com o fim de apurar irregularidades de menor gravidade no serviço público, porém com caráter eminentemente punitivo, daí por que é de rigor a observância do contraditório e da ampla defesa.

mário, instaurado com o fim de investigação de irregularidades funcionais, que precede ao processo administrativo disciplinar, sendo prescindível de observância dos princípios constitucionais do contraditório e da ampla defesa. A sindicância, portanto, não se presta para a aplicação de penalidades, funcionando, grosso modo, como um procedimento simples e célere de investigação de infrações administrativas, não se sujeitando, portanto, ao rigor procedimental a que se submete o processo administrativo disciplinar;

b) investigação preliminar sumária (âmbito criminal): como o próprio nome sugere, cuida-se de investigação preliminar e simples, verdadeiro filtro contra inquéritos policiais temerários, que possibilita a colheita de indícios mínimos capazes de justificar a instauração de um inquérito policial. As diligências levadas a efeito nesses procedimentos – comumente chamados de verificação de procedência de informações ("VPI")[205] – são relativamente simples e devem ser documentadas em relatórios, não se admitindo medidas invasivas como busca e apreensão domiciliar, interceptação telefônica, quebra do sigilo de dados, apreensão de bens, etc. Seu fundamento normativo é extraído do art. 5º, § 3º, do CPP, *in fine*, que dispõe que "qualquer pessoa do povo que tiver conhecimento da existência de infração penal em que caiba ação pública poderá, verbalmente ou por escrito, comunica-la à autoridade policial, e esta, *verificando a procedência das informações*, mandará instaurar inquérito".

Em ambas as hipóteses – sindicância ou investigação preliminar sumária –, sua instauração deve ser devidamente fundamentada. Atento ao princípio da publicidade e da transparência, o ideal

205. A propósito, eis o teor da Instrução Normativa n. 108 do Diretor-Geral da Polícia Federal: "Art. 18. Quando a notícia-crime for anônima ou não possibilitar a imediata instauração de inquérito policial, a Corregedoria-Geral, a Corregedoria Regional, ou Chefe de Delegacia descentralizada determinará a verificação de procedência de informações, nos termos da lei, após registro em sistema oficial de polícia judiciária na forma de notícia crime em verificação, e distribuirá o expediente a Delegado de Polícia Federal, para instrução. § 1º A verificação de procedência de informações poderá ser atribuída pelo Delegado de Polícia Federal competente a servidor policial e será concluída no prazo de até noventa dias, findo o qual será restituída à autoridade determinante, com informação do que foi apurado. § 2º Na verificação de procedência de informações são vedadas intimações, representações por medidas cautelares e apreensões, salvo de coisas encaminhadas com a notícia crime. § 3º As entrevistas e diligências realizadas constarão de informação policial, de forma circunstanciada.

é concluir que essa fundamentação, que necessariamente deve anteceder a instauração de sindicância ou investigação preliminar sumária, deve ser feita por escrito.

Firmada a premissa de que a instauração fundamentada de investigações preliminares sumárias não tipifica o delito do art. 27 da Lei n. 13.869/19, o ideal é concluir que não haverá crime nas hipóteses em que o recebimento de uma denúncia anônima (*notitia criminis* inqualificada) der ensejo à instauração de uma verificação de procedência das informações.

É fato que os chamados "disque-denúncia" exercem, atualmente, papel fundamental no combate à criminalidade. No entanto, por mais que os cidadãos de bem estejam dispostos a colaborar com a elucidação de um crime, é natural que não tenham interesse na divulgação da sua identidade, haja vista o temor de sofrer algum tipo de represália. Por outro lado, não se pode olvidar que a própria Constituição Federal estabelece que é vedado o anonimato (CF, art. 5º, IV). Como, então, conciliar-se a denúncia anônima com a vedação do anonimato? Nesses casos, o ideal é que a autoridade policial, antes de instaurar o inquérito policial, verifique a procedência e veracidade das informações veiculadas pela denúncia anônima, geralmente por meio desse procedimento preliminar de apuração,[206] hipótese em que não haverá qualquer constrangimento ilegal.[207] Por se tratar de investigação preliminar sumária, a deflagração desse VPI diante de uma denúncia anônima não terá o condão de tipificar o delito do art. 27. O mesmo raciocínio é válido quando se tratar de denúncia anônima atinente a ilícitos funcionais, hipótese em que a autoridade hierárquica deverá proceder à instauração de sindicância como instrumento preparatório de eventual processo administrativo disciplinar. Nesse sentido, aliás, eis o teor da **súmula**

---

206. No sentido de que a denúncia anônima, por si só, não serve para fundamentar a instauração de inquérito policial, mas, a partir dela, pode a polícia realizar diligências preliminares para apurar a veracidade das informações obtidas anonimamente e, então, instaurar o procedimento investigatório propriamente dito: STF, 1ª Turma, HC 95.244/PE, Rel. Min. Dias Toffoli, j. 23/03/2010, DJe 76 29/04/2010. E ainda: STF, 2ª Turma, HC 99.490/SP, Rel. Min. Joaquim Barbosa, 23.11.2010; STF, 2ª Turma, HC 99.490/SP, Rel. Min. Joaquim Barbosa, j. 23/11/2010.

207. No sentido de que a instauração de VPI (Verificação de Procedência das Informações) não constitui constrangimento ilegal, eis que tem por escopo investigar a origem de *delatio criminis* anônima, antes de dar causa à abertura de inquérito policial: STJ, 6ª Turma, HC 103.566/RJ, Rel. Min. Jane Silva, j. 11/11/2008, DJe 01/12/2008.

n. 611 do STJ: "Desde que devidamente motivada e com amparo em investigação ou sindicância, é permitida a instauração de processo administrativo disciplinar com base em denúncia anônima, em face do poder-dever de autotutela imposto à Administração".

41.6. Tipo subjetivo

O crime é punido a título de dolo (direto ou eventual). Demanda, ademais, a presença do especial fim de agir previsto no art. 1º, § 1º, cuja ausência acarreta a atipicidade da conduta. Para além disso, eventual divergência na interpretação da lei ou na avaliação de fatos e provas – crime de hermenêutica, objeto de análise nos comentários ao § 2º do art. 1º – também afasta a tipificação do crime do art. 27.

41.7. Consumação e tentativa

No tocante à primeira conduta, o crime estará consumado quando o agente público (v.g., Promotor de Justiça, autoridade judiciária) requisitar a instauração do procedimento investigatório, subscrevendo, por exemplo, um ofício à autoridade de polícia judiciária. Nesse caso, o crime estará consumado independentemente da instauração do inquérito policial pelo Delegado de Polícia. Conquanto haja certa controvérsia acerca da matéria, a autoridade policial está obrigada a instaurar o inquérito policial não pelo fato de haver hierarquia entre promotores e delegados, ou entre juízes e Delegados, mas sim por força do princípio da obrigatoriedade, que impõe às autoridades o dever de agir diante da notícia da prática de infração penal. De mais a mais, o art. 129, VIII, da Constituição Federal, determina que são funções institucionais do Ministério Público requisitar diligências investigatórias e a instauração de inquérito policial, *indicados os fundamentos jurídicos de suas manifestações processuais*. Assim, em se tratando de requisição ministerial manifestamente ilegal (v.g., à falta de qualquer indício da prática de crime), deve a autoridade policial abster-se de instaurar o inquérito policial, comunicando sua decisão, justificadamente, ao órgão do Ministério Público responsável pela requisição, assim como às autoridades correcionais, inclusive para verificar a prática do crime do art. 27 da Lei n. 13.869/19. Em relação à segunda conduta, a consumação do delito estará condicionada à efetiva instauração do procedimento investigatório. Em ambas as hipóteses, pouco importa, para fins de consumação do delito, o ulterior arquivamento dos respectivos autos em virtude da ausência de justa causa (CPP, art. 395, III).

Conquanto sejam de difícil configuração na prática, não se pode descartar a possibilidade de tentativa, já que ambas as condutas permitem o fracionamento do *iter criminis* (crime plurissubsistente).

41.8. Classificação doutrinária

O crime do art. 27 pode ser classificado da seguinte forma: **a) crime próprio; b) crime material; c) crime comissivo; d) crime unissubjetivo; e) crime plurissubsistente.**

41.9. Ação penal, pena, competência para o julgamento, procedimento adequado, transação penal e suspensão condicional do processo

São válidos aqui os mesmos comentários feitos em relação ao preceito secundário do crime do art. 12 da nova Lei de Abuso de Autoridade, ao qual também é cominada uma pena de detenção, de 6 (seis) meses a 2 (dois) anos, e multa.

> **Art. 28. Divulgar gravação ou trecho de gravação sem relação com a prova que se pretenda produzir, expondo a intimidade ou a vida privada ou ferindo a honra ou a imagem do investigado ou acusado:**
>
> **Pena – detenção, de 1 (um) a 4 (quatro) anos, e multa.**

42. Divulgação de gravação sem relação com a prova que se pretenda produzir, expondo a intimidade ou a vida privada do investigado ou acusado

42.1. Direito intertemporal

À época da vigência da revogada Lei 4.898/65, não havia tipo penal idêntico ao do art. 28. Talvez a figura delituosa que mais se aproximasse, ainda que remotamente, seria o art. 4º, alínea "h", que criminalizava o *ato lesivo da honra* ou do patrimônio *de pessoa natural ou jurídica, quando praticado com abuso ou desvio*. Cuida-se, pois, de verdadeira *novatio legis* incriminadora, com aplicação restrita aos crimes cometidos após a vigência da Lei n. 13.869/19, *in casu*, a partir do dia 3 de janeiro de 2020.

42.2. Noções gerais acerca do segredo de justiça em torno de interceptações telefônicas (ou ambientais) e da necessidade de inutilização da gravação que não interessar ao processo

Consoante disposto no art. 1º da Lei nº 9.296/96, a interceptação de comunicações telefônicas, de qualquer natureza, para prova em investigação criminal e em instrução processual penal, observará o disposto nesta Lei e dependerá de ordem do juiz competente da ação principal, *sob segredo de justiça*. Isso significa dizer que a pessoa investigada não pode ter conhecimento da realização das diligências, pois, do contrário, seria totalmente frustrada a possível eficácia desse meio de investigação. Não importa se a medida cautelar venha a ser autorizada durante as investigações ou durante a instrução processual penal: a diligência deve ser levada a efeito sob segredo de justiça, única forma de se garantir sua utilidade.

Finda a medida, abre-se lugar ao contraditório e à ampla defesa com todos os recursos a ela inerentes (impugnações e direito à prova, v.g., perícias fonéticas, etc.). Em outras palavras, o contraditório será exercido posteriormente (contraditório diferido), ou seja, quando concluídas as diligências pertinentes à interceptação telefônica, ao investigado e a seu defensor deve ser franqueado o acesso ao conteúdo integral das gravações, a fim de que possam impugnar a prova produzida, exercendo o direito à ampla defesa.

Mesmo após ser levantado o segredo de justiça para o investigado e seu defensor, todavia, não é qualquer pessoa que poderá ter acesso ao conteúdo das diligências, gravações e transcrições. Valores constitucionais como um processo justo, o direito à intimidade e à vida privada do acusado e das pessoas que com ele se comunicaram devem preponderar sobre o direito de que a todos seja assegurada a possibilidade de ter acesso ao teor das gravações telefônicas. Não há falar, portanto, em publicidade externa em relação aos elementos obtidos com a interceptação telefônica. Não por outro motivo, o art. 8º da Lei n. 9.296/96 determina que a interceptação de comunicação telefônica deverá ocorrer em autos apartados, preservando-se o sigilo das diligências, gravações e transcrições respectivas.[208] De modo a resguardar esse segredo de

---

208. No mesmo contexto, consoante disposto no art. 17 da Resolução n. 59/2008 do Conselho Nacional de Justiça, que disciplina as rotinas visando ao aperfeiçoamento do procedimento de interceptação de comunicações telefônicas, "não será permitido ao

justiça, a própria lei tipifica, em seu art. 10, a conduta de realizar interceptação de comunicações telefônicas, de informática ou telemática, promover escuta ambiental ou quebrar segredo da Justiça, sem autorização judicial ou com objetivos não autorizados em lei (art. 10). Tipifica, ademais, em seu art. 10-A, incluído pela Lei n. 13.964/19 (Projeto Anticrime), a realização de captação ambiental de sinais eletromagnéticos, ópticos ou acústicos para investigação ou instrução criminal sem autorização judicial, quando esta for exigida.

Na mesma linha, consoante disposto no art. 9º da Lei n. 9.296/96, a gravação que não interessar à prova será inutilizada por decisão judicial, durante o inquérito, a instrução processual ou após esta, em virtude de requerimento do Ministério Público ou da parte interessada. O incidente em questão será assistido pelo *Parquet*, sendo facultada a presença do acusado ou de seu representante legal. Como se sabe, ao longo da execução das diligências relativas à interceptação telefônica, uma infinidade de comunicações que não guarda qualquer pertinência com a prova almejada será objeto de gravações. Verificada, assim, a imprestabilidade desses áudios (ou vídeos), deve a autoridade judiciária determinar sua inutilização, preservando-se o direito à intimidade e à vida privada das pessoas cujas conversas foram gravadas, mas cujo conteúdo não interessa à situação objeto de investigação.

É exatamente dentro desse cenário que deve ser compreendida a nova figura do art. 28 da Lei n. 13.869/19. Considerando-se o constante vazamento de gravações telefônicas (ou ambientais) para terceiros, principalmente para a mídia, inclusive de trechos que não guardam qualquer pertinência com a prova desejada pelos órgãos persecutórios, violando-se, assim, os mandamentos do art. 9º da Lei n. 9.296/96, a nova Lei de Abuso de Autoridade passa a tipificar a conduta do agente público que divulgar o conteúdo dessas mídias, desde que o faça, obviamente, com o elemento subjetivo especial do injusto do art. 1º, § 1º da Lei n. 13.869/19.

42.3. Bem jurídico tutelado

Tutela-se não apenas a dignidade da função pública e o prestígio de que o poder público deve desfrutar perante os administrados,

magistrado e ao servidor fornecer quaisquer informações, direta ou indiretamente, a terceiros ou a órgão de comunicação social, de elementos sigilosos contidos em processos ou inquéritos regulamentados por esta Resolução, ou que tramite em segredo de Justiça, sob pena de responsabilização nos termos da legislação pertinente".

mas também a intimidade, a vida privada, a honra e a imagem do investigado (ou acusado) e, a depender do caso concreto, até mesmo de pessoas que com eles se comunicaram.

42.4. Sujeitos do crime

Cuida-se de **crime próprio**, nos exatos termos do art. 2º da Lei n. 13.869/19. Logicamente, para figurar na condição de sujeito ativo do crime do art. 28, este agente público deve ter atribuição ou competência para proceder à interceptação telefônica (ou ambiental), tendo acesso, assim, às gravações sem relação com a prova que se pretenda produzir. Enfim, o sujeito ativo do delito só poderá ser aquele agente público que, legitimamente, tomou conhecimento de uma interceptação telefônica (ou ambiental), ou de seu resultado, em virtude do exercício de cargo, emprego ou função (v.g., Promotor de Justiça, Magistrado, Defensor Público, Delegado de Polícia, Perito, membro de Comissão Parlamentar de Inquérito, etc.).

O sujeito passivo é não apenas o Estado, mas também a pessoa física ou jurídica cuja intimidade, vida privada, honra ou imagem, foi atingida pela ação delituosa. A despeito de o tipo penal fazer referência à pessoa do investigado ou acusado, é possível, como exposto anteriormente, que terceiros que não estavam sendo investigados venham a sofrer algum tipo de exposição de sua intimidade ou vida privada.

42.5. Tipo objetivo

O verbo núcleo do tipo é **divulgar**, que consiste em alastrar, disseminar, difundir, espalhar, propagar, publicar, enfim, tornar pública alguma coisa, que até então era desconhecida por outrem. O tipo busca coibir a prática tão comum de "vazamento" de gravações ou trechos de gravações extraídas de investigações ou de processos judiciais.

O objeto material da conduta é a **gravação ou trecho de gravação sem relação com a prova que se pretenda produzir**. Se a interceptação é um meio de obtenção de prova, consubstanciado em uma apreensão imprópria, no sentido de por ela se apreenderem os elementos fonéticos que formam a conversação de duas ou mais pessoas, a **gravação** nada mais do que é o resultado da operação técnica e, portanto, a materialização da fonte de prova. Enfim, é a mídia que registra todo o resultado de anterior interceptação.

Interessante notar que o art. 28 faz referência à "*gravação*" de maneira absolutamente genérica, sem especificar se esta seria o resultado de anterior interceptação telefônica ou ambiental, do que se conclui que ambas as espécies de comunicação estão abrangidas pela nova figura delituosa. Ora, onde a lei não distingue, não é dado ao intérprete fazê-lo. De mais a mais, quando a nova Lei de Abuso de Autoridade quis diferenciar a espécie de comunicação, o fez de maneira expressa. A propósito, basta conferir a nova redação dada ao art. 10 da Lei n. 9.296/96 pelo art. 41 da Lei n. 13.869, que passou a fazer referência expressa à interceptação de comunicações telefônicas, de informática ou telemática e à promoção de escuta ambiental.

Portanto, para fins de tipificação do delito do art. 28 da nova Lei de Abuso de Autoridade, a gravação em questão, necessariamente legal (legítima e lícita),[209] pode ser: **a) de comunicação telefônica**: abrange a transmissão, emissão ou recepção de símbolos, caracteres, sinais, escritos, imagens, sons ou informações de qualquer natureza, por meio de telefonia, estática, ou móvel (v.g, celular), conjugada ou não com a informática, o que compreende aquelas realizadas direta (v.g., fax, modens) e indiretamente (v.g., internet, e-mail, correios eletrônicos, etc.); **b) de comunicação ambiental**: refere-se às comunicações realizadas diretamente no meio ambiente, sem transmissão e recepção por meios físicos, artificiais, como fios elétricos, cabos óticos etc.. Enfim, trata-se de conversa mantida entre duas ou mais pessoas sem a utilização do telefone, em qualquer recinto, privado ou público.[210]

---

209. É nesse sentido, aliás, o **enunciado n. 18** do Conselho Nacional de Procuradores-Gerais dos Ministérios Públicos dos Estados e da União (CNPG) e do Grupo Nacional de Coordenadores de Centro de Apoio Criminal (GNCCRIM): "O crime do art. 28 da Lei de Abuso de Autoridade (Divulgar gravação ou trecho de gravação sem relação com a prova que se pretenda produzir, expondo a intimidade ou a vida privada ou ferindo a hora ou a imagem do investigado ou acusado) pressupõe interceptação legal (legítima e lícita), ocorrendo abuso no manuseio do conteúdo obtido com a medida".

210. No sentido de que as gravações a que se refere o art. 28 abrange as gravações ambientais e as interceptações telefônicas e telemáticas: CARNEIRO, José Reinaldo Guimarães. *Nova Lei do abuso de autoridade comentada artigo por artigo*. Coordenação de Guaracy Moreira Júnior. São Paulo: Rideel, 2019. p. 90.

Esta gravação divulgada pelo agente público não poderá guardar **relação com a prova que se pretenda produzir**. É o que ocorre, por exemplo, com a divulgação de uma relação extraconjugal descoberta no curso de uma interceptação telefônica para apurar a prática de crimes de corrupção passiva e peculato. Em uma hipótese como esta, é de todo evidente que tal informação não guarda qualquer pertinência com a prova almejada pelos órgãos persecutórios, daí por que esta parte da gravação deveria ser inutilizada, nos exatos termos do art. 9º da Lei n. 9.296/96. Se, todavia, e a despeito da imprestabilidade desse áudio, o agente proceder a sua divulgação, expondo a intimidade ou a vida privada ou ferindo a honra ou a imagem do investigado ou acusado, caracterizado estará o crime do art. 28. Na eventualidade de a gravação (ou trecho de gravação) guardar relação com a prova que se pretendia produzir naquela interceptação telefônica (ou ambiental), não haverá o juízo de tipicidade, pelo menos à luz do art. 28 da Lei n. 13.869/19. Subsistirá, porém, em se tratando de comunicação telefônica, a figura delituosa do art. 10, *caput, in fine,* da Lei n. 9.296/96, com redação dada pela Lei n. 13.869/19 (art. 41), porquanto teria havido a quebra do segredo de justiça, sem autorização judicial ou com objetivos não autorizados em lei, ou, em se tratando de comunicação ambiental, o novel crime do art. 10-A, também da Lei n. 9.296/96, incluído pela Lei n. 13.964/19 (Pacote Anticrime).

Por fim, a divulgação em questão deverá ter o condão de expor a **intimidade ou a vida privada**, ou de ferir a **honra ou a imagem do investigado ou acusado**. Caso não tenha essa potencialidade, a conduta será atípica, sem prejuízo, logicamente, da responsabilização do agente no âmbito administrativo. No mais, referindo-se a parte final do tipo penal do art. 28 ao "*investigado ou acusado*", denota-se que, na eventualidade de a gravação divulgada guardar relação com a intimidade, vida privada, honra ou imagem exclusivamente de outras pessoas (v.g., familiares, amigos, ou conhecidos) que não aqueles, a conduta também será formalmente atípica, sem prejuízo, mais uma vez, de apuração de eventual falta residual na seara administrativa.

42.6. Tipo subjetivo

Consultar comentários aos § §1º e 2º do art. 1º.

42.7. Consumação e tentativa

Consuma-se o delito do art. 28 da nova Lei de Abuso de Autoridade no exato momento em que o agente público revelar a terceiros a existência de uma gravação sem relação com a prova que se pretendia produzir por meio de interceptação telefônica (ou ambiental), violando o segredo externo e a publicidade restrita a que se refere o art. 8º da Lei n. 9.296/96, bem como o dever de inutilização das gravações que não interessarem à prova (Lei n. 9.296/96, art. 9º), expondo a intimidade ou a vida privada ou ferindo a honra ou a imagem do investigado ou acusado. Por se tratar de crime plurissubsistente, admite-se o *conatus.*

42.8. Classificação doutrinária

O crime do art. 28 da nova Lei de Abuso de Autoridade pode ser classificado da seguinte forma: **a) crime próprio; b) crime material; c) crime plurissubsistente; d) crime unissubjetivo; e) crime de médio potencial ofensivo; f) crime comissivo:** pelo menos em regra, o que não impede que o fato seja praticado por meio de **omissão imprópria**, nas hipóteses em que o agente ostente a condição de garantidor (CP, art. 13, § 2º) e, dolosamente, com o especial fim de agir do art. 1º, § 1º, nada faça para impedir a superveniência do resultado.

42.9. Ação penal, pena, competência para o julgamento, procedimento adequado, transação penal, suspensão condicional do processo e acordo de não persecução penal

São válidos aqui os mesmos comentários feitos em relação ao preceito secundário do crime do art. 9º da nova Lei de Abuso de Autoridade, ao qual também é cominada uma pena de detenção, de 1 (um) a 4 (quatro) anos, e multa.

> **Art. 29. Prestar informação falsa sobre procedimento judicial, policial, fiscal ou administrativo com o fim de prejudicar interesse de investigado:**
>
> **Pena – detenção, de 6 (seis) meses a 2 (dois) anos, e multa.**
>
> **Parágrafo único. (VETADO).**

43. Falsa informação sobre procedimento judicial, policial, fiscal ou administrativo

43.1. Direito intertemporal

Na vigência da revogada Lei n. 4.898/65, não havia figura delituosa semelhante à do art. 29. Cuida-se, portanto, de *novatio legis in pejus,* de aplicação restrita aos crimes cometidos após a vigência da Lei n. 13.869/19, que, *in casu,* teria ocorrido no dia 3 de janeiro de 2020.

43.2. Bem jurídico tutelado

Tutela-se não apenas a Administração Pública, mas também a própria fé pública, mais precisamente a veracidade e credibilidade de informações prestadas por agentes públicos em procedimentos judiciais, policiais, fiscais ou administrativos.

43.3. Sujeitos do crime

Pelo menos em tese, o sujeito ativo do crime do art. 29 pode ser qualquer agente público, nos termos do art. 2º da nova Lei de Abuso de Autoridade. Todavia, referindo-se o tipo penal à prestação de informação falsa sobre procedimento judicial, policial, fiscal ou administrativo, denota-se que o legislador mirou exatamente aqueles agentes públicos cujo exercício funcional lhes permita ter algum tipo de acesso a tais informações. O sujeito passivo direto (ou imediato) é o investigado, ao passo que o indireto (ou mediato) é o Estado.

43.4. Tipo objetivo

Prestar informação falsa consiste em mentir, narrando à autoridade a ocorrência de fato inverídico.[211] A falsidade em questão somente se verifica quando a manifestação do agente público não coincide com o fato que é do seu conhecimento. É dizer, não basta a falsidade de um determinado acontecimento. Exige-se a ciência do agente público relativamente a esta circunstância. De se notar, portanto, que estamos diante de verdadeira modalidade especial

211. Quanto ao crime de falsa informação na modalidade de *calar a verdade,* consultar mais adiante comentários acerca do parágrafo único do art. 29, vetado pelo Presidente da República.

de falsidade ideológica (CP, art. 299), na qual o agente público, ao prestar informação sobre procedimento judicial, policial, fiscal ou administrativo, insere ou faz inserir declaração falsa ou diversa da que devia ser escrita. É o que ocorre, por exemplo, com o Delegado de Polícia que determina a instauração de um inquérito policial contra alguém, mas, ao ser notificado para prestar informações na condição de autoridade coatora em virtude da impetração de um *habeas corpus* pelo investigado, afirma que não haveria nenhuma investigação em andamento.

As informações falsas prestadas pelo agente público necessariamente devem versar sobre: **a) Procedimento judicial:** leia-se, processo judicial, podendo ser de qualquer natureza, penal ou extrapenal, já que o legislador não fez qualquer restrição nesse sentido; **b) Procedimento policial:** é qualquer procedimento de natureza investigatória de atribuição da Polícia Judiciária, a exemplo de inquéritos policiais, termos circunstanciados de ocorrência, verificações da procedência de informações (VPI's), etc;[212] **c) Procedimento fiscal:** é aquele instaurado pela autoridade fazendária com o objetivo de verificar o cumprimento de obrigações tributárias. De acordo com o art. 7º do Decreto n. 70.235/72, que dispõe sobre o processo administrativo fiscal, este procedimento tem início com: I – o primeiro ato de ofício, escrito, praticado por servidor competente, cientificado o sujeito passivo da obrigação tributária ou seu preposto; II – a apreensão de mercadorias, documentos ou livros; III – o começo do despacho aduaneiro de mercadoria importada; **d) Procedimento Administrativo:** é aquele destinado a apurar ilícito administrativo ou disciplinar para posterior julgamento no âmbito da instância administrativa.

43.5. Tipo subjetivo

O crime é punido exclusivamente a título de dolo (direto ou eventual). O dolo consiste na intenção de deturpar a realidade de alguma informação, transmitindo-a a alguém de forma diversa

212. Para Carneiro (op. cit. p. 93), "embora a lei refira expressamente a procedimento policial, é certo que as investigações produzidas pelo Ministério Público possuem caráter administrativo e se equiparam ao inquérito, no qual buscaram inspiração para a disciplina que lhe é característica (Resolução n. 181 do CNMP). Assim, o Promotor e o Procurador podem ser responsabilizados pelo tipo em questão se prestarem informações falsas, em interpretação analógica compatível com o direito material".

daquela pela qual realmente ocorreu. Em outras palavras, exige-se a ciência, por parte do sujeito ativo, acerca do seu comportamento de faltar com a verdade. Por isso, exclui-se o dolo quando o agente público é acometido por erro indesejado quanto à falsidade das informações por ele prestadas, seja pelo esquecimento dos fatos, seja pela deformação inconsciente da lembrança em razão do tempo decorrido. Não se admite a modalidade culposa.

Interessante perceber que o legislador, na redação do tipo penal do art. 29, optou por restringir o elemento subjetivo especial do injusto constante do art. 1º, § 1º, da Lei n. 13.869/19. De fato, enquanto este, de aplicação genérica a todos os crimes de abuso de autoridade, faz referência à "finalidade específica de prejudicar outrem ou beneficiar a si mesmo ou a terceiro, ou, ainda, por mero capricho ou satisfação pessoal", o art. 29, em sua parte final, menciona apenas o "fim de prejudicar interesse do investigado". Destarte, atento ao princípio da especialidade (*lex specialis derogat generali),* o ideal é concluir que, em relação ao delito do art. 29, não se aplica a regra geral do art. 1º, § 1º, da Lei n. 13.869/19, estando seu elemento subjetivo especial restrito à finalidade específica de prejudicar interesse do investigado. Logo, na eventualidade de a conduta ser praticada com a finalidade de beneficiar o investigado, por conta, por exemplo, de relação de amizade entre este e o agente público, não há falar em tipificação do delito sob comento, subsistindo, todavia, e a depender do caso concreto, a figura delituosa de prevaricação (CP, art. 319). É nesse sentido, aliás, o **enunciado n. 19** do Conselho Nacional de Procuradores-Gerais dos Ministérios Públicos dos Estados e da União (CNPG) e do Grupo Nacional de Coordenadores de Centro de Apoio Criminal (GNCCRIM): "O legislador, na tipificação do crime do art. 29 da Lei de Abuso de Autoridade, optou por restringir o alcance do tipo, pressupondo por parte do agente a finalidade única de prejudicar interesse do investigado. Agindo com finalidade de beneficiar, pode responder por outro delito, como prevaricação (art. 319 do CP), a depender das circunstâncias do caso concreto".

43.6. Consumação e tentativa

A consumação do delito do art. 29 pressupõe que as informações falsas prestadas pelo agente público, necessariamente dotadas de potencialidade lesiva, cheguem ao conhecimento de seu destinatário, pois até então é possível a sua retificação, bem como o acréscimo de novos dados anteriormente omitidos. De todo modo, por se tratar de crime formal, não é necessário que as informações inverídicas tenham influenciado na decisão da autoridade a quem elas foram prestadas. Se isso vier a ocorrer, ter-se-á o mero exaurimento do delito, o que deve ser valorado pelo juiz por ocasião da dosimetria da pena, mais precisamente ao avaliar a circunstância judicial das *consequências do crime* (CP, art. 59). Quanto à tentativa, reputa-se cabível tão somente em relação às informações prestadas pela forma escrita, pois, nesse caso, o delito é plurissubsistente.

43.7. Classificação doutrinária

O crime do art. 29 da nova Lei de Abuso de Autoridade pode ser classificado da seguinte forma: **a) crime próprio; b) crime formal; c) crime comissivo:** pelo menos em regra; **d) crime plurissubsistente:** se as informações forem prestadas pela forma escrita; **e) crime unissubjetivo.**

43.8. Ação penal, pena, competência para o julgamento, procedimento adequado, transação penal, suspensão condicional do processo e acordo de não persecução penal

São válidos aqui os mesmos comentários feitos em relação ao preceito secundário do crime do art. 12, *caput,* da nova Lei de Abuso de Autoridade, ao qual também é cominada uma pena de detenção, de 6 (seis) meses a 2 (dois) anos, e multa.

43.9. Omissão de dado ou informação sobre fato juridicamente relevante e não sigiloso

Quando aprovado pelo Congresso Nacional, o parágrafo único do art. 29 incriminava a seguinte conduta delituosa: "Incorre na mesma pena quem, com igual finalidade, omite dado ou informação sobre fato juridicamente relevante e não sigiloso." Ocorre que o dispositivo foi vetado pelo Presidente da República com base nos seguintes argumentos: "A propositura legislativa, ao prever como elemento do tipo 'informação sobre fato juridicamente relevante e não sigiloso', gera insegurança jurídica por encerrar tipo penal aberto e que comporta interpretação. Além disso, pode vir a conflitar com a Lei nº 12.527, de 2011, (Lei de Acesso à Informação), tendo em vista que pode conduzir ao entendimento pela possibilidade de divulgação de informações de caráter pessoal, as quais nem sempre são sigilosas, mas são protegidas por aquele normativo." Diversamente de tantos outros vetos, este não foi rejeitado pelo Congresso Nacional. Por consequência, se determinado agente público tiver ciência de dados ou informações sobre fatos juridicamente relevantes e não sigilosos, e resolver se calar, leia-se, permanecer em silêncio, não poderá responder pelo crime do art. 29, *caput*, pouco importando que tenha se omitido com a finalidade de prejudicar interesse do investigado. Isso porque o tipo penal só pode ser cometido por meio de uma falsidade positiva – prestar informação falsa –, e não através de uma conduta negativa. Subsistirá, à evidência, ilícito funcional a ser apurado na esfera administrativa.

Art. 30. Dar início ou proceder à persecução penal, civil ou administrativa sem justa causa fundamentada ou contra quem sabe inocente:

Pena – detenção, de 1 (um) a 4 (quatro) anos, e multa.

44. Deflagração de persecução penal, civil ou administrativa sem justa causa fundamentada ou contra quem sabe inocente

44.1. Rejeição do veto presidencial

O Presidente da República houve por bem vetar o art. 31 da nova Lei de Abuso de Autoridade, apontando, para tanto, os seguintes argumentos: "A propositura legislativa viola o interesse público, além de gera insegurança jurídica, tendo em vista que põe em risco o instituto da delação anônima (a exemplo do disque--denúncia), em contraposição ao entendimento consolidado no âmbito da Administração Pública e do Poder Judiciário, na esteira do entendimento do Supremo Tribunal Federal (v.g. INQ. 1.957-7/PR, Dj. 11/11/2005), de que é possível a apuração de denúncia anônima, por intermédio de apuração preliminar, inquérito policial e demais medidas sumárias de verificação do ilícito, e se esta revelar indícios da ocorrência do noticiado na denúncia, promover a formal instauração da ação penal." À semelhança de tantos outros, este veto também foi rejeitado pelo Congresso Nacional.

44.2. Direito intertemporal

A revogada Lei n. 4.898/65 não tipificava conduta semelhante àquela constante do art. 30 da nova Lei de Abuso de Autoridade. Cuida-se, pois, de *novatio legis* incriminadora, de aplicação restrita aos crimes cometidos após a vigência da Lei n. 13.869/19, o que, *in casu*, teria ocorrido no dia 25 de janeiro de 2020.

44.3. Bem jurídico tutelado

O bem jurídico tutelado pelo art. 30 é a própria dignidade da função pública e o prestígio de que o poder público deve desfrutar perante os administrados, que são maculados pelo agente do crime. Protege-se, ademais, a honra da pessoa que teve contra si deflagrada injustamente uma persecução penal, civil ou administrativa.

44.4. Sujeitos do crime

Não é qualquer agente público que pode figurar como sujeito ativo do art. 30 da Lei n. 13.869/19. Para tanto, o agente deve ter atribuição ou competência para dar início ou proceder à persecução penal, civil ou administrativa (v.g., autoridades administrativas, Delegados de Polícia, Procuradores da República, etc.). O sujeito passivo é o Estado. No caso concreto, também será vítima a pessoa física ou jurídica constrangida pela persecução indevida.

44.5. Tipo objetivo

Dar início significa instaurar, deflagrar, provocar a instauração, *in casu*, de persecução penal, civil ou administrativa. **Proceder**, por sua vez, pelo menos para os fins do art. 30, deve ser compreendido como dar seguimento, prosseguir. É bem verdade que o verbo *proceder* também é usado no dia-a-dia forense como sinônimo de promover a instauração de algo. No entanto, fosse esta a interpretação a ser conferida à conduta *proceder* no art. 30, ter-se-ia, então, a utilização de dois verbos com significados idênticos no mesmo tipo penal, o que contraria regras básicas da hermenêutica. Destarte, enquanto *dar início* deve ser compreendido como instaurar, deflagrar, *proceder* funciona como o prosseguimento, a continuidade de persecução que já havia sido instaurada por outro agente público. Cuida-se, portanto, de **crime de ação múltipla ou de conteúdo variado**, daí por que a prática de mais de um verbo núcleo dentro de um mesmo contexto caracterizará crime único.

Revelando mais uma vez a péssima técnica legislativa que norteou a elaboração do Projeto que deu origem à nova Lei de Abuso de Autoridade, o art. 30, na sequência, faz referência à **persecução penal, civil ou administrativa**. Critica-se a redação do tipo penal *sub examen* pelo fato de o termo *persecução* geralmente ter seu âmbito de utilização restrito à seara penal. É dizer, se é comum e de fácil compreensão o termo *persecução penal*, o mesmo não pode ser dito acerca dos conceitos de *persecução civil ou administrativa*. Melhor teria andado o legislador se tivesse feito uso de elementos normativos cuja compreensão já se encontra sedimentada pela Doutrina, a exemplo do que ocorre, por exemplo, em relação ao crime de denunciação caluniosa (CP, art. 339), cujo objeto material – investigação policial, processo judicial, investigação administrativa, inquérito civil ou ação de improbidade administrativa – é de fácil compreensão. Sem embargo da crítica, partindo da premissa de que a expressão *persecução penal* – ou *persecutio criminis* em latim – significa o conjunto de atividades que o Estado desenvolve no sentido de tornar realizável a sua atividade repressiva em sede penal, abrangendo não apenas a investigação preliminar, mas também o processo judicial, poder-se-á concluir, então, que a persecução civil ou administrativa também abrange qualquer procedimento investigatório e processo judicial, relacionados, porém, e respectivamente, a um ilícito civil ou funcional.[213]

Para fins de tipificação do crime do art. 30 da nova Lei de Abuso de Autoridade, esse início ou prosseguimento de persecução penal, civil ou administrativa necessariamente deve ser praticado por meio de uma das seguintes condutas *alternativas*:

a) sem justa causa fundamentada: a expressão *justa causa* é usada pelo Código de Processo Penal em pelo menos dois dispositivos diversos, com significados absolutamente distintos. Quando o art. 648, inciso I, do CPP, aponta a existência de constrangimento ilegal devido à *ausência de justa causa* como hipótese que autoriza a impetração de *habeas corpus*, a expressão aí é utilizada em

213. No sentido de que o termo *"persecução"* foi empregado em seu sentido amplo, referindo-se não apenas às etapas de investigação penal ou administrativa (inclusive as fiscais), mas também às da ação penal ou civil: CARNEIRO. Op. cit. p. 94.

sentido amplo, abrangendo a falta de suporte fático e de direito para a prisão ou para a deflagração de persecução penal contra alguém. Nesse caso, a ausência de justa causa pode se apresentar pela inexistência de lastro probatório mínimo (justa causa formal) ou pela patente ilegalidade da persecução penal (justa causa material), autorizando o trancamento do procedimento investigatório ou do próprio processo penal, ou, ainda, o relaxamento da prisão. Por outro lado, quando o art. 395, inciso III, do CPP, autoriza a rejeição da peça acusatória quando *faltar justa causa para o exercício da ação penal*, o vocábulo deve ser objeto de interpretação restritiva, para abranger apenas a existência de lastro probatório mínimo (*probable cause)* que dê arrimo ao recebimento da peça acusatória.[214] É nesse sentido que o termo é usado no art. 30.[215] Tendo em conta que a simples instauração de um processo penal já atinge o chamado *status dignitatis* do imputado, não se pode admitir a instauração de processos levianos, temerários. Para que se possa dar início a um processo penal, há necessidade do denominado *fumus comissi delicti*, a ser entendido como a plausibilidade do direito de punir, ou seja, a plausibilidade de que se trate de um fato criminoso, constatada por meio de elementos de informação, provas cautelares, não repetíveis e antecipadas, confirmando a presença de prova da materialidade e de indícios de autoria ou de participação em conduta típica, ilícita e culpável.[216] A presença

214. Em sentido relativamente diverso, há precedente isolado da 1ª Turma do STF (HC 129.678/SP, Rel. Min. Alexandre de Moraes, j. 13/06/2017) no sentido de que a justa causa do art. 395, III, do CPP, consubstancia-se pela somatória de três componentes essenciais: a) tipicidade: adequação de uma conduta fática a um tipo penal; b) punibilidade: além de típica, a conduta precisa ser punível, ou seja, não existir quaisquer das causas extintivas da punibilidade; c) viabilidade: existência de fundados indícios de autoria.

215. Há quem entenda que a expressão *justa causa* constante do art. 30 é por demais vaga e indeterminada, daí por que o tipo penal em questão deveria ser declarado inconstitucional. É nesse sentido, aliás, o **enunciado n. 20** do Conselho Nacional de Procuradores-Gerais dos Ministérios Públicos dos Estados e da União (CNPG) e do Grupo Nacional de Coordenadores de Centro de Apoio Criminal (GNCCRIM): "O crime do art. 30 da Lei de Abuso de Autoridade deve ser declarado, incidentalmente, inconstitucional. Não apenas em razão da elementar 'justa causa' ser expressão vaga e indeterminada, como também porque gera retrocesso na tutela dos bens jurídicos envolvidos, já protegidos pelo art. 339 do CP, punido, inclusive, com pena em dobro".

216. Para Maria Thereza Rocha de Assis Moura, o conceito de *justa causa* é mais abrangente, já que a autora leva em consideração tanto aspectos materiais quanto processuais. Segundo ela, em sentido estrito, a justa causa pode ser conceituada "como sendo o conjunto de elementos de direito e de fato que tornam legítima a acusação. [...] Em outras palavras,

dessa justa causa deve ser apontada pelo agente público de maneira fundamentada na forma escrita;[217]

b) contra quem sabe inocente: referindo-se a parte final do art. 30 da Lei n. 13.869/19 à deflagração de persecução penal, civil ou administrativa *contra quem sabe inocente*, denota-se, quanto a esta segunda hipótese, que o crime é punido apenas a título de dolo direto, pois o tipo penal utiliza a expressão "sabe inocente". É indispensável, portanto, o efetivo conhecimento do agente público acerca da inocência da pessoa que teve contra si deflagrada uma das persecuções ali citadas. Eventual dúvida sobre a responsabilidade da pessoa no tocante ao ilícito penal, cível ou administrativo, que lhe é imputado indica a presença de dolo eventual, e exclui o delito. No mais, como o tipo penal utiliza a expressão "*contra quem*", é imperiosa, nesta segunda hipótese, de imputação falsa dirigida a pessoa determinada (indicação de nome ou atributos pessoais) ou que ao menos possa vir a ser identificada. Diversamente do que ocorre em relação ao crime de denunciação caluniosa (CP, art. 339), cujo tipo penal demanda a imputação de *crime* (*caput*) ou de *contravenção penal* (§ 2º) de que o sabe inocente, não consta do art. 30 exigência semelhante, bastando a instauração de persecução penal, civil ou administrativa com quem se sabe inocente, pouco importando a natureza do fato imputado.

44.6. Tipo subjetivo

Na primeira hipótese – dar início ou proceder à persecução penal, civil ou administrativa *sem justa causa fundamentada* – o crime é punido a título de dolo direto ou eventual. Na segunda –

no direito brasileiro, a justa causa corresponde ao fundamento da acusação. [...] Vista sob o ângulo positivo, é a presença de fundamento de fato e de direito para acusar, divisando mínima probabilidade de condenação, na qual se baseia o juízo de acusação [...] Justa causa não se identifica com qualquer das condições da ação. A falta de uma delas conduz à falta de justa causa. Mas a recíproca não é verdadeira. A justa causa é mais do que uma condição [...] O ato que rejeita a imputação, sob o fundamento de falta de justa causa é, prevalentemente, de mérito, embora, por vezes, tenha caráter misto, quando não apenas processual". (*Justa causa para a ação penal condenatória no direito brasileiro.* 1997. 339 f. Tese (Doutorado em Direito) – Faculdade de Direito, USP, São Paulo, p. 208).

217. Quanto à necessidade de fundamentação, citamos, a título de exemplo, o art. 4º da Resolução n. 181 do Conselho Nacional do Ministério Público, segundo o qual o procedimento investigatório criminal será instaurado por *portaria fundamentada*, devidamente registrada e autuada, com a indicação dos fatos a serem investigados e

contra quem sabe inocente –, admite-se apenas o dolo direto, como exposto no tópico anterior. Nesse caso, quisesse o legislador admitir a punição do delito a título de dolo eventual, a redação do tipo penal deveria ser "contra quem sabe ou deveria saber inocente", o que não ocorreu. Em ambas as figuras delituosas, é de rigor a presença do elemento subjetivo especial do injusto previsto no art. 1º, § 1º, sendo que eventual divergência na interpretação de lei ou na avaliação de fatos e provas não configura abuso de autoridade (art. 1º, § 2º).

44.7. Consumação e tentativa

O crime é material ou causal. Consuma-se, no tocante à conduta nuclear "dar início", com a efetiva instauração da persecução penal, civil ou administrativa, e, no caso do "proceder", quando o agente der prosseguimento aos referido procedimentos oficiais, a despeito de ter ciência de não havia justa causa para tanto, ou que o feito havia sido instaurado contra pessoa que sabia inocente. Em ambas as hipóteses, é de todo irrelevante que o investigado (ou acusado) seja absolvido (ou não) ao final do processo, ou que experimente qualquer prejuízo material em virtude da conduta do agente público. Em virtude da natureza plurissubsistente do delito, comportando o fracionamento do *iter criminis,* admite-se, pelo menos em tese, a tentativa.

44.8. Classificação doutrinária

O crime do art. 30 da nova Lei de Abuso de Autoridade pode ser classificado da seguinte forma: **a) crime próprio; b) crime material; c) crime de forma livre; d) crime comissivo**: pelo menos em regra; **e) crime instantâneo; f) crime unissubjetivo, unilateral ou de concurso eventual; g) crime plurissubsistente.**

44.9. Ação penal, pena, competência para o julgamento, procedimento adequado, transação penal, suspensão condicional do processo e acordo de não persecução penal

São válidos aqui os mesmos comentários feitos em relação ao preceito secundário do crime do art. 9º, *caput,* da nova Lei de

---

deverá conter, sempre que possível, o nome e a qualificação do autor da representação e a determinação das diligências iniciais.

Abuso de Autoridade, ao qual também é cominada uma pena de detenção, de 1 (um) a 4 (quatro) anos, e multa.

Art. 31. Estender injustificadamente a investigação, procrastinando-a em prejuízo do investigado ou fiscalizado:

Pena – detenção, de 6 (seis) meses a 2 (dois) anos, e multa.

Parágrafo único. **Incorre na mesma pena quem, inexistindo prazo para execução ou conclusão de procedimento, o estende de forma imotivada, procrastinando-o em prejuízo do investigado ou do fiscalizado.**

45. Procrastinação injustificada de investigação em prejuízo do investigado

45.1. Direito intertemporal

Na vigência da revogada Lei n. 4.898/65, não havia tipo penal absolutamente idêntico ao do art. 31 da nova Lei de Abuso de Autoridade. Genericamente, o art. 4º, alínea "h", da legislação pretérita rotulava como abuso de autoridade apenas "o ato lesivo da honra ou do patrimônio de pessoa natural ou jurídica, quando praticado com abuso ou desvio de poder ou sem competência legal". Portanto, o ideal é concluir que estamos diante de verdadeira espécie de *novatio legis* incriminadora, com aplicação restrita aos crimes cometidos após a vigência da Lei n. 13.869, o que, *in casu*, teria ocorrido no dia 3 de janeiro de 2020.

45.2. Noções gerais acerca da aplicação da garantia da razoável duração do processo à fase investigatória da persecução penal

De acordo com o art. 5º, inciso LXXVIII, da Constituição Federal, incluído pela Emenda Constitucional n. 45/04, a todos, no âmbito judicial e administrativo, são assegurados a *razoável duração do processo* e os meios que garantam a celeridade de sua tramitação. O fato de o dispositivo constitucional assegurar a razoável duração *do processo* não pode ser usado como argumento para afastar a aplicação dessa importante garantia à fase preliminar da persecução penal. Na verdade, a Constituição refere-se a *processo* como o todo, aí incluída as fases investigatória e judicial.[218]

Uma investigação, em seu desenvolvimento, demanda um tempo razoável para que seja transcorrido todo o *iter* necessário até a sua conclusão. Quanto maior a complexidade do crime, maior será o tempo necessário para uma perfeita apuração. Isso, todavia, não significa dizer que os órgãos responsáveis por essas investigações dispõem de um tempo ilimitado para fornecer a resposta pleiteada. Ora, ainda que não exista uma prisão cautelar decretada no curso desse procedimento investigatório, a tramitação de um procedimento investigatório *ad aeternum* em desfavor de alguém, como verdadeira espada de Dâmocles pairando sobre sua cabeça, pode provocar não apenas estigma e angústia, mas também, a depender do caso concreto, restrições sobre a livre disposição de bens, a privacidade das comunicações, a inviolabilidade domiciliar e a própria dignidade da pessoa humana.

Interessa-nos, portanto, o difícil equilíbrio entre esses dois extremos: de um lado, um tempo razoável para que o Estado possa se desincumbir de seu poder-dever de investigar toda e qualquer infração penal, verdadeiro desdobramento do princípio da obrigatoriedade; de outro, evitar que uma investigação se estenda de maneira injustificada, transformando-se em indevida coação, agravando todo o conjunto de penas processuais ínsitas ao processo penal.

Especificamente quanto à duração dos inquéritos policiais, o art. 10, *caput*, do CPP, preceitua que o inquérito deverá terminar no prazo de 10 (dez) dias, se o indiciado tiver sido preso em flagrante, ou estiver preso preventivamente, contado o prazo, nesta hipótese, a partir do dia em que se executar a ordem de prisão, ou no prazo de 30 (trinta) dias, quando estiver solto, mediante fiança ou sem ela. De seu turno, o § 3º do art. 10 determina que, quando o fato for de difícil elucidação, *e o indiciado estiver solto*, a autoridade policial poderá requerer ao juiz a devolução dos autos, para ulteriores diligências, que serão realizadas no prazo marcado pelo juiz. Por sua vez, consoante disposto no art. 3º-B, § 2º, do CPP,

218. Nesse sentido: LOPES Jr., Aury; BADARÓ, Gustavo Henrique. *Direito ao processo penal no prazo razoável.* 2ª ed. Lumen Juris Editora, 2009, p. 91.

incluído pela Lei n. 13.964/19 (Pacote Anticrime), se o investigado estiver preso, o juiz das garantias poderá, mediante representação da autoridade policial e ouvido o Ministério Público, prorrogar, uma única vez, a duração do inquérito por até 15 (quinze) dias, após o que, se ainda assim a investigação não for concluída, a prisão será imediatamente relaxada.[219]

Como se percebe, se o investigado estiver preso, o prazo máximo para a conclusão das investigações é de 25 (vinte e cinco) dias. Ora, se há elementos para a segregação cautelar do agente (prova da materialidade e indícios de autoria), também há, pelo menos em tese, elementos para o oferecimento da peça acusatória, sendo inviável, por conseguinte, a devolução dos autos do inquérito policial à autoridade policial para realização de outras diligências complementares, além daquelas já levadas a efeito por ocasião da prorrogação prevista no § 2º do art. 3º-B do CPP, incluído pela Lei n. 13.964/19. Nesse caso, eventual atraso de poucos dias não terá o condão de provocar qualquer ilegalidade, já que tem prevalecido a

219. Quanto aos prazos para a conclusão das investigações policiais, especial atenção deve ser dispensada à legislação especial. Consoante dispõe o art. 66 da Lei nº 5.010/66 (Lei que organiza a Justiça Federal de primeira instância), o prazo para conclusão do inquérito policial será de quinze dias, quando o indiciado estiver preso, podendo ser prorrogado por mais quinze dias, a pedido, devidamente fundamentado, da autoridade policial e deferido pelo Juiz a que competir o conhecimento do processo. De acordo com o art. 20 do CPPM, o inquérito deverá terminar dentro em 20 (vinte) dias, se o indiciado estiver preso, contado esse prazo a partir do dia em que se executar a ordem de prisão; ou no prazo de 40 (quarenta) dias, quando o indiciado estiver solto, contados a partir da data em que se instaurar o inquérito. A Lei nº 11.343/06 (Lei de drogas) prevê que o inquérito policial será concluído no prazo de 30 (trinta) dias, se o indiciado estiver preso, e de 90 (noventa) dias, quando solto. Esses prazos podem ser duplicados pelo Juiz, ouvido o Ministério Público, mediante pedido justificado da autoridade de polícia judiciária (art. 51, parágrafo único). A Lei nº 1.521/51 (crimes contra a economia popular) prevê que o inquérito policial deve ser concluído no prazo de 10 (dez) dias, esteja o indivíduo solto ou preso. Por fim, não se pode esquecer do prazo para a conclusão das investigações quando tiver sido decretada a prisão temporária do investigado. Como se sabe, a prisão temporária foi instituída por legislação especial após a entrada em vigor do CPP, e possui o prazo de 5 (cinco) dias, prorrogável por igual período, em caso de extrema e comprovada necessidade (Lei nº 7.960/89, art. 2º, caput). Na hipótese de crimes hediondos e equiparados, o prazo da prisão temporária é de 30 (trinta) dias, prorrogável por igual período em caso de extrema e comprovada necessidade (Lei nº 8.072/90, art. 2º, § 4º). Se a prisão temporária for decretada para auxiliar nas investigações em relação a crimes hediondos e equiparados, tem-se que o prazo máximo para a conclusão das investigações é de 60 (sessenta) dias, sendo inviável que, após esse interstício de 60 (sessenta) dias, a autoridade policial disponha de mais 10 (dez) dias para finalizar o inquérito policial.

tese de que a contagem do prazo para a conclusão do processo é global, e não individualizada. Assim, mesmo que haja um pequeno excesso nessa fase investigatória - (v.g., 1 ou 2 dias) -, é possível ulterior compensação na subsequente fase processual. Todavia, se restar caracterizado um excesso abusivo, não respaldado pelas circunstâncias do caso concreto (complexidade das investigações e pluralidade de investigados), impõe-se o imediato relaxamento da prisão (CPP, art. 3º-B, § 2º, *in fine,* incluído pela Lei n. 13.964/19), sem prejuízo da continuidade da persecução criminal.[220]

Noutro giro, estando o investigado solto, admite-se a prorrogação do prazo por mais 30 (trinta) dias. Por se tratar de prazo impróprio, cuja inobservância não produz qualquer consequência, é relativamente comum no dia a dia de Delegacias e fóruns criminais que esses inquéritos versando sobre investigados soltos tenham seu prazo de conclusão prorrogado sucessivas vezes. É dizer, diversamente do que ocorre com investigados presos, cuja inobservância do prazo máximo de 25 (vinte e cinco) dias - art. 10, *caput,* c/c art. 3º-B, § 2º, ambos do CPP - pode acarretar o relaxamento da prisão, como não há nenhuma consequência para a inobservância do prazo de 30 dias para a conclusão de investigações versando sobre pessoas soltas, o que deveria ser a regra acaba se transformando na exceção. E aí se questiona: seria possível, então, que uma pessoa em liberdade fosse objeto de investigação em um inquérito policial por 5, 10, 15 anos?

Como exposto anteriormente, diante da inserção do direito à razoável duração do processo na Constituição Federal (art. 5º, LXXVIII), já não há mais dúvidas de que um inquérito policial não pode ter seu prazo de conclusão prorrogado indefinidamente. As diligências devem ser realizadas pela autoridade policial enquanto houver necessidade. Evidentemente, em situações mais complexas, envolvendo vários acusados, é lógico que o prazo para a conclusão

220. Na dicção do STJ, "a prisão ilegal, que há de ser relaxada pela autoridade judiciária, em cumprimento de dever-poder insculpido no artigo 5º, inciso LXV, da Constituição da República, compreende, por certo, aquela que, afora perdurar por prazo superior ao prescrito em lei, ofende de forma manifesta o princípio da razoabilidade. É induvidosa a caracterização de constrangimento ilegal, quando perdura a constrição cautelar por mais de seis meses, sem oferecimento da denúncia, fazendo-se invocável a razoabilidade". (STJ, 6ª Turma, HC 44.604/RN, Rel. Min. Hamilton Carvalhido, j. 09/12/2005, DJ 06/02/2006 p. 356).

das investigações deverá ser sucessivamente prorrogado. Porém, uma vez verificada a impossibilidade de colheita de elementos que autorizem o oferecimento de denúncia, deve o Promotor de Justiça requerer o arquivamento dos autos, sem prejuízo de ulterior desarquivamento diante do surgimento da notícia de provas novas (CPP, art. 18).

Não obstante o silêncio da legislação brasileira quanto às consequências de eventual dilação indevida de procedimento investigatório em que o acusado esteja em liberdade, em pioneiro julgado acerca do assunto, a 5ª Turma do STJ concedeu a ordem para determinar o trancamento de inquérito policial em andamento em relação a suspeitos que estavam em liberdade, por entender que, no caso concreto, passados mais de sete anos desde a instauração do inquérito, ainda não teria havido o oferecimento da denúncia contra os pacientes. Nas palavras do Min. Napoleão Nunes Maia Filho, "é certo que existe jurisprudência, inclusive desta Corte, que afirma inexistir constrangimento ilegal pela simples instauração de Inquérito Policial, mormente quando o investigado está solto, diante da ausência de constrição em sua liberdade de locomoção; entretanto, não se pode admitir que alguém seja objeto de investigação eterna, porque essa situação, por si só, enseja evidente constrangimento, abalo moral e, muitas vezes, econômico e financeiro, principalmente quando se trata de grandes empresas e empresários e os fatos já foram objeto de Inquérito Policial arquivado a pedido do Parquet Federal".[221]

45.3. Bem jurídico tutelado

Tutela-se não apenas a dignidade da função pública e o prestígio de que o poder público deve desfrutar perante os administrados, mas também o direito à razoável duração do processo.

45.4. Sujeitos do crime

Sem embargo do aparente silêncio do art. 31, não é qualquer agente público que pode figurar como sujeito ativo do delito sob análise. Para tanto, o agente público deve ter atribuição para presidir a investigação (v.g, Delegado de Polícia, Encarregado de Inquérito

221. STJ, 5ª Turma, HC 96.666/MA, Rel. Min. Napoleão Nunes Maia Filho, j. 04/09/2008, DJe 22/09/2008.

Policial Militar, Procurador da República, etc.), estendendo-a de maneira injustificada de modo a prejudicar a pessoa do investigado (ou fiscalizado).

45.5. Tipo objetivo

A conduta incriminada pelo art. 31, *caput,* e parágrafo único, é **estender**, que significa expandir no tempo, alongar, prolongar, aumentar a duração.

Para a caracterização do crime não basta ao agente estender a investigação, procrastinando-a em prejuízo do investigado ou fiscalizado. É preciso que o faça *injustificadamente.* Esse elemento normativo do tipo demonstra que o crime estará caracterizado tão somente quando o agente público responsável pela condução da investigação deliberar por estendê-la sem nenhuma escusa legítima. Essa escusa legítima seria, a nosso juízo, a realização de diligências imprescindíveis para fins de esclarecimento da autoria e/ou materialidade da infração penal.

Para fins de melhor compreensão desse elemento normativo, parece-nos possível a utilização de dois dispositivos do próprio Código de Processo Penal: a) art. 10, § 3º: *quando o fato for de difícil elucidação*, e o indiciado estiver solto, a autoridade poderá requerer ao juiz a devolução dos autos, *para ulteriores diligências*, que serão realizadas no prazo marcado pelo juiz; b) art. 16: o Ministério Público não poderá requerer a devolução do inquérito à autoridade policial, *senão para novas diligências imprescindíveis ao oferecimento da denúncia.* Como se percebe, ambos os dispositivos legais autorizam, *justificadamente,* a prorrogação do prazo do inquérito policial, daí por que, em tais hipóteses, não há falar na tipificação do crime do art. 31.

Enfim, como observa a doutrina, esse "excesso de prazo na instrução do procedimento investigatório não deve resultar de simples operação aritmética, impondo-se considerar a complexidade do feito, atos procrastinatórios muitas vezes atribuídos à defesa e número de pessoas envolvidas na apuração, fatores que, analisados em conjunto ou separadamente, indicam ser, ou não, razoável o prazo para o seu encerramento".[222] É nesse sentido,

---

222. GRECO; CUNHA. Op. cit. p. 269.

aliás, o **enunciado n. 21** do Conselho Nacional de Procuradores-Gerais dos Ministérios Públicos dos Estados e da União (CNPG) e do Grupo Nacional de Coordenadores de Centro de Apoio Criminal (GNCCRIM): "A elementar 'injustificadamente' deve ser interpretada no sentido de que o excesso de prazo na instrução do procedimento investigatório não resultará de simples operação aritmética, impondo-se considerar a complexidade do feito, atos procrastinatórios não atribuíveis ao presidente da investigação e ao número de pessoas envolvidas na apuração. Todos fatores que, analisados em conjunto ou separadamente, indicam ser, ou não, razoável o prazo para seu encerramento".

O objeto material do crime do art. 31 é a *investigação*, que não necessariamente precisa ter natureza penal. Tanto é verdade que consta do próprio *caput* que tal conduta seria praticada em prejuízo do investigado – terminologia geralmente utilizada quando se trata de investigação criminal –, quanto do *fiscalizado*, expressão genérica e aberta, que pode abranger, a nosso sentir, o indivíduo que é objeto de investigação administrativa (v.g., sindicância, inquérito administrativo) para apurar eventual ilícito funcional ou infração administrativa. Noutro giro, referindo-se o *caput* do art. 31 à *investigação*, aí não se pode incluir o *processo penal (ou administrativo)*, sob pena, aliás, de evidente analogia *in malam partem* e consequente violação ao princípio da legalidade. Por conseguinte, é atípica a conduta do magistrado que estende injustificadamente o curso de um processo penal, sem prejuízo, obviamente, de responsabilização no âmbito administrativo.

Consoante disposto no parágrafo único do art. 31, incorre na mesma pena quem, *inexistindo prazo para execução ou conclusão de procedimento*, o estende de forma imotivada, procrastinando-o em prejuízo do investigado ou do fiscalizado. Como se pode notar, enquanto o *caput* pune a conduta do agente público que extrapola injustificadamente o prazo legal estabelecido para a conclusão de determinada investigação, o parágrafo único tipifica praticamente a mesma conduta, porém quando não houver prazo para a execução ou conclusão do procedimento em questão.

45.6. Tipo subjetivo

O crime é punido a título de dolo (direto ou eventual). Demanda, ademais, o especial fim de agir previsto no § 1º do art. 1º.

De mais a mais, eventual divergência na interpretação de lei ou na avaliação de fatos e provas – crime de hermenêutica – não configura abuso de autoridade, conforme exposto anteriormente (art. 1º, § 2º).

45.7. Consumação e tentativa

O crime se consuma com a procrastinação injustificada do procedimento investigatório em detrimento do investigado ou fiscalizado. Como exposto anteriormente, o mero decurso do prazo de 25 (vinte e cinco) dias para investigado preso, ou de 30 (trinta) dias para aquele que estiver em liberdade, não caracteriza, *de per si,* o crime do art. 31. Na verdade, há de se verificar se o retardamento do procedimento investigatório seria (ou não) justificado. Teoricamente, mostra-se possível a tentativa quando a procrastinação for praticada por ação. Na prática, todavia, o *conatus* é de difícil caracterização. Isso porque ou o crime estará consumado, quando preenchidos todos os elementos de sua definição legal, ou sequer será possível afirmar que o agente público teria ingressado em atos de execução, porquanto seria difícil contextualizar o momento exato em que teria dado início à procrastinação injustificada do procedimento investigatório.

45.8. Classificação doutrinária

O crime do art. 31 da nova Lei de Abuso de Autoridade pode ser classificado da seguinte forma: **a) crime próprio; b) crime material; c) crime plurissubsistente; d) crime unissubjetivo; e) crime comissivo**: quando o agente público determinar a realização de diligências manifestamente procrastinatórias, com o nítido escopo de estender a investigação de modo a prejudicar o investigado ou fiscalizado, o crime terá natureza comissiva. Porém, nada impede que o delito seja praticado de maneira **omissiva**, quando a autoridade deixar de adotar as providências necessárias para dar prosseguimento à investigação.

45.9. Ação penal, pena, competência para o julgamento, procedimento adequado, transação penal, suspensão condicional do processo e acordo de não persecução penal

São válidos aqui os mesmos comentários feitos em relação ao preceito secundário do crime do art. 12 da nova Lei de Abuso de

Autoridade, ao qual também é cominada uma pena de detenção, de 6 (seis) meses a 2 (dois) anos, e multa.

Art. 32. **Negar ao interessado, seu defensor ou advogado acesso aos autos de investigação preliminar, ao termo circunstanciado, ao inquérito ou a qualquer outro procedimento investigatório de infração penal, civil ou administrativa, assim como impedir a obtenção de cópias, ressalvado o acesso a peças relativas a diligências em curso, ou que indiquem a realização de diligências futuras, cujo sigilo seja imprescindível:**

Pena – detenção, de 6 (seis) meses a 2 (dois) anos, e multa.

46. Negativa de acesso aos autos de procedimento investigatório e de extração de cópias de documentos

46.1. Rejeição do veto presidencial pelo Congresso Nacional

O art. 32 da nova Lei de Abuso de Autoridade foi vetado pelo Presidente da República com base nos seguintes argumentos: "A propositura legislativa gera insegurança jurídica, pois o direito de acesso aos autos possui várias nuances e pode ser mitigado, notadamente, em face de atos que, por sua natureza, impõem o sigilo para garantir a eficácia da instrução criminal. Ademais, a matéria já se encontrava parametrizada pelo Supremo Tribunal Federal, nos termos da Súmula Vinculante nº 14." Houve, porém, a *derrubada* do veto pelo Congresso Nacional.

46.2. Direito intertemporal

Enquanto em vigor a Lei n. 4.898/65, seu art. 3º, alínea "j" tipificava como abuso de autoridade *qualquer atentado aos direitos e garantias legais assegurados ao exercício profissional*, dentre os quais poderíamos incluir exatamente o direito de "examinar, em qualquer instituição responsável por conduzir investigação, mesmo sem procuração, autos de flagrante e de investigações de qualquer natureza, findos ou em andamento, ainda que conclusos à autoridade, podendo copiar peças e tomar apontamentos, em meio físico ou digital" (Lei n. 8.906/94, art. 7º, XIV, com redação dada pela

Lei n. 13.245/16), ao qual era cominada uma pena de detenção, de 10 (dez) dias a 6 (seis) meses. De se notar, portanto, que não houve *abolitio criminis*, pois a referida conduta delituosa continua sendo considerada típica pela nova Lei de Abuso de Autoridade. Sua pena, porém, por ser mais gravosa, terá seu âmbito de aplicação restrito aos crimes cometidos após sua vigência, o que, *in casu*, teria ocorrido no dia 25 de janeiro de 2020.

46.3. Noções gerais acerca do direito do investigado e de seu defensor de ter acesso dos autos de procedimentos investigatórios

Se a deflagração de um procedimento investigatório tem como objetivo precípuo identificar fontes de prova e coletar elementos de informação quanto à autoria e materialidade dos delitos, de nada valeria o trabalho dos órgãos persecutórios se não fosse resguardado o sigilo necessário durante o curso de sua realização. Deve-se compreender então que o elemento da surpresa é, na grande maioria dos casos, essencial à própria efetividade das investigações policiais. Portanto, por natureza, o inquérito policial – e todo e qualquer procedimento investigatório – está sob a égide do segredo externo, nos termos do art. 20 do Código de Processo Penal, que dispõe que a autoridade *assegurará no inquérito o sigilo necessário à elucidação do fato ou exigido pelo interesse da sociedade.*[223]

Se, de um lado, os estatutos processuais penais dispõem que o inquérito é sigiloso, do outro, o Estatuto da OAB prevê que o advogado tem o direito de examinar, em qualquer instituição responsável por conduzir investigação, mesmo sem procuração,[224]

---

223. Exemplo interessante de situação em que a publicidade – e não o sigilo – passa a ser essencial à eficácia das investigações policiais diz respeito à hipótese em que as autoridades policiais dispõem do retrato falado do criminoso, porém não sabem sua real qualificação. Nesse caso, é evidente que a publicidade dada ao retrato falado será extremamente importante, já que, com a divulgação de tais imagens, talvez seja possível que a polícia venha a obter informações acerca da identificação do agente, assim como dados relativos acerca de sua possível localização.

224. Havendo informações sigilosas nos autos do inquérito policial (v.g., quebra de sigilo bancário e/ou telefônico), todavia, não é qualquer advogado que pode ter acesso aos autos, mas somente aquele que detém procuração, nos termos do art. 7º, § 10, da Lei nº 8.906/94, acrescentado pela Lei nº 13.245/16. Na mesma linha, conforme disposto no art. 107, I, do novo CPC, o advogado tem direito a examinar, em cartório de fórum e secretaria de tribunal, mesmo sem procuração, autos de qualquer processo, inde-

autos de flagrante e de investigações de qualquer natureza, findos ou em andamento, ainda que conclusos à autoridade, podendo copiar peças e tomar apontamentos, em meio físico ou digital (Lei nº 8.906/94, art. 7º, XIV, com redação dada pela Lei nº 13.245/16).

O dispositivo em questão vem ao encontro do art. 5º, inciso LXIII, da Constituição Federal, que assegura ao preso – leia-se, ao imputado, preso ou em liberdade – a assistência de advogado. Ora, se a Carta Magna assegura a um mero suspeito a assistência de advogado, é de todo evidente que essa assistência passa, obrigatoriamente, pelo acesso do defensor aos autos do inquérito policial, sob pena de se tornar inócua a referida garantia constitucional.

Logo, a despeito do art. 20 do CPP, e mesmo em se tratando de inquérito sigiloso, o investigado e seu defensor devem ter acesso aos autos do procedimento investigatório, caso a diligência realizada pela autoridade policial já tenha sido documentada. Porém, em se tratando de diligências que ainda não foram realizadas ou que estão em andamento, não há falar em prévia comunicação ao advogado, nem tampouco ao investigado, na medida em que o sigilo, nesse caso, é inerente à própria eficácia da medida investigatória. É o que se denomina de *sigilo interno*, que visa assegurar a eficiência da investigação que poderia ser seriamente prejudicada com a ciência prévia de determinadas diligências pelo investigado e por seu advogado.[225]

Este o motivo pelo qual o Supremo Tribunal Federal editou a **súmula vinculante nº 14**, cujo teor é o seguinte: "É direito do defensor, no interesse do representado, ter acesso amplo aos elementos de prova que, já documentados em procedimento investigatório realizado por órgão com competência de polícia judiciária, digam respeito ao exercício do direito de defesa".

A negativa de acesso do advogado aos autos da investigação preliminar, o fornecimento incompleto de autos ou o fornecimento

pendentemente da fase de tramitação, assegurados a obtenção de cópias e o registro de anotações, salvo na hipótese de segredo de justiça, nas quais apenas o advogado constituído terá acesso aos autos.

225. STF, 1ª Turma, HC 82.354/PR, Rel. Min. Sepúlveda Pertence, DJ 24/09/2004. No mesmo contexto: STF, 1ª Turma, HC 94.387/RS, Rel. Min. Ricardo Lewandowski, DJe 25 05/02/2009; STF, 1ª Turma, HC 90.232/AM, Rel. Min. Sepúlveda Pertence, DJ 02/03/2007; STJ, 5ª Turma, HC 58.377/RJ, Rel. Min. Laurita Vaz, DJe 30/06/2008.

de autos em que houve a retirada de peças já incluídas no caderno investigativo também implicará responsabilização criminal e funcional por abuso de autoridade do responsável que impedir o acesso do advogado com o intuito de prejudicar o exercício da defesa, sem prejuízo do direito subjetivo do advogado de requerer acesso aos autos ao juiz competente (Lei nº 8.906/94, art. 7º, § 12, incluído pela Lei nº 13.245/16). Nesse caso, o acesso deverá ser requerido ao juiz das garantias, consoante disposto no CPP, com redação dada pela Lei n. 13.964/19 (Pacote Anticrime): "Art. 3º-B. O juiz das garantias é responsável pelo controle da legalidade da investigação criminal e pela salvaguarda dos direitos individuais cuja franquia tenha sido reservada à autorização prévia do Poder Judiciário, competindo-lhe especialmente: (...) XV – assegurar, prontamente, quando se fizer necessário, o direito outorgado ao investigado e ao seu defensor, de acesso a todos os elementos informativos e provas produzidos no âmbito da investigação criminal, salvo no que concerne, estritamente, às diligências em andamento".

Pelo menos em regra, o acesso do defensor aos elementos de informação já documentados nos autos do procedimento investigatório independe de prévia autorização judicial. No entanto, em se tratando de investigação referente a organizações criminosas, uma vez decretado o sigilo da investigação pela autoridade judicial competente, para garantia da celeridade e da eficácia das diligências investigatórias, o acesso do defensor aos elementos informativos deverá ser precedido de autorização judicial, ressalvados os referentes às diligências em andamento (Lei nº 12.850/13, art. 23, *caput*).

46.4. Bem jurídico tutelado

Tutela-se não apenas a dignidade da função pública e o prestígio de que o poder público deve desfrutar perante os administrados, mas também a ampla defesa, cujo exercício, seja por parte do investigado (acusado), seja por parte do defensor, pressupõe o acesso aos autos do respectivo procedimento investigatório.

46.5. Sujeitos do crime

O sujeito ativo do crime é o agente público, nos termos do art. 2º da Lei n. 13.869, *in casu,* dotado de atribuição para presidir determinado procedimento investigatório (v.g., Delegado de Polícia, Promotor de Justiça, Encarregado de inquérito policial militar, no caso de crimes militares, etc.). O sujeito passivo é o Estado e o *interessado*, seu defensor ou advogado. Pelo menos em tese, *interessado* não é apenas o investigado, mas também qualquer pessoa que eventualmente venha a ser citada no procedimento investigatório em questão, e que, consequentemente, possa vir a figurar na sequência na condição de investigada, a exemplo de um delatado.[226]

46.6. Tipo objetivo

São duas as condutas incriminadas pelo art. 32, a saber: a) negar ao interessado, seu defensor ou advogado acesso aos autos de investigação preliminar, ao termo circunstanciado, ao inquérito ou a qualquer outro procedimento investigatório de infração penal, civil ou administrativa – consiste na recusa expressa ou na omissão deliberada em decidir sobre o pedido; b) impedir a obtenção de cópias.[227] Ambas as condutas podem ser praticadas de maneira comissiva, quando o agente público, por exemplo, retira os autos da presença do advogado, como também de maneira omissiva, a exemplo do que ocorre quando não entrega àquele os autos em questão. Cuida-se de **crime de ação múltipla** (**tipo misto alternativo**), o que significa dizer que se ambas as condutas forem praticadas em um mesmo contexto fático, haverá crime único.

Inexplicavelmente, o tipo penal faz menção apenas aos autos de investigação preliminar, termo circunstanciado, inquérito ou a qualquer outro procedimento investigatório de infração penal, civil ou administrativa, excluindo, por via implícita, a negativa que recair sobre o acesso (ou obtenção de cópias) a autos judiciais (processos penais ou extrapenais).

A ressalva constante da parte final do art. 32 – *ressalvado o acesso a peças relativas a diligências em curso, ou que indiquem a realização de diligências futuras, cujo sigilo seja imprescindível* – aplica-se a ambas as condutas, e não apenas à segunda, como

---

226. Nessa linha: AGI. Op. cit. p. 88.

227. Como já se pronunciou o STF (2ª Turma, Rcl 23.101/PR, Rel. Min. Ricardo Lewandowski, j. 22/11/2016, DJe 259, 05/12/2016), o direito ao acesso amplo, descrito pela súmula vinculante n. 14, engloba a possibilidade de obtenção de cópias, por quaisquer meios, de todos os elementos de prova já documentados, inclusive mídias que contenham gravação de depoimentos em formato audiovisual. A simples autorização de ter vista dos autos, nas dependências do *Parquet*, e transcrever trechos dos depoimentos de interesse da defesa, não atende ao enunciado do referido verbete.

pode parecer à primeira vista. De fato, se se trata de diligência em andamento (v.g., interceptação telefônica) ou futura (v.g., oitiva de uma testemunha capaz de fornecer a localização da droga para fins de expedição de ulterior mandado de busca domiciliar), é de rigor a conclusão no sentido de que não apenas a extração de cópias será vedada, mas também a de que o investigado e seu defensor não poderão ter o acesso franqueado, sob pena de comprometimento de sua eficácia.

Essa ressalva, aliás, vem ao encontro do próprio Estatuto da OAB, cujo art. 7º, § 11, incluído pela Lei n. 13.245, dispõe que, no tocante ao direito do advogado examinar autos de investigações de qualquer natureza, podendo copiar peças e tomar apontamentos, em meio físico ou digital, a autoridade competente - leia-se, Delegado de Polícia, Promotor de Justiça, etc. - poderá delimitar o acesso do advogado aos elementos de prova relacionados a diligência em andamento e ainda não documentados nos autos, quando houver risco de comprometimento da eficiência, da eficácia ou da finalidade das diligências.[228]

46.7. Tipo subjetivo

Consultar comentários ao art. 1º, § 1º, da Lei n. 13.869/19.

46.8. Consumação e tentativa

O delito consuma-se no exato momento em que o investigado (ou seu defensor) tiver negado o acesso aos autos de investigação preliminar, termo circunstanciado, inquérito ou a qualquer outro

228. Concluída a oitiva de uma vítima (ou testemunha) em sede policial, a imediata juntada do respectivo termo aos autos do inquérito policial é obrigatória, de modo a permitir o acesso do advogado ao seu teor, ou fica a critério da autoridade policial determinar discricionariamente o momento mais adequado para tanto? A nosso juízo, pelo menos em regra, uma vez concluída a oitiva de uma testemunha, o respectivo termo deverá ser juntado aos autos na sequência, salvo quando o Delegado de Polícia concluir que o acesso da defesa àquele depoimento, naquele momento, terá o condão de colocar em risco a eficácia da medida. A título de exemplo, basta imaginar uma hipótese em que haja um relato, por parte de testemunhas ouvidas em sede policial, acerca da localização de drogas, armas, etc. Na eventualidade de a defesa ter acesso a tais informações antes da expedição e cumprimento de mandados de busca domiciliar, ter-se-ia evidente risco à eficácia da referida diligência. Logo, nada mais evidente do que retardar o momento da juntada dos respectivos termos aos autos da investigação preliminar, nos exatos termos do art. 7º, § 11, da Lei nº 8.906/94, incluído pela Lei nº 13.245/16.

procedimento investigatório de infração penal, civil ou administrativa, ou quando lhes for negada a possibilidade de extrair cópia dos autos. Nesse caso, eventual acesso posterior aos autos, seja em virtude de ordem judicial, seja por ordem da autoridade administrativa superior, não terá o condão de afastar o delito, porquanto já consumado. Quando a negativa ou o impedimento forem praticados por escrito (crime plurissubsistente), admite-se a tentativa.

46.9. Classificação doutrinária

O crime do art. 32 da nova Lei de Abuso de Autoridade pode ser classificado da seguinte forma: **a) crime próprio; b) crime comissivo ou omissivo; c) crime plurissubsistente:** se praticado por escrito; **d) crime unissubjetivo; e) crime formal.**

46.10. Ação penal, pena, competência para o julgamento, procedimento adequado, transação penal, suspensão condicional do processo e acordo de não persecução penal.

São válidos aqui os mesmos comentários feitos em relação ao preceito secundário do crime do art. 12, *caput*, da nova Lei de Abuso de Autoridade, ao qual também é cominada uma pena de detenção, de 6 (seis) meses a 2 (dois) anos, e multa.

> **Art. 33. Exigir informação ou cumprimento de obrigação, inclusive o dever de fazer ou de não fazer, sem expresso amparo legal:**
>
> **Pena – detenção, de 6 (seis) meses a 2 (dois) anos, e multa.**
>
> **(...)**

47. Exigência de informação ou do cumprimento de obrigação sem expresso amparo legal

47.1. Direito intertemporal

À época da vigência da revogada Lei 4.898/65, não havia tipo penal idêntico ao do art. 33. Talvez a figura delituosa que mais se aproximasse, ainda que remotamente, seria o art. 4º, alínea "h", que criminalizava o *ato lesivo* da honra, ou *do patrimônio de pessoa natural ou jurídica, quando praticado com abuso ou desvio*. Cuida-se, pois, de verdadeira *novatio legis* incriminadora, com aplicação restrita aos crimes cometidos após a vigência da Lei n. 13.869/19.

47.2. Noções gerais acerca do princípio da legalidade

Consoante dispõe o art. 5º, inciso II, da Constituição Federal, ninguém é obrigado a fazer ou deixar de fazer alguma coisa senão em virtude de lei. Por sua vez, o art. 37 da Carta Magna prevê que a administração pública direta e indireta de qualquer dos Poderes da União, dos Estados, do Distrito Federal e dos Municípios obedecerá, dentre outros, ao princípio da legalidade.

Por força desse princípio, toda e qualquer atividade administrativa deve ser autorizada por lei. Não o sendo, a atividade é ilícita. O princípio implica subordinação completa dos agentes públicos à lei. Ou seja, enquanto os indivíduos no campo privado podem fazer tudo o que a lei não veda, estabelecendo-se uma relação de não contradição à lei, o administrador público só pode atuar onde a lei autoriza, instituindo-se, assim, um critério de subordinação à lei. A validade e a eficácia da atividade administrativa fica condicionada, pois, à observância da norma legal, aí entendida em sentido amplo, englobando tanto a Constituição, quanto leis e demais espécies normativas. Isso significa dizer que o agente público está, em toda a sua atividade funcional, sujeito aos mandamentos legais e às exigências do bem comum, e deles não pode se afastar ou se desviar, sob pena de praticar ato inválido e se expor à responsabilidade disciplinar, civil e criminal, conforme o caso.

É nesse contexto que deve ser compreendida a nova figura delituosa do art. 33 da Lei n. 13.869/19, que visa evitar que o agente público se utilize da função por ele exercida para exigir informação ou cumprimento de obrigação *sem expresso amparo legal*.

47.3. Bem jurídico tutelado

O bem jurídico tutelado pelo art. 33 da nova Lei de Abuso de Autoridade é a própria dignidade da função pública e o prestígio de que o poder público deve desfrutar perante os administrados, que são maculados pelo agente do crime. O delito também tutela a liberdade individual e o patrimônio da pessoa que se vê constrangida diante da exigência de informação ou cumprimento de obrigação sem expresso amparo legal.

47.4. Sujeitos do crime

Quanto ao sujeito ativo, consultar comentários ao art. 2º da Lei n. 13.869/19. O sujeito passivo é a pessoa física (ou jurídica) submetida à exigência sem expresso amparo legal.

47.5. Tipo objetivo

O verbo núcleo do tipo é **exigir**. À semelhança do que ocorre em relação ao crime de concussão (CP, art. 316), *exigir* consiste em ordenar ou impor. O verbo transmite a ideia de imposição e intimidação no comportamento do agente público que se aproveita do temor proporcionado à vítima em decorrência dos poderes inerentes à função por ele exercida (*metus publicae potestatis*). Não há, porém, o emprego de violência ou grave ameaça à pessoa, sob pena, inclusive, de tipificação do crime de extorsão. Na verdade, a intimidação inerente ao verbo exigir encontra fundamento unicamente nas consequências que podem ser provocadas contra alguém no exercício da função pública do sujeito ativo. Este é o temor da vítima: que o cargo público seja utilizado pelo agente para produzir um mal passível de concretização na esfera de sua atuação funcional. Tal exigência, necessariamente acompanhada de intimidação, sob pena de caracterizar mera solicitação, pode se dar de maneira implícita ou explícita, direta ou indireta. Para fins de tipificação do crime do art. 33 da nova Lei de Abuso de Autoridade, não é necessário que se trate de investigação criminal, nem mesmo de algum procedimento formal, já que o tipo penal não faz qualquer ressalva nesse sentido.

Diferenciam-se, porém, os dois delitos, pelo fato de o art. 316 do Código Penal versar sobre a exigência de *vantagem indevida,* enquanto que o objeto material do delito previsto no *caput* do art. 33 da nova Lei de Abuso de Autoridade pode ser uma informação ou o cumprimento de obrigação, inclusive o dever de fazer ou de não fazer. *Informação* configura um dado útil a respeito de algo ou alguém, normalmente transmitido de maneira informal. Na *obrigação de fazer*, pretende o credor a prestação de um fato, consistente na realização de uma atividade pessoal ou serviço pelo devedor ou por um terceiro, de que não resulta imediatamente a transferência de direitos subjetivos. A *obrigação negativa* contrapõe-se à de fazer, pois implica uma abstenção, permissão ou tolerância, impedindo que o devedor pratique um determinado ato que normalmente não lhe seria vedado, tolere ato do credor que normalmente não admitiria ou, mesmo, obrigue-se a não praticar um certo ato jurídico que em princípio ser-lhe-ia lícito.

47.6. Tipo subjetivo

Consultar comentários aos § §1º e 2º do art. 1º da nova Lei de Abuso de Autoridade.

47.7. Consumação e tentativa

Cuida-se de **crime formal**, que se consuma com a efetiva exigência, ainda que o agente público não obtenha a informação ou o cumprimento da obrigação por ele exigida. Se porventura isso ocorrer, ter-se-á o mero exaurimento do delito. Eventual reparação do dano não tem o condão de excluir o delito, ensejando, no máximo, a diminuição da pena pelo arrependimento posterior (CP, art. 16). Quando o *iter criminis* puder ser fracionado em dois ou mais atos (v.g., exigência por escrito), é cabível o *conatus*, na hipótese em que o agente público inicia a execução do delito, não alcançando seu desiderato por circunstâncias alheias a sua vontade. A tentativa, porém, será inadmissível quando a conduta for praticada por meio de um único e indivisível ato de execução (crime unissubsistente). É o que ocorre, por exemplo, com uma exigência verbal do agente público. Nesse caso, uma vez feita a exigência, o crime estará consumado, sendo inviável a tentativa.

47.8. Classificação doutrinária

O delito do art. 33, *caput*, da nova Lei de Abuso de Autoridade pode ser classificado da seguinte forma: a) **crime próprio**; b) **crime formal, de consumação antecipada ou de resultado cortado**; c) **crime de dano**; d) **crime de forma livre**; e) **crime comissivo**, pelo menos em regra; f) **crime instantâneo**; g) **crime unissubjetivo, unilateral ou de concurso eventual**; h) **crime plurissubsistente** ou **unissubsistente**, a depender de como a exigência for praticada pelo agente público.

Art. 33. (...)

Pena – detenção, de 6 (seis) meses a 2 (dois) anos, e multa.

Parágrafo único. Incorre na mesma pena quem se utiliza de cargo ou função pública ou invoca a condição de agente público para se eximir de obrigação legal ou para obter vantagem ou privilégio indevido.

48. Utilização do cargo ou função pública ou invocação da condição de agente público para se eximir de obrigação legal ou para obter vantagem ou privilégio indevido

Diversamente do *caput* do art. 33, em que o legislador utiliza o verbo *exigir*, e aponta como objeto material uma *informação ou o cumprimento de obrigação*, o parágrafo único do art. 33 sujeita o agente público à mesma pena – detenção, de 6 (seis) meses a 2 (dois) anos, e multa –, se acaso se utilizar do cargo ou função pública ou invocar sua condição para se eximir de obrigação legal ou para obter vantagem ou privilégio indevido.

48.1. Direito intertemporal

Consultar comentários ao art. 33, *caput*, da Lei n. 13.869/19.

48.2. Bem jurídico tutelado

Consultar comentários ao art. 33, *caput*, da nova Lei de Abuso de Autoridade.

48.3. Sujeitos do crime

Consultar comentários ao art. 33, *caput*, da nova Lei de Abuso de Autoridade.

48.4. Tipo objetivo[229]

Diversamente do *caput* do art. 33, seu parágrafo único não faz uso expresso do verbo *exigir*, até mesmo porque, se o fizesse,

229. Para mais detalhes acerca da diferença entre o delito do art. 33, parágrafo único, da nova Lei de Abuso de Autoridade e os crimes de concussão e corrupção passiva (CP,

ter-se-ia figura delituosa com redação praticamente idêntica ao crime de concussão do art. 316 do Código Penal, que também versa sobre a exigência de vantagem indevida.

No caso específico do parágrafo único do art. 33, o agente se utiliza do cargo (ou da função pública), ou, ainda, invoca a condição de agente público para se eximir de obrigação legal ou para obter vantagem ou privilégio indevido. É o que ocorre, por exemplo, se um investigador de polícia vai a uma festa com comida e bebida liberadas e apresenta sua identidade funcional, dando a famosa "carteirada" para ter acesso ao local sem o devido pagamento. Ainda que não tenha havido nenhuma exigência explícita de sua parte, o simples fato de se tratar de um Policial já será, *de per si,* suficiente para intimidar a vítima, já que mentalmente causa uma sensação de impotência pelo fato de o pedido advir logo de quem representa um órgão da segurança pública.

Enquanto o *caput* do art. 33 versa sobre a exigência de *informação ou cumprimento de obrigação*, o parágrafo único tipifica a conduta do agente que se aproveita da sua função, ou que invoca sua condição funcional, *para se eximir de obrigação legal ou para obter vantagem ou privilégio indevido*.

Na primeira hipótese, o agente se aproveita de sua qualidade funcional para se esquivar, escusar, desobrigar-se de uma obrigação imposta por força de lei. É o que ocorre, por exemplo, com o Promotor de Justiça que invoca a sua condição de agente público para não se sujeitar ao bafômetro numa blitz de trânsito.

Na segunda hipótese, o especial fim de agir do agente público é obter alguma vantagem ou privilégio, necessariamente indevidos. Levando-se em consideração o silêncio do legislador, o ideal é concluir que a vantagem ou o privilégio podem ser de qualquer natureza, patrimonial ou não (v.g., prestígio político, conferência de um título de graduação, etc.). A título de ilustração, suponha-se que determinado magistrado apresente sua identificação funcional na entrada de um estádio de futebol com o objetivo de não ter que ficar na fila.

Na parte final do art. 33, parágrafo único, o vocábulo 'indevido' funciona como elemento normativo do tipo. *In casu*, é im-

---

arts. 316 e 317, respectivamente), vide abaixo item referente ao *conflito aparente de normas*.

prescindível analisar o caso concreto para verificar se a vantagem ou privilégio eram (ou não) devidos.

Por fim, quanto ao denominado "PPO", jargão utilizado no meio policial para se referir a uma espécie de 'ponto de parada obrigatória", assim compreendido como um estabelecimento do ramo de alimentos, lanches e comidas (v.g., restaurantes, padarias, lanchonetes), que não cobra dos policiais (0800) ou que concede descontos (0400), logo, de parada obrigatória dos policiais durante o serviço, partilhamos do entendimento de Rodrigo Foureaux,[230] segundo o qual cada caso concreto deve ser analisado detalhadamente. Assim, se o policial "indaga" várias vezes ao comerciante se realmente tem que pagar, com a clara intenção de se eximir do pagamento, ou se insistentemente "solicita" para não efetuar o pagamento, claramente aproveitando-se do temor inerente às funções por ele exercidas, ter-se-á como configurado o delito do art. 33, parágrafo único, da Lei n. 13.869/19. Agora, se o comerciante se recusa a receber ou não cobra quaisquer valores de refeições servidas aos militares, seja como forma de reconhecer e valorizar o trabalho dos profissionais envolvidos na segurança pública, seja para atrair a presença constante da Polícia no local, o que, em tese, geraria uma sensação de maior segurança para seus frequentadores, não há falar em abuso de autoridade: a uma porque não houve qualquer conduta por parte do agente público; a duas porque não restou caracterizado o especial fim de agir a que se refere o art. 1º, § 1º, da Lei n. 13.869/19.

48.5. Tipo subjetivo

O crime é punido a título de dolo (direto ou eventual). Para além do elemento subjetivo especial do tipo constante do art. 1º, § 1º, o juízo de tipicidade do crime do art. 33, parágrafo único, também depende do especial fim de agir "*para se eximir de obrigação legal ou para obter vantagem ou privilégio indevido*".

48.6. Consumação e tentativa

Cuida-se de crime formal, que se consuma com a efetiva utilização do cargo ou da função pública, ou da invocação da condição de

---

230. *A nova Lei de Abuso de Autoridade, as refeições e o consumo de alimentos gratuitos ou com descontos por policiais em serviço*. Disponível em: meusitejurídico.editorajuspodivm.com.br/2019/10/16/ nova-lei-de-abuso-de-autoridade-refeicoes-e-o-consumo-de-alimentos-ou-com-descontos-por-policiais-em-serviço. Acesso em 21/11/2019.

agente público, ainda que este não consiga obter o resultado almejado (eximir de obrigação legal ou obter vantagem ou privilégio indevido). Se porventura o agente lograr êxito em se eximir de obrigação legal, ou na obtenção de vantagem ou privilégio indevido, ter-se-á o mero exaurimento do delito. À semelhança do crime previsto no *caput,* admite-se a tentativa quando praticado por escrito, mas a missiva é interceptada antes de chegar ao conhecimento do destinatário.

48.7. Classificação doutrinária

O delito do art. 33, *caput,* da nova Lei de Abuso de Autoridade pode ser classificado da seguinte forma: **a) crime próprio; b) crime formal, de consumação antecipada ou de resultado cortado; c) crime de dano; d) crime de forma livre; e) crime comissivo; f) crime instantâneo; g) crime unissubjetivo, unilateral ou de concurso eventual.**

48.8. Ação penal, pena, competência para o julgamento, procedimento adequado, transação penal, suspensão condicional do processo e acordo de não persecução penal

São válidos aqui os mesmos comentários feitos em relação ao preceito secundário do crime do art. 12 da nova Lei de Abuso de Autoridade, ao qual também é cominada uma pena de detenção, de 6 (seis) meses a 2 (dois) anos, e multa.

48.9. Conflito aparente de normas

O delito do art. 33, parágrafo único, da Lei n. 13.869/19 não se confunde com o delito de concussão ("Art. 316. Exigir, para si ou para outrem, direta ou indiretamente, ainda que fora da função ou antes de assumi-la, mas em razão dela, vantagem indevida"), nem tampouco com o de corrupção passiva ("Art. 317. Solicitar ou receber, para si ou para outrem, direta ou indiretamente, ainda que fora da função ou antes de assumi-la, mas em razão dela, vantagem indevida, ou aceitar promessa de tal vantagem"), ambos previstos no Código Penal.

É bem verdade que os três delitos em questão – arts. 316 e 317 do Código Penal, e art. 33, parágrafo único, da Lei n. 13.869/19 – são cometidos por agentes públicos em razão das funções por eles exercidas, visando, em regra, ao recebimento de vantagem indevida.

Todavia, no caso específico do crime previsto na nova Lei de Abuso de Autoridade, não há, como observa Cleber Masson, "nenhuma negociação espúria entre a vantagem ou privilégio desejado e algum ato relacionado à função pública exercida pelo agente",[231] característica esta que necessariamente deverá estar presente na concussão e na corrupção passiva.

Assim, e a título de ilustração, se o Promotor de Justiça negociar com o proprietário de uma casa noturna o não oferecimento de denúncia contra ele em troca de livre acesso ao local, sem a necessidade de pagar a conta, deverá responder pelo crime de concussão (CP, art. 316), porquanto evidenciada uma permuta criminosa entre a exigência da vantagem indevida e as funções por ele exercidas. Agora, se este mesmo Promotor dá uma "carteirada" para assistir a uma peça de teatro de graça, sem que a apresentação do documento guarde qualquer relação com as funções ministeriais por ele exercidas, senão a de que se trata de um membro do Ministério Público, o crime em questão será o do art. 33, parágrafo único, da Lei n. 13.869/19. É nesse sentido, aliás, o **enunciado n. 22** do Conselho Nacional de Procuradores-Gerais dos Ministérios Públicos dos Estados e da União (CNPG) e do Grupo Nacional de Coordenadores de Centro de Apoio Criminal (GNCCRIM), referindo-se, porém, ao crime de corrupção passiva: "Quem se utiliza de cargo ou função pública ou invoca a condição de agente público para se eximir de obrigação legal ou para obter vantagem ou privilégio indevido pratica abuso de autoridade (art. 33, parágrafo único) se o comportamento não estiver atrelado à finalidade de contraprestação do agente ou autoridade. Caso contrário, outro será o crime, como corrupção passiva (art. 317 do CP)".

Art. 34. (VETADO).

49. Omissão de correção de erro relevante que sabe existir em processo ou procedimento

Quando aprovado pelo Congresso Nacional, o art. 34 do Projeto que deu origem à nova Lei de Abuso de Autoridade tipi-

231. MASSON, Cleber. *Direito penal: parte especial (arts. 213 a 359-H)*. Vol. 3. 10ª ed. São Paulo: Método, 2020.

ficava a seguinte conduta: "Art. 34. Deixar de corrigir, de ofício ou mediante provocação, com competência para fazê-lo, erro relevante que sabe existir em processo ou procedimento: Pena – detenção, de 3 (três) a 6 (seis) meses, e multa." No entanto, o Presidente da República deliberou por vetar o art. 34, fazendo-o com base seguinte fundamentação: "A propositura legislativa, ao dispor que 'erro relevante' constitui requisito como condição da própria tipicidade, gera insegurança jurídica por encerrar tipo penal aberto e que comporta interpretação. Ademais, o dispositivo proposto contraria o interesse público ao disciplinar hipótese análoga ao crime de prevaricação, já previsto no art. 319 do Código Penal, ao qual é cominado pena de três meses a um ano, e multa, em ofensa ao inciso III do art. 7º da Lei Complementar nº 95 de 1998, que dispõe sobre a elaboração, a redação, a alteração e a consolidação das leis, em razão do inadequado tratamento do mesmo assunto em mais de um diploma legislativo." O veto em questão não foi derrubado pelo Congresso Nacional.

Art. 35. (VETADO).

50. Atentado à liberdade de associação

Na vigência da revogada Lei n. 4.898/65, o art. 3º, alínea "f", tipificava como crime de abuso de autoridade qualquer atentado à liberdade de associação. À semelhança, quando aprovado pelo Congresso Nacional, o Projeto de Lei n. 7.596 de 2017 (n. 85/17 no Senado Federal) tipificava em seu art. 35 a seguinte conduta delituosa: "Art. 35. Coibir, dificultar ou impedir, por qualquer meio, sem justa causa, a reunião, a associação ou o agrupamento pacífico de pessoas para fim legítimo: Pena – detenção, de 3 (três) meses a 1 (um) ano, e multa." Ocorre que o Presidente da República deliberou por vetar o dispositivo em questão com base nos seguintes argumentos: "A propositura legislativa gera insegurança jurídica, tendo em vista a generalidade do dispositivo, que já encontra proteção no art. 5º, XVI, da Constituição da República, e que não se traduz em uma salvaguarda ilimitada do seu exercício, nos termos da jurisprudência do Supremo Tribunal Federal, cujo entendimento é no sentido de que o direito à liberdade de se reunir não se confunde com incitação à prática de delito nem se identifica com apologia de fato criminoso." Este veto foi mantido pelo Congresso Nacional.

> **Art. 36. Decretar, em processo judicial, a indisponibilidade de ativos financeiros em quantia que extrapole exacerbadamente o valor estimado para a satisfação da dívida da parte e, ante a demonstração, pela parte, da excessividade da medida, deixar de corrigi-la:**
>
> **Pena – detenção, de 1 (um) a 4 (quatro) anos, e multa.**

51. Decretação da indisponibilidade de ativos financeiros em quantia que extrapola exacerbadamente o valor estimado para a satisfação da dívida e subsequente negativa de correção do excesso

51.1. Direito intertemporal

À época da vigência da revogada Lei 4.898/65, não havia tipo penal idêntico ao do art. 36. Talvez a figura delituosa que mais se aproximasse, ainda que remotamente, seria o art. 4º, alínea "h", *in fine*, que criminalizava o *ato lesivo do patrimônio de pessoa natural ou jurídica, quando praticado com abuso ou desvio*. Cuida-se, pois, de verdadeira *novatio legis* incriminadora, com aplicação restrita aos crimes cometidos após a vigência da Lei n. 13.869/19, *in casu*, a partir do dia 3 de janeiro de 2020.

51.2. Noções gerais acerca da execução e do princípio da menor onerosidade

A execução pode ser conceituada como o meio colocado à disposição do jurisdicionado para obrigar o devedor a satisfazer, forçadamente, o direito previamente declarado, seja no processo de conhecimento, seja em documento extrajudicial ao qual a lei confere eficácia executiva. Consiste, grosso modo, na prática coativa de atos materiais que visam proporcionar a satisfação forçada de uma prestação devida e inadimplida, a conformar o mundo externo à determinação constante do título executivo. Ou seja, a índole da execução é substancialmente satisfativa, e não declaratória ou acautelatória, substituindo a vontade do condenado renitente pelo comando da lei declarado no título executivo. É nesse sentido, aliás, o teor do art. 786 do Código de Processo Civil, segundo o qual a execução pode ser instaurada caso o devedor não satisfaça a obrigação certa, líquida e exigível consubstanciada em título executivo.

Consoante disposto no art. 797 do CPC, a execução se realiza no interesse do exequente – princípio da efetividade da tutela executiva –, de modo que a tutela jurisdicional executiva deve ser efetiva, é dizer, capaz de proporcionar, de forma tempestiva, satisfação ao direito merecedor da tutela executiva. Ora, se a execução é concretizada por meio da prática de atos que visam ingressar no patrimônio do executado, de modo a obter o cumprimento forçado da obrigação, é de sua essência que proporcione algum sacrifício ao executado. Todavia, a satisfação do direito do exequente não pode ser buscada a todo custo, nem tampouco se pode admitir que a execução se transforme num instrumento de exercício de vingança privada, nada justificando que o executado sofra mais do que o estritamente necessário na busca da satisfação do direito do credor. Um dos limites impostos à atuação jurisdicional na execução diz respeito à exigência da menor onerosidade ao executado. A propósito, o art. 805, *caput*, do CPC dispõe que quando por vários meios o exequente puder promover a execução, o juiz mandará que se faça pelo modo menos gravoso para o executado. De um lado, tutela-se a dignidade da pessoa humana do executado. Do outro, resguardam-se as exigências de boa-fé e lealdade processual por parte do exequente, que não deve abusar de seu direito e prejudicar o executado além do indispensável para a satisfação da obrigação.

Cuida-se, o princípio da menor onerosidade, de verdadeiro desdobramento do princípio da proporcionalidade. É dizer, na escolha do meio executivo, devem ser analisadas todas as alternativas existentes à luz dos três subprincípios daquele postulado: a) adequação: o meio executivo escolhido deve ser adequado ao fim a que se destina; b) vedação do excesso: deve acarretar o menor sacrifício possível ao executado; c) proporcionalidade em sentido estrito: os benefícios proporcionados em termos de satisfação da obrigação devem ser superiores ao gravame ocasionado.

É dentro desse cenário que a nova Lei de Abuso de Autoridade passa a criminalizar a conduta do magistrado que decreta, em processo judicial, a indisponibilidade de ativos financeiros em quantia que extrapole exacerbadamente o valor estimado para a satisfação da dívida da parte e, ante a demonstração, pela parte, da excessividade da medida, deixar de corrigi-la.

51.3. Bem jurídico tutelado

Tutela-se a Administração Pública e o patrimônio do devedor.

51.4. Sujeitos do crime

Referindo-se o dispositivo à decretação da indisponibilidade de ativos financeiros em processo judicial, é de rigor a conclusão no sentido de que o sujeito ativo do crime do art. 36 é apenas a **autoridade judiciária**, porquanto se trata do único agente público listado pelo art. 2º da Lei n. 13.869/19 com competência para tanto. Isso, todavia, não impede a participação de outros agentes públicos (v.g., analista, assessor, estagiário, etc.) ou até mesmo de pessoas estranhas aos quadros da administração pública. O sujeito passivo é não apenas o Estado, mas também o devedor, pessoa física ou jurídica, cujo patrimônio foi objeto de indevida constrição.

51.5. Tipo objetivo

São duas as condutas que devem ser praticadas **cumulativamente** pelo magistrado para fins de tipificação do crime de abuso de autoridade do art. 36 da Lei n. 13.869/19. Ambas devem praticadas em *processo judicial* (penal ou extrapenal), expressão esta que não abrange procedimentos investigatórios, como, por exemplo, um inquérito policial, uma investigação criminal presidida pelo Ministério Público, etc.

No primeiro momento, o magistrado decreta, em processo judicial, a indisponibilidade de ativos financeiros[232] em quantia

232. De acordo com o art. 2º da Resolução n. 4.593 do Bacen, de 28 de agosto de 2017, consideram-se ativos financeiros: I – os títulos de crédito, direitos creditórios e outros instrumentos financeiros que sejam: a) de obrigação de pagamento das instituições mencionadas no art. 1º, incluindo contratos de depósitos a prazo; b) de coobrigação de pagamento das instituições mencionadas no art. 1º, em operações como aceite e garantia; c) admitidos nas carteiras de ativos das instituições mencionadas no art. 1º, exceto os objeto de desconto; d) objeto de desconto em operações de crédito, por instituições mencionadas no art. 1º ou entregues em garantia para essas instituições em outras operações do sistema financeiro; e) escriturados ou custodiados por instituições mencionadas no art. 1º; ou Resolução nº 4.593, de 28 de agosto de 2017 Página 2 de 7 f) de emissão ou de propriedade de entidades não autorizadas a funcionar

que extrapole exacerbadamente o valor estimado para a satisfação da dívida. Na sequência – perceba-se que o dispositivo faz uso da conjunção aditiva "e" –, ante a demonstração, pela parte, da excessividade da medida, esse mesmo magistrado deixa de corrigi-la. Como se percebe, a decretação da indisponibilidade de ativos financeiros em valor exacerbado,[233] isoladamente considerada, não basta para a caracterização do crime. Para além disso, também se faz necessário que o magistrado se recuse a corrigir o abuso, a despeito de ter sido alertado nesse sentido pelo devedor. É nesse sentido, aliás, o **enunciado n. 23** do Conselho Nacional de Procuradores-Gerais dos Ministérios Públicos dos Estados e da União (CNPG) e do Grupo Nacional de Coordenadores de Centro de Apoio Criminal (GNCCRIM): "O delito do art. 36 da Lei de Abuso de Autoridade (abusiva indisponibilidade de ativos financeiros) pressupõe, objetivamente, uma ação (decretar) seguida de uma omissão (deixar de corrigir)".

O tipo penal em análise dialoga, não exclusiva, mas principalmente com o Código de Processo Civil, notadamente com o quanto disposto em seu art. 854.

Como é sabido, referido diploma normativo dá evidente prioridade à expropriação simples, que se realiza com a apropriação e entrega de dinheiro do executado ao exequente. Seja por ser mais rápida, menos custosa, mas, principalmente, por permitir que se obtenha desde logo o bem devido, deve-se sempre preferir a expropriação simples àquela por conversão de bens em dinheiro. Não por outro motivo, o art. 835, inciso I, do CPC, dispõe que é

---

pelo Banco Central do Brasil, integrante de conglomerado prudencial, definido nos termos do Plano Contábil das Instituições do Sistema Financeiro Nacional (Cosif); e II – os bens, direitos ou instrumentos financeiros: a) cuja legislação ou regulamentação específica assim os defina ou determine seu registro ou depósito centralizado; ou b) que, no âmbito de um arranjo de pagamento, sejam de obrigação de pagamento de instituição de pagamento aos seus clientes. § 1º Os ativos financeiros de que trata o inciso I do caput podem ser originários de operações realizadas nos segmentos financeiro, comercial, industrial, imobiliário, de hipotecas, de arrendamento mercantil, de prestação de serviços, entre outros, inclusive na hipótese de direitos creditórios de existência futura e montante desconhecido, desde que derivados de relações já constituídas. § 2º Excluem-se da definição de ativos financeiros de que trata o caput os valores mobiliários.

233. Para Agi (op. cit. p. 93), a extrapolação é exacerbada apenas quando o valor objeto da indisponibilidade for igual ou superior ao dobro do estimado para a satisfação da dívida.

prioritária a penhora de dinheiro, em espécie ou em depósito ou aplicação em instituição financeira.

Para viabilizar a penhora de dinheiro depositado em conta corrente ou aplicações financeiras, o art. 854, *caput,* do CPC dispõe que o juiz, a requerimento do exequente, sem dar ciência prévia do ato ao executado, determinará às instituições financeiras, por meio de sistema eletrônico gerido pela autoridade supervisora do sistema financeiro nacional, que torne *indisponíveis ativos financeiros existentes em nome do executado, limitando-se a indisponibilidade ao valor indicado na execução.* Como diz o CPC, o dinheiro encontrado deve ser tornado indisponível ao executado. Dá-se, aqui, portanto, algo mais agudo que o que ocorre com a penhora de outros bens, em que é possível ao executado continuar a utilizá-los, ainda que, para tanto, o executado tenha que se tornar depositário.

O sistema eletrônico utilizado entre nós é denominado de *BacenJud.* Por meio dele, possibilita-se o encaminhamento, por via eletrônica (Internet), de ordens judiciais de indisponibilização e transferência de valores monetários depositados ou aplicados em instituições financeiras, por intermédio do Banco do Brasil. De acordo com o art. 2º da Resolução n. 61/2008 do Conselho Nacional de Justiça, "é obrigatório o cadastramento, no sistema BacenJud, de todos os magistrados brasileiros cuja atividade jurisdicional compreenda a necessidade de consulta e bloqueio de recursos financeiros de parte ou terceiro em processo judicial".

Portanto, quando o tipo penal do art. 36 da Lei n. 13.869/19 faz menção à decretação da *indisponibilidade de ativos financeiros* em processo judicial, refere-se, grosso modo, mas não exclusivamente, à denominada *penhora on-line,* espécie de constrição de dinheiro ou aplicações financeiras por meio de sistema eletrônico, comandada pelo juiz de seu computador em sistema disponibilizado pelo Banco Central.

Não é de todo incomum, porém, que ocorra a sobreposição de constrições. Explica-se: a quantia executada seria de R$ 50.000,00 (cinquenta mil reais), porém o executado mantém diversas contas bancárias em seu nome em diferentes instituições financeiras, de modo que, inadvertidamente, ocorrem bloqueios em cada uma dessas contas, cada qual no valor de R$ 50.000,00 (cinquenta mil reais), totalizando uma constrição excessiva, logo, indevida. Daí o porquê da regra inserida no art. 854, § 1º, do CPC, que prevê que no prazo de 24 (vinte e quatro) horas a contar da resposta, deverá o juiz, de ofício, determinar o cancelamento de eventual indisponibilidade excessiva, o que deverá ser cumprido pelas instituições financeiras em igual prazo.

Tornados indisponíveis os ativos financeiros do executado, este será intimado na pessoa de seu advogado ou, não o tendo, pessoalmente (CPC, art. 854, § 2º), oportunidade em que poderá tentar comprovar que ainda remanesce indisponibilidade excessiva de ativos financeiros (CPC, art. 854, § 3º, II). Acolhida, pelo juiz, a alegação de indisponibilidade indevida, não poderá haver a conversão em penhora e a constrição deverá ser levantada em até 24 (vinte e quatro) horas (CPC, art. 854, § 4º). Para tanto, o juiz deverá acessar o sistema BacenJud e cancelar a constrição.

É exatamente nesse momento que o crime do art. 36 estará caracterizado. Ou seja, a despeito de ter sido informado pelo devedor acerca do excesso da execução com fundamento no art. 854, § 3º, II, do CPC, o magistrado se omite quanto ao seu dever legal - CPC, art. 854, § 4º - de determinar o cancelamento dessa indisponibilidade excessiva, assim agindo com a finalidade específica de prejudicar outrem ou beneficiar a si mesmo ou a terceiro, ou, ainda, por mero capricho ou satisfação pessoal (Lei n. 13.869/19, art. 1º, § 1º).

51.6. Tipo subjetivo

O crime do art. 36 é punido exclusivamente a título de dolo (direto ou eventual). Demanda, ademais, a presença do elemento subjetivo especial do injusto previsto no art. 1º, § 1º, da nova Lei de Abuso de Autoridade, valendo ressaltar que eventual divergência na interpretação de lei ou na avaliação de fatos e provas não configura abuso de autoridade (Lei n. 13.869/19, art. 1º, § 2º).

51.7. Consumação e tentativa

Firmada a premissa de que não basta a decretação da indisponibilidade de ativos financeiros em quantia que extrapole exacerbadamente o valor estimado para a satisfação da dívida, sendo necessária, ademais, a negativa do magistrado em corrigir a excessividade da medida, é de rigor a conclusão no sentido de que o crime se consuma neste segundo momento, ou seja, no exato instante em que o juiz, após ter sido informado pelo devedor acerca do excesso da execução, deixar de determinar o cancelamento dessa indisponibilidade exacerbada. Logo, por se tratar de crime omissivo próprio, não nos parece possível a configuração da tentativa.

51.8. Classificação doutrinária

O crime do art. 36 pode ser classificado da seguinte forma: **a) crime próprio; b) crime de conduta mista:** crimes de conduta mista são aqueles em que o agente, inicialmente, pratica uma conduta comissiva e, posteriormente, uma conduta omissiva, a exemplo do que ocorre com o crime de apropriação de coisa achada, tipificado no art. 169, parágrafo único, inciso II, do CP, em que o agente acha coisa alheia perdida e dela se apropria (comportamento comissivo), total ou parcialmente, deixando de restituí-la (comportamento omissivo) ao dono ou legítimo possuidor ou de entrega-la à autoridade competente, dentro do prazo de 15 (quinze) dias. No caso específico do art. 36 da nova Lei de Abuso de Autoridade, o magistrado decreta a indisponibilidade de ativos financeiros em quantia exacerbada (comportamento comissivo), deixando de corrigi-la após a demonstração da excessividade pelo devedor (comportamento omissivo); **c) crime material; d) crime plurissubsistente; e) crime unissubjetivo.**

51.9. Ação penal, pena, competência para o julgamento, procedimento adequado, transação penal, suspensão condicional do processo e acordo de não persecução penal.

São válidos aqui os mesmos comentários feitos em relação ao preceito secundário do crime do art. 9º da nova Lei de Abuso de Autoridade, ao qual também é cominada uma pena de detenção, de 1 (um) a 4 (quatro) anos, e multa.

> **Art. 37. Demorar demasiada e injustificadamente no exame de processo de que tenha requerido vista em órgão colegiado, com o intuito de procrastinar seu andamento ou retardar o julgamento:**
>
> **Pena – detenção, de 6 (seis) meses a 2 (dois) anos, e multa.**

52. Demora demasiada e injustificada no exame de processo de que tenha requerido vista em órgão colegiado

52.1. Direito intertemporal

A revogada Lei n. 4.898/65 não tipificava esse atraso doloso na apresentação de voto-vista em órgãos colegiados. Portanto, por se tratar de *novatio legis* incriminadora, sua aplicação ficará restrita aos crimes cometidos após a vigência da Lei n. 13.869/19.

52.2. Bem jurídico tutelado

Para além da dignidade da função pública, o art. 37 também tutela a razoável duração do processo, objeto de análise nos comentários ao art. 31.

52.3. Sujeitos do crime

Cuida-se de crime próprio, nos exatos termos do art. 2º da Lei n. 13.869/19. Porém, não é qualquer agente público que pode praticá-lo.

À primeira vista, pelo fato de o art. 37 fazer referência àquele que tenha requerido vista em *órgão colegiado*, fica a impressão de que tal delito jamais poderia ser praticado por um *magistrado de primeira instância*, mas apenas por Desembargadores e Ministros, pois são estes que costumam integrar órgãos colegiados, como Câmaras e Turmas dos Tribunais de 2ª instância e dos Tribunais Superiores.[234] Porém, não se pode perder de vista que juízes de primeiro grau também podem atuar em órgãos colegiados em pelo menos 3 (três) hipóteses diversas, a saber: a) **Turmas Recursais**: as funções de 2ª instância dos Juizados Especiais Criminais são exercidas pelas Turmas Recursais, que são formadas são formadas por 3 (três) juízes de primeiro grau (CF, art. 98, I); b) **Juízo colegiado para o julgamento de crimes praticados por organizações criminosas**: em se tratando de delitos dessa natureza, havendo circunstâncias que acarretem risco à integridade física do juiz, a Lei n. 12.694/12 autoriza a formação de um órgão colegiado formado por 3 (três) magistrados em exercício no primeiro grau de

234. No sentido de que o delito do art. 37 só poderia ser praticado por desembargadores ou ministros de Tribunais: MARQUES. Op. cit. p. 146.

jurisdição (art. 1º, § 2º). Por sua vez, consoante disposto no art. 1º-A, *caput,* da Lei n. 12.694/12, incluído pela Lei n. 13.964/19 (Pacote Anticrime), os Tribunais de Justiça e os Tribunais Regionais Federais poderão instalar, nas comarcadas sedes de Circunscrição ou Seção Judiciária, mediante resolução, varas criminais colegiadas com competência para o processo e julgamento: I – de crimes de pertinência a organizações criminosas armadas ou que tenham armas à disposição; II – do crime do art. 288-A do CP; e III – das infrações penais conexas aos crimes a que se referem os incisos anteriores; c) **convocação de juízes de primeiro grau para substituir desembargadores**: de acordo com o art. 118 da Lei Complementar nº 35/79 (Lei Orgânica da Magistratura Nacional), com redação dada pela Lei Complementar nº 54/86, em caso de vaga ou afastamento, por prazo superior a 30 (trinta) dias, de membro dos Tribunais Superiores, dos Tribunais Regionais, dos Tribunais de Justiça, poderão ser convocados Juízes, em Substituição, escolhidos por decisão da maioria absoluta do Tribunal respectivo, ou, se houver, de seu Órgão Especial. Enfim, como se percebe, não se pode descartar a possibilidade de um juiz de primeiro grau figurar como sujeito ativo do delito *sub examen,* já que tais magistrados também podem integrar órgãos colegiados.

No mais, como o art. 37 faz referência à demora demasiada e injustificada no *exame de processo* de que tenha requerido vista em órgão colegiado, sem necessariamente especificar a natureza desse feito – cível, criminal ou administrativo –, também não se pode descartar a possibilidade de uma autoridade estranha ao Poder Judiciário figurar na condição de sujeito ativo do delito. É o que ocorre, por exemplo, se um dos três servidores estáveis responsáveis pela condução de um processo disciplinar destinado a apurar a responsabilidade do servidor público por infração praticada no exercício de suas atribuições (Lei n. 8.112/90, arts. 148 e 149) demorar demasiada e injustificadamente no exame de processo de que tenha requerido vista com o intuito de procrastinar seu andamento ou retardar o julgamento. Enfim, não se trata, o delito do art. 37, de crime próprio de integrantes do Poder Judiciário. Outros agentes públicos também podem figurar na condição de sujeito ativo, tais como Ministros dos Tribunais de Contas, Conselheiros do Conselho Administrativo de Defesa da Concorrência (CADE), etc.

Noutro giro, o sujeito passivo é não apenas o Estado, mas também a parte, cujo processo teve seu andamento prejudicado em virtude da demora demasiada e injustificada decorrente do requerimento de vista em órgão colegiado.

52.4. Tipo objetivo

A conduta incriminada pelo art. 37 é **demorar**, que consiste em retardar, atrasar, ultrapassar o limite necessário e razoável para a prática de determinado ato.

O legislador faz uso de dois elementos normativos: *demasiada* e *injustificadamente*. *Demasiado* é aquilo que ultrapassa o natural, é aquilo que é excessivo, que se prolonga exageradamente. Conquanto o art. 37 não estabeleça expressamente um critério de tempo para que se compreenda o que seria "demora demasiada", parece-nos perfeitamente possível extrair do art. 940 do Código de Processo Civil um parâmetro razoável, *in verbis:* "O relator ou outro juiz que não se considerar habilitado a proferir imediatamente seu voto poderá solicitar vista pelo prazo máximo de 10 (dez) dias, após o qual o recurso será reincluído em pauta para julgamento na sessão seguinte à data da devolução. § 1º Se os autos não forem devolvidos tempestivamente ou se não for solicitada pelo juiz prorrogação de prazo de no máximo mais 10 (dez) dias, o presidente do órgão fracionário os requisitará para julgamento do recurso na sessão ordinária subsequente, com publicação da pauta em que for incluído". Enfim, é somente após o decurso do prazo de 20 (vinte) dias que se poderá começar a entender que a demora será demasiada.[235]

De todo modo, não basta que a demora seja demasiada. Para além disso, o retardamento deve ter sido provocado pelo agente público sem nenhuma escusa legitima. Essa justificativa poderia ser, por exemplo, a complexidade do caso, quer pelo número excessivo de acusados, quer pelo volume dos autos, ou eventual greve dos servidores, etc.

Por fim, a conduta terá como objeto material o *processo de que tenha requerido vista em órgão colegiado*. Como exposto anteriormente, onde a lei não distingue, não é dado ao intérprete

235. Nessa linha: AZEVEDO, André Boiani e. *Nova Lei do abuso de autoridade comentada artigo por artigo*. Coordenação de Guaracy Moreira Júnior. São Paulo: Rideel, 2019. p. 106.

fazê-lo. Logo, levando-se em consideração que o art. 37 faz menção a "*processo*", sem especificar sua natureza, aí estão abrangidos não apenas aqueles de natureza criminal, como também feitos cíveis e administrativos.[236]

52.5. Tipo subjetivo

O crime é punido a título de dolo direto ou eventual, não se admitindo a modalidade culposa. Para além do elemento subjetivo especial do injusto previsto no art. 1º, § 1º, a tipificação do crime do art. 37 da Lei n. 13.869 também demanda o especial fim de agir *de procrastinar seu andamento ou retardar o julgamento.* Cuida-se, portanto, de **delito de intenção (delito de tendência interna transcendente**).

52.6. Consumação e tentativa

O delito se consuma no exato – e impreciso – momento em que restar caracterizada a demora demasiada e injustificada no exame de processo de que o agente público tenha requerido vista em órgão colegiado. Pouco importa, para tanto, que o julgador consiga (ou não) procrastinar o andamento do feito ou retardar seu julgamento. Se isso vier a ocorrer, ter-se-á o mero exaurimento do delito, a ser sopesado pelo juiz tão somente por ocasião da dosimetria da pena, mais precisamente na avaliação da circunstância judicial das *consequências do crime* (CP, art. 59). A tentativa é inviável.

52.7. Classificação doutrinária

O crime do art. 37 da Lei n. 13.869/19 pode ser classificado da seguinte forma: **a) crime próprio; b) crime de mera conduta; c) delito de intenção (delito de tendência interna transcendente**); **d) crime permanente**: a demora demasiada e injustificada se protrai no tempo, detendo o agente o poder de fazer cessar a execução do delito a qualquer momento, *in casu,* restituindo os autos para julgamento; **e) crime a prazo**: cuida-se de crime a prazo porque sua consumação não ocorre no exato momento em que o agente

236. No sentido de que o tipo penal do art. 37 não se limita a processos judiciais: AGI. Op. cit. p. 96.

público requer vista dos autos do processo em órgão colegiado, mas tão somente após restar caracterizada a demora demasiada e injustificada na devolução dos autos para julgamento; **f) crime omissivo:** consiste na demora demasiada e injustificada no exame de processo de que tenha requerido vista em órgão colegiado.

52.8. Ação penal, pena, competência para o julgamento, procedimento adequado, transação penal, suspensão condicional do processo e acordo de não persecução penal

São válidos aqui os mesmos comentários feitos em relação ao preceito secundário do crime do art. 12 da nova Lei de Abuso de Autoridade, ao qual também é cominada uma pena de detenção, de 6 (seis) meses a 2 (dois) anos, e multa.

Art. 38. Antecipar o responsável pelas investigações, por meio de comunicação, inclusive rede social, atribuição de culpa, antes de concluídas as apurações e formalizada a acusação:

Pena – detenção, de 6 (seis) meses a 2 (dois) anos, e multa.

53. Antecipação de atribuição de culpa por meio de comunicação, inclusive rede social, antes de concluídas as apurações e formalizada a acusação

53.1. Rejeição do veto presidencial

O Presidente da República vetou o art. 38 do então Projeto de Lei n. 7.596/17 (n. 85/17 no Senado Federal) com base nos seguintes argumentos: "A propositura legislativa viola o princípio constitucional da publicidade previsto no art. 37, que norteia a atuação da Administração Pública, garante a prestação de contas da atuação pública à sociedade, cujos valores da coletividade prevalecem em regra sobre o individual, nos termos da jurisprudência do Supremo Tribunal Federal. Por fim, a comunicação a respeito de determinados ocorrências, especialmente sexuais ou que violam direitos de crianças e adolescentes, podem facilitar ou importar em resolução de crimes." O veto, porém, foi rejeitado pelo Congresso Nacional.

53.2. Direito intertemporal

À época da vigência da revogada Lei n. 4.898/65, seu art. 4º, alínea "h", tipificava como abuso de autoridade *o ato lesivo da honra,* ou do patrimônio *de pessoa natural ou jurídica, quando praticado com abuso ou desvio de poder ou sem competência legal.* Ao referido delito era cominada uma pena privativa de liberdade de detenção por 10 (dez) dias a 6 (seis) meses. Com o advento da Lei n. 13.869/19, a despeito de não reproduzir *ipsis litteris* a redação do antigo tipo penal, seu art. 38 tipifica a conduta do agente público responsável pelas investigações que antecipa, por meio de comunicação, inclusive rede social, atribuição de culpa, antes de concluídas as apurações e formalizada a acusação, conduta esta que não deixa de ser um ato lesivo à honra da pessoa que figura como objeto da investigação. Levando-se em consideração o caráter mais gravoso de sua pena – detenção, de 6 (seis) meses a 2 (dois) anos –, deve ser observado o princípio da irretroatividade da *lex gravior.*

53.3. Noções gerais acerca do respeito à integridade moral do preso e à regra de tratamento (dimensão externa) decorrente do princípio da presunção de inocência

Como exposto nos comentários ao art. 13 da Lei n. 13.869/19, a Constituição Federal assegura aos presos o respeito à integridade física e moral (art. 5º, XLIX). À semelhança do que ocorre em outros incisos do art. 5º da Constituição Federal (v.g., LXIII), o termo *preso* deve ser objeto de interpretação extensiva, de modo a abranger toda e qualquer pessoa a quem seja imputada a prática de um ilícito criminal (imputado), pouco importando se se trata de mero suspeito, investigado, indiciado ou acusado, e se tal indivíduo está preso ou em liberdade.

A questão relativa ao respeito à integridade moral do imputado ganha importância em sede do estudo dos crimes de abuso de autoridade quando se verifica a crescente importância dada pela mídia às mazelas do processo penal. Com efeito, hoje em dia, não são raras as investigações e prisões acompanhadas ao vivo pela imprensa que, coincidentemente, sempre está presente no lugar e hora marcados para registrar tudo. Tais imagens, depois, são exploradas à exaustão nos telejornais pelos *doutrinadores do direito penal e processual penal,* o que é feito a título de informar a população. Sob os holofotes da mídia, é colocada em segundo plano a finalidade de todo e qualquer procedimento investigatório, qual seja, o de coletar elementos de informação e autoria de modo a auxiliar na formação da *opinio delicti* do titular da ação penal. Ao invés de falar exclusivamente nos autos, como deveria ser, agentes públicos como Promotores de Justiça, Delegados de Polícia e até mesmo magistrados estão muito mais preocupados em dar entrevistas, aparecer na mídia, usar a 'desgraça' de uns para fins de autopromoção. Passam as investigações preliminares, assim, a desempenhar um efeito sedante da opinião pública pela ilusão de justiça instantânea,[237] exercendo uma função absolutamente incoerente e proscrita para um instrumento de caráter meramente preparatório.

Essa *antecipação de culpa* por parte dos agentes públicos responsáveis pela condução dos procedimentos investigatórios também entra em rota de colisão com o princípio da presunção de inocência, mais precisamente com a sua dimensão externa. Explica-se: como é sabido, derivam do referido postulado duas regras fundamentais, a regra probatória e a regra de tratamento. Por força da primeira, recai sobre a acusação o ônus de comprovar a culpabilidade do acusado além de qualquer dúvida razoável, e não deste de provar sua inocência. Por sua vez, como consequência da segunda regra, o Poder Público está impedido de agir e de se comportar em relação ao imputado como se este já houvesse sido condenado definitivamente, pelo menos enquanto não houver o trânsito em julgado de sentença condenatória. De seu turno, este dever de tratamento atua em duas dimensões: a) interna ao processo: funciona como dever imposto, inicialmente, ao magistrado, no sentido de que o ônus da prova recai integralmente sobre a parte acusadora, devendo a dúvida favorecer o acusado. Ademais, as prisões cautelares devem ser utilizadas apenas em situações excepcionais, desde que comprovada a necessidade da medida extrema para resguardar a eficácia do processo; b) externa ao processo: o princípio da presunção de inocência e as garantias constitucionais da imagem, dignidade e privacidade demandam uma proteção contra a publicidade abusiva e a estigmatização do acusado, funcionando como

237. LOPES JR. Aury; BADARÓ, Gustavo Henrique. *Direito ao Processo Penal no prazo razoável.* Rio de Janeiro. Editora Lumen Juris: 2006. p. 55.

limites democráticos à abusiva exploração midiática em torno do fato criminoso e do próprio processo judicial.[238]

Não olvidamos a importância da liberdade de expressão, compreendida como a possibilidade de difundir livremente os pensamentos, ideias e opiniões, mediante a palavra escrita ou qualquer outro meio de reprodução. No entanto, se aos órgãos de informação é assegurada a maior liberdade possível em sua atuação, também se lhes impõe o dever de não violar princípios basilares do processo penal, substituindo o devido processo legal previsto na Constituição por um julgamento sem processo, paralelo e informal, mediante os meios de comunicação.

Oportuna, nesse sentido, a lição sempre abalizada do Min. Marco Aurélio: "(...) Ninguém desconhece a necessidade de adoção de rigor no campo da definição de responsabilidade, mormente quando em jogo interesses públicos da maior envergadura. No levantamento de dados, no acompanhamento dos fatos, no esclarecimento da população, importante é o papel exercido pela imprensa. Todavia, há de se fazer presente advertência de Joaquim Falcão, veiculada sob o título A imprensa e a justiça, no Jornal O Globo, de 06.06.93: `Ser o que não se é, é errado. Imprensa não é justiça. Esta relação é um remendo. Um desvio institucional. Jornal não é fórum. Repórter não é juiz. Nem editor é desembargador. E quando, por acaso, acreditam ser, transformam a dignidade da informação na arrogância da autoridade que não têm. Não raramente, hoje, alguns jornais, ao divulgarem a denúncia alheia, acusam sem apurar. Processam sem ouvir. Colocam o réu, sem defesa, na prisão da opinião pública. Enfim, condenam sem julgar´."[239]

Especificamente em relação à divulgação da imagem de pessoas presas, o que se vê no dia a dia é uma crescente degradação da imagem e da honra produzida pelos meios de comunicação de massa com a conivência das autoridades estatais, por meio da reprodução da imagem do preso sem que haja prévia autorização do preso, nem tampouco um fim social na sua exibição. Utilizam sua imagem, pois, como produto da notícia, a fim de saciar a

238. LOPES JR., Aury. *Direito processual penal e sua conformidade constitucional*. Vol. II. Rio de Janeiro: Editora Lumen Juris, 2009. p. 47/48.

239. STF – HC – Liminar – Rel. Marco Aurélio – j. 14.06.2000 – Revista Síntese 3/141.

curiosidade do povo. Os programas sensacionalistas do rádio e da televisão saciam curiosidades perversas extraindo sua matéria-prima da miséria de cidadãos humildes que aparecem algemados e exibidos como verdadeiros troféus.[240]

Queremos crer, com base na lição de Ana Lúcia Menezes Vieira,[241] que a reprodução pública da imagem de pessoas envolvidas em crimes deve ser vedada se ela resulta de modo antissocial, aflitivo ou degradante, a não ser que haja autorização do titular da imagem, ou se necessária à administração da justiça – exemplo seria o retrato falado ou a própria fotografia, para fins investigativos.

Ora, como dito acima, a condição de cidadão preso não lhe retira o direito ao respeito à integridade moral e à dignidade.[242] Seus direitos personalíssimos devem ser tutelados de forma mais eficaz, não só por jornalistas, como também por autoridades policiais e membros do Ministério Público, que devem se abster de exibir presos à mídia. E isso não só para preservar os direitos personalíssimos do preso, como também para evitar que inocentes sejam identificados indevidamente como autores de delitos.

Infelizmente, não são poucos os exemplos de pessoas que são exibidas à mídia como suspeitas da prática de delitos, mas cuja inocência é posteriormente reconhecida. O célebre episódio da "Escola Base" é um dos mais emblemáticos casos de assassinato moral de inocentes, na dicção de Vieira. Os responsáveis pela referida escola foram dados pela mídia como autores de abusos sexuais contra crianças de classe média. A escola foi alvo de depredação, seus proprietários tiveram que abandonar os empregos, e também não podiam sair às ruas, porque corriam o risco de sofrer agressões em público, na medida em que a imprensa divulgava suas fotos. O inquérito policial, no entanto, acabou sendo arquivado por falta de elementos de informação que evidenciassem a prática dos crimes sexuais.

240. Nesse sentido: BUCCI, Eugênio. *Sobre ética e imprensa*. São Paulo: Companhia das Letras, 2000. 156. *Apud* VIEIRA, Ana Lúcia Menezes. *Processo penal e mídia*. São Paulo: Editora Revista dos Tribunais, 2003. p. 156.

241. VIEIRA, Ana Lúcia Menezes. *Processo penal e mídia*. São Paulo: Editora Revista dos Tribunais, 2003. p. 153.

242. SUANNES, Adauto. *Os fundamentos éticos do devido processo penal*. 2ª ed. São Paulo: Editora Revista dos Tribunais, 2004. p. 181.

Outro caso recente é o denominado crime do Bar Bodega: em uma choperia em Moema, bairro nobre na cidade de São Paulo, dois jovens da classe média paulistana foram assassinados no dia 10 de agosto de 1996. Pressionada pela comoção social que o delito gerou, a polícia apresentou cinco jovens negros e pobres, moradores da periferia, como os responsáveis pelos homicídios. Como anota Eduardo Araújo Silva, "expostos à imprensa como animais bravios, algemados e com placas dependuradas em seus corpos, indicando números, foram fotografados, filmados e entrevistados por dezenas de repórteres de rádio, tevês, jornais e revistas".[243] Pouco tempo depois, porém, foram postos em liberdade, pois o Ministério Público não encontrou elementos de informações suficientes para oferecer denúncia. Na verdade, foram identificados indicativos de que teriam confessado a prática do delito mediante tortura.

É dentro desse contexto de necessário respeito à integridade moral do preso e à regra de tratamento que deriva do princípio da presunção de inocência que devemos compreender a novel figura delituosa do art. 38 da Lei n. 13.869/19. Se é verdade que a Administração Pública está sujeita ao princípio da publicidade (CF, art. 37, *caput)*, também não é menos verdade que a observância irrestrita desse postulado não pode se dar ao arrepio de direitos e garantias individuais daquele indivíduo cuja presunção de inocência deve ser respeitada. Daí, aliás, o porquê da inclusão do art. 3º-F ao Código de Processo Penal pela Lei n. 13.964/19.

53.4. Bem jurídico tutelado

O bem jurídico tutelado pelo art. 38 é a própria dignidade da função pública e o prestígio de que o poder público deve desfrutar perante os administrados, que são maculados pelo agente do crime. O delito também tutela a honra objetiva do investigado, ao qual é atribuída culpa pela prática delituosa pelo responsável pelas investigações antes de concluídas as apurações e formalizada a acusação.

243. SILVA, Eduardo Araújo. O papel da imprensa no caso do Bar Bodega. Isto é, 4 dez. 1996, p. 151. Apud VIEIRA, Ana Lúcia Menezes. Processo penal e mídia. São Paulo: Editora Revista dos Tribunais, 2003. p. 169.

53.5. Sujeitos do crime

Trata-se de **crime próprio**, nos exatos termos do art. 2º da Lei n. 13.869/19. Porém, não é qualquer agente público que pode figurar como sujeito ativo do crime de abuso de autoridade sob comento, mas apenas aquele *responsável pelas investigações* - penais ou extrapenais, já que a lei não faz qualquer ressalva nesse sentido –, a exemplo de um Promotor de Justiça, um Delegado de Polícia, o Presidente de uma Comissão Parlamentar de Inquérito, um encarregado de inquérito policial militar, em se tratando de crimes militares, etc. Na eventualidade de a pessoa responsável pela atribuição de culpa não ostentar a qualidade de agente público, e nem concorrer com este para a prática do delito, nos termos dos arts. 29 e 30 do Código Penal, deverá responder por crime contra a honra, notadamente calúnia e difamação (CP, arts. 138 e 139).

Por sua vez, o sujeito passivo, além do Estado (mediato ou indireto), é a pessoa a quem foi atribuída culpa de maneira antecipada.

53.6. Tipo objetivo

O verbo núcleo do tipo do art. 38 é **antecipar**, que significa adiantar-se, anunciar antecipadamente, prever, prenunciar, prognosticar. *In casu,* o agente público responsável pelas investigações antecipa **atribuição de culpa**, é dizer, aponta alguém como autor (ou partícipe) de determinada infração penal, civil, ou administrativa.

Esta precipitada atribuição de culpa necessariamente deve ser cometida por *meio de comunicação, inclusive rede social*, o que significa dizer que não haverá crime se a conduta for praticada no âmbito de uma conversa privada, por exemplo (v.g., conversa particular via *whatsapp*). A comunicação é o processo de informação que se realiza entre os comunicadores e a audiência, heterogênea e anônima, por meio de instrumentos que são os **meios de comunicação**. Estes, também conhecidos como *mass media,* funcionam como meios técnicos para a difusão da mensagem, enfim, como instrumentos a serviço da informação, a exemplo de jornais, revistas, rádio, televisão, etc., hoje considerados de enorme importância pela influência que exercem na formação da opinião pública. Isso porque combinam diversos tipos de mensagens, desde as puramente informativas até as de opinião, as culturais e as de simples entretenimento.

Atenta ao avanço tecnológico desses instrumentos de comunicação, a nova Lei de Abuso de Autoridade refere-se, expressamente, às **redes sociais**. Estas funcionam como facilitadores de conexões sociais entre pessoas, grupos ou organizações que compartilham dos mesmos valores ou interesses, interagindo entre si. Todas elas têm em comum o compartilhamento de informações, conhecimentos, interesses e esforços em busca de objetivos comuns. Têm como característica fundamental a sua abertura, o que permite a formação de relacionamentos horizontais e não hierárquicos entre os participantes, refletindo um processo de fortalecimento da sociedade civil em um contexto de maior participação democrática e mobilização social. Operam em diferentes níveis, como, por exemplo, redes de relacionamento (v.g., *Facebook, Twitter, Instagram, MySpace, Badoo*), redes profissionais (*Linkedin*), etc.

Firmada a premissa de que a tipificação da figura delituosa sob comento está condicionada à antecipação da atribuição de culpa necessariamente *por meio de comunicação, inclusive rede social*, é de rigor a conclusão no sentido de que eventual indiciamento de alguém não se subsume ao tipo penal do art. 38.[244] Ainda que se queira argumentar que o indiciamento nada mais é do que atribuir a alguém a autoria ou participação em determinada infração penal, não se pode admitir que uma norma – *in casu*, o art. 38 da Lei n. 13.869/19 – criminalize uma conduta que é ordenada por outra. Com efeito, consoante disposto no art. 1º, § 6º, da Lei n. 12.830/16, o indiciamento, privativo do Delegado de Polícia, dar-se-á por ato fundamentado, mediante análise técnico-jurídica do fato, que deverá indicar a autoria, materialidade e suas circunstâncias. De mais a mais, como o indiciamento deve ser praticado exclusivamente nos autos do respectivo procedimento investigatório, e não pelos meios de comunicação, denota-se que, também por tal motivo, não haveria uma perfeita subsunção dessa conduta ao crime do art. 38.

A conduta delituosa deve ser praticada *antes de concluídas as apurações e formalizada a acusação*. A utilização da conjunção aditiva "e" denota a observância cumulativa desses dois limites temporais. A expressão *antes de concluídas as apurações* pode ser traduzida como o encerramento das investigações, seja porquanto já foram obtidos robustos elementos de informação quanto à

244. Na mesma linha: AZEVEDO. Op. cit. p. 109.

autoria e materialidade, seja porque não há mais nenhum meio de obtenção de prova e/ou diligência investigatória passível de utilização de modo a auxiliar na apuração do delito. Mas não basta isso. A acusação deve ter sido formalizada. Novamente, o legislador se vale de expressão aberta e indeterminada. Na difícil tarefa de interpretar os diversos elementos normativos constantes da nova Lei de Abuso de Autoridade, o ideal é compreender a locução *formalizada a acusação* como sinônimo de oferecimento da peça acusatória, seja pelo Ministério Público nos casos de ação penal pública, seja pelo ofendido nos crimes de ação penal de iniciativa privada. Se não há consenso na doutrina acerca do momento que marca o início do processo – oferecimento ou recebimento da peça acusatória –, como o art. 38 faz menção à *formalização da acusação*, revela-se desnecessário, para fins de tipificação do crime *sub examen*, o juízo positivo de admissibilidade da denúncia (ou queixa). Na eventualidade de a conduta ser praticada após a conclusão das apurações e depois de formalizada a acusação, não haverá crime.

Em conclusão, ponderamos que o tipo penal em comento não impede a divulgação do trabalho de investigação levado a efeito pelos órgãos persecutórios, *desde que não haja atribuição de culpa a ninguém*. Portanto, afigura-se perfeitamente possível que os agentes públicos divulguem os dados necessários para que todos saibam do que se trata a investigação, quais medidas foram adotadas naquele dia (mandados de busca, mandados de prisão, indisponibilidade patrimonial, etc.), quais elementos de informação/provas foram coletadas, etc., sempre evitando qualquer antecipação de culpa.

53.7. Tipo subjetivo

O crime é punido a título de dolo direto ou eventual. Impõe-se, ademais, a presença do elemento subjetivo especial do injusto previsto no art. 1º, § 1º, valendo ressaltar que eventual divergência na interpretação de lei ou na avaliação de fatos e provas não configura abuso de autoridade (art. 1º, § 2º, da Lei n. 13.869/19).

53.8. Consumação e tentativa

O crime do art. 38 estará consumado no exato momento em que o agente der publicidade à atribuição de culpa por meio de comunicação, inclusive rede social, antes de concluídas as apurações e formalizada a acusação. Por se tratar de crime plurissubsistente, admite-se, pelo menos em tese, o *conatus*.

53.9. Classificação doutrinária

Podemos classificar o crime do art. 38 da seguinte forma: **a) crime próprio**; b) **crime de mera conduta**; **c) crime comissivo**; **d) crime plurissubsistente**; e) **crime unissubjetivo**.

53.10. Ação penal, pena, competência para o julgamento, procedimento adequado, transação penal, suspensão condicional do processo e acordo de não persecução penal

São válidos aqui os mesmos comentários feitos em relação ao preceito secundário do crime do art. 12, *caput*, da nova Lei de Abuso de Autoridade, ao qual também é cominada uma pena de detenção, de 6 (seis) meses a 2 (dois) anos, e multa.

CAPÍTULO VII
DO PROCEDIMENTO

Art. 39. Aplicam-se ao processo e ao julgamento dos delitos previstos nesta Lei, no que couber, as disposições do Decreto-Lei n. 3.689, de 3 de outubro de 1941(Código de Processo Penal), e da Lei n. 9.099, de 26 de setembro de 1995.

54. Aplicação do Código Penal e do Código de Processo Penal ao processo e julgamento dos crimes de abuso de autoridade

Diante do silêncio da legislação especial acerca de determinada matéria, aplica-se, subsidiariamente, o quanto disposto no Código Penal. Daí dispor o art. 12 do CP que as regras gerais do diploma penal são aplicáveis aos fatos incriminados por lei especial, *se esta não dispuser de modo diverso*. Em sentido semelhante, porém no tocante às normas constantes do Código de Processo Penal, o art. 1º, *caput*, do CPP, dispõe que o processo penal reger-se-á, em todo território brasileiro, por este Código, ressalvadas as hipóteses ali mencionadas, dentre as quais não há qualquer referência aos crimes de abuso de autoridade. Daí se vê o grau de irrelevância do art. 39 da Lei n. 13.869/19, o que, aliás, não é novidade no nosso ordenamento jurídico, dada a péssima qualidade da produção legislativa.

54.1. (Des) necessidade de observância do procedimento dos crimes de responsabilidade dos funcionários públicos – arts. 513 a 518 do CPP – para os crimes de abuso de autoridade previstos na Lei n. 13.869/19

O Código de Processo Penal prevê, entre os arts. 513 e 518, um procedimento especial para os denominados crimes de responsabilidade dos funcionários públicos. Cuida-se de rito específico para os denominados crimes funcionais, ou seja, aqueles cuja qualidade de funcionário público funciona como verdadeira elementar do delito.

É firme o entendimento jurisprudencial no sentido de que esse procedimento especial só se aplica aos *delitos funcionais típicos descritos nos artigos 312 a 326 do Código Penal*. Portanto, o simples fato de se tratar de acusado que ostente a condição de funcionário público não atrai a incidência do art. 514 do CPP, pois, em verdade, faz-se necessário que o ilícito penal a ele atribuído seja próprio, funcional, no qual a condição de funcionário público seja inerente à prática do crime. Não por outro motivo, em caso concreto em que um funcionário público teria incorrido em *crime praticado por particular* contra a ordem tributária (Lei n. 8.137/90, art. 1º, II), concluiu a 5ª Turma do STJ que não haveria necessidade de notificação para apresentação da defesa preliminar prevista no art. 514 do CPP, porquanto tal delito não se enquadraria no conceito de 'crime de responsabilidade de funcionário público'.[245]

245. STJ, 5ª Turma, RHC 22.118/MT, Rel. Min. Jorge Mussi, j. 01/06/2010, DJe 09/08/2010. Ainda no sentido de que o rito previsto no art. 514 só é aplicável aos delitos previstos nos arts. 312 a 326 do Código Penal: STJ, 5ª Turma, HC 91.228/RS, Rel. Min. Jane Silva, j. 20/11/2007, DJ 10/12/2007 p. 423; STJ, 6ª Turma, HC 79.751/RJ, Rel. Min. Paulo Gallotti, j. 11/03/2008, DJe 14/04/2008; STJ, 5ª Turma, HC 115.796/SP, Rel. Min. Laurita Vaz, j. 03/08/2010, DJe 23/08/2010; STJ, 5ª Turma, RHC 18.336/MS, Rel. Min. Gilson Dipp, j. 11/04/2006, DJ 08/05/2006 p. 240. O Supremo Tribunal Federal também tem precedentes no sentido de que o procedimento previsto no art. 514 do CPP cinge-se às hipóteses em que a denúncia veicula crimes funcionais típicos. A propósito, confira-se: STF, 1ª Turma, HC 95.969/SP, Rel. Min. Ricardo Lewandowski, j. 12/05/2009, DJe 108 10/06/2009.

Questiona-se, então, se tal rito seria aplicável aos crimes de abuso de autoridade. Na vigência da revogada Lei n. 4.898/65, o tema não apresentava maiores controvérsias. Isso porque, à época, tais delitos eram punidos com pena de detenção por 10 (dez) dias a 6 (seis) meses, logo, de menor potencial ofensivo, e, portanto, da competência dos Juizados Especiais Criminais. Com o advento da Lei n. 13.869/19, a *vexata quaestio* não terá quaisquer reflexos quanto aos crimes punidos com pena máxima de 2 (dois) anos (arts. 12, 16, 18, 20, 27, 29, 31, 32, 33, 37 e 38, todos da Lei n. 13.869/19), porque, à semelhança do que ocorria na vigência da legislação pretérita, estes continuarão sendo tratados como infrações de menor potencial ofensivo, sujeitos, pois, ao procedimento comum sumaríssimo previsto na Lei n. 9.099/95. A controvérsia reside, portanto, em relação àqueles delitos punidos com pena de detenção, de 1 (um) a 4 (quatro) anos, e multa (arts. 9º, 10, 13, 15, 19, 21, 22, 23, 24, 25, 28, 30 e 36, todos da Lei n. 13.869/19), logo, da competência de um Juiz Singular.

Nesse caso, é de rigor a aplicação do procedimento especial previsto entre os arts. 513 e 518 do CPP, desde que o agente ainda ostente a qualidade de agente público.[246] A uma porque a própria Lei n. 13.869/19, em seu art. 39, determina a aplicação do Código de Processo Penal ao processo e julgamento dos crimes de abuso de autoridade. A duas porque o procedimento especial em questão diz respeito aos *crimes de responsabilidade dos funcionários públicos*, conceito dentro do qual estão inseridos não apenas os crimes previstos entre os arts. 312 e 326 do Código Penal, mas também todas as figuras delituosas de abuso de autoridade, em que a qualidade de agente público também funciona como elementar do delito, haja vista o quanto disposto no art. 2º da Lei n. 13.869/19. Por fim, não parece haver nenhuma diferença ontológica entre crimes como peculato, corrupção passiva, prevaricação, previstos entre os arts. 312 e 326 do CPP, e aqueles previstos na nova Lei de Abuso de Autoridade: todos são crimes próprios, funcionais, nos quais a condição de agente público é inerente à prática do crime e atentam contra os mesmos bens jurídicos – Administração Pública

246. Com entendimento semelhante: FELBERG, Rodrigo. *Nova Lei do abuso de autoridade comentada artigo por artigo*. Coordenação de Guaracy Moreira Júnior. São Paulo: Rideel, 2019. p. 111; GRECO; CUNHA. Op. cit. p. 301; AGI. Op. cit. p. 101. E ainda: PINHEIRO, Igor Pereira; CAVALCANTE, André Clark Nunes; BRANCO, Emerson Castelo. Op. cit. p. 60.

e, a depender do delito, patrimônio, honra, liberdade individual, etc. –, daí por que não se pode dispensar a eles tratamento diverso, sob pena de odiosa violação ao princípio da isonomia. É nesse sentido, aliás, o **enunciado n. 24** do Conselho Nacional de Procuradores-Gerais dos Ministérios Públicos dos Estados e da União (CNPG) e do Grupo Nacional de Coordenadores de Centro de Apoio Criminal (GNCCRIM): "Os crimes de abuso de autoridade com pena máxima superior a dois anos, salvo no caso de foro por prerrogativa de função, são processados pelo rito dos crimes funcionais, observando-se a defesa preliminar do art. 514 do CPP".

Firmada essa premissa, são necessárias algumas observações em relação ao rito procedimental previsto entre os arts. 513 a 518 do CPP:

a) **necessidade de defesa preliminar:** a defesa (ou resposta) preliminar é uma oportunidade que o acusado tem de ser ouvido antes de o juiz receber a peça acusatória, objetivando impedir a instauração de um processo temerário. Visa evitar o processo como pena, isto é, impedir a instauração de um processo leviano, com base em acusação que a apresentação de defesa preliminar antes do recebimento da peça acusatória possa, de logo, demonstrar de todo infundada. A dialética inicial proporcionada pela defesa preliminar é de singular importância. É que, via de regra, os elementos de informação que lastreiam a acusação são obtidos de forma unilateral e, em alguns casos, com a atuação direta do próprio órgão acusador. Assim, a perspectiva de uma visão multifocal sobre o direito de acusar abre os horizontes da cognição enriquecendo o próprio juízo de admissibilidade. O momento procedimental para a apresentação da defesa preliminar é entre o oferecimento e o recebimento da peça acusatória. Este é o ponto central para identificá-la. Como a defesa preliminar é apresentada antes do juízo de admissibilidade da peça acusatória, infere-se que seu escopo principal é o de convencer o magistrado acerca da presença de uma das hipóteses que autorizam a rejeição da peça acusatória: inépcia da inicial, ausência dos pressupostos processuais ou das condições da ação; falta de justa causa para o exercício da ação penal (CPP, art. 395, I, II e III). No âmbito criminal, essa defesa preliminar pode ser encontrada apenas em alguns procedimentos especiais: 1) Lei de drogas (art. 55, *caput*, da Lei nº 11.343/06); 2) Procedimento originário dos Tribunais (art. 4º da

Lei n. 8.038/90); 3) Juizados Especiais Criminais (art. 81 da Lei n. 9.099/95); 4) crimes funcionais afiançáveis (CPP, art. 514): todos os crimes de abuso de autoridade são afiançáveis, porquanto não elencados entre os arts. 323 e 324 do CPP. Essa defesa preliminar prevista no art. 514 do CPP tem em mira o fato de o funcionário estar sujeito a perseguições em virtude do cumprimento de seus deveres funcionais. Portanto, a observância desse procedimento não se estende ao particular que seja corréu, o que pode ocorrer diante do art. 30 do CP.[247] É nesse sentido, aliás, o **enunciado n. 25** do Conselho Nacional de Procuradores-Gerais dos Ministérios Públicos dos Estados e da União (CNPG) e do Grupo Nacional de Coordenadores de Centro de Apoio Criminal (GNCCRIM): "Por ser privativa do servidor público, o particular concorrente no crime de abuso de autoridade não faz jus à preliminar contestação prevista no art. 514 do CPP". Na mesma linha, é dominante o entendimento no sentido de que a defesa preliminar a que se refere o art. 514 do CPP só é necessária enquanto o acusado for funcionário público. Logo, se, à época do oferecimento da peça acusatória, o acusado deixara de exercer a função pública (v.g., por ter sido exonerado), é dispensável a defesa preliminar.[248] Por fim, também não há necessidade de observância de defesa preliminar se acaso a denúncia imputar ao agente público a prática de crime funcional, como, por exemplo, o abuso de autoridade, e crime não funcional (v.g., furto). A propósito, eis o teor do **enunciado n. 27** do Conselho Nacional de Procuradores-Gerais dos Ministérios Públicos dos Estados e da União (CNPG) e do Grupo Nacional de Coordenadores de Centro de Apoio Criminal (GNCCRIM): "A formalidade do art. 514 do CPP é dispensável quando a denúncia envolver, além do crime funcional, delito de outra natureza, ambos em concurso";[249]

---

247. Com o entendimento de que o procedimento referente à defesa preliminar do art. 514 do CPP aplica-se apenas ao servidor público, e não ao corréu particular: STJ, 5ª Turma, HC 79.220/DF, Rel. Min. Laurita Vaz, DJ 13/08/2007 p. 401.

248. No sentido de que o procedimento inscrito no artigo 514, do CPP, somente assegura o direito à defesa preliminar ao denunciado nos crimes funcionais, não se aplicando na hipótese em que o acusado não mais exerce cargo público, por força de exoneração: STJ, 6ª Turma, RHC 7.944/GO, Rel. Min. Vicente Leal, j. 29/10/1998, DJ 14/12/1998 p. 304.

249. No sentido de que não enseja a defesa preliminar prevista no art. 514 do CPP se a denúncia imputar ao agente público crime funcional e crime não funcional: STJ, 5ª Turma, HC 79.220/DF, Rel. Min. Laurita Vaz, j. 26/06/2007, DJ 13/08/2007 p. 401.

b) necessidade de expedição de carta precatória para fins de notificação do agente público que residir em comarca diversa: especial atenção deve ser dispensada ao art. 514, parágrafo único, in fine, do CPP, que prevê que não será expedida carta precatória para notificação pessoal do acusado que residir em comarca diversa daquela da causa, *devendo o juiz nomear defensor para o oferecimento da defesa preliminar*. A nosso juízo, tal preceito é incompatível com a Constituição Federal. Isso porque um dos desdobramentos da ampla defesa consiste no direito que o acusado tem de escolher seu próprio advogado, haja vista a relação de confiança que necessariamente se estabelece entre o acusado e quem o defende. Portanto, o simples fato de o acusado morar em comarca diversa daquela na qual tramita o processo não justifica, de per si, a restrição ao seu direito de escolher advogado de sua confiança para oferecer a referida peça defensiva. A nomeação de defensor dativo somente será possível se, após a notificação do acusado por carta precatória, este quedar-se inerte;

c) necessidade de observância da defesa preliminar quando a peça acusatória estiver instruída por inquérito policial: quanto ao tema, há de se ficar atento à divergência entre o Superior Tribunal de Justiça e o Supremo Tribunal Federal. Para aquele, a notificação prévia do acusado para que ofereça defesa preliminar é dispensada quando a denúncia se encontrar devidamente respaldada em inquérito policial, eis que, nesse caso, e pelo menos em tese, o agente público já teria sido ouvido no curso do respectivo procedimento investigatório. A obrigatoriedade da notificação ficaria restrita, portanto, apenas para os casos em que a denúncia estivesse baseada, tão-somente, em documentos acostados à representação, dos quais o agente público sequer tomou conhecimento.[250] É nesse sentido, aliás, o enunciado da **súmula n. 330 do STJ:** "É desnecessária a resposta preliminar de que trata o artigo 514 do Código de Processo Penal, na ação penal instruída por inquérito policial". Em sentido diverso, a partir do julgamento do HC 85.779/RJ, o plenário do Supremo Tribunal assentou, como *obter dictum*, que o fato de a denúncia estar respaldada em elementos de informação colhidos no inquérito

250. STJ, 5ª Turma, RHC 18.336/MS, Rel. Min. Gilson Dipp, j. 11/04/2006, DJ 08/05/2006 p. 240.

policial não dispensa a obrigatoriedade da notificação prévia do acusado para apresentar a defesa preliminar;[251]

d) consequências decorrentes da inobservância da defesa preliminar: configura tão somente nulidade relativa, cuja arguição deve ser feita oportunamente, é dizer, na primeira oportunidade procedimental que o acusado tiver para se pronunciar, e cujo reconhecimento demanda a comprovação de prejuízo. Afinal, em sede de nulidades, deve prevalecer o disposto no art. 563 do CPP, que consagra o princípio *pas de nullité sans grief*, segundo o qual não se declara nulidade no caso em que inexiste prejuízo para a apuração da verdade substancial da causa;[252]

e) defesa preliminar e (des) necessidade de apresentação subsequente da resposta à acusação: nos procedimentos legais em que há previsão legal de defesa preliminar (v.g, drogas, procedimento originário dos Tribunais, etc.), não há necessidade, *pelo menos em regra*, de subsequente apresentação da resposta à acusação (CPP, art. 396-A), pois aquela reação defensiva deve concentrar todas as teses da defesa, principais e subsidiárias, buscando-se a rejeição da peça acusatória, assim como eventual absolvição sumária, sem se olvidar da necessária especificação de provas, para o caso de

251. STF, Pleno, HC 85.779/RJ, Rel. Min. Cármen Lúcia, j. 28/02/2007, DJe 047 28/06/2007. Com raciocínio semelhante: STF, 1ª Turma, HC 89.686/SP, Rel. Min. Sepúlveda Pertence, j. 12/06/2007, DJe 082 16/08/2007; STF, 1ª Turma, HC 95.969/SP, Rel. Min. Ricardo Lewandowski, j. 12/05/2009, DJe 108 10/06/2009.

252. Com esse entendimento: STJ, 5ª Turma, HC 72.306/SP, Rel. Min. Felix Fischer, j. 06/09/2007, DJ 05/11/2007 p. 308. E ainda: STJ, 5ª Turma, HC 182.142/SP, Rel. Min. Jorge Mussi, j. 19/05/2011, DJe 30/05/2011). E ainda: STJ, 5ª Turma, HC 184.640/SP, Rel. Min. Jorge Mussi, j. 19/05/2011, DJe 30/05/2011; STJ, 5ª Turma, HC 127.904/SC, Rel. Min. Jorge Mussi, j. 03/05/2011, DJe 24/06/2011; STJ, 5ª Turma, HC 176.295/RJ, Rel. Min. Gilson Dipp, j. 22/03/2011, DJe 04/04/2011; STJ, 6ª Turma, HC 173.384/SC, Rel. Min. Celso Limongi, j. 01/03/2011, DJe 21/03/2011). Na mesma linha: STJ, 6ª Turma, AgRg no REsp 1.133.603/MG, Rel. Min. Celso Limongi, j. 17/02/2011, DJe 09/03/2011; STJ, 6ª Turma, HC 144.417/RJ, Rel. Min. Haroldo Rodrigues, j. 07/10/2010, DJe 16/11/2010. O Supremo tem precedentes no sentido de que a superveniência de sentença condenatória, que denota a viabilidade da ação penal, prejudica a preliminar de nulidade processual por falta de defesa preliminar. A propósito, confira-se: STF, 2ª Turma, HC 89.517/SP, Rel. Min. Cezar Peluso, j. 15/12/2009, DJe 27 11/02/2010. Na mesma esteira: STF, 1ª Turma, HC 94.011/SP, Rel. Min. Menezes Direito, j. 10/06/2008, DJe 172 11/09/2008; STF, 2ª Turma, HC 100.515/SP, Rel. Min. Luiz Fux, 16/08/2011. No sentido de que a ausência da notificação prévia de que trata o art. 514 do CPP constitui vício que gera nulidade relativa e que, por isso, deve ser arguida oportunamente, sob pena de preclusão: STF, 1ª Turma, HC 91.760/PI, Rel. Min. Cármen Lúcia, j. 30/10/2007, DJe 36 28/02/2008.

eventual prosseguimento do processo. É dizer, *pelo menos em regra*, não há lógica em se exigir a apresentação de duas defesas – defesa preliminar (CPP, art. 514) e resposta à acusação (CPP, art. 396-A) –, sob pena, inclusive, de se transformar tais procedimentos em ritos mais morosos e complexos que o próprio procedimento comum ordinário. Insistimos em dizer "em regra" porque se o procedimento especial referir-se expressamente à observância do procedimento comum após a citação do acusado, outra solução não há senão a obrigatoriedade de fazê-lo. E é exatamente isso o que ocorre com o procedimento especial dos crimes de responsabilidade dos funcionários públicos. De fato, consoante disposto no art. 518 do CPP, após a apresentação da defesa preliminar (CPP, art. 514), recebimento da peça acusatória e citação do acusado, deverá ser observado na instrução criminal e nos demais termos do processo o disposto nos Capítulos I ("Da instrução criminal – arts. 394 a 405") e III ("Do processo e do julgamento dos crimes da competência do juiz singular - arts. 498 a 502"), Título I ("Do processo comum"), do Livro II ("Dos processos em espécie"). Ora, referindo-se o procedimento especial em questão expressamente à aplicação do procedimento ordinário após a citação do acusado, não se pode negar que, nesse caso, ao acusado deve ser franqueada a apresentação da resposta à acusação imediatamente depois de ser citado, nos termos do art. 396 e seguintes do CPP;

f) (Im) possibilidade de acesso aos autos do processo pelo acusado (ou por seu defensor): a defesa preliminar prevista no art. 514 deve ser oferecida no prazo de 15 (quinze) dias por profissional da advocacia, jamais pelo próprio acusado, a não ser que seja ele advogado regularmente inscrito nos quadros da Ordem dos Advogados do Brasil. Para que o defensor possa se manifestar de maneira adequada, deve ter acesso aos respectivos autos. Por isso, a despeito do quanto disposto no art. 515 do CPP ("No caso previsto no artigo anterior, durante o prazo concedido para a resposta, *os autos permanecerão em cartório*, onde poderão ser examinados pelo acusado ou por seu defensor"), o ideal é concluir que o prazo para a apresentação da defesa preliminar não deve correr em cartório, leia-se, sem que o defensor possa ter acesso aos autos, sob pena de evidente violação à ampla defesa. Na hipótese de pluralidade de acusados com defensores distintos, deve o juiz regulamentar a saída dos autos de maneira equitativa, proporcionando a todos os defensores o pleno acesso aos autos;

g) recebimento da peça acusatória e (des) necessidade de fundamentação: prevalece o entendimento jurisprudencial no sentido de que, pelo menos em regra, o recebimento da peça acusatória não precisa ser fundamentado, até mesmo para se evitar que eventual excesso na fundamentação (eloquência acusatória) acarrete indevida antecipação da análise do mérito. No entanto, quando o procedimento legal contemplar a necessidade de apresentação da defesa preliminar, como ocorre em relação aos crimes de abuso de autoridade punidos com pena máxima superior a 2 (dois) anos, os próprios Tribunais impõem a necessidade de motivação do ato de recebimento da exordial acusatória;[253]

h) notificação pessoal do acusado para apresentação da defesa preliminar e ulterior decretação da revelia do acusado citado por edital: nos procedimentos especiais em que há previsão legal de contraditório prévio antes do juízo de admissibilidade da peça acusatória (v.g., art. 514 do CPP), como o acusado é notificado antes do recebimento da peça acusatória para fins de apresentação da defesa preliminar, discute-se acerca do procedimento a ser adotado – decretação da revelia (CPP, art. 367) ou suspensão do processo e da prescrição (CPP, art. 366) – quando o acusado é notificado pessoalmente, constitui defensor para a apresentação da referida peça, mas, depois, por ocasião da citação, não é encontrado para ser citado pessoalmente, sendo, por isso, citado por edital. A nosso ver, considerando que a citação por edital, com ulterior decretação de revelia, inviabiliza por completo o exercício da ampla defesa, na medida em que impossibilita que o acusado apresente ao juiz sua versão a respeito dos fatos (direito de audiência), cerceando, ademais, o direito de acompanhar, ao lado do defensor por ele constituído, os atos da instrução probatória (direito de presença), não temos dúvida em afirmar que, diante da ausência de qualquer ato de comunicação dando ciência pessoal ao acusado acerca da imputação contra ele formulada, a suspensão do processo e da prescrição prevista no art. 366 do CPP é medida de rigor, sob pena de se admitir que alguém seja condenado sem que jamais soubesse que um processo penal fora instaurado contra sua pessoa. No entanto,

---

253. No sentido de que, oferecida defesa preliminar, é nula a decisão que, ao receber a denúncia, desconsidera as alegações apresentadas: STF, 2ª Turma, HC 84.919/SP, Rel. Min. Cezar Peluso, j. 02/02/2010, DJe 55 25/03/2010). Na mesma linha: STJ, 6ª Turma, HC 76.319/SC, Rel. Min. Nilson Naves, j. 11/12/2008, DJe 23/03/2009.

se o acusado já fora notificado pessoalmente, tendo inclusive constituído defensor para apresentar a defesa preliminar, isso significa dizer que já tomara ciência da acusação. Logo, mesmo que não seja encontrado depois do recebimento da denúncia para fins de ser citado pessoalmente, e, por isso, seja citado por edital, parece-nos inviável a suspensão do processo e da prescrição, sobretudo se considerarmos que um dos requisitos para a aplicação do art. 366 do CPP é a não constituição de defensor. Destarte, se o acusado já havia constituído defensor por ocasião da notificação pessoal, caso seja citado por edital por não ter sido encontrado, uma vez ultrapassado o prazo de dilação, a solução é a decretação de sua revelia, com o regular prosseguimento do feito, com a ressalva de que, ao invés de nomear um defensor dativo para o exercício da defesa técnica, tal função deve ficar a cargo do defensor outrora constituído pelo acusado.

55. Aplicação da Lei dos Juizados Especiais Criminais ao processo e julgamento dos crimes de abuso de autoridade

Na vigência da revogada Lei n. 4.898/65, houve certa controvérsia acerca da (im) possibilidade de aplicação da Lei dos Juizados Especiais Criminais aos crimes de abuso de autoridade. De um lado, havia quem sustentasse que a Lei dos Juizados Especiais Criminais não seria aplicável a tais delitos, porquanto a revogada Lei n. 4.898/65 previa procedimento especial para o seu processo e julgamento. Sempre prevaleceu, todavia, o entendimento em sentido contrário. A uma porque a pena cominada aos referidos delitos era de detenção, por 10 (dez) dias a 6 (seis) meses (Art. 6º, § 3º, alínea "b", da revogada Lei n. 4.898/65). A duas porque, desde o advento da nova redação conferida ao art. 61 da Lei n. 9.099/95 pela Lei n. 11.313/06, não mais constava do conceito de infração de menor potencial ofensivo ali inserido qualquer ressalva quanto ao fato de o delito estar sujeito a procedimento especial. A propósito, confira-se: "(...) ABUSO DE AUTORIDADE. DELITO DE MENOR POTENCIAL OFENSIVO. LEI 11.313/06. COMPETÊNCIA. JUIZADO ESPECIAL CRIMINAL. ORDEM CONCEDIDA. 1. "Com o advento da Lei nº 11.313/2006, que modificou a redação do art. 61 da Lei nº 9.099/95 e consolidou entendimento já firmado nesta Corte, "consideram-se infrações penais de menor potencial ofensivo, para os efeitos desta Lei, as contravenções penais e os crimes a que a lei comine pena máxima não superior a 2 (dois) anos, cumulada ou não com multa', independentemente de a infração possuir rito especial" (HC 59.591/RN, Rel. Min. FELIX FISCHER, Quinta Turma, DJ de 4/9/06). 2. Ordem concedida para reconhecer a competência do 2º Juizado Especial Criminal da Comarca de Porto Velho/RO para o julgamento da ação penal referente ao delito de abuso de autoridade".[254]

Com a entrada em vigor da nova Lei n. 13.869/19, o tema não deve apresentar mais qualquer controvérsia. Isso porque seu art. 39 é expresso no sentido de aplicação da Lei n. 9.099/95 ao processo e julgamento dos crimes de abuso de autoridade, desde que, logicamente, se enquadrem no conceito de infração de menor potencial ofensivo (pena máxima não superior a dois anos, cumulada ou não com multa). É o que ocorre com os crimes previstos nos arts. 12, 16, 18, 20, 27, 29, 31, 32, 33, 37 e 38, todos da Lei n. 13.869/19.

CAPÍTULO VIII
DISPOSIÇÕES FINAIS

Art. 40. O art. 2º da Lei n. 7.960, de 21 de dezembro de 1989, passa a vigorar com a seguinte redação:

"Art.2º ....

§4º-A O mandado de prisão conterá necessariamente o período de duração da prisão temporária estabelecido no *caput* deste artigo, bem como o dia em que o preso deverá ser libertado.

..

§7º Decorrido o prazo contido no mandado de prisão, a autoridade responsável pela custódia deverá, independentemente de nova ordem da autoridade

254. STJ, 5ª Turma, HC 163.282/RO, Rel. Min. Arnaldo Esteves Lima, j. 18/05/2010, DJe 21/06/2010. Na mesma linha: STJ, 6ª Turma, HC 36.429/MG, Rel. Min. Hélio Quaglia Barbosa, j. 24/11/2004, DJ 17/12/2004. Em sentido contrário, entendendo que os crimes previstos na revogada Lei n. 4.898/65 não poderiam ser contemplados pela Lei dos Juizados, não por haver previsão de pena de multa, mas por haver previsão de pena específica, qual seja, a perda do cargo: NUCCI, Guilherme de Souza. *Leis penais e processuais penais comentadas*. Vol. 1. 6ª ed. São Paulo: RT, 2012, p. 59.

judicial, pôr imediatamente o preso em liberdade, salvo se já tiver sido comunicada da prorrogação da prisão temporária ou da decretação da prisão preventiva.

§8º Inclui-se o dia do cumprimento do mandado de prisão no cômputo do prazo de prisão temporária." (NR)

56. Nova redação do art. 2º da Lei da Prisão Temporária

A prisão temporária pode ser conceituada como uma espécie de prisão cautelar decretada pela autoridade judiciária competente, com prazo preestabelecido de duração, cabível exclusivamente durante a fase preliminar de investigações quando a privação da liberdade de locomoção do indivíduo for indispensável para a identificação de fontes de prova e obtenção de elementos de informação quanto à autoria e materialidade das infrações penais mencionadas no art. 1º, inciso III, da Lei nº 7.960/89, assim como em relação aos crimes hediondos e equiparados (Lei nº 8.072/90, art. 2º, § 4º), viabilizando a instauração da *persecutio criminis in judicio.*

Diversamente da prisão preventiva, que, pelo menos em regra, não possui prazo predefinido – a exceção fica por conta do art. 22, parágrafo único, da Lei n. 12.850/13 –, o prazo de duração da prisão temporária é de, no máximo, 5 (cinco) dias, prorrogável uma única vez por igual período, em caso de extrema e comprovada necessidade. Em se tratando de crimes hediondos e equiparados, esse prazo é de, no máximo, 30 dias, prorrogável por igual período em caso de extrema e comprovada necessidade (Lei n. 8.072/90, art. 2º, § 4º).

O prazo da custódia temporária só começa a fluir a partir da efetiva prisão do acusado. Ademais, sua contagem deve ser feita à luz do art. 10 do Código Penal, incluindo-se no cômputo do prazo o dia do começo, independentemente do horário em que a ordem de prisão for executada. É nesse sentido, aliás, o art. 2º, § 8º, da Lei n. 7.960/89, incluído pelo art. 40 da Lei n. 13.869/19. Assim, se o agente for preso no dia 05 de outubro às 23h e 59min, deverá ser colocado em liberdade à 00h00min hora do dia 10 de outubro. Esse prazo de duração da prisão temporária não começa a fluir a partir do instante em que o juiz a decreta, mas apenas após a captura da pessoa contra quem foi emitida a ordem.

Trata-se de prazo limite, ou seja, nada impede que o juiz decrete a prisão temporária por um período menor que o previsto em lei. Ora, quem pode o mais pode o menos. Se o juiz entende que 15 (quinze) dias de prisão temporária são suficientes para auxiliar nas investigações de um crime hediondo, por que seria obrigado a manter o réu preso por mais tempo? Pode-se decretar a temporária por 10 (dez) dias e prorrogá-la por mais 5 (cinco), assim como se afigura viável decretá-la por 5 (cinco) dias, prorrogando-a por mais 15 (quinze), em caso de extrema e comprovada necessidade.

Se a prisão temporária tiver sido decretada pelo prazo de 30 (trinta) dias, concluindo a autoridade policial, posteriormente, que não há mais necessidade de se manter o indivíduo preso, deve representar à autoridade judiciária competente solicitando a revogação da prisão temporária. Somente o juiz poderá revogar a prisão temporária, jamais a própria autoridade policial.[255]

Consoante disposto no art. 2º, *caput*, da Lei n. 7.960/89, a prisão temporária será decretada pelo juiz, em face da representação da autoridade policial ou de requerimento do Ministério Público. Depreende-se que esta espécie de prisão cautelar não pode ser decretada de ofício pelo juiz. Preserva-se, assim, o sistema acusatório e o princípio da imparcialidade do juiz.

Ao decretá-la, deve o juiz ter a cautela de fazer constar do respectivo mandado o período de duração da prisão temporária, bem como o dia em que o preso deverá ser libertado (Lei n. 7.960/89, art. 2º, § 4º-A, incluído pelo art. 40 da Lei n. 13.869/19). A medida visa dar ciência inequívoca ao preso e à autoridade executora do mandado a data exata em que o indivíduo deve ser colocado em liberdade, evitando-se, assim, a possível tipificação do delito previsto no art. 12, parágrafo único, inciso IV, da nova Lei de Abuso de Autoridade.

---

255. Em sentido contrário, Carlos Kauffmann entende que a autoridade policial e o Ministério Público também podem determinar a libertação do investigado, caso entendam que não subsiste a necessidade de segregação da liberdade. (Prisão temporária. São Paulo: Quartier Latin, 2006. p. 113/114). Comunga do mesmo entendimento Aury Lopes Jr. (op. cit. p. 123). No Estado de São Paulo, a Corregedoria Geral da Justiça, em parecer normativo, entende ser mais célere que a própria autoridade policial, mesmo sem o vencimento do prazo da temporária, coloque o preso em liberdade assim que constatar a desnecessidade da continuação da prisão do suspeito.

Decorrido o prazo da prisão temporária, o preso deverá ser colocado imediatamente em liberdade, sem necessidade de expedição de alvará de soltura, salvo se houver prorrogação da temporária ou se tiver havido a conversão daquela em prisão preventiva. É nesse sentido, aliás, o teor do § 7º do art. 2º da Lei n. 7.960/89, incluído pelo art. 40 da Lei n. 13.869/19. Relembre-se que a prisão temporária não pode ser decretada ou mantida após o recebimento da peça acusatória. Portanto, após o decurso do prazo da temporária, deve o inquérito ser remetido à Justiça, oferecendo o Ministério Público a denúncia, ao mesmo tempo em que requer a decretação da prisão preventiva, se acaso necessária.[256]

Art. 41. O art. 10 da Lei n. 9.296, de 24 de julho de 1996, passa a vigorar com a seguinte redação:

"Art. 10. Constitui crime realizar interceptação de comunicações telefônicas, de informática ou telemática, promover escuta ambiental ou quebrar segredo da Justiça, sem autorização judicial ou com objetivos não autorizados em lei:

Pena – reclusão, de 2 (dois) a 4 (quatro) anos, e multa.

Parágrafo único. Incorre na mesma pena a autoridade judicial que determina a execução de conduta prevista no *caput* deste artigo com objetivo não autorizado em lei." (NR)

57. Nova redação do art. 10 da Lei n. 9.296/96

Em sua redação original, o art. 10 da Lei n. 9.296/96 incriminava a seguinte conduta delituosa: "Art. 10. Constitui crime realizar interceptação de comunicações telefônicas, de informática ou telemática, ou quebrar segredo da Justiça, sem autorização judicial ou com objetivos não autorizados em lei".

256. No sentido de que, uma vez recebida a denúncia, não mais subsiste o decreto de prisão temporária, que visa resguardar, tão somente, a integridade das investigações: STJ, 5ª Turma, HC 44.987/BA, Rel. Min. Felix Fischer, j. 02/02/2006, DJ 13/03/2006 p. 341. Em caso concreto apreciado pelo STJ, como o paciente estava preso há mais de seis meses, em razão de prisão temporária, sem a convolação em preventiva ou o oferecimento da denúncia, concluiu-se pela ilegalidade do excesso de prazo: STJ, 5ª Turma, HC 78.376/SC, Rel. Min. Napoleão Nunes Maia Filho, DJ 08/10/2007 p. 335.

Com a entrada em vigor da Lei n. 13.869/19 no dia 3 de janeiro de 2020, ao referido tipo penal foram acrescentadas mais duas condutas delituosas, quais sejam, *promover escuta ambiental* sem autorização judicial ou com objetivos não autorizados em lei (*caput*), e *determinar, a autoridade judicial, a execução de quaisquer condutas previstas no caput do art. 10 da Lei n. 9.296/96 com objetivo não autorizado em lei* (parágrafo único).

Ocorre que, mais recentemente ainda, surge o Pacote Anticrime (Lei n. 13.964/19), com vigência a partir do dia 23 de janeiro de 2020, produzindo, especificamente quanto ao tema ora trabalhado, mais uma controvérsia, qual seja, a introdução da novel figura delituosa do art. 10-A da Lei n. 9.296/96: "Realizar captação ambiental de sinais eletromagnéticos, ópticos ou acústicos para investigação ou instrução criminal sem autorização judicial, quando esta for exigida: Pena – reclusão, de 2 a 4 anos, e multa".

Impõe-se, portanto, a análise dos tipos penais dos arts. 10 e 10-A da Lei n. 9.296/96, separadamente. Antes, porém, são válidas algumas observações quanto a ambos os delitos:

a) todas as condutas delituosas dos arts. 10 e 10-A da Lei n. 9.296/96 são punidas exclusivamente a título doloso (direto ou eventual), cujo juízo de tipicidade independe da comprovação do especial fim de agir previsto no art. 1º, § 1º, da Lei n. 13.869/19, já que tais infrações penais não podem ser rotuladas como crimes de "abuso de autoridade";

b) como os arts. 10 e 10-A da Lei nº 9.296/96 não fazem qualquer ressalva, o ideal é concluir que estamos diante de crimes de ação penal pública incondicionada;

c) pelo menos em regra, compete à Justiça Estadual Comum processar e julgar ambos os delitos, pois não se evidencia, à primeira vista, ofensa a bens, serviços ou interesses da União, suas autarquias, ou empresas públicas.[257] Evidentemente, se o crime for perpetrado por funcionários públicos federais no exercício da função, o processo e julgamento do feito deve ficar a cargo da Justiça Federal, tal qual disposto na

257. Nesse sentido, referindo-se ao crime do art. 10, caput, da Lei n. 9.296/96, em sua redação original: STJ, 3ª Seção, CC 98.890/SP, Rel. Ministra Maria Thereza de Assis Moura, DJe 20/02/2009.

súmula nº 254 do extinto Tribunal Federal de Recursos ("Compete à Justiça Federal processar e julgar os delitos praticados por funcionário público federal, no exercício de suas funções e com estas relacionadas").

57.1. Realização de interceptação de comunicações telefônicas, de informática ou telemática, sem autorização judicial

Para a caracterização desse delito, previsto no art. 10, *caput*, da Lei n. 9.296/96, basta a captação ilegal da comunicação telefônica (de informática ou telemática) alheia sem o conhecimento dos comunicadores, sendo desnecessário que as informações sejam divulgadas.

Não haverá crime se a gravação telefônica for feita por um dos comunicadores, sem o conhecimento do outro interlocutor, já que o tipo penal faz referência expressa apenas à interceptação. No entanto, apesar de a gravação clandestina não caracterizar o crime do art. 10 da Lei nº 9.296/96, a posterior revelação do conteúdo da comunicação pode configurar o crime do art. 153 do Código Penal.

Na hipótese de uma mesma pessoa realizar a interceptação telefônica ilegal e, na sequência, divulgar seu conteúdo, haverá crime único do art. 10, já que, por força do princípio da consunção, o crime do art. 151, § 1º, II, do CP, deve ser tratado como mero exaurimento da conduta antecedente, já que não implica nova lesão ao bem jurídico tutelado, mas sim mero incremento da lesão já sofrida.

Trata-se de crime comum, já que qualquer pessoa pode realizar interceptação de comunicações telefônicas sem autorização judicial. Para a tipificação do delito, a interceptação telefônica deve ser feita sem autorização judicial. O crime consuma-se no exato momento em que o agente toma conhecimento da comunicação alheia, pouco importando o conteúdo das conversas e o fato de ter havido (ou não) a gravação das comunicações interceptadas.

57.2. Realização de interceptação de comunicações telefônicas, de informática ou telemática, com objetivos não autorizados em lei

Ao contrário da hipótese anterior, a interceptação neste caso é realizada com prévia autorização judicial, porém com a finalidade de atingir objetivos não autorizados em lei, ou seja, a medida é levada a efeito com patente desvio de finalidade (v.g., infidelidade matrimonial, fins político-partidários).

Logo, se houver autorização judicial para uma interceptação das comunicações telefônicas (de informática ou telemática) com objetivos diversos daqueles estabelecidos na Constituição Federal e na Lei nº 9.296/96 – para fins de investigação criminal ou instrução processual penal –, este desvio de finalidade será punido com as sanções previstas no art. 10, *caput,* da Lei n. 9.296/96, quais sejam, reclusão, de 2 (dois) a 4 (quatro) anos, e multa.

Nos mesmos moldes que a figura anterior, também se trata de crime comum, já que pode ser praticado por qualquer pessoa (v.g., autoridade policial, Promotor de Justiça, e até mesmo o próprio juiz).

57.3. Promoção de escuta ambiental sem autorização judicial

Como exposto anteriormente, em sua redação original, o art. 10, *caput,* da Lei n. 9.296/96 criminalizava tão somente a realização de interceptação de comunicações telefônicas, de informática ou telemática, sem autorização judicial ou com objetivos não autorizados em lei. Eis que surge, então, o art. 41 da nova Lei de Abuso de Autoridade para acrescentar ao referido tipo penal duas novas figuras delituosas: *a promoção de escuta ambiental sem autorização judicial* ou com objetivos não autorizados em lei. Enquanto as duas figuras anteriores versam exclusivamente sobre a interceptação de comunicações telefônicas, de informática ou telemática, estas duas últimas cuidam da *escuta ambiental.* Diferenciam-se, portanto, quanto à espécie de comunicação.[258]

Ocorre que, mais recentemente ainda, o recém aprovado "Pacote Anticrime" (Lei n. 13.964/19) acrescentou à Lei n. 9.296/96 um novo crime: "Art. 10-A. Realizar captação ambiental de sinais eletromagnéticos, ópticos ou acústicos para investigação ou instrução criminal sem autorização judicial, quando esta for exigida: Pena – reclusão, de 2 (dois) a 4 (quatro) anos, e multa. § 1º Não há crime se a captação é realizada por um dos interlocutores. § 2º

258. Os conceitos de comunicação telefônica e ambiental já foram objeto de análise nos comentários ao art. 28, para onde remetemos o leitor.

A pena será aplicada em dobro ao funcionário público que descumprir determinação de sigilo das investigações que envolvam a captação ambiental ou revelar o conteúdo das gravações enquanto mantido o sigilo judicial".

Como, então, conciliar a novel figura delituosa da Lei n. 9.296/96 - art. 10-A - com a mudança introduzida no art. 10, *caput,* da Lei n. 9.296/96 pela Lei n. 13.869/19?

A nosso juízo, pelo menos em relação à *captação ambiental sem autorização judicial,* o art. 10-A da Lei n. 9.296/96 passa a funcionar como norma especial em relação ao art. 10, *caput,* da Lei n. 9.296/96, produzindo, neste ponto, sua revogação tácita, nos exatos termos do art. 2º, § 1º, da Lei de Introdução às normas do Direito Brasileiro ("A lei posterior revoga a anterior quando expressamente o declare, quando seja com ela incompatível *ou quando regule inteiramente a matéria de que tratava a lei anterior*"). Ou seja, especificamente quanto à matéria ora tratada, o art. 10, *caput,* da Lei n. 9.296/96, com redação alterada pela nova Lei de Abuso de Autoridade, vigorou apenas entre a data da vigência da Lei n. 13.869/19, *in casu,* no dia 3 de janeiro de 2020, e a data da entrada em vigor da Lei n. 13.964/19, qual seja, 23 de janeiro de 2020. Por outro lado, como o novel crime do art. 10-A da Lei n. 9.296/96 versa apenas sobre a realização de captação ambiental sem autorização judicial, silenciando, porém, quanto à determinação da medida *com objetivos não autorizados em lei,* parece-nos que, neste ponto, subsiste vigente e válido o art. 10, *caput,* da Lei n. 9.296/96, com redação dada pela Lei n. 13.869/19. Enfim, realizada captação ambiental sem autorização judicial, o agente deverá responder pelo crime do art. 10-A da Lei n. 9.296/96, incluído pela Lei n. 13.964/19. Se, todavia, esta mesma captação ambiental for realizada com autorização judicial, porém com objetivos não autorizados em lei, o correto enquadramento típico deverá ser feito à luz do art. 10, *caput,* da Lei n. 9.296/96, com redação dada pela Lei n. 13.869/19.

Superada a controvérsia em questão, impõe-se a análise de alguns conceitos atinentes à captação ambiental. A expressão *escuta ambiental,*[259] doravante constante do art. 10, *caput,* da Lei n.

259. Para Eduardo Araújo da Silva (*Organizações criminosas: aspectos penais e processuais da Lei n. 12.850/13.* São Paulo: Atlas, 2014, p. 109), a captação ambiental, também chamada de **vigilância eletrônica**, permite que "os agentes de polícia ou eventualmente

9.296/96, bem como o termo *captação ambiental* previsto no art. 10-A, *caput*, da Lei n. 9.296/96, abrangem tanto a *escuta* propriamente dita, que ocorre quando um dos interlocutores tem conhecimento da ingerência de um terceiro na comunicação ambiental, quanto a *interceptação ambiental em sentido estrito*, feita por um terceiro, porém sem o conhecimento de nenhum dos comunicadores. Não está inserida, nesse conceito, a *gravação ambiental*, espécie de captação feita diretamente por um dos comunicadores, sem a interveniência de um terceiro, cuja licitude deve ser analisada casuisticamente.[260] Prova disso, aliás, é o teor do art. 10-A, § 1º, da Lei n. 9.296/96, incluído pela Lei n. 13.964/19, segundo o qual não há crime se a captação é realizada por um dos interlocutores.

Consoante disposto no art. 8º-A da Lei n. 9.296/96, incluído pela Lei n. 13.964/19, para investigação ou instrução criminal, poderá ser autorizada pelo juiz, a requerimento da autoridade policial ou do Ministério Público, a captação ambiental de sinais eletromagnéticos, ópticos ou acústicos, quando: I – a prova não puder ser feita por outros meios disponíveis e igualmente eficazes; e II – houver elementos probatórios razoáveis de autoria e participação em infrações criminais cujas penas máximas sejam superiores a 4 (quatro) anos ou em infrações penais conexas.[261] O requerimento deverá descrever circunstanciadamente o local e

---

do Ministério Público (...) instalem aparelhos de gravação de som e de imagem em ambientes fechados (residências, locais de trabalho, estabelecimentos prisionais, etc.), com a finalidade de não apenas gravar os diálogos travados entre os investigados (sinais acústicos), mas também de filmar as condutas por eles desenvolvidas (sinais óticos). Ainda poderão os policiais registrar sinais emitidos através de aparelhos de comunicação, como rádios transmissores (sinais eletromagnéticos), que tecnicamente não se enquadram no conceito de comunicação telefônica, informática ou telemática".

260. Segundo Vinícius Marçal e Cleber Masson (*Crime organizado*. 2ª ed. São Paulo: MÉTODO, 2016. p. 211-212), a gravação clandestina (ambiental ou telefônica), feita sem a ciência do outro interlocutor, é lícita, pelo menos em regra, "ainda que despida de autorização judicial, se realizada como (a) meio de defesa; (b) em razão de investida criminosa; (c) se não há reserva da conversação (obrigação de guardar segredo); ou, ainda, (d) quando não restar caracterizado violação de sigilo, não havendo de se cogitar uma suposta (e inexistente) violação do direito à privacidade nesses casos".

261. De se notar que, diversamente do que ocorre em relação à interceptação das comunicações telefônicas, cuja decretação está condicionada, dentre outros requisitos, ao fato de a infração penal ser punida com pena de reclusão (Lei n. 9.296/96, art. 2º, III), ao tratar dos requisitos para a captação ambiental, o art. 8º-A da Lei n. 9.296/96, incluído pela Lei n. 13.964/19, não faz qualquer ressalva quanto à espécie de pena cominada ao delito, referindo-se apenas ao *quantum*, que, *in casu*, deve ser superior a 4 anos.

a forma de instalação do dispositivo de captação ambiental.[262] A captação ambiental não poderá exceder o prazo de 15 (quinze) dias, renovável por decisão judicial por iguais períodos, se comprovada a indispensabilidade do meio de prova e quando presente atividade criminal permanente, habitual ou continuada. Por fim, aplicam-se subsidiariamente à captação ambiental as regras previstas na legislação específica para a interceptação telefônica e telemática.

Como o art. 8º-A, *caput*, da Lei n. 9.296/96, incluído pela Lei n. 13.964/19, faz referência à *captação ambiental de sinais eletromagnéticos, ópticos ou acústicos*, à primeira vista, fica a impressão de que, doravante, toda e qualquer escuta ambiental realizada sem autorização judicial prévia seria considerada prova ilícita. Só que este raciocínio se revela equivocado, porquanto, diversamente de uma interceptação (ou escuta) telefônica, que sempre pressupõe autorização judicial (CF, art. 5º, XII), não é toda interceptação (ou escuta) ambiental que se sujeita à cláusula de reserva de jurisdição, eis que, nesse caso, o que está em jogo é o direito à intimidade (CF, art. 5º, X). Logo, ao contrário do que ocorre no inciso XII do art. 5º da Constituição Federal, o inciso X não reclama necessariamente a expedição de ordem judicial como forma de viabilizar a devassa da privacidade por meio da captação ambiental.

De fato, é firme a jurisprudência no sentido de que, pelo menos em regra,[263] não há necessidade de autorização judicial prévia

262. Quando aprovado pelo Congresso Nacional, o Projeto (Projeto de Lei n. 6.341, de 2019 – n. 10.372/18 na Câmara dos Deputados) que deu origem à Lei n. 13.964/19, no § 2º do art. 8º-A da Lei n. 9.296/96, que a instalação do dispositivo de captação ambiental poderia ser realizada, quando necessária, por meio de operação policial disfarçada ou no período noturno, exceto na casa, nos termos do inciso XI do *caput* do art. 5º da Constituição Federal. Ocorre que o dispositivo acabou sendo vetado pelo Presidente da República, nos seguintes termos: "A propositura legislativa gera insegurança jurídica, haja vista que, ao mesmo tempo em que admite a instalação de dispositivo de captação ambiental, esvazia o dispositivo ao retirar do seu alcance a 'casa', nos termos do inciso XI do art. 5º da Lei Maior. Segundo a doutrina e a jurisprudência do Supremo Tribunal Federal, o conceito de 'casa' deve ser entendido como qualquer compartimento habitado, até mesmo um aposento que não seja aberto ao público, utilizado para moradia, profissão ou atividades, nos termos do art. 150, § 4º, do Código Penal (v.g. HC 82.788, Relator Min. Celso de Mello, 2ª Turma, j. 12/04/2005)".

263. Ainda que realizada em local público, revela-se ilícita a interceptação (ou escuta) ambiental quando houver expectativa de privacidade, ou quando praticada com violação de confiança decorrente de relações interpessoais ou profissionais. A título de exemplo, basta lembrar da gravação feita pelo programa "Fantástico" de conversa entabulada entre a investigada S.L.V.R e seu advogado. Apesar de a acusada ter concordado em

para a interceptação ambiental realizada em *local público ou aberto ao público* (v.g, restaurante, praça, etc.), pois, se os interlocutores desejassem privacidade e certeza que não seriam importunados ou ouvidos, deveriam ter se recolhido a um lugar privado.

Basta pensar, a título de exemplo, nas diversas câmeras de vigilância espalhadas Brasil afora sem prévia autorização judicial (v.g., filmagem amadora que flagra a prática de crime em uma praça, câmera que filma um furto no interior de um supermercado ou aquela que capta as imagens de um roubo numa agência bancária): as imagens por elas captadas são constantemente usadas em investigações e processos criminais, sem que se possa objetar que se trata de prova ilícita, eis que aquele que comete um crime em via pública não tem qualquer expectativa de proteção à intimidade.

Agora, se a interceptação (ou escuta) ambiental disser respeito à conversa mantida em local privado, revela-se indispensável prévia autorização judicial, nos exatos termos do art. 8º-A da Lei n. 9.296/96, pois, nesse caso, haverá necessidade do ingresso em casa alheia, cuja inviolabilidade é constitucionalmente assegurada (CF, art. 5º, XI), para fins de instalação dos equipamentos destinados à captação de sinais eletromagnéticos, ópticos ou acústicos (Lei n. 9.296/6, art. 8º-A, § 1º, incluído pela Lei n. 13.964/19).

Idêntico raciocínio é válido quando uma das partes pedir sigilo à outra durante conversa realizada em local público: nesse caso, ante a possibilidade de violação ao direito à intimidade, também se faz necessária autorização judicial.

Portanto, sem embargo da redação conferida ao art. 8º-A da Lei n. 9.296/96 pela Lei n. 13.964/19, o tipo penal do art. 10-A da Lei n. 9.296/96 deve ser interpretado restritivamente para fins de se concluir que tal delito restará tipificado tão somente quando se tratar de interceptação (ou escuta) ambiental sem prévia autorização judicial realizada *em lugar privado ou em local público, mas, neste caso, tão somente quando houver expectativa de privacidade.*

Do contrário, ou seja, se se concluir que toda e qualquer interceptação (ou escuta) ambiental sem autorização judicial prévia

conceder a entrevista ao programa semanal em lugar aberto ao público, a conversa que haveria de ser reservada entre ela e seu advogado foi captada clandestinamente pela Rede Globo, daí por que o STJ (6ª Turma, HC 59.967/SP, Rel. Min. Nilson Naves, j. 29/06/2006, DJ 25/09/2006 p. 316) considerou tratar-se de prova obtida por meios ilícitos.

teria o condão de subsumir à novel figura delituosa, ainda que realizada em local público, chegaríamos à conclusão absurda[264] de que, doravante, condutas absolutamente insignificantes e irrelevantes, como, por exemplo, a colocação de uma câmera de vigilância na portaria de entrada de um prédio residencial, subsumir-se-iam ao tipo penal do art. 10-A da Lei n. 9.296/96, o que, à evidência, não parece ter sido o objetivo do legislador responsável pela elaboração do Projeto Anticrime.[265]

57.4. Promoção de escuta ambiental com objetivos não autorizados em lei

Como exposto no tópico anterior, esta conduta delituosa continua prevista no art. 10, caput, da Lei n. 9.296/96, com redação dada pela Lei n. 13.869/19, não tendo sido revogada em virtude da entrada em vigor da novel figura delituosa do art. 10-A da Lei n. 9.296/96, vez que esta versa apenas sobre a captação ambiental sem autorização judicial, silenciando quanto àquela levada a efeito com objetivos não autorizados em lei. À semelhança da interceptação telefônica realizada com objetivos não autorizados em lei (item 57.2), esta figura delituosa restará caracterizada quando a captação ambiental for levada a efeito com patente desvio de finalidade.

57.5. Quebra de segredo de justiça

Por força do art. 8º da Lei nº 9.296/96, deve ser preservado o sigilo das diligências, gravações e transcrições referentes às interceptações telefônicas. Logo, se alguém infringir, violar ou transgredir

---

264. O Direito deve ser interpretado de maneira inteligente, não de modo que a ordem legal envolva um absurdo, conclusões inconsistentes ou impossíveis. Como nos lembra Carlos Maximiliano (*Hermenêutica e aplicação do Direito.* 20ª ed. Rio de Janeiro: Forense, 2011, p. 203), "prefira-se a inteligência dos textos que torne viável o seu objetivo, ao invés da que os reduza à inutilidade".

265. Em sentido semelhante, Rodrigo Felberg (op. cit. p. 128) assevera que "tanto a interceptação quanto a escuta ambiental realizada sem os requisitos legais somente poderão ser consideradas condutas infracionais quando transgredirem frontalmente o direito à intimidade dos comunicadores, o caráter reservado da comunicação. Será preciso avaliar, portanto, as circunstâncias e conteúdo da conversa entre os interlocutores e eventual afetação à vida privada dos mesmos, sob pena de criminalização extensiva de condutas possivelmente inofensivas, como o registro audiovisual de um cidadão em via pública. Diferentemente da captação ambiental de uma conversa dentro de uma residência, por exemplo, em que o caráter privado é inerente, de modo que se realizada sem as formalidades legais configurará a conduta criminosa".

este segredo de justiça imposto por lei, deverá responder pelo crime do art. 10, *caput,* da Lei n. 9.296/96, quando se tratar de comunicação telefônica. Quando se tratar de comunicação ambiental, esta quebra do segredo de justiça tipificará o crime do art. 10-A, § 2º, da Lei n. 9.296/96 ("A pena será aplicada em dobro ao funcionário público que descumprir determinação de sigilo das investigações que envolvam a captação ambiental ou revelar o conteúdo das gravações enquanto mantido o sigilo judicial").

Ao contrário das hipóteses anteriores, cuida-se de crime próprio, vez que o sujeito ativo do delito só pode ser aquele que, legitimamente, tomou conhecimento de uma interceptação telefônica ou ambiental (ou de seu resultado) em virtude do exercício de cargo (v.g., autoridade policial, Promotor de Justiça e Juiz), função (v.g., perito) ou profissão (v.g., empregado das concessionárias de telefonia requisitado para a execução da interceptação telefônica). Não se trata de crime funcional, porquanto o sujeito ativo não precisa ser necessariamente funcionário público. Com efeito, o próprio advogado do acusado pode responder pelo crime sob comento, desde que seja responsável pela divulgação indevida das comunicações interceptadas. Trata-se, pois, de norma especial em relação aos arts. 154 e 325 do Código Penal. Consuma-se o crime no momento exato em que o agente revela a terceiros a existência de uma interceptação telefônica (ou ambiental), violando o segredo externo e a publicidade restrita a que se refere o art. 8º da Lei nº 9.296/96, ou quando revela o conteúdo das gravações e transcrições realizadas.

57.6. Determinação das condutas previstas no art. 10, caput, da Lei n. 9.296/96 pela autoridade judiciária com objetivo não autorizado em lei

O art. 41 da Lei n. 13.869/19 acrescentou um parágrafo único ao art. 10 da Lei n. 9.296/96, segundo o qual "incorre na mesma pena a *autoridade judicial* que determina a execução de conduta prevista no *caput* deste artigo com objetivo não autorizado em lei". De maneira idêntica ao crime anterior ("Item 57.5"), também estamos diante de um crime próprio, porém cujo sujeito ativo deverá ser exclusivamente a autoridade judiciária. Nesse caso, a ordem judicial responsável pela execução de uma das condutas previstas no *caput* do art. 10 é proferida com a finalidade de atingir objetivos não autorizados em lei, ou seja, a medida é levada a efeito com patente desvio de finalidade. Partindo da premissa de que a Constituição Federal (art. 5º, XII) e a Lei n. 9.296/96 (art. 1º) autorizam a interceptação telefônica exclusivamente para fins de investigação ou instrução processual penal, e que o art. 8º-A, *caput,* da Lei n. 9.296/96 autoriza a captação ambiental de sinais eletromagnéticos, ópticos ou acústicos para investigação ou instrução criminal, o ideal é concluir, então, que o crime restará caracterizado quando a ordem judicial em questão for proferida para a consecução de finalidade diversa (v.g., infidelidade matrimonial, fins político-partidários).

Art. 42. A Lei n. 8.069, de 13 de julho de 1990 (Estatuto da Criança e do Adolescente), passa a vigorar acrescida do seguinte art. 227-A:

"Art. 227-A. Os efeitos da condenação prevista no inciso I do caput do art. 92 do Decreto-Lei nº 2.848, de 7 de dezembro de 1940 (Código Penal), para os crimes previstos nesta Lei, praticados por servidores públicos com abuso de autoridade, são condicionados à ocorrência de reincidência.

Parágrafo único. A perda do cargo, do mandato ou da função, nesse caso, independerá da pena aplicada na reincidência."

58. Efeito extrapenal específico de perda do cargo, função ou mandato eletivo para os crimes previstos no Estatuto da Criança e do Adolescente praticados por servidores públicos com abuso de autoridade

O Estatuto da Criança e do Adolescente prevê pelo menos 4 (quatro) tipos penais que obrigatoriamente devem ser praticados por servidores públicos com abuso de autoridade: a) "**Art. 231.** Deixar a autoridade policial responsável pela apreensão de criança ou adolescente de fazer imediata comunicação à autoridade judiciária competente e à família do apreendido ou à pessoa por ele indicada: Pena – detenção de seis meses a dois anos"; b) "**Art. 232.** Submeter criança ou adolescente sob sua autoridade, guarda ou vigilância a vexame ou a constrangimento: Pena – detenção de seis meses a dois anos"; c) **Art. 234**. Deixar a autoridade competente, sem justa causa, de ordenar a imediata liberação de criança ou adolescente, tão logo tenha conhecimento da ilegalidade da apreensão: Pena – detenção de seis meses a dois anos"; d) **Art. 235**. Descumprir, injustificadamente, prazo fixado nesta Lei em benefício do adolescente privado de liberdade: Pena – detenção de seis meses a dois anos".

Pelo menos até o advento da nova Lei de Abuso de Autoridade, na eventualidade de condenação pela prática desses delitos, a aplicação do efeito extrapenal específico da perda do cargo, função pública ou mandato eletivo previsto no art. 92, inciso I, do Código Penal, estava condicionada à aplicação de uma pena privativa de liberdade por tempo igual ou superior a um ano, porquanto se tratava de crime praticado com abuso de poder ou violação de dever para com a Administração Pública (CP, art. 92, I, alínea "a"), pouco importando se o sentenciado era primário ou reincidente.

Com a introdução do art. 227-A ao Estatuto da Criança e do Adolescente pela Lei n. 13.869/19, denota-se que, doravante, a aplicação do referido efeito extrapenal ficará condicionada exclusivamente à reincidência e ao trânsito em julgado da respectiva sentença condenatória, independentemente do tipo de pena ou *quantum* de pena aplicada. Destarte, se o agente público for reincidente, pouco importa se condenado à pena restritiva de direitos, ou que a pena privativa de liberdade aplicada seja inferior a um ano. Em ambas as hipóteses, será de rigor a perda do cargo, função pública ou mandato eletivo, cuja aplicação deve ser motivadamente declarada na sentença, nos termos do art. 92, parágrafo único, do CP.

À primeira vista, o art. 227-A do ECA vem ao encontro do 4º, inciso III, e parágrafo único, da Lei n. 13.869/19, que também passou a dispor acerca da perda do cargo, do mandato ou da função independentemente do tipo de pena ou *quantum* de pena aplicado. Há, todavia, uma importante diferença: enquanto o art. 227-A faz menção à "*reincidência*" em sentido genérico, sem especificar se ambos os delitos estariam relacionados a crimes de abuso de autoridade, o parágrafo único do art. 4º da Lei n. 13.869/19 refere-se textualmente à "*reincidência em crime de abuso de autoridade*".[266]

266. Na mesma linha: FELBERG. Op. cit. p. 135. Em sentido diverso, Pinheiro, Cavalcante e Branco (op. cit. p. 167) sustentam que o "art. 227-A do ECA trata das hipóteses de

Sem embargo de o art. 227-A da Lei n. 8.069/90 fazer menção, de maneira genérica, aos "efeitos da condenação prevista no inciso I do *caput* do art. 92 do Código Penal", sem destacar se a referência em questão abrangeria apenas a alínea "a", ou ambas (alíneas 'a' e 'b'), queremos crer que tal dispositivo funciona como regra especial exclusivamente em relação à alínea "a" do inciso I do art. 92 do Código Penal. Explica-se: o art. 227-A do ECA dispõe expressamente que tal efeito será aplicável para os *crimes praticados por servidores públicos com abuso de autoridade.* Este pressuposto, leia-se, crime praticado com abuso de poder ou violação de dever para com a administração pública, funciona como *conditio sine qua non* no caso do art. 92, I, alínea "a", ou seja, quando aplicada pena privativa de liberdade por tempo igual ou superior a um ano, mas não se faz necessário quando for aplicada pena privativa de liberdade por tempo superior a 4 (quatro) anos (CP, art. 92, I, alínea "b"). Portanto, na eventualidade de um servidor público ser condenado pela prática de crimes previstos no Estatuto da Criança e do Adolescente fora do contexto do abuso de autoridade à pena privativa de liberdade por tempo superior a 4 (quatro) anos, impõe-se a perda motivada do cargo, *ex vi* do art. 92, I, alínea "b", do Código Penal, pouco importando se primário ou reincidente.

Art. 43. A Lei n. 8.906, de 4 de julho de 1994, passa a vigorar acrescida do seguinte art. 7º-B:

"Art. 7º-B. Constitui crime violar direito ou prerrogativa de advogado previstos nos incisos II, III, IV e V do caput do art. 7º desta Lei:

Pena – detenção, de 3 (três) meses a 1 (um) ano, e multa."

59. Violação de direitos e prerrogativas do advogado

Por ocasião da tramitação do Projeto que deu origem à nova Lei de Abuso de Autoridade, o Presidente da República deliberou por vetar seu art. 43, apresentando os seguintes argumentos:

---

reincidência específica de um agente público em crimes previstos no ECA, em concurso com crimes previstos na lei de abuso de autoridade. A norma exige que haja concurso dos dois tipos de crimes nas duas condenações".

"A propositura legislativa gera insegurança jurídica, pois criminaliza condutas reputadas legítimas pelo ordenamento jurídico. Ressalta-se que as prerrogativas de advogados não geram imunidade absoluta, a exemplo do direito à inviolabilidade do escritório de advocacia e a própria Lei nº 8.906, de 1996, com redação dada pela Lei nº 11.767, de 2008, que permite a limitação desse direito quando o próprio advogado seja suspeito da prática de crime, notadamente concebido e consumado no âmbito desse local de trabalho, sob pretexto de exercício da profissão, conforme entendimento do Supremo Tribunal Federal (v.g. INQ. 2424, Rel. Min. Cezar Peluso, p., j. 26/11/2008." Ocorre que o veto foi rejeitado pelo Congresso Nacional. Impõe-se, pois, a análise do novel tipo penal, estranhamente introduzido no Estatuto da Ordem dos Advogados do Brasil, e não na própria legislação criminal.

Consoante disposto no novel art. 7º-B do Estatuto da Ordem dos Advogados do Brasil, constitui crime violar direito ou prerrogativa de advogado previstos nos incisos II, III, IV e V do caput do art. 7º da Lei n. 8.906/94. Cuida-se, *in casu*, de verdadeira espécie de **norma penal em branco homogênea homovitelina**. A uma – norma penal em branco homogênea – porque o complemento emana do legislador. A duas – homovitelina – porque o complemento está no mesmo diploma normativo.

A *ratio essendi* do dispositivo é tutelar direitos que são indispensáveis ao exercício da profissão de advogado, o que, de certa forma, acaba servindo para garantir a defesa de seus clientes com independência e autonomia, sem temor ou receio de constrangimentos de quaisquer pessoas ou autoridades. Na lição do Min. Celso de Mello, "nada pode justificar o desrespeito às prerrogativas que a própria Constituição e as leis da República atribuem ao advogado, pois o gesto de afronta ao estatuto jurídico da advocacia representa, na perspectiva de nosso sistema normativo, um ato de inaceitável ofensa ao próprio texto constitucional e ao regime das liberdades públicas nele consagrado".[267]

Importante observar que a Lei n. 13.869/19 optou por restringir a criminalização da violação dos direitos e prerrogativas dos advogados, limitando-se a apenas uma parte de um rol bem mais

267. STF, MS n. 23.576 MC/DF, DJ 07/12/1999.

extenso de direitos catalogados nos arts. 6º e 7º da Lei n. 8.906/94. Portanto, quanto à violação aos demais direitos e prerrogativas dos advogados, que não aqueles previstos nos incisos II, III, IV e V do art. 7º da Lei n. 8.906/94, até então tipificados pela revogada Lei n. 4.898/65 ("Art. 3º. Constitui abuso de autoridade qualquer atentado: (...) j) aos direitos e garantias legais assegurados ao exercício profissional"), a entrada em vigor da nova Lei de Abuso de Autoridade terá o condão de acarretar a *abolitio criminis*. Vejamos, então, os direitos ou as prerrogativas dos advogados cuja violação é capaz de tipificar o novel crime do art. 7º-B da Lei n. 8.906/94:

II – a inviolabilidade de seu escritório ou local de trabalho, bem como de seus instrumentos de trabalho, de sua correspondência escrita, eletrônica, telefônica e telemática, desde que relativas ao exercício da advocacia: em relação à busca e apreensão em escritório de advocacia (ou mesmo nas hipóteses de escritório residencial), *se o fato delituoso estiver relacionado ao exercício da advocacia,*[268] a diligência, além de prévia autorização judicial decretada com base em indícios e materialidade da prática de crime por parte de advogado, com mandado de busca e apreensão específico e pormenorizado, também demanda a presença de representante da Ordem dos Advogados do Brasil. Nesse caso, é vedada a utilização dos documentos, das mídias e dos objetos pertencentes a clientes do advogado averiguado, bem como dos demais instrumentos de trabalho que contenham informações sobre clientes, salvo se tais clientes também estiverem sendo formalmente investigados como partícipes ou coautores pela prática do mesmo crime que deu causa à quebra da inviolabilidade (Lei nº 8.906/94, art. 7º, § § 6º e 7º). Logo, se o agente não estava sendo formalmente investigado e o crime então apurado não guardava relação com o crime que deu origem

268. A inviolabilidade do escritório de advocacia jamais poderá ser interpretada como imunidade absoluta para a prática de crimes por tal profissional. Por isso, na eventualidade de a atuação do advogado transcender o âmbito da assistência jurídica, transformando-o em verdadeiro coautor ou partícipe de delitos diversos, seu local de trabalho poderá ser objeto de busca domiciliar, a exemplo do que ocorre com qualquer pessoa, sem que possa cogitar da tipificação do crime do art. 7º-B da Lei n. 8.906/94. O mesmo raciocínio é válido para as demais prerrogativas. Como destacam Pinheiro, Cavalcante e Branco (op. cit. p. 169), "a conclusão do curso de Direito e a aprovação no exame de ordem não conferem um salvo-conduto para cidadãos que cruzam a linha da criminalidade ou que decidem fazer do crime verdadeiro meio de vida".

à cautelar de busca e apreensão, devem ser desentranhados os documentos obtidos por meio de busca e apreensão no escritório de seu advogado.[269] É bem verdade que o art. 7º, inciso II, da Lei n. 8.906/94, em sua redação original, teve sua eficácia suspensa em decisão cautelar na apreciação da ADI 1.105/DF e ADI 1.127-8/DF. No entanto, retomado o julgamento em 17 de maio de 2006 (informativo nº 427 do Supremo Tribunal Federal), concluiu-se por sua constitucionalidade, sob o fundamento de que o âmbito material da inviolabilidade não elide o art. 5º, XII, da CF, e que a exigência do acompanhamento da diligência ficará suplantada, não gerando ilicitude da prova resultante da apreensão, a partir do momento em que a OAB, instada em caráter confidencial e cientificada com as cautelas próprias, deixar de indicar o representante.[270] Portanto, mandado judicial de busca e apreensão em escritório de advocacia não pode ser expedido de modo genérico, em aberto, sem objeto definido, mas sim de forma delimitada, restrita ou fechada, mesmo sendo o advogado investigado. Com base nesse entendimento, a 2ª Turma do Supremo deferiu *habeas corpus* para declarar a ilicitude de provas apreendidas em escritório de advocacia, porquanto o endereço anotado no mandado era o da residência do investigado, demandando a busca e apreensão em escritório de advocacia uma especificidade muito maior, que não fora observada;[271]

III – comunicar-se com seus clientes, pessoal e reservadamente, mesmo sem procuração, quando estes se acharem presos,

---

269. Nesse contexto: STJ, 6ª Turma, HC 227.799/RS, Rel. Min. Sebastião Reis Júnior, j. 10/04/2012.

270. Na denominada Operação "Teníase", foram expedidos sete mandados de busca a serem realizados em escritórios de advocacia, com a determinação de comunicação à OAB, para acompanhar a execução da ordem. Às cinco da manhã, a autoridade policial comunicou à OAB e solicitou a imediata indicação de sete advogados para acompanhar a execução das ordens, que teriam início às sete horas da manhã do mesmo dia. A OAB conseguiu indicar apenas quatro representantes. A autoridade policial, entretanto, cumpriu todos os mandados de busca e apreensão, sendo três realizados sem o acompanhamento do representante da OAB. Apesar de nos parecer que a diligência fora realizada nos moldes preconizados pelo STF no julgamento da ADI 1.127, porquanto houve a comunicação à OAB, que, no entanto, quedou-se inerte quanto à indicação do representante, o TRF da 2ª Região declarou a ilicitude das provas obtidas nos (três) escritórios em que a diligência não foi acompanhada por representante da OAB. (TRF 2ª Região, 1ª Turma, AP 0802119-43.2011.4.02.5101, Rel. Paulo Espirito Santo, j. 08/05/2012).

271. STF, 2ª Turma, HC 91.610/BA, Rel. Min. Gilmar Mendes, j. 08/06/2010, DJe 200 21/10/2010.

detidos ou recolhidos em estabelecimentos civis ou militares, ainda que considerados incomunicáveis:[272] como exposto nos comentários ao art. 20, para o exercício da mais ampla defesa, é de fundamental importância que o profissional da advocacia possa manter contato com seus clientes, pouco importando que estes se encontrem presos. Negado ao advogado o exercício dessa prerrogativa, ter-se-á como configurado o crime do art. 7-B do Estatuto da OAB. À semelhança de toda e qualquer prerrogativa do advogado, a observância do direito à comunicação pessoal e reservada do preso com seu advogado e, consequentemente, a própria configuração do delito em comento, têm como condição *sine qua non* o fato de o profissional da advocacia encontrar-se no *exercício regular de suas funções*. Portanto, na eventualidade de o advogado associar-se a determinada organização criminosa, aproveitando-se da prerrogativa do art. 7º, inciso III, da Lei n. 8.906/94, para ter acesso aos demais integrantes do grupo que estão presos, levando e trazendo informações para o prosseguimento das atividades delituosas, eventual restrição à prerrogativa em análise jamais terá o condão de caracterizar o crime do art. 7º-B da Lei n. 8.906/94;[273]

IV – ter a presença de representante da OAB, quando preso em flagrante, por motivo ligado ao exercício da advocacia, para lavratura do auto respectivo, sob pena de nulidade e, nos demais casos, a comunicação expressa à seccional da OAB: por motivo ligado ao exercício da profissão, advogados somente poderão ser presos em flagrante em caso de crime inafiançável, assegurada, nesse caso, a presença de representante da OAB para lavratura do auto respectivo, sob pena de nulidade e, nos demais casos, a comu-

272. Esta incomunicabilidade a que se refere a parte final do inciso III do art. 7º da Lei n. 8.906/94 consta do art. 21 do CPP, tido como não recepcionado pela Constituição Federal. A uma porque a Constituição Federal assegura que toda prisão será comunicada imediatamente ao juiz competente e à família do preso ou à pessoa por ele indicada (art. 5º, LXII) e que o preso terá direito à assistência da família e de advogado (art. 5º, LXIII). A duas porque, ao tratar do Estado de Defesa, onde há supressão de várias garantias constitucionais, a própria Constituição Federal estabelece que é vedada a incomunicabilidade do preso (art. 136, § 3º, IV). Ora, se numa situação de exceção como o Estado de Defesa não se admite a incomunicabilidade, o que dizer, então, em um estado de normalidade?

273. Para mais detalhes acerca conflito aparente de normas entre o art. 20 da nova Lei de Abuso de Autoridade e o art. 7º-B da Lei n. 8.906/94, especificamente no tocante à violação da prerrogativa do art. 7º, inciso III, também do Estatuto da OAB, remetemos o leitor aos comentários àquele tipo penal.

nicação expressa à seccional da OAB (Lei nº 8.906/94, art.7º, § 3º). Logicamente, em caso de eventual demora no comparecimento do mencionado representante, os agentes públicos não devem permitir a fuga do advogado. Porém, não devem efetuar a prisão nem conduzir o advogado à delegacia antes da chegada do representante da OAB. Portanto, se o delito em virtude do qual o advogado foi preso em flagrante estiver relacionado ao exercício da profissão, sua prisão somente será possível se o delito for inafiançável, assegurada a presença de representante da OAB quando da lavratura do respectivo auto.[274] Interpretando-se *a contrario sensu* o referido dispositivo, conclui-se que, por motivo ligado ao exercício da profissão, advogados não poderão ser presos em flagrante pela prática de crimes afiançáveis. Ademais, caso a prisão em flagrante ocorra por motivos estranhos ao exercício da advocacia (v.g., embriaguez ao volante), a prisão poderá ser realizada normalmente, independentemente da natureza do delito – afiançável ou inafiançável –, com a ressalva de que subsiste a obrigatoriedade de comunicação expressa à seccional da OAB. Apesar de não ser possível a prisão em flagrante de advogado pela prática do delito de desacato ligado ao exercício da profissão, seja por se tratar de infração de menor potencial ofensivo, seja por se tratar de crime afiançável, isso não significa dizer que o advogado não possa ser responsabilizado criminalmente pelo referido delito. Como se sabe, é possível que o advogado responda pelo crime de desacato, delito este que foi eliminado do âmbito de sua imunidade material ou penal (vide ADI 1.127-8/DF);[275]

V – não ser recolhido preso, antes de sentença transitada em julgado, senão em sala de Estado Maior, com instalações e comodidades condignas, assim reconhecidas pela OAB (vide ADI 1.127)[276], e, na sua falta, em prisão domiciliar: se por Estado-Maior

274. Consoante disposto no art. 16 do Regulamento Geral do Estatuto da Advocacia e da OAB, sem prejuízo da atuação de seu defensor, contará o advogado com a assistência de representante da OAB nos inquéritos policiais ou nas ações penais em que figurar como indiciado, acusado ou ofendido, sempre que o fato a ele imputado decorrer do exercício da profissão ou a este vincular-se.

275. Informativo nº 436 do Supremo Tribunal Federal: HC 88164/MG, Rel. Min. Celso de Mello, 15.8.2006.

276. Sob o argumento de que o controle das *salas especiais* para advogados é prerrogativa da Administração forense, o Supremo declarou a inconstitucionalidade da expressão 'assim reconhecidas pela OAB' no julgamento da ADI n. 1.127 (Pleno, Rel. Min. Ricardo Lewandowski, j. 17/05/2006, DJe 105 10/06/2010).

se entende o grupo de oficiais que assessoram o Comandante de uma organização militar (Exército, Marinha, Aeronáutica, Corpo de Bombeiros e Polícia Militar), *sala de Estado-Maior* é o compartimento de qualquer unidade militar que, ainda que potencialmente, possa ser por eles utilizado para exercer suas funções. Destarte, enquanto uma "cela" tem como finalidade típica o aprisionamento de alguém e, em razão disso, possui grades, em regra, uma "sala" apenas ocasionalmente é destinada para esse fim, além de oferecer instalações e comodidades condignas, isto é, condições adequadas de higiene e segurança. Compreende-se a *sala de Estado-Maior*, portanto, como uma sala e não cela, instalada no Comando das Forças Armadas ou de outras instituições militares, configurando tipo heterodoxo de prisão, eis que destituída de grades ou de portas fechadas pelo lado de fora.[277] O direito à sala de Estado-Maior somente se refere às hipóteses de prisão cautelar, assemelhando-se, assim, à prisão especial, cujo direito também cessa com o trânsito em julgado da sentença condenatória.[278] Por conta do disposto no art. 7º, V, *in fine*, da Lei nº 8.906/94, a ausência de sala de Estado-Maior implica no recolhimento domiciliar do advogado.[279] No entanto, o próprio Supremo Tribunal Federal tem considerado válida, a depender das circunstâncias do caso concreto, a manutenção de profissionais da advocacia em penitenciária que possua celas individuais, com condições regulares de higiene e instalações que impeçam o contato do paciente com presos comuns. Não seria razoável interpretar a prerrogativa conferida aos advogados como passível de inviabilizar a própria custódia.[280]

---

277. STF, Pleno, Rcl 4.535/ES, Rel. Min. Sepúlveda Pertence, DJ 15/06/2007 p. 21. Nos mesmos moldes: STF, 1ª Turma, HC 91.089/SP, Rel. Min. Carlos Britto, DJ 19/10/2007 p. 46; STF, Pleno, Rcl 4.713/SC, Rel. Min. Ricardo Lewandowski, DJe 041 07/03/08.
278. STF – HC-AgR 82.850/SP – 2ª Turma – Rel. Min. Gilmar Mendes – DJ 28/09/2007 p. 65.
279. STF, 1ª Turma, HC 91.150/SP, Rel. Min. Menezes Direito, DJ 31/10/2007 p. 91.
280. STF, 2ª Turma, HC 93.391/RJ, Rel. Min. Cezar Peluso, j. 15/04/2008, DJe 83 08/05/2008. Ainda no sentido da possibilidade de prisão de advogado em local diverso das dependências do comando das forças armadas ou auxiliares, desde que apresentadas condições condignas para o encarcerado: STF, 2ª Turma, Rcl 23.567/SP, Rel. Min. Cármen Lúcia, j. 07/06/2016, DJe 124 15/06/2016. No sentido de que não há ilegalidade no recolhimento de advogado em cela especial, sem registro de eventual inobservância das condições mínimas de salubridade e dignidade humana, separado dos demais presos e sem o rigor e a insalubridade do cárcere comum: STJ, REsp 1.648.174, Rel. Min. Sebastião Reis Júnior, j. 31/03/2017). Logicamente, se o advogado estiver suspenso dos quadros da OAB, não fará jus ao recolhimento provisório em sala de Estado-Maior.

Art. 44. Revogam-se a Lei n. 4.898, de 9 de dezembro de 1965, e o § 2º do art. 150 e o art. 350, ambos do Decreto-Lei n. 2.848, de 7 de dezembro de 1940 (Código Penal).

60. Revogação da Lei n. 4.898/65, do § 2º do art. 150 e do art. 350, ambos do Código Penal

Nos exatos termos do art. 2º, § 1º, da Lei de Introdução às normas do Direito Brasileiro (Decreto-Lei n. 4.657/42), a lei posterior revoga a anterior quando expressamente o declare, quando seja com ela incompatível ou quando regule inteiramente a matéria de que tratava a lei anterior. De modo a evitar quaisquer controvérsias, o art. 44 da Lei n. 13.869/19 revogou expressamente:

a) **antiga Lei de Abuso de Autoridade (revogada Lei n. 4.898/65)**: o fato de ter havido a revogação expressa da legislação pretérita não significa dizer que teria havido *abolitio criminis* em relação a todas as figuras delituosas nela previstas. Aplica-se, *in casu*, o denominado **princípio da continuidade normativo-típica**: a revogação da lei anterior é necessária para o processo da *abolitio criminis*, mas não suficiente. Para além da revogação formal, deve ser verificado se o conteúdo normativo revogado não foi, simultaneamente, deslocado para outro dispositivo legal. Se é verdade que o art. 44 da Lei n. 13.869/19 revogou expressamente a Lei n. 4.898/65, também não é menos verdade que o conteúdo normativo de grande parte das condutas delituosas nela previstas migraram para nova Lei de Abuso de autoridade. É o que ocorreu, por exemplo, com a conduta delituosa prevista no art. 4º, alínea "d", da revogada Lei n. 4.898/65 ("Art. 4º. Constitui também abuso de autoridade: (...) d) deixar o Juiz de ordenar o relaxamento de prisão ou detenção ilegal que lhe seja comunicada"). Com o advento da nova legislação, o conteúdo normativo dessa figura delituosa simplesmente migrou para o art. 9º, parágrafo único, inciso I, da Lei n. 13.869/19 ["Art. 9º (...) Parágrafo único. Incorre na mesma pena a autoridade judiciária que, dentro de prazo razoável, deixar

---

Nesse contexto: STJ, 6ª Turma, HC 368.393/MG, Rel. Min. Maria Thereza de Assis Moura, j. 20/09/2016, DJe 30/09/2016.

de: I – relaxar a prisão manifestamente ilegal"). Não houve, portanto, *abolitio criminis,* já que a conduta delituosa antes incriminada pelo art. 4º, alínea "d", da revogada Lei n. 4.898/65 não deixou de ser considerada crime em virtude de lei posterior (CP, art. 2º, *caput*);

b) causa de aumento de pena do § 2º do art. 150 do Código Penal: consoante previsto no referido dispositivo, a pena do crime de violação de domicílio previsto no art. 150 do Código Penal, seja em sua forma simples (*caput*), seja em suas figuras qualificadas (§1º) seria aumentada se o fato fosse cometido por funcionário público, fora dos casos legais, ou com inobservância das formalidades estabelecidas em lei, ou com abuso de poder. Ante a redação do art. 22 da Lei n. 13.869/19 ("Invadir ou adentrar, clandestina ou astuciosamente, ou à revelia da vontade do ocupante, imóvel alheio ou suas dependências, ou nele permanecer nas mesmas condições, sem determinação judicial ou fora das condições estabelecidas em lei"), parece não haver qualquer dúvida no sentido de que o novo tipo penal incriminador passou a regular integralmente a mesma conduta delituosa. Salutar, portanto, até mesmo para evitar quaisquer controvérsias, a revogação da majorante do § 2º do art. 150 do Código Penal pelo art. 44 da Lei n. 13.869/19;

c) crime de exercício arbitrário ou abuso de poder (revogado art. 350 do Código Penal): mesmo antes do advento da Lei n. 13.869/19, grande parte da doutrina já se manifestava no sentido de que os crimes de exercício arbitrário ou abuso de poder, tanto nas modalidades fundamentais do *caput* do art. 350 do CP, como nas figuras equiparadas do parágrafo único, já haviam sido revogadas pela Lei n. 4.898/65, por se tratar de diploma legislativo posterior que regulava integralmente a matéria de que tratava lei anterior (Decreto n. 4.657/42, art. 2º, § 1º, *in fine).*[281] Sem embargo, os Tribunais Superiores ainda não tinham chegado a uma conclusão uniforme acerca da subsistência do art. 350 do CP, *in verbis:* "(...) Há duas correntes jurisprudenciais, uma que entende pela revogação do artigo 350 do CP pela Lei n. 4.898/65 e outra que vê a permanência desse crime na disciplina do Código Penal".[282] Ante a controvérsia acerca

281. Entre outros, mesmo antes da entrada em vigor da Lei n. 13.869/19, já era nesse sentido a lição de Cleber Masson (*Código Penal Comentado*. Op. cit. p. 1.391).

282. STJ, 6ª Turma, HC 94.168/MG, Rel. Min. Jane Silva – Desembargadora convocada do TJ/MG –, j. 01/04/2008, DJe 22/04/2008.

da vigência do art. 350 do Código Penal, revela-se oportuna a sua revogação expressa pelo art. 44 da Lei n. 13.869/19.

Art. 45. Esta Lei entra em vigor após decorridos 120 (cento e vinte) dias de sua publicação oficial.

Brasília, 5 de setembro de 2019; 198º da Independência e 131º da República.

JAIR MESSIAS BOLSONARO

Sérgio Moro

Wagner de Campos Rosário

Jorge Antonio de Oliveira Francisco

André Luiz de Almeida Mendonça

Este texto não substitui o publicado no DOU de 5.9.2019 – Edição extra-A e retificado em 18.9.2019

61. Vigência da Lei 13.869/19

De acordo com o art. 8º, § 1º, da Lei Complementar nº 95/98, incluído pela Lei Complementar nº 107/01, a contagem do prazo para entrada em vigor das leis que estabeleçam período de vacância far-se-á com a inclusão da data da publicação e do último dia do prazo, entrando em vigor no dia subsequente à sua consumação integral. Considerando-se, pois, que a Lei nº 13.869/19 foi publicada em data de 5 de setembro de 2019, dispondo seu art. 45 que sua *vacatio legis* será de 120 (cento e vinte) dias, poder-se-ia concluir, à primeira vista, que a vigência da integralidade dos dispositivos nela previstos teria ocorrido no dia **3 de janeiro de 2020**.

Ocorre que não se pode olvidar que, em data de 18 de setembro de 2019, foi necessária nova publicação no Diário Oficial da União para fins de retificação da redação constante do art. 13 da Lei n. 13.869/19, eis que, equivocada e estranhamente, não teria constado da primeira redação publicada no dia 05 de setembro a pena cominada ao referido delito que fora aprovada pelo Congresso Nacional ("Pena – detenção, de 1 (um) a 4 (quatro) anos, e multa, sem prejuízo da pena cominada à violência"). Daí a necessidade dessa retificação, publicada no dia 18 de setembro de 2019. Por consequência, e considerando-se o quanto disposto no art. 1º, § 3º, da Lei de Introdução às normas do Direito Brasileiro ("se, antes de entrar a lei em vigor, ocorrer nova publicação de seu texto, destinada à correção, o prazo deste artigo e dos parágrafos anteriores começará a correr da nova publicação"), forçoso é concluir que exclusivamente[283] o preceito secundário do crime do art. 13 da nova Lei de Abuso de Autoridade terá vigência apenas para os crimes cometidos a partir do dia **16 de janeiro de 2020**, data da entrada em vigor da referida retificação.

Por fim, também não se pode perder de vista que diversos dispositivos constantes da Lei n. 13.869/19 foram inicialmente vetados pelo Presidente da República, vetos estes que foram, na sequência, *derrubados* pelo Congresso Nacional, nos termos dos § §4º e 5º do art. 66 da Constituição Federal. Os vetos rejeitados pelo voto da maioria absoluta dos Deputados e Senadores recaíram sobre os arts. 3º, 9º, 13, inciso III, 15, parágrafo único, incisos I e II, 16, 20, 30, 32, 38 e 43. A publicação desses dispositivos legais cujo veto foi rejeitado pelo Congresso Nacional ocorreu em data de 27 de setembro de 2019. Destarte, levando-se em consideração a *vacatio legis* de 120 (cento e vinte) dias prevista no art. 45 da Lei n. 13.869/19, a vigência desses preceitos, e exclusivamente deles, ocorreu no dia **25 de janeiro de 2020**.

283. No que concerne à correção, ou errata, ensina Maria Helena Diniz que "se a correção for feita dentro da vigência da lei, a lei, apesar de errada, vigorará até a data do novo diploma civil publicado para corrigi-la, pois uma lei deverá presumir-se sempre correta. Se apenas uma parte da lei for corrigida, o prazo recomeçará a fluir somente para a parte retificada, pois seria inadmissível, no que atina à parte certa, um prazo de espera excedente ao limite imposto para o início dos efeitos legais, salvo se a retificação afetar integralmente o espírito da norma. Respeitar-se-ão os direitos e deveres decorrentes da norma publicada com incorreção, ainda não retificada". (Lei de Introdução ao Código Civil Anotada. São Paulo: Saraiva, 2001. p. 60).

BIBLIOGRAFIA

AGI, Samer. *Comentários à nova Lei de Abuso de Autoridade (Lei n. 13.869/2019).* Brasília: Editora CP Iuris, 2019.

BASTOS, Celso Ribeiro. *Curso de Direito Constitucional.* 18ª ed. São Paulo: Saraiva, 1997.

BATISTA, Weber Martins. *Liberdade provisória.* 2ª ed. Rio de Janeiro: Forense, 1985.

BARROSO, Luís Roberto. *Interpretação e aplicação da Constituição: fundamentos de uma dogmática constitucional transformadora.* 6ª ed. São Paulo: Saraiva, 2004.

BITENCOURT, Cezar Roberto. *Tratado de direito penal.* 3ª ed. São Paulo: Saraiva, 2008, vol. 1.

BRANCO, Tales Castelo. *Da prisão em flagrante.* 5ª ed. rev., aum. e atual. São Paulo: Saraiva, 2001.

DINIZ, Maria Helena. *Lei de Introdução ao Código Civil Anotada.* São Paulo: Saraiva, 2001.

FEITOZA, Denilson. *Direito processual penal.* 7ª ed. Niterói/RJ: Editora Impetus, 2010.

FERNANDES, Antônio Scarance. *Processo penal constitucional.* 6ª ed. São Paulo: Editora Revista dos Tribunais, 2010.

FERRAJOLI, Luigi. *Direito e razão: teoria do garantismo penal.* São Paulo: Editora Revista dos Tribunais, 2002.

FOUREAUX, Rodrigo. *A nova Lei de Abuso de Autoridade, as refeições e o consumo de alimentos gratuitos ou com descontos por policiais em serviço.* Disponível em: meusitejurídico.editorajuspodivm.com.br /2019/10/16/nova-lei-de-abuso-de-autoridade-refeicoes-e-o-consumo-de-alimentos--ou-com-descontos-por-policiais-em-serviço.

GOMES, Luiz Flávio. *Direito penal: parte geral.* Vol. 2. São Paulo: Editora Revista dos Tribunais, 2007.

GOMES FILHO, Antônio Magalhães. *Direito à prova no processo penal.* São Paulo: Revista dos Tribunais, 1997.

GONÇALVES, Daniela Cristina Rios. *Prisão em flagrante.* São Paulo: Editora Saraiva, 2004.

GRECO, Rogério; CUNHA, Rogério Sanches. *Abuso de autoridade: Lei 13.869/2019: comentada artigo por artigo*. Salvador: Editora Juspodivm, 2019.

HUNGRIA, Nélson. *Comentários ao Código Penal*. 2ª ed. Rio de Janeiro: Forense, 1958. V. VII.

KAUFFMANN, Carlos. *Prisão temporária*. São Paulo: Quartier Latin, 2006.

LOPES JR., Aury. *Direito Processual Penal e sua Conformidade Constitucional*. 3. ed. Rio de Janeiro: Lumen Juris, 2008.

LOPES Jr., Aury; BADARÓ, Gustavo Henrique. *Direito ao processo penal no prazo razoável*. 2ª ed. Lumen Juris Editora, 2009.

MALAN, Diogo. *Condução coercitiva do acusado (ou investigado) no processo penal*. Boletim do IBBCRIM. Ano 23. nº 266. Janeiro/2015.

MARÇAL, Vinícius; MASSON, Cleber Masson. *Crime organizado*. 2ª ed. São Paulo: MÉTODO, 2016.

MARQUES, Gabriela; MARQUES, Ivan. *A nova Lei de Abuso de Autoridade: Lei 13.869/2019 – Comentada artigo por artigo*. São Paulo: Thomson Reuters Brasil, 2019.

MASSON, Cleber. *Código Penal comentado*.7ª ed. São Paulo: Editora Método, 2019.

———. *Direito penal: parte geral (arts. 1º a 120)*. Vol. 1. 13ª ed. São Paulo: Método, 2019.

———. *Direito penal: parte especial (arts. 213 a 359-H)*. Vol. 3. 10ª ed. São Paulo: Método, 2020.

MAXIMILIANO, Carlos. *Hermenêutica e aplicação do Direito*. 20ª ed. Rio de Janeiro: Forense, 2011.

MELLO, Celso de. *Constituição Federal anotada*. 2ª ed. São Paulo: Saraiva, 1986.

MENDES, Paulo de Sousa. *Lições de Direito Processual Penal*. Coimbra: Almedina, 2014.

MENDONÇA, Andrey Borges de. *Nova reforma do Código de processo penal: comentada artigo por artigo*. São Paulo: Editora Método, 2008.

MORAES, Alexandre de. *Constituição do Brasil: interpretada e legislação constitucional*. 5ª ed. São Paulo: Atlas, 2005.

———. *Direito Constitucional*. 9ª ed., atualizada com a EC nº 31/00. São Paulo: Atlas, 2001.

MOREIRA FILHO, Guaracy (Coordenador). *Nova Lei do abuso de autoridade comentada artigo por artigo*. São Paulo: Rideel, 2019.

MOURA, Maria Thereza Rocha de Assis. *Justa causa para a ação penal condenatória no direito brasileiro*. 1997. 339 f. Tese (Doutorado em Direito) – Faculdade de Direito, USP, São Paulo.

NOVELINO, Marcelo. *Direito constitucional*. 4ª ed. São Paulo: Método, 2010.

NUCCI, Guilherme de Souza. *Código de Processo Penal Comentado*. 4ª ed. ver., atual. e ampl. São Paulo: Editora Revista dos Tribunais, 2005.

———. *Manual de processo penal e execução penal.* 5ª ed. São Paulo: Editora Revista dos Tribunais, 2008.

———. *Leis penais e processuais penais comentadas.* Vol. 1. 6ª ed. São Paulo: RT, 2012.

OLIVEIRA, Eugênio Pacelli. *Regimes constitucionais da liberdade provisória.* 2ª ed. Rio de Janeiro: Editora Lumen Juris, 2007.

———. *Curso de processo penal.* 11ª ed. Rio de Janeiro: Editora Lumen Juris, 2009.

PINHEIRO, Igor Pereira; CAVALCANTE, André Clark Nunes; BRANCO, Emerson Castelo. *Nova Lei do Abuso de Autoridade: comentada artigo por artigo.* Leme/SP: JH Mizuno, 2020.

PINTO, Ronaldo Batista; CUNHA, Rogério Sanches. *Crime organizado: comentários à nova lei sobre o Crime Organizado.* Editora Juspodivm, 2013.

QUEIJO, Maria Elizabeth. *O direito de não produzir prova contra si mesmo: o princípio do nemo tenetur se detegere e suas decorrências no processo penal.* São Paulo: Saraiva, 2003.

RAMOS, João Gualberto Garcez. *A tutela de urgência no processo penal brasileiro.* Belo Horizonte/MG: Editora Del Rey, 1998.

RANGEL, Paulo. *Direito processual penal.* 18ª ed. Rio de Janeiro: Lumen Juris, 2011.

ROQUE, Fábio; TÁVORA, Nestor; ALENCAR, Rosmar Rodrigues. *Legislação Criminal para concursos.* Salvador: Editora Juspodivm, 2019.

ROXIN, Claus. *La evolución de la política criminal el derecho penal y el proceso penal.* Traducción de Carmen Gómez Rivero y María del Carmen García Cantizano. Valência: Tirant lo blanch, 2000.

SAMPAIO JÚNIOR, José Herval; CALDAS NETO, Pedro Rodrigues. *Manual de prisão e soltura sob a ótica constitucional: doutrina e jurisprudência.* São Paulo: Editora Método, 2007.

SILVA, José Afonso da. *Curso de Direito Constitucional Positivo.* 25ª ed., rev. e atual. nos termos da Reforma Constitucional [até a Emenda Constitucional nº 48, de 10.08.2005]. São Paulo: Malheiros Editores.

SILVA JÚNIOR, Walter Nunes da. *Curso de direito processual penal: teoria (constitucional) do processo penal.* Rio de Janeiro: Renovar, 2008.

SOUZA, Renee do Ó. *Leis Penais Especiais Comentadas artigo por artigo.* Coordenadores Rogério Sanches Cunha, Ronaldo Batista Pinto, Renee do Ó Souza. 2ª ed. Salvador: Editora Juspodivm.

SUANNES, Adauto. *Os fundamentos éticos do devido processo penal.* 2ª ed. São Paulo: Editora Revista dos Tribunais, 2004.

TOURINHO FILHO, Fernando da Costa. *Código de Processo Penal Comentado 1 (arts. 1º a 393).* 9ª ed. rev., aum. e atual. São Paulo: Saraiva, 2005.

VIEIRA, Ana Lúcia Menezes. *Processo penal e mídia.* São Paulo: Editora Revista dos Tribunais, 2003.

EDITORA JusPODIVM
www.editorajuspodivm.com.br